全国高等院校土建类专业实用型规划教材

路基路面工程

第2版

主　编　袁玉卿
副主编　王树伟　王朝晖
参　编　董　祥　李丽慧
　　　　黎　鹏　王亚军

中国电力出版社
CHINA ELECTRIC POWER PRESS

内 容 提 要

全书共 16 章，内容主要有我国公路的发展概况，公路的基本组成，路基路面的性能与影响因素，公路自然区划，路基的设计与施工，路面的设计与施工，路面使用性能评价，路面养护等内容。

本书适用于土建类专业（公路工程、城市道路工程、桥梁与隧道工程、机场工程、土木工程等专业）本科生的学习，也可供从事道路工程相关专业的工程技术人员及管理人员参阅。

图书在版编目（CIP）数据

路基路面工程 / 袁玉卿主编. —2 版. —北京：中国电力出版社，2016.1
全国高等院校土建类专业实用型规划教材
ISBN 978-7-5123-8714-0

Ⅰ.①路… Ⅱ.①袁… Ⅲ.①路基工程–高等学校–教材②路面–道路工程–高等学校–教材 Ⅳ.①U416

中国版本图书馆 CIP 数据核字（2015）第 315324 号

中国电力出版社出版发行
北京市东城区北京站西街 19 号　100005　http://www.cepp.sgcc.com.cn
责任编辑：关　童　责任印制：蔺义舟　责任校对：马　宁
北京丰源印刷厂印刷 • 各地新华书店经售
2016 年 1 月第 2 版 • 第 2 次印刷
787mm×1092mm　1/16 • 22.5 印张 • 553 千字
定价：42.00 元

前　言

　　本书是全国高等院校土建类专业实用型规划教材之一，针对土建类专业（公路工程、城市道路工程、道路桥梁与渡河工程、桥梁与隧道工程、机场工程、土木工程等专业）的人才培养目标和培养模式，在总结教学实践经验的基础上，吸收同类教材的优点编写而成。

　　《路基路面工程》第 1 版自 2010 年出版以来，做为本科生教材和参考书，受到国内不少知名大学的青睐，得到了众多师生的好评。做为技术文献，给学习者提供了重要的参考资料，得到了工程技术人员的喜欢，。

　　随着公路交通事业的快速发展，许多新理论、新技术、新方法、新材料、新工艺不断应用于工程实践，《公路工程技术标准》《公路路基设计规范》《公路排水设计规范》等技术规范的内容也进行了更新。在教学与科研过程中，编者、读者也发现本书尚有一些内容需要更新与完善。本次编写对《路基路面工程》第 1 版进行了比较大的修订，删除冗余，修订错误，对第 1 版时的沥青路面、沥青路面设计两章进行了整合，使本书的章节结构更加合理；删掉了复合式路面。本次最大的工作是根据新规范进行知识点更新，主要体现在概述、路基工程设计、路基排水设计、路基施工、水泥混凝土路面、路面排水等章节。

　　本教材由袁玉卿主编，王树伟、王朝辉任副主编，王选仓教授任主审。参加人员有袁玉卿（第 1、8、11、13 章），王朝辉（第 15、16 章），王树伟（第 2、3、12 章），董祥、王亚军（合编第 9、10、14 章），李丽慧（第 4、5、6 章），黎鹏（第 7 章）等。

　　本书在编写的过程中，参考了有关标准、规范、指南、教材和论著，在此谨向有关编著者表示衷心的感谢！

　　由于作者水平有限，书中若有不妥之处，恳请读者批评指正。

编　者

第1版前言

本书是全国高等院校土建类专业实用型规划教材之一，针对土建类专业（公路工程、城市道路工程、桥梁与隧道工程、机场工程、土木工程等专业）的人才培养目标和培养模式，在总结教学实践经验的基础上，吸收同类教材的优点编写而成。

《路基路面工程》是高等学校交通土建类专业的重要必修课，课程涉及内容广泛并与工程实践联系密切。

本书以我国现行最新的相关工程技术标准和规范为依据，大量汲取国内外最新的研究成果和工程实践经验，重点阐述路基路面的基本概念、基本理论和基本方法，并融入新理论、新技术、新方法及新进展。

全书共分18章，包括路基路面的基本概念和基础知识，路基稳定性、防护，挡土墙设计，路基排水，路基施工，路面结构类型，沥青路面、水泥混凝土路面，复合式路面，新型路面，路面排水，路面使用性能评价，路面养护等内容。

本教材由袁玉卿任主编，王朝辉、王树伟任副主编，长安大学王选仓教授任主审。参加编写的有：蔚旭灿、袁玉卿合编第1章，王树伟（第2、3、13章），李丽慧（第4、5、6章），黎鹏（第7章），袁玉卿（第8、11、12、15章），董祥（第9、10、16章），王朝辉（第14、17、18章）。

本书在编写的过程中，参考了有关标准、规范、教材和论著，在此谨向有关编著者表示衷心的感谢！

由于作者水平有限，书中难免有不妥之处，恳请读者批评指正。

编　者

目　　录

第1章

概　述

1.1　我国公路的发展概况

公路交通是发展现代经济的重要基础设施之一，也是衡量一个国家经济发展水平的重要标志。2014 年末全国公路总里程 446.39 万 km，公路密度 46.50km/百平方公里。公路养护里程 435.38 万 km，占公路总里程 97.5%。全国等级公路里程 390.08 万 km，等级公路占公路总里程 87.4%。其中，二级及以上公路里程 54.56 万 km，占公路总里程 12.2%。各行政等级公路里程分别为：国道 17.92 万 km、省道 32.28 万 km、县道 55.20 万 km、乡道 110.51 万 km、专用公路 8.03 万 km。全国高速公路里程 11.19 万 km，国家高速公路 7.31 万 km。全国农村公路（含县道、乡道、村道）里程 388.16 万 km，其中村道 222.45 万 km。全国通公路的乡（镇）占全国乡（镇）总数 99.98%，其中通硬化路面的乡（镇）占全国乡（镇）总数 98.08%；通公路的建制村占全国建制村总数 99.82%，其中通硬化路面的建制村占全国建制村总数 91.76%。

1.2　公路的基本组成

公路是设置在大地表面供各种车辆行驶的一种线形带状结构物，是指城市间、城乡间、乡村间主要供汽车行驶的公共道路，主要由路基、路面、桥梁、涵洞、隧道、公路渡口、防护及支挡工程、公路用土地及公路附属设施组成。

路基是行车部分的基础，它是由土、石等材料按照一定尺寸、强度、刚度等要求建筑成的带状土工结构物。路基必须具有一定的强度和稳定性，又要经济合理，以保证行车的稳定性和防止自然破坏力的损害。公路路基的横断面组成有行车道、路肩、路缘带、边坡、截水沟、边沟和碎落台等。

路面是铺筑在公路路基上与车轮直接接触的结构层，承受和传递车轮荷载，承受磨耗，经受外界环境和各种自然灾害的侵蚀和影响。对路面的基本要求是具有足够的强度、稳定性、平整度、抗滑性能等。路面结构一般由面层、基层、底基层与垫层组成。

桥涵是指公路跨越水域、沟谷和其他障碍物时修建的构造物。按照《公路工程技术标准》（JTG B01—2014）规定，单孔跨径小于 5m 或多孔跨径之和小于 8m 称为涵洞，大于这一规定值则称为桥梁。

公路隧道通常是指建造在山岭、江河、海峡和城市地面下，供车辆通过的工程构造物。按所处位置可分为山岭隧道、水底隧道和城市隧道。

公路渡口是指以渡运方式供通行车辆跨越水域的基础设施。码头是公路渡口的组成部分，可分为永久性码头和临时性码头。

公路防护工程是对路基进行防护和加固，以保证路基的强度和稳定性，从而维持正常的汽车通行和行车安全。

公路交通工程及沿线设施是保证公路功能、保障安全行驶的配套设施，是现代公路的重要标志。公路交通工程主要包括交通安全设施、监控系统、收费系统、通信系统四大类，沿线设施主要是指与这些系统配套的服务设施、房屋建筑等。

1.3　路基路面性能要求

现代化的综合交通运输网络，要求公路交通全天候运营，并且要快速、安全、舒适、经济、环保。这就要求路基路面具有良好的性能，主要包括承载能力、稳定性、耐久性、平整度、抗滑性等。

1. 结构承载能力

承载能力是关于力与材料或力与结构关系的概念。交通荷载通过车轮施加在路面，而路面结构会继续传递荷载给路基，从而在路基路面结构内部会产生应力与应变。设计良好的路基路面结构，从路表面开始，随着深度的增加，应力、应变会逐渐变小并趋近于零。但是，如果设计或施工不当，在某些区域，应力、应变会非常大，超过了材料的容许值，材料就会被破坏，结构会失去承载能力，表现为路面断裂、车辙，路基沉陷等。因此，要进行路基路面一体化设计，要充分优化结构与材料设计，选择优良的材料进行填筑和摊铺，这样才可能保证路基路面具有良好的承载能力。

2. 路基稳定性

路基稳定性，是指路基在车辆荷载及自然环境的影响下，能保持原有几何尺寸，能支撑路面结构，保证交通畅通的能力。

路基属于人工构筑物，在施工过程中，大型机械可能会扰动或破坏原有土体的平衡，给运营期间路基稳定埋下隐患。在道路运营过程中，会受到各种因素的影响，导致路基填料性质变化，或者地基失稳影响，导致路基局部或整体变形过大，失去稳定性。最终引起路基坍塌，交通中断，甚至引发交通事故。因此，选线与勘测时，应认真研究地基稳定性，科学设计路基，施工中尽量不扰动周围敏感岩土，运营中若发现不稳定因素应及时处理。

3. 水稳定性

水稳定性，是指材料含水率对路基路面稳定性的影响。路基路面水主要来源于地下水位上升、自然降水、洪水等。这些水如果不能及时排除，将浸泡路基，渗入路面，导致路基路面材料及结构含水率增大。对水泥混凝土路面，可能冲刷基层，产生唧泥现象，最终导致错台、断板等路面破坏。对沥青混凝土路面，会引起面层松散、剥落、坑洞。湿软的路基失去应有的承载能力，进一步导致路面沉陷，严重者路基整体失去稳定性而坍塌。因此，一定要重视路基的选址，选择水稳定性好的路基路面材料，优化防水、排水设计，注重施工质量，强化养护管理，从而保证路基路面的水稳定性。

4. 温度稳定性

温度稳定性，是指温度变化对路基路面强度及稳定性的影响。一年四季、每天二十四小时，几乎每时每刻，大气温度都在发生变化，这是自然规律。路基路面几乎完全暴露在大自然之中，加之体积庞大，因此温度对其影响巨大。高温季节，沥青路面可能软化更容易产生推移、拥起、车辙等永久性破坏，水泥路面更容易产生胀缝、拱起等破坏。低温季节，沥青路面更容易缩裂破坏，水泥混凝土路面、半刚性基层也会产生大量裂缝，最终失去承载能力。低温还会引起路基收缩产生裂缝，若含水率大，还会引起冻胀或翻浆，导致路面结构也随之发生断裂，产生更严重的破坏后果。由于我国幅员辽阔，有时路线会跨越多个气候带，因此，路基路面设计时，要根据路线经过地的实际气候特点，进行个性化的设计，从而保证路基路面的温度稳定性。

5. 耐久性

此处的耐久性，是指在设计年限内，在车辆荷载的反复碾压下，经受水、温度等自然环境周期性作用，路基路面具有较好的强度、刚度，不经大修，能满足交通需要的性能。实际上，在各种因素的影响下，随着通车时间和累计交通量的增加，路基路面的材料及结构性能会逐渐降低。为了保证路基路面在设计寿命内能很好满足运营需要，有良好的耐久性，就应该科学规划、精心设计、保证施工质量。关键点就是，要将路基路面作为整体结构进行研究和设计，注重预防性养护与维修。

6. 路面平整度

路面平整度，指的是路表面纵向的凹凸量的偏差值。路面平整度是路面评价及路面施工验收中的一个重要指标，主要反映路面纵断面剖面曲线的平整性。当路面纵断面剖面曲线相对平滑时，则表示路面相对平整，或平整度相对好，反之则表示平整度相对差。好的路面则要求路面平整度也要好。

路面平整度，是影响行车安全，行车舒适性以及运输效益的重要使用性能。良好的路面平整度，可以减少车辆颠簸，能降低车辆荷载对路面的冲击破坏，减少车辆机件的损坏；能保证行车的平稳性，提高行车速度和舒适性，减少油料的消耗，提高运输效益。而平整度差的路面，会增加车辆振动，降低行车速度，增加驾驶难度，还会积滞雨水，加速路面水损，增加不安全因素。

为了保证良好的路面平整度，设计时要统一考虑路基路面的协同变形和强度，优化结构设计及材料选择。施工过程，要采用优良设备，保证摊铺和碾压质量。运营过程中，注意日常养护与维修。

7. 路面抗滑性能

路面的抗滑性能采用抗滑系数作为评价指标，抗滑系数以横向力系数或摆式仪的来表示。评价标准应符合《公路沥青路面养护技术规范》等的规定。良好的路面磨耗层应该是平整，但不宜太光滑，保证路面与轮胎间有足够的附着力或摩擦力。特别是雨天、高速行车、紧急制动、突然启动、爬坡和转弯时，更需要良好的抗滑能力。否则，容易导致严重的交通事故。

对于沥青路面，主要通过材料设计，来满足磨耗层的抗滑性能。对于水泥混凝土路面，可以通过材料设计，刻槽、粗糙化等施工工艺实现。同时，应及时清除路表的积雪、浮冰、尘土等，以保证应有的抗滑性能。当抗滑性能降低时，应及时进行相应处理。

1.4 路基路面的影响因素

1. 地理

广义的地理条件包括人文地理条件与自然地理条件。狭义的地理条件指自然地理条件，即本地区的气温、降水等气候特点；地形、地势、植被、矿产、资源、河流、山川等特点。人文地理条件包括当地的人口、居民组成、民族构成、生活习性、工农业发展等特点。

这其中影响最大的是地形、地势、河流、山川等因素。平原区地势较平坦，纵向高差较小，排水可能困难，容易积水；一般情况下，河网较多，地下水位较高，毛细水发达，这些都会影响路基的水稳定性。丘陵区和山岭区，地势起伏较大，填挖工程量大，有可能过度扰动原有岩体或土体的稳定，可能会阻挡天然泄洪通道，或打通地下水通道，从而造成滑坡、塌方、水毁等灾难性破坏。因此，在路线规划、勘测、选线阶段就应该考虑路域的地理条件，筛选自然环境对路基路面的可能影响，科学设计、精心施工，将地理条件对路基路面的影响降到最低限度。

2. 地质

地质，是指路域地质环境各项因素的综合，主要包括地层的岩性、地质构造、地表地质作用、地貌、天然筑路材料等。这些因素具体为岩层的成因、风化程度、软弱夹层、物理力学性能，岩体的褶皱、断层、节理构造的分布，地震带、断裂带，滑坡、崩塌、岩溶、泥石流、风沙移动、河流冲刷与沉积、地形起伏、土层厚薄和基岩出露情况，本地筑路材料等。这些因素会影响选线，不合理的选址会影响路基下面地基的稳定性，也会全面影响路基路面的设计，更会影响路基路面工程长期性能。

3. 气候

气候是地球上某一地区多年时段大气的一般状态，是该时段各种天气过程的综合表现，主要由气温、降水、风力等气象要素来表达。按水平尺度大小，气候可分为大气候、中气候与小气候。大气候是指全球性和大区域的气候，如热带雨林气候、地中海气候、极地气候、高原气候等；中气候是指较小自然区域的气候，如森林气候、城市气候、山地气候以及湖泊气候等；小气候是指更小范围的气候，如贴地气层和小范围特殊地形下的气候（如一个山头或一个谷地）。

各种气象要素，例如气温、降水、湿度、冰冻深度、日照、蒸发量、风向、风力等，都会影响路基路面的温度稳定性、水稳定性、耐久性和表面性能等。

因为公路线长、面广，有时会跨越好几个大气候带，不同的气候带有不同的气候特征，应该分别进行针对性的设计，充分研究本气候带的各种影响因素，并采取相应的工程措施。

4. 水文和水文地质

水文和水文地质，是指自然界中地表水和地下水的变化、运动等的规律和现象。地表水，例如公路沿线的河流水位、地表排水与积水，会影响路线的选址、路基路面排水和防洪。地下水的水位、分布、流向、物理化学性质等，影响了路基的选址、路基的填高等。根据这些因素，应有针对性的采取防排措施，否则路基路面工程会遭受水毁、坍塌等严重破坏。

5. 路基填料

路基主要由填土压实完成，填料土的来源与性质极大地影响了路基路面的各种性能。土由各类岩石经风化作用而成，由于原岩的性质与风化程度不同，导致土的物理、化学、力学性质也千差万别。例如，级配较好的土，容易压实形成强度；砂粒成分多的土，强度较高，受水的影响小；而较细的砂，在水渗流情况下，容易流动，形成流砂；粉土毛细作用强烈，使路基含水率变大，造成路基湿软，导致路基翻浆，路面断裂等破坏。因此，在选择路在填料，应充分考虑材料的水稳定性及强度，在此基础上选择天然填料或人工填料。

1.5　公路自然区划

为区分不同地理区域自然条件对公路工程影响的差异性，以便在路基、路面的设计时采用合适的设计参数，在施工和养护中采取适当的技术措施，从而保证路基、路面的强度和稳定性，交通部制定了《公路自然区划标准》（JTJ D03—1986）。为使自然区划便于在实践中应用，结合我国地理、气候特点，将全国的公路自然区划分为三个等级。

1.5.1　公路自然区划的原则

根据《公路自然区划标准》（JTJ D03—1986）规定，现行的公路自然区划主要根据三原则制定：

1. 自然气候因素的综合性和主导性相结合原则

自然区划以自然气候因素的综合性和主导性相结合为原则，采用以地理相关分析为基础的主导标志法，从分析自然综合情况与公路工程的实际关系出发，选出具有分区意义的主导标志。各种因素的综合作用形成了不同的自然气候，每个区域又存在主导性影响因素，从而对路基路面工程造成不同的影响。例如，在南方，虽然水量丰沛，但没有寒流，因此没有冻害，说明温度起主导作用。再例如，东北潮湿区与西北干旱区，同样都有负温度，但前者冻害重于后者，说明水起主导作用。

2. 地表气候是地带性差异和非地带性差异的综合结果

地带性差异考虑地理位置（纬度）的不同而引起的气候差异，例如北半球，北方寒冷，南方温暖。非地带性差异，则考虑除了地理位置以外的因素，主要是高程（垂直方向）的变化，例如青藏高原，由于海拔高，与纬度相同的其他地区相比，气候更加寒冷。

3. 在同样的自然因素作用下道路工程具有相似性原则

在同一区划内，在同样的自然因素下筑路具有相似性。例如，南方不利季节在雨季，有冲刷、水毁等病害，而北方不利季节在春融时期，有翻浆病害。针对这些破坏形式，采取相应的技术措施。

1.5.2　一级区划

一级区划首先将全国划分为多年冻土、季节冻土和全年不冻土三大地带，然后根据水热平衡和地理位置，划分为冻土、温润、干湿过渡、湿热、潮暖、干旱和高寒七个大区。

1. 一级区划的特征与指标

根据不同地理、气候、构造、地貌界线的交错和叠合，将我国分为七个一级自然区，即 Ⅰ 为北部多年冻土区，Ⅱ 为东部温润季冻区，Ⅲ 为黄土高原干湿过渡区，Ⅳ 为东南湿热区，Ⅴ 为西南潮暖区，Ⅵ 为西北干旱区，Ⅶ 为青藏高寒区。详见表 1-1。

表 1-1   一级区划的特征与指标

代号	一级区名	平均温度（℃）	平均最大冻深（cm）	潮湿系数 K	地势阶梯	新构造特征	土质带
Ⅰ	北部多年冻土区	全年<0	>200	0.50～1.00	东部 1000m 等高线两侧	大面积中等或微弱上升，差异运动不大	棕黏性土
Ⅱ	东部温润季冻区	一月<0	10～200	0.50～1.00	东部 1000m 等高线以东	大面积下降，差异运动强弱不一	棕黏性土，黑黏性土，冲积土，软土
Ⅲ	黄土高原干湿过渡区	一月<0	20～140	0.25～1.00	东部 1000m 等高线以西，西南 3000m 等高线以东	大面积上升，幅度不大，夹有长条形中等沉降	黄土
Ⅳ	东南湿热区	一月>0，全年 14～22	<10	1.00～2.25	东部 1000m 等高线以东	大部分地区上升，局部地区下降差异运动微弱	下蜀土，黄棕黏性土，红黏性土，砖红黏土，软土
Ⅴ	西南潮暖区	一月>0，全年 14～22	<20	1.00～2.00	东部 1000m 等高线以西，西南 3000m 等高线以东	大面积中等上升，差异运动强弱不一	紫黏土，红色石灰土，砖红黏性土
Ⅵ	西北干旱区	全年<10 山区垂直分布	东部 100～250 西部 40～100	东部 0.25～0.5，西部 <0.25	东部 1000m 等高线以西，西南 3000m 等高线以北	大面积或长条形上升与盆地下降相同	粟黏性土，砂砾土，碎石土
Ⅶ	青藏高寒区	全年<10，一月<0	除南端外 40～250	0.25～1.50	西南 3000m 等高线以西以南	大面积强烈上升，差异运动显著	砂砾土，软土

2. 一级区的自然条件

（1）北部多年冻土区（Ⅰ区）。纬度高、气温低，为我国唯一的水平多年冻土区，多年冻土层夏季上部融化为无法下渗的层上水，降低土基强度。秋季层上水由上至下冻结，形成冻结层之间的承压水。冬季产生冻胀，夏季有热融发生。

（2）东部温润季冻区（Ⅱ区）。是我国主要的季节冻土区，冻结程度及其对路基的影响自北至南一般逐渐减小。除黑黏性土、软土和粉土外，土基强度较好。主要矛盾是冬季冻胀，春季翻浆，形成明显的不利季节。夏季水毁和泥石流也有一定的影响。地形以平原和丘陵为主，局部低山公路修建条件不困难。

（3）黄土高原干湿过渡区（Ⅲ区）。为东部温润季冻区向西北干旱区和西南潮暖区的过渡区，以集中分布黄土和黄土状土为其主要特点，地下水位深，土基强度较好，边坡能直立稳定。公路面临的主要问题是粉质大孔性黄土的冲蚀和与遇水湿陷。因为湿度较低，翻浆自东向西，自北向南显著减轻，新构造活跃的西部地震较少，病害较多。

（4）东南湿热区（Ⅳ区）。是我国最湿热的地区，春、夏东南季风造成的梅雨和夏雨形成本区公路的明显不利季节。东南沿海台风暴雨多，由地表径流排走影响相对较小。低温较高，易引起沥青路面泛油。加大水泥路面翘曲应力。地形以丘陵、平原为主，公路通过条件尚好。

（5）西南潮暖区（Ⅴ区）。为东南湿热区向青藏高寒区的过渡区。一些地区因同时受东南和西南季风的影响,雨期较长。加之地势较高,蒸发较少,渗透较大,故土基较湿,湿质路基和部分干湿季节分明的地区,土基强度较高,本区为我国岩溶集中分布地区。北部和西部新构造强烈,不久地形高差大、地震病害亦多。

(6)西北干旱区(Ⅵ区)。由于气候干、旱,土基强度和道路水文状况均佳,筑路砂石材料较多,中级路面搓板松散,扬尘为主要病害,高山区有风雪流危害。灌区和绿区有冻胀翻浆,山区公路通过垂直自然带,选线和修筑均较复杂。

(7)青藏高寒区(Ⅶ区)。全区为海拔高,气温低的高寒高原,给公路建设带来特殊的问题,分布有高原多年冻土、泥石流、沮洳地和现代冰川。东南部由于新构造运动活跃、地形破碎和地震强烈而公路自然病害如滑坡、崩塌、泥石流等均极严重。公路通过条件困难,尤其是4000m以上的高山地区更甚。

3. 一级区的路基路面设计要求

(1)北部多年冻土区(Ⅰ区)。路面设计的重要原则是维持其冻稳性,保护冻土上限不致下降,以防路基热融沉陷,导致路面破坏。在路基设计中是宁填勿挖。原地面植被不应破坏,露地土质应为冻稳性良好的土或砂砾,必须采用路堑时,应有保证边坡和基层稳定的措施。沥青面层因热导率高,应相应抬高路基。结构组合中入设砂砾垫层,只能按蓄水不能按排水设计。

(2)东部温润季冻区(Ⅱ区)。路基路面结构组合设计中,应使路基填土高度符合要求,结合当地自然条件,应采取隔温、排水、阻断毛细水上升,以防止冻胀翻浆。利用水温性冻稳性好的材料做路面的基层,在水文土质不良的路段,可设置排水垫层,促进水排出,提高路基路面整体强度。

(3)黄土高原干湿过渡区(Ⅲ区)。路面结构组合的特点,是必须选择不透水的面层或上封闭层。以防止雨水下渗造成黄土湿陷。潮湿地段应注意排水以保护路基。对路肩横坡的设计应使水迅速排出。掺灰类结构物层是稳定的路面基层结构。在石料基层下增设砂砾底基层,亦为本区常用。

(4)东南湿热区(Ⅳ区)。为减轻沥青路面在热季泛油和雨季黏聚力降低,沥青材料宜选用较高的标号,保证其垫层的稳定性。渣油路面应提高抗滑性能并注意封闭表面,以提高公路的水温性。在路基设计中,应加强公路的排水系统。水稻田、软土和潮湿路段的路段应进行处理,或选用低塑砂砾料或泥灰结碎石做底基层或垫层。

(5)西南潮暖区(Ⅴ区)。路基路面结构组合,首要任务是保证其湿稳性。个别干热河谷中,也应注意其干稳性,过湿地去为保证道路强度,断面一般宜采用路堤,并使边坡符合要求。本区土质多系碳酸盐类岩石风化形成。结构稳定,强度较好,山地多石料丰富,有利于在设计中就地取材。岩溶地区应在详细地质勘测基础上进行设计,以保证公路整体稳定性。

(6)西北干旱区(Ⅵ区)。路基路面的特殊要求是保证其干稳性。由于干旱,大部分白色路面搓板严重,许多地区缺黏土和水。改建沥青路面为主要解决办法。绿洲灌区地下水位高,冻融翻浆严重,结构层应充分利用就近所产的砂砾、石料进行处理。道路设计中还应注意风蚀和沙埋的防治。

(7)青藏高寒区(Ⅶ区)。结构设计应针对自然条件和工程病害,采取措施保证路基的整体稳定性,全区除高原冻土地带应维持其冻稳性外,大部分公路路基低,路面多由养护形成,一般用砂砾结构,材料和强度可满足要求。交通量大时应敷设沥青路面。由于昼夜温差大,紫外线照射强，沥青老化快，且施工季节短，故施工应采取措施。柴达木盆地气候较干旱，氯化盐可做筑路材料。

1.5.3　二级区划

二级区划是在每个一级区内再以潮湿系数为依据分为 6 个等级，见表 1-2。

表 1-2 　　　　　　　　　　　　　　　潮　湿　等　级

潮湿系数	潮湿等级	潮湿等级名称
$K>2.0$	1 级	过湿
$1.5<K\leq2.0$	2 级	中湿
$1.0<K\leq1.5$	3 级	湿润
$0.5<K\leq1.0$	4 级	润干
$0.25<K\leq0.5$	5 级	中干
$K<0.25$	6 级	过干

注：潮湿系数 K 为年降水量 R 与年蒸发量 Z 之比，即：$K=R/Z$。

除了这 6 个潮湿等级外，还结合各个大区的地理、气候特征（如雨季、冰冻深度）、地貌类型、自然病害等因素，将全国分为 33 个二级区和 19 个二级副区（亚区），共 52 个二级自然区。中国公路自然区划一、二级区名称见表 1-3。

表 1-3 　　　　　　　　　　　　　　公路自然区划名称表

一级区划	二　级　区　划
Ⅰ 北部多年冻土区	Ⅰ1 连续多年冻土区，Ⅰ2 岛状多年冻土区
Ⅱ 东部温润季冻区	Ⅱ1 东北东部山地润湿冻区，Ⅱ1a 三江平原副区；Ⅱ2 东北中部山前平原重冻区，Ⅱ2a 辽河平原冻融交替副区；Ⅱ3 东北西部润干冻区；Ⅱ4 海滦中冻区，Ⅱ4a 冀北山地副区，Ⅱ4b 旅大丘陵副区；Ⅱ5 鲁豫轻冻区，Ⅱ5a 山东丘陵副区
Ⅲ 黄土高原干湿过渡区	Ⅲ1 山西山地、盆地中冻区，Ⅲ1a 雁北张宣副区；Ⅲ2 陕北典型黄土高原中冻区，Ⅲ2a 榆林副区；Ⅲ3 甘东黄土山地区；Ⅲ4 黄渭间山地、盆地轻冻区
Ⅳ 东南湿热区	Ⅳ1 长江下游平原润湿区，Ⅳ1a 盐城副区；Ⅳ2 江淮丘陵、山地润湿区；Ⅳ3 长江中游平原中湿区；Ⅳ4 浙闽沿海山地中湿区；Ⅳ5 江南丘陵过湿区；Ⅳ6 武夷南岭山地过湿区，Ⅳ6a 武夷副区；Ⅳ7 华南沿海台风区，Ⅳ7a 台湾山地副区，Ⅳ7b 海南岛西部润干副区，Ⅳ7c 南海诸岛副区
Ⅴ 西南潮暖区	Ⅴ1 秦巴山地润湿区；Ⅴ2 四川盆地中湿区，Ⅴ2a 雅安、乐山过湿副区；Ⅴ3 三西、贵州山地过湿区，Ⅴ3a 滇、南桂西润湿副区；Ⅴ4 川、滇、黔高原干湿交替区；Ⅴ5 滇西横断山地区，Ⅴ5a 大理副区
Ⅵ 西北干旱区	Ⅵ1 内蒙古草原中干区，Ⅵ1a 河套副区；Ⅵ2 绿洲——荒漠区；Ⅵ3 阿尔泰山地冻土区；Ⅵ4 天山——界山山地区，Ⅵ4a 塔城副区，Ⅵ4b 伊犁河谷副区
Ⅶ 青藏高寒区	Ⅶ1 祁连——昆仑山地区；Ⅶ2 柴达木荒漠区；Ⅶ3 河源山原草甸区；Ⅶ4 羌塘高原冻土区；Ⅶ5 川藏高山峡谷区；Ⅶ6 藏南高山台地区，Ⅶ6a 拉萨副区

1.5.4　三级区划

三级区划是二级区划的进一步划分。三级区划的方法有两种，一种是以地貌、水温和土质类型为依据，将二级区进一步划分为若干个类型单元；另一种是以水热、地理和地貌等为标志，将二级区进一步划分为若干个具有相似性的区域单元。全级区划未列入全国性的区域中，由各省、自治区、直辖市结合当地自然情况自行划分。

各级区划的范围不同，在公路工程中的应用也各有侧重。一级区划主要为全国性的公路总体规划和设计服务，二级区划主要为各地的公路路基路面设计、施工、养护提供较全面的地理、气候依据和有关参数，例如土基、路面材料的回弹模量、路基临界高度、土基压实标准等。

复习思考题

1. 公路的基本组成有哪些？
2. 路基路面有哪些特点？
3. 路基路面有哪些影响因素？
4. 公路自然区划是如何划分的？

第2章

路 基 工 程 设 计

2.1 路基的类型

路基是按照路线位置和一定技术要求修筑的带状构造物，是路面的基础，承受由路面传来的行车荷载。通常根据公路路线设计确定的路基高程与天然地面高程是不同的，路基设计高程低于天然地面高程时，需进行挖掘；路基设计高程高于天然地面高程时，需进行填筑。由于填挖情况的不同，路基横断面的典型类型可归纳为路堤、路堑和填挖结合三种类型。路堤是指全部用岩土填筑而成的路基，路基表面高于原地面高程；路堑是指全部在天然地面开挖而成的路基，路基表面低于原地面高程；此二者是路基的基本类型。当天然地面横坡较大，且路基较宽，需要一侧开挖而一侧填筑时，为填挖结合路基，也称为半填半挖路基。在丘陵或山区公路上，填挖结合是路基横断面的主要形式。

2.2 路基的构造

2.2.1 路堤

图 2-1 为路堤的几种常见横断面形式，按路堤的填土高度不同，可分为矮路堤、高路堤和一般路堤。填土高度小于 1.5m 者，属于矮路堤；填土高度大于 18m（土质）或 20m（石质）的路堤属于高路堤；填土高度在 1.5~18m 范围内的路堤为一般路堤。随其所处的条件和加固类型的不同，还有浸水路堤、护脚路堤及挖沟填筑路堤等形式。

矮路堤［图 2-1（a）］常在平坦地区取土困难时选用。平坦地区地势较低，水文条件较差，易受地表水和地下水的影响，设计时应注意满足最小填土高度的要求，力求不低于规定的临界高度，使路基处于干燥或中湿状态。路基两侧均设置边沟。

矮路堤易受地面水和地下水的影响，路堤容易处于潮湿状态，设计要特别注意满足路基水稳定性，要采取一定的地基处理措施，以保证路基的稳定。同时，矮路堤的高度往往接近或小于路基工作区的深度，除填方本身要求满足规定的施工要求外，天然地面也需注意清除基底并按规定要求进行压实，达到要求的压实度，必要时需换填好土或采取其他处置措施，以保证路基路面的强度和稳定。

一般路堤［图 2-1（b）］位于地面横坡较缓的地段，在路堤边坡低矮和迎水的一侧，应

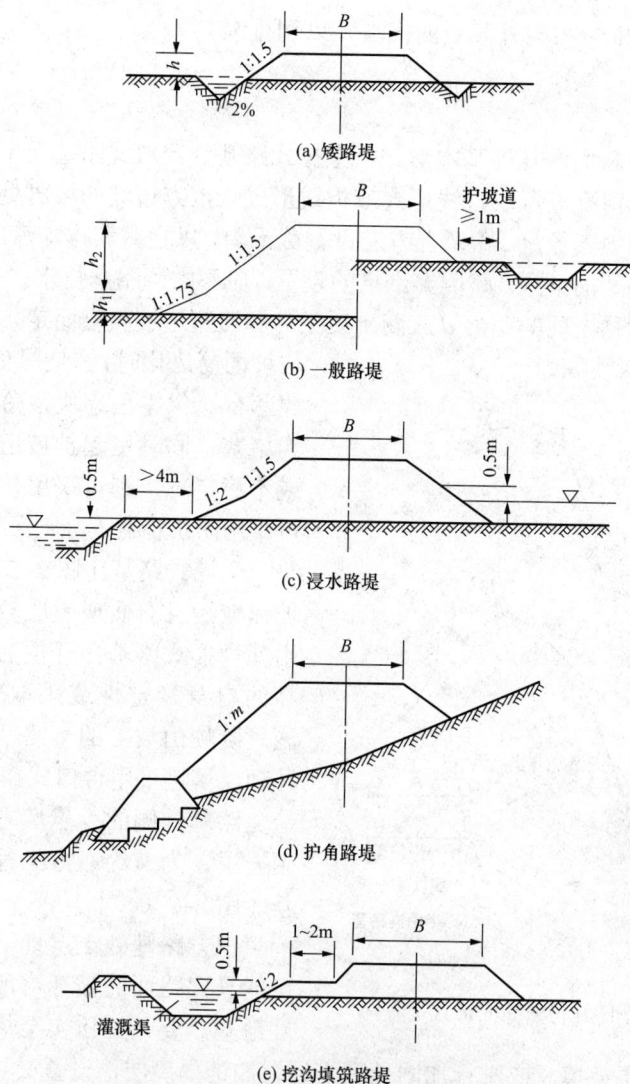

图 2-1 路堤的几种横断面形式

设置边沟和截水沟等排水沟渠，以防止地面水浸湿和冲刷路堤，一般可在路基两侧设置取土坑，使之与排水沟渠结合，同时可作为农田水利引排水加以利用。

浸水路堤［图 2-1（c）］一般位于河流、沟渠一侧，易受地面水和地下水的影响，路基容易处于潮湿状态，设计时应注意满足路基水稳定性，要采取一定的地基处理措施，以保证路基的稳定。路堤堤身与路侧取土坑或水渠之间，还有高路堤或浸水路堤的边坡中部，可视需要设置宽至少 1m（并高出设计水位 0.5m）的平台，称为护坡道，以保证路堤边坡的稳定。

高路堤［图 2-1（d）］由于路堤填土高度较大，填土石方数量大，边坡稳定性差，占地宽，行车条件差，施工困难，一方面造价较高，另一方面处理不当极易造成沉陷、失稳。为使路基边坡稳定和横断面经济，需做个别设计和稳定性验算，以合理确定边坡形式。高路堤的边坡，常按其受力情况采取上陡下缓的折线形边坡或台阶形边坡。台阶形边坡是在边坡中部每隔 8～10m 设置护坡平台一道，平台宽度为 1～3m，用浆砌片石或水泥混凝土预制块防护。并将平台做成 2%～5%向外倾斜的横坡，以利排水。

2.2.2　路堑

　　图 2-2 是路堑横断面的几种基本形式：全挖式路基、台口式路基及半山洞路基。挖方边坡可视高度和岩土层情况设置成直线形式或折线形式。挖方边坡的坡脚处设置边坡，以汇集和排除路基范围内的地表径流。路堑上方应设置截水沟，以拦截和排除流向路基的地表径流。挖方弃土可堆放在路堑的下方，路侧弃土堆的设置，应不妨碍路基排水，不危及边坡的稳定。弃土堆内侧坡脚到堑顶之间的距离 d 应随土质条件和路堑边坡高度而定，一般不小于 5m。边

坡坡面易风化时，在坡脚处设置 0.5～1.0m 的碎落台，供零星碎块下落临时堆积，防止边沟堵塞，同时也起护坡道的作用。边坡破碎或不稳定时，则可采用护墙或挡土墙或坡面可采用防护措施。

　　全挖式路基 [图 2-2 (a)] 为典型路堑，坡体较缓且石质或土质较为良好的边坡宜采用此种形式路基，开挖后的路基边坡具有较高的自身稳定性或采取一定的边坡防护措施。陡峻山坡上的半路堑，路中线宜向内侧移动，尽量采用台口式路基 [图 2-2 (b)]，避免路基外侧的少量填方。遇有整体性的坚硬岩层，为节约石方工程，可采用半山洞路基 [图 2-2 (c)]。

　　挖方路基处土层地下水文状况不良时，可能导致路面的破坏，所以对路堑以下的天然地基，要人工压实至规范规定的压实度，

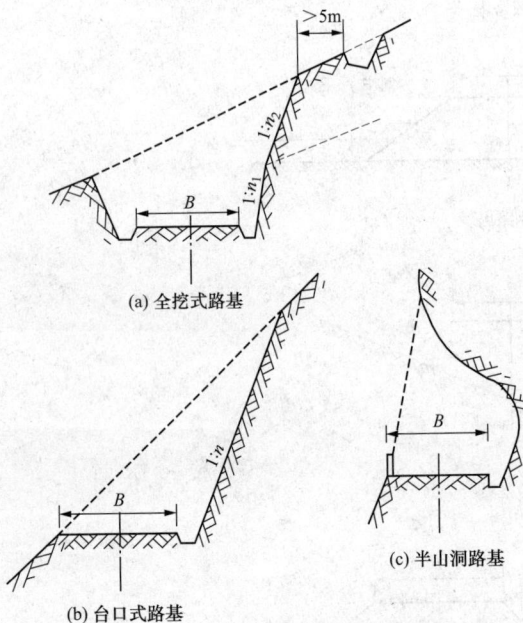

图 2-2　路堑的几种横断面形式

必要时还应翻挖分层换填，或进行加固处理，设置加铺隔离层，设置必要的排水设施，保证路基的稳定性。

2.2.3　半填半挖路基

　　图 2-3 是半填半挖路基的几种常见横断面形式，它是路堤和路堑的综合形式，兼有路堤和路堑的设置要求。一般设置于地面横坡较陡，路基又较宽，而路中线的设计标高与地面标高相差不大的地方。

　　半填半挖路基横断面的形式同地面横坡与地层情况有密切关系，其中填方部分，在自重作用下有可能下滑，为增加新、老土的密切结合，要求在填筑前将原倾斜地面或陡坡上的杂草、松动浮土和石块等加以清除，并做好排水设施。同时，为提高路基的稳定性，填方部分的地面应挖成台阶，使新、老土良好结合 [图 2-3 (a)]。有时视需要，填方和挖方部分可设置挡土墙等支挡结构物 [图 2-3 (b)]。如果填方部分遇到地面陡峻出现悬空，而纵向又有适宜的基岩时，则可采用桥梁（如石拱桥）跨越，构成半山桥路基 [图 2-3 (c)]。对于填方高度（或路肩等结构顶面高出地面）大于或等于 6m 以及急弯、陡峻山坡、桥头引道等危险路

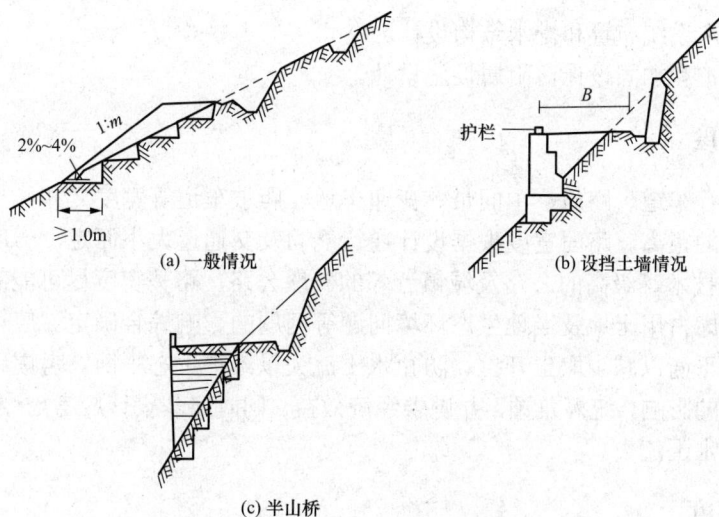

图 2-3　半填半挖路基横断面的基本形式

段，应设置护栏作为指示，诱导交通的安全设施。

　　半填半挖路基可以充分利用挖方的土石作为填方，减少挖方和弃方数量，故是一种较为经济的断面形式，在公路路线和地质条件许可和保证路基稳定前提下，应尽量使土石方数量的横向填挖平衡，以节省工程土石方数量和整体造价。

　　上述三类典型路基横断面形式各具特点，分别在一定条件下使用。由于地形、地质、水文等自然条件差异性很大，且路基位置、横断面尺寸及要求等亦应服从路线、路面及沿线构筑物的要求，所以路基横断面形式的选择，必须因地制宜，综合设计。

2.3　一般路基设计

　　路基设计之前，应做好全面调查研究，充分收集沿线地质、水文、地形、地貌、气象、地震等设计资料。改建公路设计时，还应收集历年路况资料及当地路基的翻浆、崩塌、水毁、沉降变形等病害的防治经验。

　　路基设计应根据当地自然条件和工程地质条件，选择适当的路基横断面形式和边坡坡度。河谷地段不宜侵占河床，可视具体情况设置其他的结构物和防护工程。

　　陡坡上的半填半挖路基，可根据地形、地质条件，采用护肩、砌石或挡土墙；当山坡高陡或稳定性差，不宜多挖时，可采用桥梁、悬出路台等构造物；三、四级公路的悬崖陡壁地段，当山体岩石整体性好时，可采用半山洞。

　　受水浸淹路段的路基边缘标高，应不低于路基设计洪水频率的水位加壅水高、波浪侵袭高，以及 0.5m 的安全高度。且应根据冲刷情况，设置必要的防护设施。沿河路基废方应妥善处理，以免造成河床堵塞、河流改道或冲毁沿线构造物、农田、房屋等不良后果。

　　路基设计的主要内容应包括：

　　（1）选择路基断面形式，确定路基宽度与路基高度。

　　（2）选择路堤填料与压实标准。

　　（3）确定边坡形状与坡度。

（4）路基排水系统布置和排水结构设计。

（5）坡面防护和加固设计，附属设施设计。

2.3.1　路基宽度

路基宽度为行车道、路肩、中间带、变速车道、爬坡车道等宽度之和，一般可理解为土路肩外边缘之间的距离。路面宽度根据设计通行能力及交通量大小而定，一般每个车道宽度为 3.5～3.75m，技术等级高的公路及城镇近郊的一般公路，路基宽度尽可能的增大。各级公路路基宽度要考虑占用土地及当地生态环境问题等问题的影响综合确定。应尽可能不占农业耕地，考虑填挖平衡以减少取土开挖、防止水土流失以维护生态平衡。考虑路基建设对当地水文地质及环境的影响，统筹兼顾，并讲求经济效益。同时路基设计应考虑今后的维护工作，美好路基并减少水土流失。

2.3.2　路基高度

路基高度是指路堤的填筑高度和路堑的开挖深度。路基高度分为中心高度和边坡高度。中心高度：路基中心线处的设计高程与原地面标高之差。边坡高度：填方坡脚或挖方坡顶标高与路基边缘的相对高差。新建公路的路基设计标高为路基边缘标高，在设置超高、加宽地段，则为设置超高、加宽前的路基边缘标高；改建公路的路基设计标高可与新建公路相同，也可采用路中线标高。设有中央分隔带的高速公路、一级公路，其路基设计标高为中央分隔带的外侧边缘标高。对于改建公路的路基设计高度，可与新建公路相同，也可采用路中线。

路基高度由路线纵坡设计确定。确定时，要综合考虑地形、地质、地貌、水文等自然条件、桥涵等构造物与交叉口的控制高度、纵横坡度的平顺、平纵线形的协调、土石方工程数量的平衡，以及路基的稳定性等因素综合确定。

一般路堤设计时的最小填筑高度除了满足其他有关的路线要求外，应该满足使路基处于干燥或中湿状态的临界高度。

沿河路堤及受水浸淹的路基，其高度应高于相应的设计洪水频率的设计水位（洪水位高度+壅水或波浪高度）之上 0.5m。路基设计洪水频率可依据公路等级按表 2-1 取用。

表 2-1　　　　　　　　　　　　路 基 设 计 洪 水 频 率

公路等级	高速公路	一级	二级	三级	四级
路基设计洪水频率	1/100	1/100	1/50	1/25	按具体情况确定

2.3.3　路基边坡坡度

确定路基边坡坡度是路基设计重要内容之一。路基边坡坡度可用边坡高度与边坡宽度之比 $H:b$ 的形式表示，并取 $H=1$ 计算为 $1:m$（路堤）或 $1:n$（路堑）的形式表示边坡坡率（图 2-4）。常用的表示方法见式（2-1）：

$$i = 边坡高度 H / 边坡宽度 b = \frac{1}{b/H} = 1:(b/H) = 1/m \qquad (2-1)$$

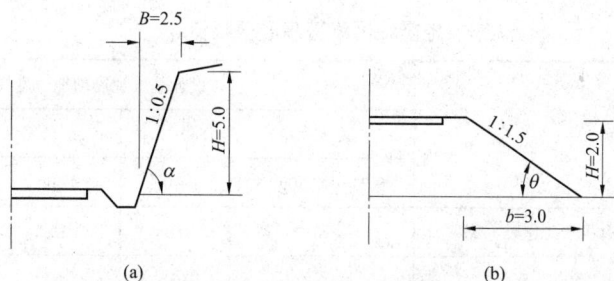

图 2-4　路基边坡坡度示意图

路基边坡坡度的大小，取决于边坡的土质、岩石的性质及水文地质条件等自然因素和边坡的高度。路基边坡坡度的大小直接影响路基的整体稳定性及土石方量和施工难易程度。一般路基的边坡坡度应通过设计验算确定，也可根据多年工程实践经验和设计规范推荐的数值进行采用。

1. 路堤边坡

当地质条件良好，边坡高度不大于 20m 时可根据填筑路堤填料种类和边坡高度按表 2-2 取用。

表 2-2　　　　　　　　　　　　　路 堤 边 坡 坡 率

填料类别	边坡坡率	
	上部（$H \leqslant 8m$）	下部（$H \leqslant 12m$）
细粒土	1:1.5	1:1.75
粗粒土	1:1.5	1:1.75
巨粒土	1:1.3	1:1.5

高路堤（高度超过表 2-2 的规定）及沿河浸水路堤应单独设计。

当公路沿线具有天然筑路石材或开挖的废旧石料可以使用时，可采用用填石路堤，砌石路堤仅使用于三、四级公路。

砌石顶宽不应小于 0.8m，基底向内斜，砌石厚不宜超过 15m；砌石内外坡率应依据砌石高度，按表 2-3 取用相应坡度。

表 2-3　　　　　　　　　　　　　砌 石 边 坡 坡 率

序号	高度（m）	内坡坡率	外坡坡率
1	$\leqslant 5$	1:0.3	1:0.5
2	$\leqslant 10$	1:0.5	1:0.67
3	$\leqslant 15$	1:0.6	1:0.75

在地震地区，应参照《公路工程抗震规范》（JTG B02—2013）的有关规定，当公路路堤或路堑高度大于表 2-4 要求时，应采取放缓坡度或采用加固措施。

表 2-4 地震地区路基高度极限值 （单位：m）

填土类别	设计基本地震动加速度峰值				
	高速公路、一级公路		二级公路	三级公路、四级公路	
	0.20g（0.30g）	0.40g	0.40g	0.30g	0.40g
岩块和细粒土（粉性土和有机质土除外）路基	15	10	15	—	
粗粒土（细砂、极细砂除外）路基	6	3	6	—	
黏性土路堑	15	15	10	15	20

2. 路堑边坡

路堑是以天然地表开挖形成的路基结构物。设计路堑边坡时应考虑原始地貌、地质构造上的整体稳定性，不良情况时应使路线避绕，稳定的地质也应考虑开挖后能否造成坡面减少支承而引起失稳；路堑边坡的设计应同时综合考虑地下水位、土层成因类型、岩石风化程度、坡面朝向及当地的气候条件等因素。土质路堑边坡坡度应根据边坡的高度，土的类别、密实程度及地下水、地表水的综合情况，参照表 2-5 确定。

表 2-5 土 质 路 堑 边 坡 坡 率

土的类别		边坡坡率
黏土、粉质黏土、塑性指数大于 3 的粉土		1:1
中密以上的中砂、粗砂、砾砂		1:1.5
卵石土、碎石土、圆砾土、角砾土	胶结和密实	1:0.75
	中密	1:1

注：1. 边坡较矮或土质比较干燥的边坡，可以采取较陡的边坡坡度。边坡较高或土质比较潮湿的边坡，可以采取较缓的边坡坡度。
   2. 开挖后土质容易变松的砂性土及砾性土应采取较缓的边坡坡度。
   3. 土的密实程度划分详见表 2-6。

表 2-6 土 的 密 实 程 度 划 分

分级	试坑开挖情况
较松	铁锹很容易铲入土中，试坑坑壁容易坍塌
中密	天然坡面不易陡立，试坑坑壁有掉块现象，部分需用镐开挖
密实	试坑坑壁稳定，开挖困难，土块用手使力才能破碎，从坑壁取出大颗粒处能保持凹面形状
胶结	细粒土密实度很高，粗颗粒之间呈弱胶结，试坑用镐开挖很困难，天然坡面可以陡立

岩石路堑边坡，一般根据地质构造及岩石特性，对照相似工程的成功经验选定边坡坡率。岩石的种类、风化程度及边坡的高度是决定坡率的主要因素。设计时可参照表 2-7 和表 2-8 选用。

表 2-7　　　　　　　　　　　　　岩质路堑边坡坡率

边坡岩体类型	风化程度	边坡坡率	
		$H<15m$	$15m{\leqslant}H<30m$
I 类	未风化、微风化	1:0.1～1:0.3	1:0.1～1:0.3
	弱风化	1:0.1～1:0.3	1:0.3～1:0.5
II 类	未风化、微风化	1:0.1～1:0.3	1:0.3～1:0.5
	弱风化	1:0.3～1:0.5	1:0.5～1:0.75
III 类	未风化、微风化	1:0.3～1:0.5	
	弱风化	1:0.5～1:0.75	
IV 类	弱风化	1:0.5～1:1	
	弱风化	1:0.5～1:1	

表 2-8　　　　　　　　　　　　　岩质边坡的岩体分类

岩体完整程度		结构面结合程度	结构面产状	直立边坡自稳能力
I	完整	结构面结合良好或一般	外倾结构面或外倾不同结构面的组合线倾角大于 75° 或小于 35°	30m 高边坡长期稳定，偶有掉块
II	完整	结构面结合良好或一般	外倾结构面或外倾不同结构面的组合线倾角 35°～75°	15m 高的边坡稳定，15～30m 高的边坡欠稳定
	完整	结构面结合差	外倾结构面或外倾不同结构面的组合线倾角大于 75° 或小于 35°	
	较完整	结构面结合良好或一般或差	外倾结构面或外倾不同结构面的组合线倾角小于 35°，有内侧结构面	边坡出现局部塌落
III	完整	结构面结合差	外倾结构面或外倾不同结构面的组合线倾角 35°～75°	8m 高的边坡稳定，15m 高的边坡欠稳定
	较完整	结构面结合良好或一般	外倾结构面或外倾不同结构面的组合线倾角 35°～75°	
	较完整	结构面结合差	外倾结构面或外倾不同结构面的组合线倾角大于 75° 或小于 35°	
	较完整（破碎镶嵌）	结构面结合良好或一般	结构面无明显规律	
IV	较完整	结构面结合差或很差	外倾结构以层面为主，倾角多为 35°～75°	8m 高的边坡不稳定
	不完整（散体、破碎）	结构面结合很差		

边坡超过 10m 的岩石路堑，边坡坡度宜参照《公路工程抗震规范》（JTG B02—2013）要求，按表 2-9 确定。边坡岩石石质破碎或有危石的岩石路堑，上覆层受震易塌陷时，应采取支挡措施；对于高速公路和一级公路，应采用明洞或隧道方案通过。

表 2-9　　　　　　　边坡高度超过 10m 的岩石路堑参考边坡坡度

岩石种类	设计基本地震动峰值加速度	
	0.20g（0.30g）	0.40g
风化岩石	1:0.6～1:1.5	1:0.75～1:1.5
一般岩石	1:0.1～1:0.5	1:0.2～1:0.6
坚石	1:0.1～直立	1:0.1～直立

2.4 路基的受力特性

2.4.1 路基的受力状况

土基的受力特性是由构成土基用土的物理性质决定的。土基用土的种类很多，但不论何种土都是由固态矿物颗粒、孔隙中的水以及气体三大部分组成的。因此，土是一种由固体颗粒、水和气体组成的三相体系。土作为一种工程材料，由于其内部结构上的这种特殊性，使得它在工程力学性质上与其他工程材料诸如钢材、水泥混凝土等有较大差别，其中最突出的是土在受力时的非线性变形特性。

路基承受着路基的自重和汽车轮重这两种荷载。在两种荷载的作用下，在一定的深度范围内，路基土处于受力状态。路基设计中应使受力区限定在路基弹性受力范围内，车辆通过后，路基能自动恢复原状，路基处于稳定。

路基土在车轮荷载作用下所引起的垂直应力 σ_z 可以用近似公式（2-2）计算，计算时，假设车轮荷载为一圆形均布垂直荷载，路基为一弹性均质半空间体，如图 2-2 所示，则

$$\sigma_z = \frac{p}{1 + 2.5\left(\dfrac{Z}{D}\right)^2} \tag{2-2}$$

式中　p ——车轮荷载换算的均布荷载（kN/m²）；

　　　D ——圆形均布荷载作用面积的直径（m）；

　　　Z ——圆形均布荷载中心下应力作用点的深度（m）。

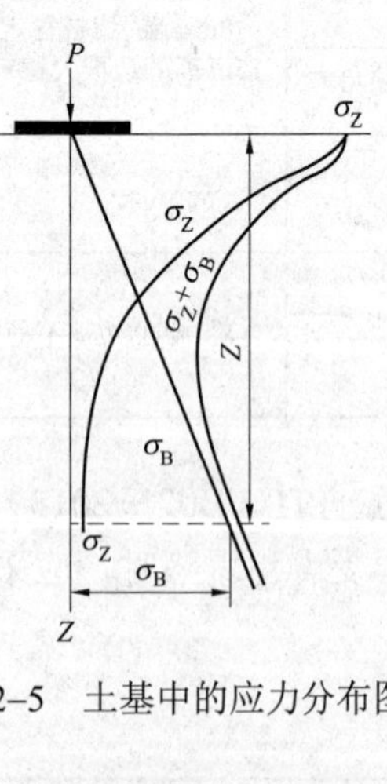

路基土本身自重在路基内深度为 Z 处所引起的垂直压应力 σ_B 应按式（2-3）计算：

$$\sigma_B = \gamma Z \tag{2-3}$$

式中　γ ——土的容重（kN/m³）；

　　　Z ——应力作用点深度（m）。

虽然路面结构材料的容重比路基土的容重略大，但是结构层的厚度相对于路基某一深度而已，这个差别可以忽略，仍可视作为均质土体。

路基内任一点处的垂直应力包括由车轮荷载引起的 σ_z 和由土基自重引起的 σ_B 两者共同作用，如图 2-5 所示。可用式（2-4）表示路基内任一点的总应力：

$$\sigma = \sigma_z + \sigma_B \tag{2-4}$$

图 2-5　土基中的应力分布图

2.4.2 路基工作区

在路基某一深度 H_{wd} 处，汽车荷载通过路面传递到路基的应力与路基土自重应力之比大于 0.1 的应力分布深度范围。该深度 H_{wd} 范围内的路基称为路基工作区，可用式（2-5）表示。该深度 H_{wd} 随车辆荷载增大而增大，随路面的强度和厚度的增加而减小。在此深度以下，车

辆荷载对土基的作用影响很小，可以忽略不计。

$$H_{wd} = \sqrt[3]{\dfrac{KnP}{\gamma}}$$ (2-5)

式中　H_{wd}——路基工作区深度（m）；

　　　　P——一侧轮重荷载（kN）；

　　　　K——系数，取 $K=0.5$；

　　　　γ——土的容重（kN/m³）；

　　　　n——系数，$n=5\sim10$。

下表 2-10 列出了与各种类型的汽车对应的路基工作区深度。

表 2-10　　　　　　　　　各种类型汽车对应的路基工作区深度

汽车型号	每侧后轮荷载 $P=1/2$（后轴荷载）（kN）	工作区深度 Z_a（m）	
		$1/n=1/5$	$1/n=1/10$
解放 CA-10B 载重汽车	1/2（60.85）	1.6	2.0
交通 SH-141 载重汽车	1/2（55.10）	1.6	2.0
北京 BJ-130 载重汽车	1/2（27.18）	1.2	1.6
上海 SH-130 载重汽车	1/2（23.00）	1.2	1.5
跃进 NJ-130 载重汽车	1/2（38.30）	1.4	1.7
黄河 JN-150 载重汽车	1/2（101.60）	1.9	2.4
黄河 JN-151 载重汽车	1/2（100.30）	1.9	2.4

路基工作区内，土基的强度和稳定性对保证路面结构的强度和稳定性极为重要，对工作区深度范围内的土质选择，路基的压实度应提出较高的要求。

当工作区深度大于路基填土高度时（图 2-6），行车荷载的作用不仅施加于路堤，而且施加于天然地基的上部土层。因此，天然地基上部土层和路堤应同时满足工作区的要求，均应充分压实。

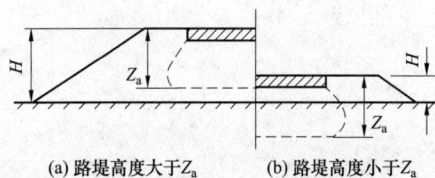

(a) 路堤高度大于 Z_a　　(b) 路堤高度小于 Z_a

图 2-6　工作区深度和路基高度

2.4.3　路基土的应力-应变特性

路基是路面结构的支承体，车轮荷载通过路面结构传至路基，路基土的应力-应变特性对于路基路面结构的整体强度和刚度都有很大的影响。路基土的变形包括弹性变形和塑性变形两部分。过大的塑性变形将导致各种沥青路面产生车辙和纵向的不平整，对于水泥混凝土路面，路基土的塑性变形将影响板块断裂。路面结构总形变中，土基的变形占很大部分，约占70%~95%，所以提高路基土的抗变形能力是提高路基路面结构整体强度和刚度的重要方面。

理想的线性弹性体在一定的应力范围内，应力与应变的关系呈线性特性，而且当应力消失时，应变随之消失，恢复到初始状态。路基土的内部结构十分复杂，是固相、液相和气相的综合体，非线性特性较为明显，其变形特性与理想的线性弹性体有着很大的区别。

压入承载板试验是研究土基应力-应变特性最常用的一种方法。这种方法是以一定尺寸的刚性承载板置于土基顶面，逐级加荷卸荷，记录施加于承载板上的荷载及由该荷载所引起的沉降变形，根据试验结果，可绘出土基顶面压应力与回弹变形的关系曲线。图 2-7（a）是这种关系的典型情况。通过试验测得回弹变形可以用式（2-7）计算土基的回弹模量：

$$E = \frac{pD(1-\mu^2)}{l} \tag{2-6}$$

式中　l——承载板的回弹变形（m）；

　　　D——承载板的直径（m）；

　　　E——土体的回弹模量（kPa）；

　　　μ——土体的泊松比；

　　　p——承载板的压强（kPa）。

假如土体为理想的线性弹性体，则 E 应为一常量，施加的荷载 p 与回弹变形 l 之间应呈直线管线。但是实际上图 2-7（a）所示的 p 与 l 之间的曲线关系是普遍的，因此，土基的回弹模量 E 并不是常数。

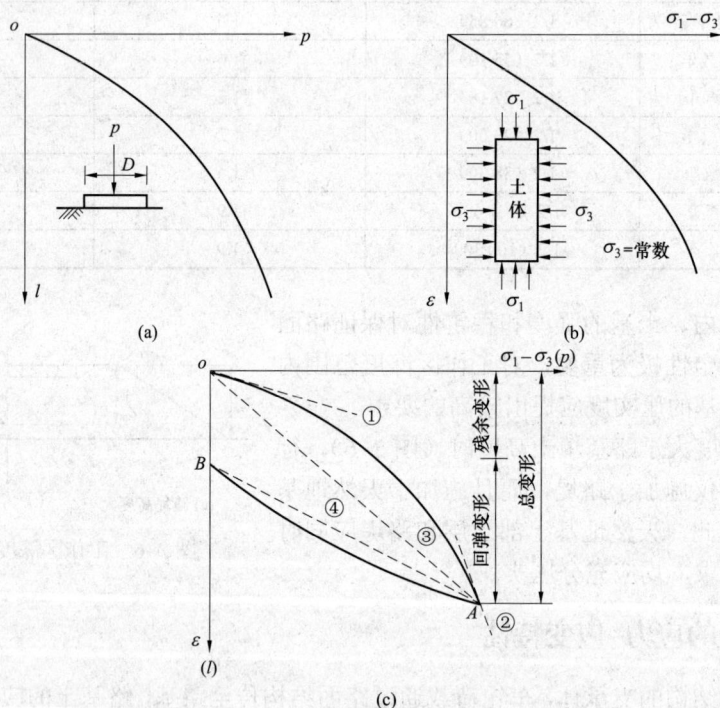

图 2-7　土基的应力-应变关系图

土基应力-应变的非线性特性由三轴压缩试验的结果也可以证明。图 2-7（b）为三轴压缩试验应力-应变关系曲线。土的竖向压应变 ε_1 可以按照式（2-7）计算：

$$\varepsilon_1 = \frac{\sigma_1}{E} - 2\mu\frac{\sigma_3}{E} \tag{2-7}$$

式中　ε_1——竖向应变；

　　　σ_1——竖向应力（kPa）；

　　　σ_3——侧向应力（kPa）；

E ——土体的回弹模量（kPa）；

μ ——土体的泊松比。

当侧向应力 σ_3 保持一个常数不变，若 E 值为常数时，竖向应力 σ_1 与竖向应变 ε_1 之间应保持直线关系。但是实际试验结果表明，σ_1 和 ε_1 之间普遍存在着非线性关系，所以 E 值不能视为不变的常量。

土体在应力作用下表现出来的变形，除非线性特性之外，还有弹塑性特性。图 2-7（c）可以看出，当荷载卸除，应力恢复到零时，曲线由 A 回到 B，OB 即为塑性或残余变形。通常评定土基应力–应变状态及进行路面设计时均采用模量值 E 来表征。最简单的办法是采用局部线性化的方法，即在曲线的某一个微小线段内，近似地将它视为直线，以它的斜率作为模量值。按照应力–应变曲线上应力取值方法的不同，模量有以下几种：

（1）初始切线模量：应力值为零应力–应变曲线斜率，如图 2-7（c）中①所示。

（2）切线模量：某一应力处应力–应变曲线斜率，如图 2-7（c）中②所示；反映该级应力处应力–应变变化的精确关系。

（3）割线模量：某一应力对应点与起点相连割线模量，反应该范围内应力–应变平均状态，如图 2-7（c）中③所示。

（4）回弹模量：应力卸除阶段，应力–应变曲线的割线模量。反映地基瞬时荷载作用下的可恢复变形性质，如图 2-7（c）中④所示。

前三种应变包含回弹应变和残余应变，回弹模量则仅包含回弹应变，部分反映了土的弹性性质。

路基土在车轮荷载作用下产生的应变，不仅与荷载应力的大小有关，而且与荷载作用的持续时间有关，这是由于土颗粒之间力的传递以及土粒与土粒之间的相对移动都需要一定的时间。通常在施加荷载的初期，变形量随荷载持续时间的延长而增大，以后逐渐趋向稳定。这又称为土的流变特性。

汽车在道路上行驶，车轮对土基作用时间很短，在这一瞬间，产生的塑性应变比静荷载长期作用下的塑性应变小得多，因此，土基的流变影响可以不予考虑。

2.5　路基附属设施

为了确保路基强度、稳定性及行车安全性要求，与一般路基工程有关的附属设施有取土场、弃土场、取土坑、弃土堆、护坡道、碎落台、堆料坪及错车道等。这些设施是路基设计不可缺少的一部分，正确合理设置是十分重要的。

2.5.1　取土场和弃土场

公路工程中路基的建设借方与弃方不可避免，路基取土和弃土应采用就近原则，可以降低工程造价，但既要考虑路基稳定性，也要对自然环境的影响，避免占用耕地，应合理设置取土场地和弃土场地。

取土场设置应符合下列原则：

（1）合理考虑取土场与路基之间的距离，避免取土影响路基边坡稳定。

（2）桥头引道两侧不宜设置取土场。

（3）兼做排水的取土场，应保证排水系统的通畅，其深度不宜超过该地区的地下水水位，并应于桥涵进口高程相衔接，其纵坡不应小于 0.2%，平坦地段不应小于 0.1%。

弃土场设置应符合下列规定：

（1）合理设置弃土场，不得影响路基稳定及斜坡稳定。

（2）沿河弃土时，应防止加剧下游路基与河岸的冲刷，避免弃土侵占河道，并视需要设置防护支挡工程工程。

2.5.2 取土坑和弃土堆

1. 取土坑

取土坑的设置要根据路堤外取土的需要数值、土方运输的经济合理、排水的要求以及当地农田基本建设的规划，结合附近地形、地质及水文情况等进行合理设置，尽量设在荒坡、高地上，最好能兼顾农田、水利、鱼池建设和环境保护等。

取土坑的深度，视借土数量、施工方法及保证排水而定。在平原地区深挖窄取，其深度建议不大于 1.0m，如取土数量大，可适当加深，以免过多增加宽度而多占土地。取土坑内缘至路堤坡脚应留一定宽度的护坡道，其外缘至用地边界的距离应小于 0.5m，并不大于 1.0m。

取土坑应有规则的形状及平整的底部，取土坑底面纵坡应不小于 0.3%，以利于排水，其横坡一般应做成向外倾斜 2%～3%的单向横坡。当取土坑宽度大于 6m 时，可做成向中间倾斜的双向横坡，根据需要可设置排水沟或集水坑，取土坑出水口应与路基排水系统衔接。取土坑的边坡坡度，视土质情况而定，一般内侧边坡为 1:1.5，外侧边坡不得陡于 1:1。取土坑的设置如图 2–8 所示。

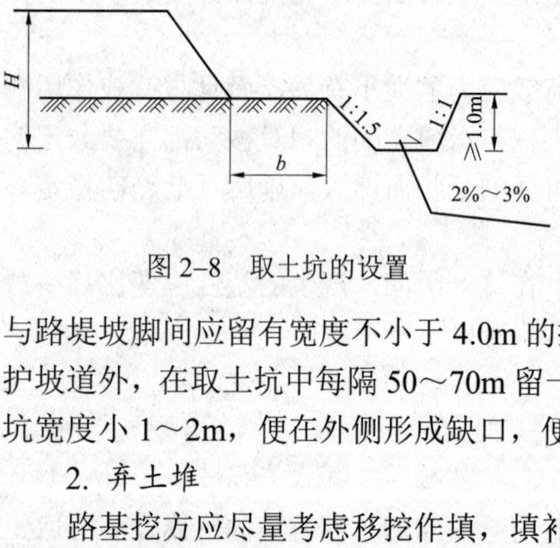

图 2–8 取土坑的设置

在洪水淹没地段的路堤的两侧，一般不准设置取土坑，特殊情况只准许在下游设置。取土坑上缘与路堤坡脚间应留有宽度不小于 4.0m 的护坡道。在洪水期沿路堤可能有纵向水流时，除设置护坡道外，在取土坑中每隔 50～70m 留一土埂，以便防护路堤。土埂顶宽 3.0m，长度比取土坑宽度小 1～2m，便在外侧形成缺口，便于排水。

2. 弃土堆

路基挖方应尽量考虑移挖作填，填补地面坑洞、田洼地，或利用弃土适当加宽路基，以减少废方。为防止因弃土不当造成水土流失、淤塞河道、危害路基及农田水利等不良后果，在设计时必须妥善考虑弃土堆的设置，不得任意倾倒，并采取必要的排水、防护和绿化措施。若能结合不同标段进行填挖平衡的协调处理，则不仅可以降低工程造价，还可以维护自然平衡，但须进行调配安排及合理计算运费。

经过整体规划或设计需要设置弃土堆时，一般做成梯形断面，边坡不宜陡于 1:1.5，高度不宜超过 3m。深路堑或地面横坡缓于 1:5 时，可设在路堑两侧；当原地面坦于 1:50，路旁两侧均可设弃土堆；当坡度较陡时，宜将弃土堆设在下侧。对于沿河路堤废方，检查是否压缩河道，挤压桥孔。弃土堆的设置如图 2–9 所示。

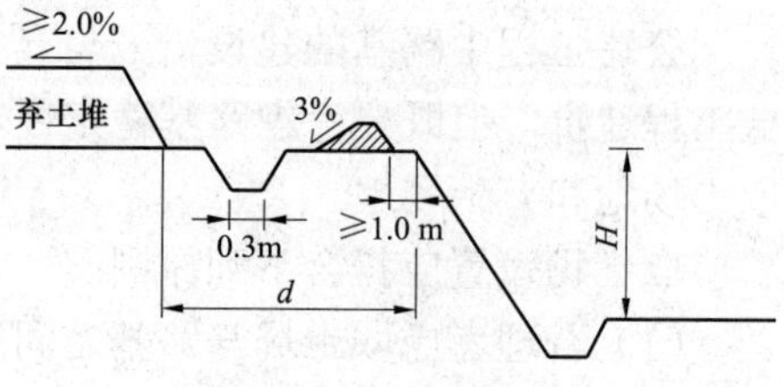

图 2–9 弃土堆的设置

在上坡一侧的弃土堆，应连续而不中断，并在弃土堆外侧设置截水沟。在下坡一侧的弃土堆，应每隔 50～100m 设置不大于 1.0m 宽的缺口，以利排水。

2.5.3　护坡道和碎落台

护坡道是为保护路基坡脚不受流水侵蚀，保证边坡稳定，而在路基坡脚与取土坑内侧坡顶之间预留的 1～2m 甚至 4m 以上宽度的平台。设置护坡道加宽了边坡横距，减小边坡的平均坡度，使边坡稳定性有所提高。护坡道越宽，越有利于边坡稳定，但填方数量也随之增大，通常护坡道宽度 $d \geqslant 1.0m$，并随边坡的高度增加而增加，边坡高度 $h \leqslant 3.0m$ 时，$d=1.0m$；$h=3\sim 6m$ 时，$d=2.0m$；$h=6\sim 12m$ 时，$d=2\sim 4m$。

碎落台是在路堑边坡坡脚与边沟外侧边缘之间或边坡上，为防止碎落物落入边沟而设置的有一定宽度的纵向平台（图 2-9）。碎落台设于土质或石质土的挖方边坡坡脚处，主要供零星土石碎块下落时临时堆积，以保护边沟不致阻塞，亦有护坡道的作用。其宽度视边坡高度和土质而定，最小不得小于 1m。如考虑同时起到护坡作用，可适当加宽。碎落台上的堆积物应定期清理。

护坡道和碎落台的设置可从半填半控路基路侧设置图 2-10 中看出。

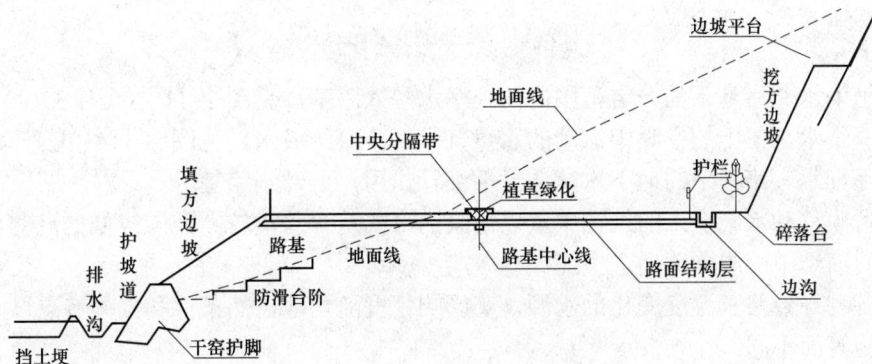

图 2-10　半填半挖路基路侧设施的设置

2.5.4　堆料坪和错车道

路面养护用矿质材料，可就近选择路旁合适地点堆置备用，亦可在路肩外缘设堆料坪，其面积可结合地形与材料数量而定，高级路面或采用机械化养路的路段，可以不设，或另设集中备用料场，以维护公路外形的视觉平顺和景观优美。

单车道公路，由于双向行车会车和相互避让的需要，通常应每隔 200～500m 设置错车道一处，其长度不得短于 30m，两端各有 10m 长的过渡段，中间 10m 供停车使用。单车道路基宽度为 4.50m，错车道路基宽度 6.50m。错车道应选在有利地点，并使相邻两错车道之间能够通视，以便驾驶员能及时将车驶入错车道，避让来车。

2.6　路基干湿类型

路基的强度和稳定性与路基的干湿和水温状况影响有密切关系，并在很大程度上影响路面结构的设计。因此，在进行路基设计时应严格区分其干湿类型。

1. 路基湿度的来源

路基在使用过程中，受到各种外界因素的影响，使湿度发生变化。路基土所处的状态是由土体的含水量或相对含水量决定的，含水量取决于湿度的来源及作用的延续时间。导致路基湿度变化的主要水源见图 2-11。

（1）大气降水。大气降水浸透路肩和边坡，通过毛细作用向路基迁移；降水通过边沟直接渗入路基；降水还透过路面结构的空隙渗入路面结构和路基上部，或者沿不透水路面的边缘、接缝或裂缝进入路基，见图 2-11 中编号 1。

（2）地面水。边沟、地表径流水因排水不良形成的积水渗入路基，见图 2-11 中编号 2。

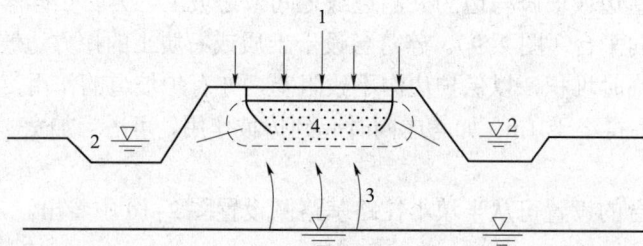

图 2-11　路基湿度来源示意

（3）地下水。路基下面一定范围内的地下水浸入路基，见图 2-11 中编号 3。

（4）凝结水。在土的空隙中流动的水蒸气，遇冷凝结成水，见图 2-11 中编号 4。

（5）毛细水。路基下的地下水，通过毛细管作用，上升到路基。

（6）薄膜移动水。在土的结构中水以薄膜的形式从含水量较高处向较低处流动，或由温度较高处向冻结中心周围流动。

上述各种导致路基湿度变化的水源，其影响程度随当地自然条件和气候特点以及所采取的工程措施等而不同。

2. 路基干湿类型划分

路基强度与稳定性，同路基的干湿状态有密切关系，并在很大程度上影响路面结构设计。

（1）稠度定义。路基按其干湿状态不同，分为四类：干燥、中湿、潮湿和过湿。为了保证路基路面结构的稳定性，一般要求路基处于干燥或中湿状态。过湿状态的路基必须经处理后方可铺筑路面。上述四种干湿类型以分界稠度 w_{c1}、w_{c2} 和 w_{c3} 来划分。稠度 W_c 定义为土的含水量 w 与土的液限 w_L 之差，与土的塑限 w_p 与液限 w_L 之差的比值，即

$$W_c=(w_L-w)/(w_L-w_p) \tag{2-8}$$

式中　W_c——土的稠度；

　　　w_L——土的液限；

　　　w——土的含水率；

　　　w_p——土的塑限。

土的稠度指标综合了土的塑性特性，包含了液限与塑限，全面直观地反映了土的硬软程度。例如：

1）$W_c=1.0$，即 $w=w_p$，为半固体与硬塑状的分界值；

2) $W_c = 0$，即 $w = w_c$，为流塑与流动状的分界值；

3) $1.0 > W_c > 0$，即 $w_L > w > w_p$，土处于可塑状态。

以稠度作为路基干湿类型的划分标准是合理的，但是在不同的自然区划，不同的土组的分界稠度是不同的，详见表 2-11。

表 2-11 各自然区划土基干湿分界稠度

分界稠度 自然区划	土质砂				黏质土				粉质土				附注
	w_{c0}	w_{c1}	w_{c2}	w_{c3}	w_{c0}	w_{c1}	w_{c2}	w_{c3}	w_{c0}	w_{c1}	w_{c2}	w_{c3}	
$II_{1,2,3}$	1.87	1.91	1.05	0.91	$\dfrac{1.29}{1.20}$	$\dfrac{1.20}{1.12}$	$\dfrac{1.03}{0.94}$	$\dfrac{0.86}{0.77}$	$\dfrac{1.12}{0.96}$	$\dfrac{1.04}{0.89}$	$\dfrac{0.96}{0.89}$	$\dfrac{0.81}{0.73}$	注1
II_4, II_5	1.87	1.05	0.91	0.78	1.29	1.20	1.03	0.86	1.12	1.04	0.89	0.73	
III	2.00	1.19	0.97	0.79					$\dfrac{1.20}{1.04}$	$\dfrac{1.12}{1.04}$	$\dfrac{0.96}{0.89}$	$\dfrac{0.81}{0.73}$	注2
IV	1.73	2.32	1.05	0.91	1.20	1.03	0.94	0.77	1.04	0.96	0.81	0.73	
V					1.20	1.08	0.86	0.77	1.04	0.96	0.81	0.73	
VI	2.00	1.19	0.97	0.78	1.29	1.12	0.98	0.86	1.20	1.04	0.89	0.73	
VII	2.00	1.32	1.10	0.91	1.29	1.12	0.98	0.86	1.20	1.04	0.89	0.73	

注：1. 黏性土：分母适用于 $II_{1,2}$ 区，粉性土：分母适用于 II_{2a} 区。

2. 分子适用于粉土地区，分母适用于粉质亚黏土地区。

3. w_{c0} 为干燥状态路基常见下限稠度，w_{c1}、w_{c2}、w_{c3} 分别为干燥和中湿、潮湿和过湿状态的分界稠度。

（2）平均稠度。公路勘测设计中，确定路基的干湿类型需要在现场进行勘查，我国现行《公路沥青路面设计规范》（JTG D50—2006）中规定，路基干湿类型可以实测不利季节路床顶面以下路 0.80m 深度内土的平均稠度确定 w_c，再按表 2-12 路基干湿状态的稠度建议值确定。也可根据公路自然区划、土质类型、排水条件以及路床表面距地下水位或地表积水水位的高度按表 2-13 的一般特征确定。

表 2-12 路基干湿状态的分界稠度建议值

干湿状态 土质类别	干燥状态 $w_c \geqslant w_{c1}$	中湿状态 $w_{c1} > w_c \geqslant w_{c2}$	潮湿状态 $w_{c2} > w_c \geqslant w_{c3}$	过湿状态 $w_c < w_{c3}$
土质砂	$w_c \geqslant 1.20$	$1.20 > w_c \geqslant 1.00$	$1.00 > w_c \geqslant 0.85$	$w_c < 0.85$
黏质土	$w_c \geqslant 1.10$	$1.10 > w_c \geqslant 0.95$	$0.95 > w_c \geqslant 0.80$	$w_c < 0.80$
粉质土	$w_c \geqslant 1.05$	$1.05 > w_c \geqslant 0.90$	$0.90 > w_c \geqslant 0.75$	$w_c < 0.75$

注：w_{c1}、w_{c2}、w_{c3} 分别为干燥和中湿、中湿和潮湿、潮湿和过湿状态路基的分界稠度，w_c 为路床顶面以下 0.8m 深度内的平均稠度。

表 2-13 路 基 干 湿 类 型

路基干湿类型	路床顶面以下 0.8m 深度内平均稠度 w_c 与分界稠度 w_{ci} 的关系	一 般 特 征
干燥	$w_c \geqslant w_{c1}$	土基干燥稳定，路面强度和稳定性不受地下水和地表积水影响。路基高度 $H_0 > H_1$

路基干湿类型	路床顶面以下 0.8m 深度内平均稠度 w_c 与分界稠度 w_{ci} 的关系	一 般 特 征
中湿	$w_{c1} > w_c \geq w_{c2}$	土基上部土层处于地下水或地表积水影响的过渡带区内。路基高度 $H_2 < H_0 \leq H_1$
潮湿	$w_{c2} > w_c \geq w_{c3}$	土基上部土层处于地下水或地表积水毛细影响区内。路基高度 $H_3 < H_0 \leq H_2$
过湿	$w_c < w_{c3}$	路基极不稳定，冰冻区春融翻浆，非冰冻区软弹土基经处理后方可铺筑路面。路基高度 $H_0 \leq H_3$

注：1. H_0 为不利季节路床顶面距地下或地表积水水位的高度。

2. 地表积水指不利季节积水 20d 以上。

3. H_1、H_2、H_3 分别为干燥、中湿和潮湿状态的路基临界高度。

4. 划分土基干湿类型以平均稠度 w_c 为主，缺少资料时可参照表中一般特征确定。

路基的平均稠度 w_c 按式（2-9）计算：

$$w_c = \frac{w_L - \overline{w}}{w_L - w_P} \qquad (2-9)$$

式中　w_c——土的平均稠度；

　　　$\overline{w}$——土的平均含水量；

　w_L、w_P——分别为土的液限、塑限，按现行的《公路土工试验规程》中液限塑限联合测定法测定。

（3）根据临界高度划分。对新建公路，路基尚未建成，无法按上述方法现场勘察路基的湿度状况。当路基的地下水位或地表积水水位一定的情况下，路基的湿度由下而上逐渐减少。可根据当地稳定的平均天然含水量、液限、塑限计算平均稠度，并考虑路基填土高度，有无地下水、地表积水的影响，论证后确定路基土的干湿类型。与分界稠度相对应的路基离地下水位或地表积水水位的高度称为路基临界高度 H_0，可以用路基临界高度作为判别标准。

为了保证路基的强度和稳定性不受地下水及地表积水的影响，在设计路基时，要求路基保持干燥或中湿状态，路槽底距地下水或地表积水的距离，要大于或等于干燥中湿状态所对应的临界高度。不同土质与自然区划的路基临界高度详见《公路沥青路面设计规范》（JTG D50—2006）。

2.7　路基拓宽改建

考虑到投资、占地以及路网分布等方面的因素，目前我国高速公路的扩建大多采用老路加宽的方案，也就是在已有高速公路的两侧或一侧加宽车道的建设方案。此外，还可以考虑采用高架（如中央高架或两侧高架）和中间分隔带预留等方案。具体加宽拼接方式，要根据地质、地形等实际条件确定。

2.7.1　拓宽方式选择

1. 拓宽方式

拓宽改建方案是路基拓宽改建设计的重要内容。拓宽改建方案中对既有路基的利用有三种方案：

（1）直接利用既有路基，适用于既有路基强度满足改建的需要且无病害的路段；

（2）既有路基经处理后利用，适用于路基强度不足、无病害或病害轻微，经处治后路基能满足改建需要的路段；

（3）对既有路基挖除重建，适用于病害严重、补强处理方案不可行的路段。设计时，需根据既有路基性状和改建设计的目标，通过技术经济综合比较后确定。

根据拓宽路基与既有路基的空间相对位置不同，拓宽拼接方案可区分为三大类：拼接式、分离式和混合式，并可细分为六小类。各种拓宽方式各有优缺点，有不同的适用条件，见表 2-14 和图 2-12。

目前国内高速公路拓宽的形式以双侧拼宽为主，少数路段（主要是大跨径桥梁结构部分）采用双侧分离式拓宽。如果既有高速公路中央分隔带有预留拓宽车道，可采用中央分隔带拓宽方式。如果既有高速公路沿线较长路段（一般大于 5km）没有立交，并且因受用地、工期以及交通组织等条件限制，则可采用分离式拓宽形式。

表 2-14　　　　　　　　　　拓 宽 形 式 分 类 表

拓宽形式			优 点	缺 点
拼接拓宽	单侧拓宽	图 2-12（a）	只需小幅调整平纵，拓宽侧容易实施	既有公路双向横坡需要调整为单向横坡，构造物处难以处理，互通立交、服务设施改建难度大；新旧路基、构造物间存在不均匀沉降，拼接比较困难；横向下穿道路或通航河流可能存在通行（通航）净空不满足的情况
	双侧拓宽	图 2-12（b）	只需小幅调平纵，交通组织无须改变	新旧路基、构造物间存在不均匀沉降，拼接比较困难；横向下穿道路或通航河流可能存在通行（通航）净空不满足的情况
	中央拓宽	图 2-12（c）	平纵几乎不用调整，最易实施，交通组织无须改变	中央分隔带必须事先预留足够的宽度，否则无法实施
分离拓宽	单侧拓宽	图 2-12（d）	只需小幅调整平纵，拓宽侧容易实施	既有公路双向横坡需要调整为单向横坡，构造物处难以处理；分离拓宽侧的立交进出的交通组织很难处理；占地大
	双侧拓宽	图 2-12（e）	既有公路平纵几乎不需调整，比较容易实施	单向形成两条路，交通组织需要改变；立交进出的交通组织很难处理；占地大
混合拓宽	双侧拼接或分离	图 2-12（b）图 2-12（e）	兼顾双侧拓宽和中央分割带拓宽的优点	路线形成分合流段落，交通组织复杂，安全性降低；拼接部分路基、构造物拼接比较困难；分离部分单向形成两条路，交通功能不好

2. 拼接式拓宽

路基拓宽采取单侧或双侧拼接式、分离式。单侧或双侧加宽扩建方案，就是在已有高速公路的单侧或两侧直接拼接加宽几条车道的扩建方案，即拆除老路路基防护、路侧护栏、交通标志、隔离栅等，在老路（桥）的单侧或两侧拼接出所需的宽度。根据道路扩建规模的不同，单侧或两侧拼接加宽扩建方案又分为六车道方案、八车道方案、十车道方案等。由于我国高速公路建设起步相对较晚，多车道高速公路建设的经验尚不成熟，高速公路扩建工程更

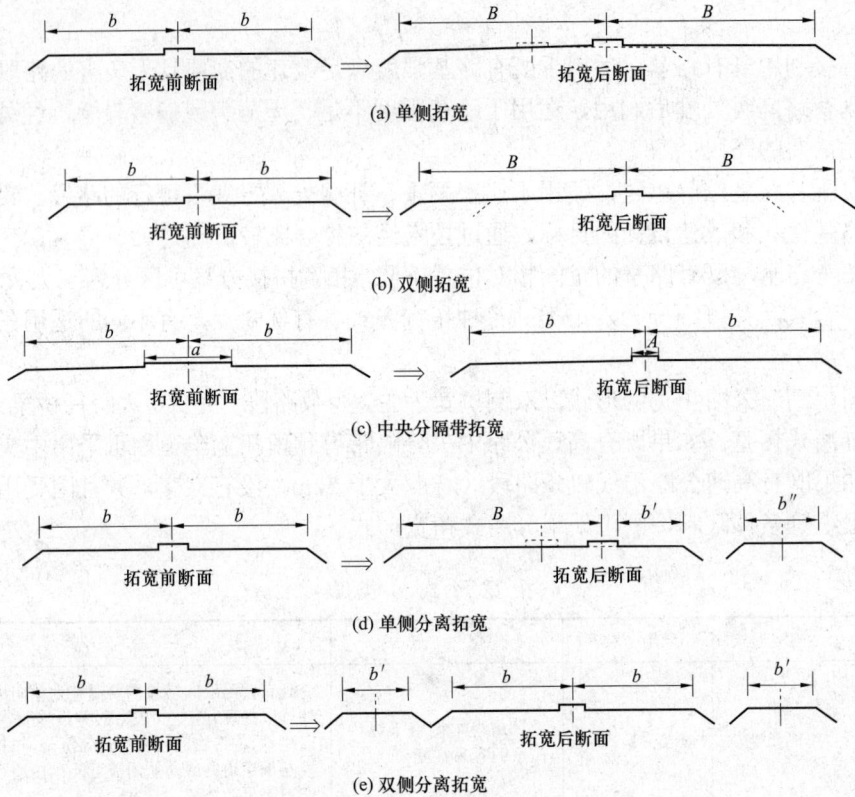

(a) 单侧拓宽

(b) 双侧拓宽

(c) 中央分隔带拓宽

(d) 单侧分离拓宽

(e) 双侧分离拓宽

图2-12 拓宽形式

是国内出现的新生事物，虽有沈大高速公路扩建工程、沪宁高速公路扩建工程、连霍高速公路扩建工程的成功经验在先，但因十车道及十车道以上的多车道高速公路扩建工程涉及更为复杂的路基处理、交通组织、工程造价计算等方面，故应当慎重选择十车道及十车道以上多车道高速公路扩建方案。下面介绍两种加宽方式的特点。

（1）单侧加宽。单侧加宽指高速公路扩建中只在原路的某一侧加宽路基，另外一侧保持不变（图2-13）。单侧加宽具有新、旧路基的中心线不重合的特点，难以保证新填路基的强度与旧路基相同。单侧加宽仅有一条衔接缝，施工作业面大，质量容易得到保证。土方工程可以从路的一侧集中施工，在一个地点可完成较大的工程量。为了保证工程质量，路基的实际加宽数值有时要大于设计数值，以便能安全地使用筑路机械（平地机、压路机等）施工，使边坡填筑牢固和新填土压实，确保加宽质量。

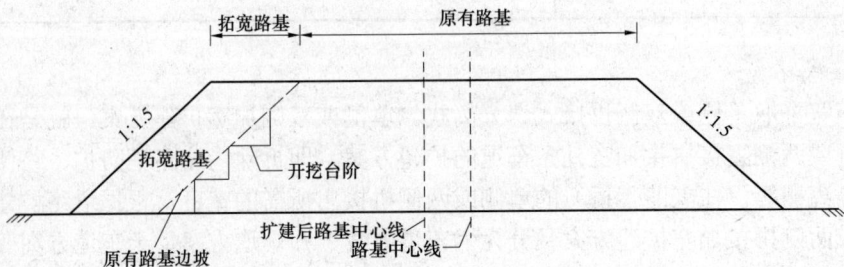

图2-13 单侧加宽

1）优点。充分利用地形，拆迁量小；路基一侧的排水防护设施可保留继续使用；新、旧路基差异沉降不显著；施工对原路交通干扰小，利于旧路的交通维持通畅；施工期间临时工程及占地较少；施工便道和预制场地可沿加宽侧布设。

2）缺点。平面线形需重新拟合；拆除原有中央分隔带，新建中央分隔带；路基加宽侧的防护等设施需要废弃；新旧路幅横断面不能有效组合；收费站和加宽侧互通匝道线形调整较大；上跨桥梁必须拆除重建，造成工程浪费，原主线桥梁分两幅设置，施工困难，对交通造成干扰。

（2）双侧对称加宽。双侧对称加宽指保持路中线不变，在原路两侧分别拓宽同样的宽度的方法，如图 2-14 所示。双侧对称加宽适用于通过城镇地区的低路堤公路和受居民房屋、建筑物、电力通信线路所约束的路段。双侧加宽工程规模小，可利用的工程项目多，技术较成熟，在高等级公路改扩建中具有优势。

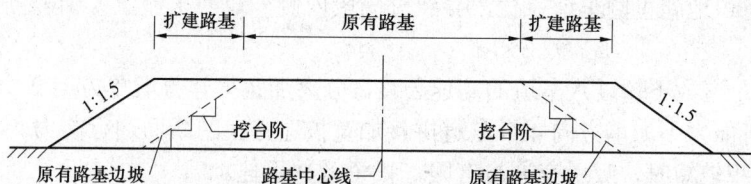

图 2-14　路基的双侧加宽

1）优点。双侧对称加宽的特点是新、旧路基的中心线基本重合，基本保持原有公路的几何线形，路线中心线不调整；道路加宽后路面能较多地利用原有道路的路基，中央分隔带及其排水、通信管道、防护栏等设施可充分利用；新旧路幅横断面能有效组合，路拱规则，路面排水简单；互通匝道线形调整较小；部分上跨桥梁净空（净高和净宽）影响不大，主线桥拼宽难度较小，施工比较方便。

2）缺点。路基两侧的防护、排水沟、防撞护栏等设施须拆除重建；施工对公路上的交通影响较大（两侧都干扰）；施工期间临时工程量相对较大，占地较多，施工便道、预制场须沿公路两侧布设；拆迁量相对较大；很难保证新、旧路基土之间的整体性和紧密结合，形成两个新、旧路基的衔接面，如果是高路堤，而且加宽值又不大，则难以保证新、旧填土之间的紧密结合，需要对新填土进行严格的压实或加固，否则新填土可能滑塌或被冲刷。

3. 分离式加宽

（1）分离式加宽的优点。

1）对一些不能直接拼接的特殊桥梁、互通式立交枢纽等采用分离加宽扩建方案，拆除量小，工程规模小，技术上更为可行（图 2-15）。

2）由于新建高速公路与老路分离，所以新建高速公路在施工期间对老路的干扰较小，可基本维持现有高速公路的通行。

3）分离加宽扩建无需考虑新老路基差异沉降问题，所以施工质量相对容易控制，技术上风险也小。

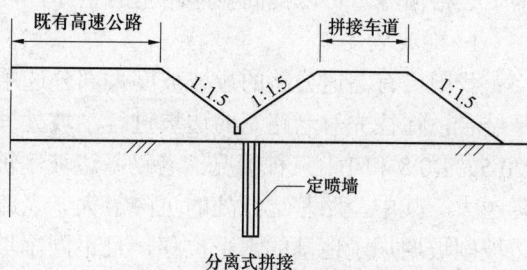

图 2-15　分离加宽扩建

4）对于老路地质条件较差的地段，新老路拼接可采用以桥代路，所以适用性较强。

5）由于分离路基的纵断面相对来说可不受老路控制，所以能解决拼接加宽扩建所引起的主线桥下净空不足的问题。

6）已建高速公路能全部利用，不产生废弃工程，社会影响小。

7）有利于现已建成高速公路形成"快速+集散"的交通组织方式，提高整个路网的通行能力。

（2）分离式加宽的不足。

1）用地相对较多，并且工程投资规模较大。

2）老路与新路之间车辆不易随时转换，互通能力不高，快速车道与集散车道之间车辆转换的灵活性受到一定的限制。

3）由于非出入口性质的分离是特定条件的分离，一般情况下不会出现，驾驶员在分离起点段往往会下意识地朝里侧车道靠拢，导致分离段内侧车道的车流量大于外侧，引起车流量不均衡。

4）对于总车道数不超过八车道的高速公路，分离加宽扩建方案单方向2个车道＋2个车道的横断面通行能力不如单方向4个车道拼接加宽扩建方案的断面通行能力。

5）建设里程较短时，吸引交通量有限，投资效益不佳。

4. 加宽方式的选择

采用单侧加宽方式时施工方便，而且路基土方施工时原有旧路可以作为临时道路使用。单侧加宽路基加宽值较双侧加宽要大，压实度容易保证，且基底处理一系列施工工序都在一侧进行，施工进度快。单侧加宽可以减小新、旧路基接触面，降低路基基底处理难度。无论采用哪种路基加宽方法，都要保证新、旧路基土能很好地结合，使其均匀受力。若结合不好，路基的新填部分可能会在行车碾压过程中使路面凹陷或凸起，甚至会在水浸和行车的动力等外界因素作用下产生滑移，以致影响公路的正常使用。

在实际工程中，可以将这几种拓宽方式和改线混合运用，针对具体路段采用不同的方法，更加方便灵活，更能因地制宜，最大限度的利用旧路，减少拆迁和用地，满足地方的规划要求。

2.7.2 新旧路基结合部设计

为保证新老路基拼接的整体性，其结合部通常采用台阶式衔接方式，即清除坡面松土，沿老路坡面开挖台阶，自下而上逐层填筑路基。当路堤较高时，在路堤底部、中部、路床加铺土工格栅等，可以提高新老路基的整体性，减少其差异沉降变形。

1. 削坡坡度

我国已有高速公路的边坡坡度大部分选用的是1:1.5，加宽改扩建时，为更好的使新老路基结合，往往先对老路基的边坡进行削坡处理。我国已扩建高速公路边坡削坡基本上集中在1:0.5、1:0.8和1:1三种情况。老路基边坡削坡对路堤和地表沉降影响均较大，削坡越多，沉降越大。其中，路基边缘处的沉降最大。老路堤边坡削坡对地表水平位移影响较大。老路堤边坡削坡增加了地基的水平位移，且不同削坡程度时水平位移减少的程度不同，削坡越多，减少的水平位移越多。但是削坡程度应根据每个具体工程的特点而定。

2. 台阶形式

削坡后一般要进行边坡台阶的开挖，目的是增加新旧路基之间的接触面积，以保证拼接部位的有效结合。老路边坡开挖的台阶有四种形式：标准式、内倾式、竖倾式和内挖式。

（1）标准式台阶。标准式台阶就是根据原路或削坡后的边坡坡度确定台阶的宽度和高度（图 2-16）。优点是开挖施工更方便，只需确定开挖高度或宽度后即可开挖；缺点是公路沿线边坡的坡比往往是变化的，因此，不能同时要求高度和宽度分别达到某个标准，而台阶的宽度和高度分别有不同的作用。

根据侧重点的不同，在设计时可细分为两类：一类设计方法是控制台阶高度，主要考虑了结合部位路基质量的保证，例如，开挖深度必须保证能够清除掉原路边坡压实不足的填土；另一类设计方法是控制台阶宽度，主要考虑土工格栅的锚固长度。

综合而言，建议采用控制台阶高度的方法，由于绝大部分路段的边坡坡比为 1:1.5 或更缓，台阶宽度可以满足锚固长度需求；由于种种原因（如原路边坡较陡等），台阶高度较低时，考虑加强格栅内侧端的锚钉锚固。同时，控制台阶高度可按 20cm 的倍数，以便于路基分层填筑。

（2）内倾式台阶。内倾式台阶就是在标准式台阶的基础上，在台阶的水平面上设置内倾角，如图 2-17 所示。目前国内加宽常用的方式为内倾式台阶。在台阶的高度和宽度不同时，由于原路边坡被挖去部分的自重将由新填部分弥补，附加应力与台阶的高度和宽度无关。

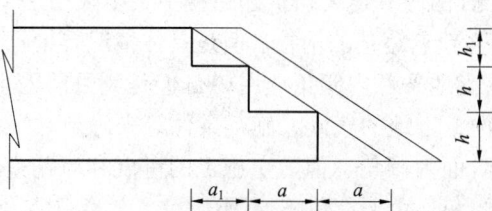

图 2-16　标准式台阶

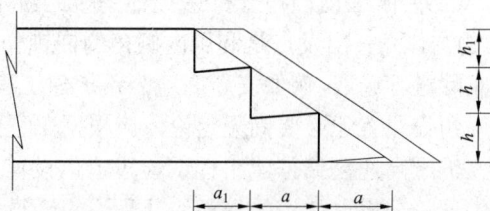

图 2-17　内倾式台阶

（3）竖向倾斜式台阶。竖向倾斜式台阶是将台阶竖向台阶面向路基中心方向倾斜的开挖方式（图 2-18）。与标准式台阶相比，竖向倾斜式台阶便于压实下一级台阶面上的填土，主要是台阶内侧角隅部位；缺点在同等条件下减少了锚固长度，施工难度也有所增加。若台阶面上没有格栅，则竖向倾斜式的优势较明显。

（4）内挖式台阶。内挖式台阶是以比原路基边坡更缓的坡度开挖的台阶（图 2-19）。这种设计的目的是同时控制台阶高度和宽度，优点是可以同时满足拼接部位填土压实质量和格栅锚固长度的要求。缺点是开挖工程量有所增大。

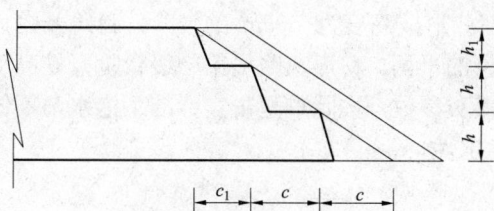

图 2-18　竖向倾斜式台阶

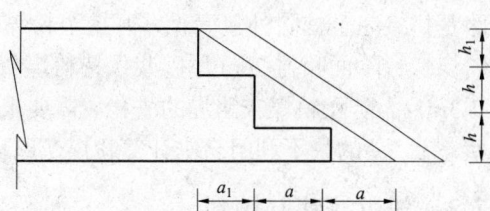

图 2-19　内挖式台阶

3. 台阶设计

新老路基的结合部是拓宽和拼接工程的薄弱环节，开挖台阶的目的主要是增加新老路基的接触面，增强新老路基的结合面的摩阻力和抗剪强度，保证新老路基之间的有效结合和整体性；同时，开挖台阶还可以去除边坡表层的松软土层，为土工格栅的铺设提供必要的锚固长度。

（1）台阶的尺寸。台阶的开挖尺寸（宽度和高度）有一定的限制。我国高速公路加宽工程大多都把台阶高度控制在80cm以内，台阶宽度根据边坡坡度确定，在60～200cm之间。另外，台阶的开挖尺寸和老路边坡的填筑材料、压实度等有关，如沪杭甬高速公路，由于老路的填料为矿渣，边缘压实度不够，所以采用了较大的台阶尺寸。美国普渡大学的 Richard J.Deschamps 等人（1999年）通过对非软土地基上五条加宽道路（其中三条加宽成功，两条失败）的调查后指出，不合适的台阶开挖会导致加宽工程的失败。美国印第安那州（Indiana）规范规定边坡坡率大于1:4的道路加宽台阶宽度应大于3m，台阶高宽比为1:1。这样会形成3m高的竖直断面，有可能影响老路路堤的稳定，Richard J.Deschamps 对其进行了修正，指出台阶的竖直高度不宜超过1.5m。

《公路路基设计规范》（JTG D30—2015）中第6.3.4-2对台阶宽度有这样规定：拓宽既有路堤时，应在既有路堤坡面开挖台阶，台阶宽度不应小于1.0m，当加宽拼接宽度小于0.75m时，可采取超宽填筑或翻挖既有路堤等工程措施。

（2）台阶面内倾角分析。关于台阶面上的内倾角，国内高速公路扩建工程中大多采用2%～4%的内倾角，出发点是利用内倾角的嵌锁作用增强新老路基的衔接。但是具体情况要根据工程实际进行选取，例如安新高速公路扩建工程根据当地条件内倾角选用3%。但是到目前为止，内倾角设置有无必要尚无定论，应根据工程的特性、当地的气候、施工条件等来确定。

沪宁高速公路扩建工程试验段上也设置了台阶面内倾角，但随着施工的进展和对路基拼接的理论分析、认识的深入，认为不应当设置内倾角，主要有以下原因：

1）内倾角的存在影响台阶面压实效果。

2）内倾角不利于排水，施工过程中一旦突然降雨，将造成角隅处积水。

3）内倾角起不到增强新老路基拼接效果的作用，新路基的典型破坏形态是路基顶部拉裂和差异沉降，如果拼接路基较窄、边坡较陡，还存在稳定问题，此时的破坏形态为近似圆弧状的滑移线。但无论如何，不会出现新路基沿拼接台阶面的水平滑移，因此，设置内倾角起不到期望的嵌锁作用。

（3）特殊路基拼接的台阶。台阶的开挖尺寸和老路边坡的填筑材料、压实度等有关。当填料为砂、砾等料时，或含水量很大，开挖有困难时，需要专门研究，特殊处理后，方能进行开挖，或采取其他措施。沪宁高速公路部分路段采用粉煤灰路堤，外包1m厚素土。该路段路基拼接完全挖除外包素土，开挖至粉煤灰内部并形成高度为60cm的台阶，台阶开挖后在粉煤灰台阶面喷射2cm厚砂浆保持粉煤灰含水量的平衡。粉煤灰路堤第一级台阶开挖高度为1.3m，为防止粉煤灰路堤的失稳，需要根据粉煤灰参数，按照重型击实标准下饱水与不饱水状态 c、ϕ 的最不利组合来计算粉煤灰路堤的稳定性。

2.7.3　新拼接路基填料

路基拓宽改建过程中，新老路基结合部常产生差异沉降变形破坏等路基病害。其主要原因是新老路基填料性质和密实状态的差异、下渗水及新老路基衔接处理不当等。

新拼接路基宜选用与既有路基相同的填料，或者选用渗水性好、强度高、具有良好级配的粗粒土作为路基填料。若采用细料土作为填料，应满足路基土强度、回弹模量的要求，并加强路基内部（特别是新老路基结合部）的排水。

高速公路拓宽工程一般是在维持交通的基础上进行实施的，老路部分还需承担正常的交通，虽经部分分流，但交通量仍然比较大，重载车辆多，工期要求比较紧。为确保工程质量，可利用大吨位振动压路机、冲击式压路机来碾压土体，以及增加碾压遍数来减少土体本身孔隙率，增加路基压实度，减小路基本身沉降，同时也可填筑无机结合料改良土或 CBR 值较好的材料如碎石土、砂砾等。

对路堤较高、原地基承载力低的路段，也可考虑采用轻质路基填料（如粉煤灰）以减轻路堤自重，减少新拼接路基荷载。通过减轻填筑路堤的重量，同时保证满足路堤边坡稳定所需的路堤本身强度与变形，使新路路基所承受的上覆路堤荷载减小，降低拓宽路堤部位的基底压力，减小地基的压缩变形量，提高地基稳定性，减小沉降和侧向变形，使新路堤沉降量减小，同时也减小了新路堤对老路堤的附加沉降。因路基越高自重越大，该法尤其适用于较高路堤。总之，选用合适而优良的路基填料对提高路基强度和稳定性十分重要。

2.7.4　差异沉降控制

1. 差异沉降控制技术

路基拓宽工程面临的最为突出的技术难题是新老路基的差异变形，主要包括拓宽荷载产生的地基二次沉降、拓宽路基的压密变形，以及新老路基结合不良导致的蠕滑或滑移。路堤拓宽后，新路基之间将形成沉降差。为避免差异沉降引起路基纵向裂缝，需保证拓宽路基与既有公路路基之间的良好衔接，并对新拼宽道路的地基进行处治，减小地基沉降，同时要注意路堤本身的压实，以减小路堤自身压缩沉降。当路堤高度超过 3m 时，可在新老路基间横向铺设土工格栅，提高路基的整体性，减小不均匀沉降。

2. 差异沉降控制标准

拓宽公路，尤其是高等级公路拓宽带来的最大问题就是路基的差异沉降，而差异沉降会使路面产生附加拉应力，导致路面开裂。因此必须将路基工后差异沉降控制在一定范围内，才能保证路面良好的使用性能。差异沉降控制标准涉及到的问题比较多，它的取值直接影响到工程造价及道路的使用性能。

沉降控制标准是高速公路改扩建的关键问题。标准过低将会影响工程的路用性能，而标准过高，又会提高工程造价。因此，要科学地考虑工程的路用性能和工程造价，选择合理的沉降控制标准。

沉降控制标准一般分为施工期的沉降控制标准和工后沉降控制标准。在实际工程中，施工期的沉降稳定控制标准一般采用沉降速率法，而工后沉降控制标准采用工后沉降法。对于新建高速公路，施工期的沉降控制标准一般设定路基中心线每昼夜地面沉降速率和坡脚水平位移速率的容许值，以控制填筑速率的手段来实现。只要能满足工后沉降的要求，对于填筑期的沉降量没有明确要求。

（1）国外控制标准。德国控制路堤的工后沉降有两个指标：相对沉降（工后沉降与总沉降量之比）为 5%～15%，绝对沉降为 3～5cm，特殊情况下为 10cm，且要求两个指标同时满足。例如对路基作分段处理时，要注意相邻路段间的沉降差不能过大，必要时应设置沉降差过渡段。

1967年日本道路协会《道路土工指针》曾规定：当土方工程结束后立即铺筑高等级路面时，路堤中心处剩余沉降量的限值，对一般路段为10～30cm，与桥梁等邻接的填土部位为5～10cm。

在法国一些工程要求桥头引道部分的容许工后沉降为3～5cm，在一般路段为10cm，对应的地基固结度为85%～95%。

美国的研究报告指出：路面的容许总沉降或差异沉降不做规定。除了对桥头引道，通常规定为1.27～2.54cm外，一条公路的工后沉降为3～6cm通常是允许的，在某些管理部门还容许1.7‰的差异沉降。

（2）国内规范规定。根据江苏、浙江、广东等省软土地基地段高速公路拓宽的实践经验，既有路基中心附加沉降超过30mm，拓宽路基的路拱横坡度增大值超过0.5%时路面开裂。《公路路基设计规范》（JTG D30—2015）之6.4.3款规定，路基拼接时应控制新老路基之间的差异沉降，既有路基与拓宽路基的路拱横坡度的工后增大值不应大于0.5%。对于穿越软弱地基地段高速公路拓宽的改建，由于既有高速公路地基已基本固结沉降稳定，而两侧地基基本为原状地基，在新的路基荷载作用下，地基将产生新的附加沉降，并对原有路基路面产生一定影响。拓宽路基应严格按桥头段路基工后沉降标准，控制其工后沉降，减小拓宽路基对既有道路路基的沉降影响。

复习思考题

1. 路基工程的作用及特点有哪些？
2. 路基的主要类型有哪几种？
3. 影响路基稳定性的因素主要有哪些？如何保证路基稳定性？
4. 一般路基的设计包含哪些主要内容？
5. 一般路堤的横截面尺寸如何设计？
6. 选定路基填筑高度主要考虑什么因素？
7. 路基土压实特性规范有何要求，为什么？路堤及路床的压实度规范要求取值为多少？
8. 什么叫路基工作区？路基工作区有什么受力特性？
9. 路基拓宽有哪几种形式？分别有什么优缺点？
10. 路基拼接结合部有哪些关键技术？

第3章

路基稳定性设计

3.1 路基设计基本原理

3.1.1 边坡稳定原理

路基的崩塌、坍塌、滑坡、滑移或沉落等都是公路常见的破坏现象，主要发生在长期降雨且地表排水较差的地段。通常表现为岩土体因失去侧向和竖向支撑而倾倒，或沿某一剪切破坏面（软滑面）滑动及塑性流动。这些现象常使建筑物受到严重破坏，经常阻断交通，影响车辆的安全、迅速、舒适行驶，甚至造成交通中断。

根据对边坡发生病害现象的观察，路基边坡坍塌破坏时会形成一滑动面，其形状与土质有关，大多呈曲线。对于松散的砂性土、砂土和砾（石）土，边坡坍塌破坏时，滑动面类似于平面；对于黏性土，土体本身具有较小内摩擦角 φ 和较大的黏聚力 c。边坡坍塌破坏时，滑动土体有时像圆柱形，有时像碗形。

如果下滑面是单一平面，则根据静力平衡原理可以求解力未知量，这是一个静力平衡问题［图3-1（a）］。

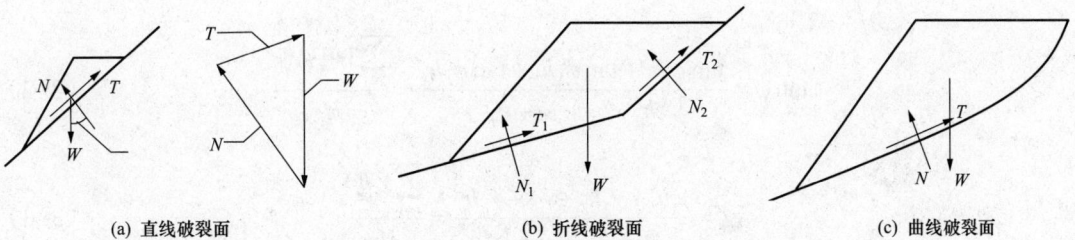

(a) 直线破裂面　　　　　(b) 折线破裂面　　　　　(c) 曲线破裂面

图3-1　边坡的滑动面

如果下滑面具有两个破坏面，稳定性分析时必须确定两个破坏面上的法向力的大小和作用点，但只能建立三个平衡方程，因而这是一个超静定问题［图3-1（b）］。

如果下滑面具有多个破坏面，稳定性分析时必须确定每个破坏面上的法向力的大小和作用点，同样只能建立三个平衡方程，因而这是一个多次超静定问题［图3-1（c）］。

为能求解这些静不定问题，通常需要做出某些假设，使之变为静定问题。

（1）在用力学方法进行边坡稳定性分析时，为简化计算，通常都按照平面问题来处理。

（2）松散的砂性土和砾（石）土具有较大的内摩擦角（φ）和较小的黏聚力（c），边坡滑坍时，破裂面近似平面，在边坡稳定性分析时可采用直线破裂面法。

（3）黏性土具有较大的黏聚力（c），而内摩擦角（φ）较小，破坏时滑动面有时像圆柱形，有时像碗形，通常近似于圆曲面，故可采用圆弧破裂面法。

3.1.2　边坡稳定性分析的计算参数

1. 土的物理力学参数

路基处在复杂的自然环境中，其稳定性随环境条件（特别是土的含水量）和时间的变化而变化。路堑是在天然土层中开挖而成，土石的性质、类别和分布是自然存在的。而路堤是由人工填筑而成，填料性质可由人为方法控制。因此，路基土的物理力学参数应在当地最不利季节，通过现场取土样，进行必要的土工试验来确定。取样、实验条件和方法应尽可能地与路基实际情况相一致。

边坡稳定性分析所需土的试验资料：

（1）对于路堑和天然边坡，路基土的物理力学参数主要有滑动土体的重度 γ（又称土的容重），黏聚力 c（kPa）、内摩擦角 φ。土的物理力学参数是影响路基边坡稳定性的重要因素。因此，在计算时必须先确定这些参数。

（2）对路堤边坡，应取与现场压实度一致的压实土的试验数据。数据包括压实后土的容重 γ（kN/m³）、黏聚力 c 和内摩擦角 φ。

在边坡稳定性分析时，如边坡由多层土体所构成，所采用土的边坡稳定性分析参数 γ、φ 和 c 的值应根据边坡稳定性分析方法确定，对于直线法和圆弧法可通过合理的分段，直接取用不同土层的参数值。如用综合土体边坡稳定性分析，可采用加权平均法求得式（3-1）～式（3-3）：

$$C = \frac{c_1 h_1 + c_2 h_2 + \cdots + c_n h_n}{h_1 + h_2 + \cdots + h_n} = \frac{\sum_{i=1}^{n} c_i h_i}{H} \tag{3-1}$$

$$\tan \varphi = \frac{\tan \varphi_1 h_1 + \tan \varphi_2 h_2 + \tan \varphi_n h_n}{h_1 + h_2 + \cdots + h_n} = \frac{\sum_{i=1}^{n} \tan \varphi_i h_i}{H} \tag{3-2}$$

$$\gamma = \frac{\gamma_1 h_1 + \gamma_2 h_2 + \cdots + \gamma_n h_n}{h_1 + h_2 + \cdots + h_n} = \frac{\sum_{i=1}^{n} \gamma_i h_i}{H} \tag{3-3}$$

式中　h_i——第 i 层土的厚度（m）；

c_i——第 i 层土的黏聚力（kPa）；

φ_i——第 i 层土的内摩擦角（°）；

γ_i——第 i 层土的重度（kN/m³）；

H——各层土的总厚度（m）；

C——路基土的平均黏聚力（kPa）；

φ——路基土的平均内摩擦角（°）；

γ——路基土的平均重度（kN/m^3）。

加权平均法适用于较为粗略的边坡稳定性分析。

（3）边坡稳定性分析边坡的取值。边坡稳定性分析时，对于折线形或阶梯形边坡（图3-2），一般可取平均值，例如，图3-2（a）取 AB 线，图3-2（b）则取坡脚点和坡顶点的连线。

2. 车辆荷载换算

车辆荷载属于动荷载，在路基稳定性验算时，需将车辆荷载按最不利的情况排列（图3-3），并将车辆荷载换算成作用效果相同的等效土柱（土层厚度）h_0（即以相等压力的土层厚度来代替荷载）。

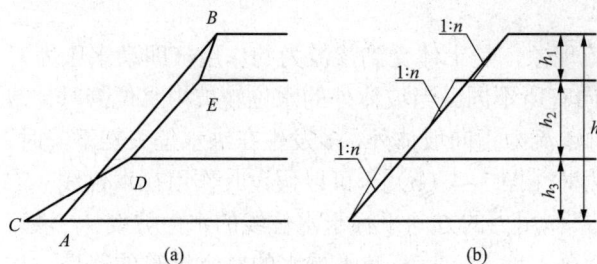

图 3-2　边坡取值示意

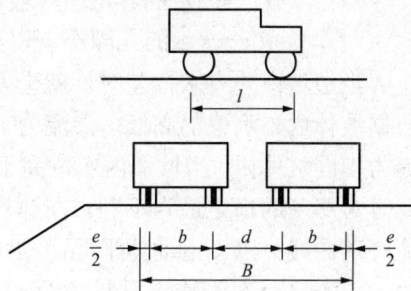

图 3-3　汽车荷载的布置

当量土柱高度 h_0 的计算式为

$$h_0 = \frac{NQ}{\gamma BL} \tag{3-4}$$

其中　　　　　　　　　　　　　$B = Nb + (N-1)d + e$

式中　h_0——当量土柱的高度（m）。

　　　γ——土的重度（kN/m^3）。

　　　N——横向分布车辆数，单车道 $N=1$，双车道 $N=2$，多车道按实际布置。

　　　Q——每一辆重车的重量（kN）。

　　　L——汽车前后轴轮胎（履带）总距离（m），汽车-10 和 15 级重车（车重为 150kN 和 200kN），$L=4.2m$；汽车-20 级重车（300kN），$L=5.6m$；汽车-超20级重车（550kN），$L=13m$，履带-50（500kN），$L=4.5m$，挂车-80，100 和 120，$L=6.6m$。

　　　B——横向分布车辆轮胎最外缘之间总距（m）。

　　　b——每一辆汽车轮胎外缘之间的距离（m）。

　　　d——相邻两车辆轮胎之间的净距（m）。

　　　e——轮胎（或履带）着地宽度（m），汽车-10 级重车和平板挂车的双后轮为 0.5m，其他各级重车为 0.6m，履带车为 0.7。

车辆荷载类型根据公路等级确定，具体可参照《公路工程技术标准》（JTG B01—2014）。

换算土柱荷载的分布宽度，一般取行车道宽度，考虑到实际行车有可能横向偏移或车辆停放在路肩上，也可将 h_0 厚的等效土层分布在整个路基宽度上。这两者虽有差异，但计算结果出入不大。

确定最危险滑动面圆心位置时，也可将换算土柱荷载的顶端作为边坡坡顶处理，土柱高

h_0 则计入边坡高度内，再绘出圆心位置的辅助线，并在此辅助线上及其附近加以寻求。

3. 浮力和渗透力的考虑

路基在浸水时（静水条件下），水位线以下的土体，会受到水的浮力和动水压力的作用，抗剪强度有所下降。因此，在对路基进行稳定性验算时应加以考虑。此时在计算时将计算土体所受到的浮力去掉即可 [图3-4（a）]。土的浸水容重见式（3-5）：

$$r' = r_m - r_w = r_d - (1-n)r_w \tag{3-5}$$

式中 r', r_m, r_d ——土的浮容重、饱和容重、干容重（kN/m³）；

r_w ——水的容重，一般可取 10kN/m³；

n ——土的孔隙率，以小数计。

当边坡内外有水位差时，就会发生渗流现象，是土体受到渗流力的作用（即动水压力）。根据坡体内外水位的高低，渗流力 D 的方向有所不同。当坡体外的水位较坡内水位高时，渗流力指向坡体内；当坡体内水位高于坡外时渗流力指向坡体外，多发生在洪水位突然下降时，此时对路基的稳定最为不利。在计算渗流力时 [图3-4（b）]，可以假设其作用在水位线（渗流降落曲线）下滑动体滑动面 A 的形心，作用力的方向平行于水位线的水力坡度 I。渗流力 $D = A r_w I$。对于透水材料（$I \approx 0$）的砂砾、卵石、片石及不透水的黏土填筑的路堤，均可不计渗透力。

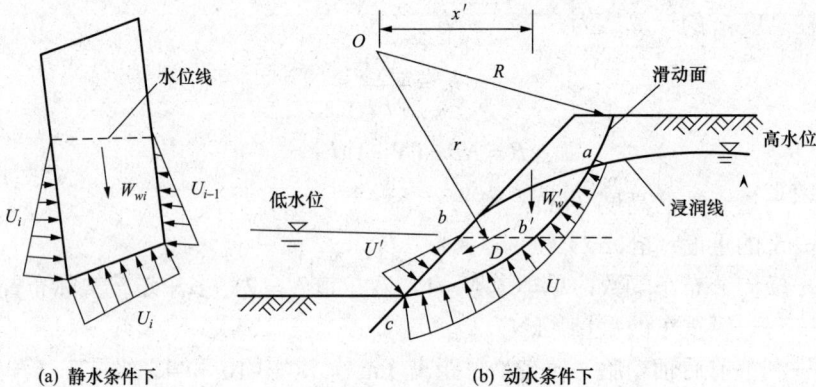

(a) 静水条件下   (b) 动水条件下

图3-4 浸水路堤的稳定性分析

浸水路堤考虑渗流力时，常用简单条分法验算其稳定性，可得安全系数 K_s：

$$K_s = \frac{R \sum [c_i l_i + (W_i \cos \alpha_i) f_i]}{\sum W_i x_i + Dr} \tag{3-6a}$$

式中 W_i ——条块的自重，浸润线以下部分考虑水的浮力作用，取浮容重计算（kN）；

r ——渗流力对滑动面圆心 O 的力臂（m）；

其他符号同前。

4. 路基边坡抗震稳定计算

采用静力法对路基进行抗震稳定性验算时，应按下列公式计算路基边坡抗震稳定系数 K_c：

（1）作用于各土体条块重心处的地震作用应按下式计算：

水平地震作用 $E_{hsi} = C_i C_z A_h \psi_j G_{si} / g$

竖向地震作用 $\qquad E_{vsi} = C_i C_z A_v G_{si} / g$

$$\psi_j = \begin{cases} 1.0 & (H \leqslant 20\text{m}) \\ 1.0 + \dfrac{0.6}{H-20}(h_i - 20) & (H > 20\text{m}) \end{cases} \qquad (3\text{-}6\text{b})$$

式中　E_{hsi}——作用于路基计算土体重心处的水平地震作用（kN）；

　　　E_{vsi}——作用于路基计算土体重心处的竖向地震作用（kN）；

　　　C_i——抗震重要性修正系数，应按表 3-1；

　　　C_z——综合影响系数：取 0.25；

　　　ψ_j——水平地震作用沿路堤边坡高度增大系数，按式（3-6b）取值；

　　　A_h——路基所处地区的水平向设计基本地震动峰值加速度；

　　　G_{si}——路基计算第 i 条土体重力（kN）；

　　　A_v——路基所处地区的竖向设计基本地震动峰值加速度，根据表 3-2 确定，作用方向取不利于稳定的方向；计算时向上取负，向下取正；

　　　h_i——路基计算第 i 条土体的高度（m）；

　　　H——路基边坡高度（m）。

表 3-1　　　　　　　　　　　　　　抗震重要性修正系数 C_i

公路等级	构筑物重要程度	抗震重要性修正系数 C_i
高速公路、一级公路	抗震重点工程	1.7
	一般工程	1.3
二级公路	抗震重点工程	1.3
	一般工程	1.0
三级公路	抗震重点工程	1.0
	一般工程	0.8
四级公路	抗震重点工程	0.8

注：抗震重点工程指隧道和破坏后抢修困难的路基、挡土墙工程。

表 3-2　　　　　　　　　地震基本烈度和设计基本地震动峰值加速度对应表

地震基本烈度	6	7		8		9
水平向 A_h	≥0.05g	0.10g	0.15g	0.20g	0.30g	≥0.40g
竖向 A_v	0	0		0.10g	0.17g	0.25g

（2）土质路基抗震稳定系数 K_c 应根据图 3-5，按式（3-6c）确定，也可采用其他可靠方法计算。

$$K_c = \frac{\sum\limits_{i=1}^{n}\{cB\sec\theta + [(G_{si}+E_{vsi})\cos\theta - E_{hsi}\sin\theta]\tan\varphi\}}{\sum\limits_{i=1}^{m}[(G_{si}+E_{vsi})\sin\theta + M_h/r]} \qquad (3\text{-}6\text{c})$$

式中　K_c——抗震稳定系数；

r ——圆弧半径（m）；

B ——滑动体条块宽度（m）；

θ ——条块底面中点切线与水平线的夹角（°）；

M_h —— F_h 对圆心的力矩（kN·m），F_h 为作用在条块重心处的水平向地震惯性力代表值（kN/m），作用方向取不利于稳定的方向；

c ——土石填料在地震作用下的黏聚力（kN）；

φ ——土石填料在地震作用下的摩擦角（°）。

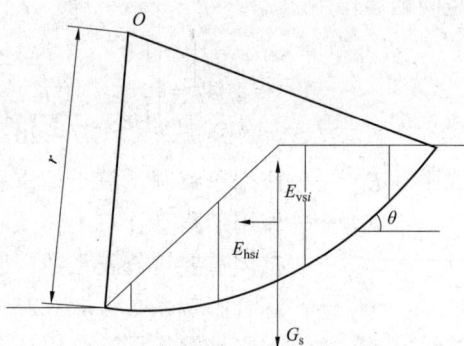

图 3-5 圆弧滑动法计算示意

3.2 边坡稳定性分析方法

3.2.1 边坡稳定性分析方法

路基边坡稳定性分析方法可分为两类，即力学分析法和工程地质法。

1. 力学分析法

（1）数解法。假定几个不同的滑动面，按力学平衡原理对每个滑动面进行边坡稳定性分析，从中找出极限滑动面，按此极限滑动面的稳定程度来判断边坡的稳定性。此法较精确，但计算较繁琐，可采用自编随机搜索计算机程序进行数值计算。

（2）图解或表解法。在计算机和图解分析的基础上，制定成图或表，用查图或查表法进行边坡稳定性分析。此法简单，但结果不如数解法精确。

2. 工程地质法

根据土质类别的不同及其所处的状态，经过长期的生产实践和大量的资料调查，拟订边坡稳定值参考数据。在设计时，将影响边坡稳定的因素作比拟，采用类似条件下的稳定边坡值。

3.2.2 力学分析法

常用的边坡稳定性分析方法，根据滑动面形状分为直线破裂面法和圆弧破裂面法，简称直线法和圆弧法。

直线法适用于砂土和砂性土（两者合称砂类土），土的抗力以内摩擦力为主，黏聚力甚小。边坡破坏时，破裂面近似平面。

圆弧法适用于黏性土，土的抗力以黏聚力为主，内摩擦力较小。边坡破坏时，破裂面近似圆柱形。

1. 直线法

松散性的砂类土路基边坡，渗水性强、黏性差，边坡稳定主要靠其内摩擦力，失稳土体的滑动面近似直线形态。直线法是假定路基边坡滑坍时，滑动面为一平面，它适合于砂性类土填筑的路基边坡稳定性计算。原地面为近似直线的陡坡路堤，如果接触面的摩擦力不足，整个路堤亦可能沿原地面成直线形态下滑。

如图 3-6（a）所示，路堤土楔 *ABD* 沿假设破裂面 *AD* 滑动，对其极限平衡状态进行分析，其稳定系数 *K* 按纵向长 1m 计，下同。

边坡稳定性分析计算步骤：

（1）车辆荷载验算。将作用路基上的车辆荷载按式（3-4）换算为等效土柱高 h_0。

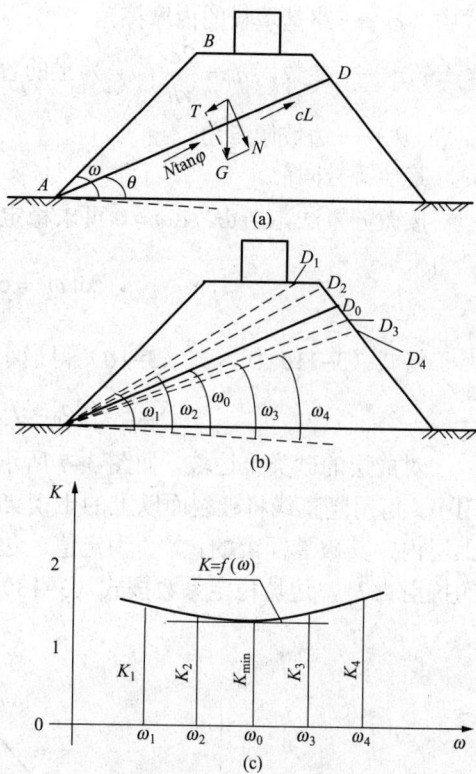

（2）假定滑动平面，进行计算。假定若干个通过坡脚的滑动平面，见图 3-6 中的 AD_1、AD_2、AD_3、AD_4 等。将滑动面以上的土体，连同该土体上的换算土柱在内作为滑动块，应用滑动块的平衡条件，按式（3-7）计算滑动稳定性系数 *K*：

$$K = \frac{F}{T} = \frac{G\cos\omega\tan\varphi + cL}{G\sin\omega} \qquad (3-7)$$

式中　*K*——路基边坡抗滑稳定系数；

　　　F——抗滑动面的抗滑力（kN）；

　　　T——沿滑动面的下滑力（kN）；

　　　G——土楔体重量和路基顶面车辆换算土层荷载之和（kN）；

　　　ω——滑动面的破裂角，即滑动面对水平面的倾斜角（°）；

　　　φ——路基填料的内摩擦角（°）；

　　　c——路基填料的黏聚力（kPa）；

　　　L——滑动面 *AB* 的长度（m）。

（3）分别求出对应 ω_1、ω_2、$\omega_3\cdots$ 滑动面的 K_1、K_2、$K_3\cdots$，并绘出 $K = f(\omega)$ 的曲线，从该曲线，找出最小的 K_{min}，就是该路堤的边坡稳定性系数，见图 3-6（b）。

（4）按照公路的有关设计规范，路堤边坡稳定性必须满足式（3-8）：

$$K_{min} \geqslant 1.25 \qquad (3-8)$$

如果 K_{min} 太小，则应当修改边坡，或采取其他措施，使之符合上式要求。

当路堤中填料的黏聚力很小，可以忽略不计，则式（3-7）变为

$$K = \frac{F}{T} = \frac{G\tan\varphi}{\tan\omega} \qquad (3-9)$$

特别情况为，当 $K=1$ 时，$\omega = \varphi$，破裂角等于路基土的内摩擦角。一般情况下，土的内摩擦角小于 $45°$，再考虑到 $K>1$，故一般填方路基的边坡坡度均在 1:1.25 以上。

对砂类土的路堑边坡，如图 3-6 所示，土楔 *ABD* 沿假设破裂面 *AD* 滑动，其稳定系数 *K* 按式（3-10）计算：

$$K = \frac{F}{T} = \frac{G\cos\omega\tan\varphi + cL}{G\sin\omega} = (f + a_0)c\tan\omega + a_0\cot(\theta - \omega) \qquad (3-10)$$

图 3-6　直线法计算示意

式中　φ——路基填料的内摩擦角（°）；

　　　a_0——参数，$a_0 = \dfrac{2c}{\gamma h}$，$\gamma$ 为土的容重（kN/m³）；

　　　θ——边坡倾斜角。

其他符号同前。

按微分方法，当 $\mathrm{d}K / \mathrm{d}\omega = 0$ 可求稳定系数 K 最小时破裂面倾斜角值 ω_0，即

$$\cot \omega_0 = \cot \theta + \sqrt{\frac{a_0}{f + a_0}} \csc \theta \tag{3-11}$$

将式（3-11）代入式（3-10）得最小稳定系数为

$$K_{\min} = (2a_0 + f) \cot \theta + 2\sqrt{a_0(f + a_0)} \csc \theta \tag{3-12}$$

对成层的砂类土边坡，如图 3-7 所示，如破裂面 AD 通过强度指标不同的各土层Ⅰ、Ⅱ、Ⅲ…，可用竖直线将破裂面以上的土楔 ABD 划分为若干条块，每一条块的破裂面位于同一种土层内，其破裂面上的 c_i，l_i 为定值。边坡稳定性分析时，计算每一条块的下滑力 T_i 和相应的抗滑力 F_i，边坡稳定系数按式（3-13）计算：

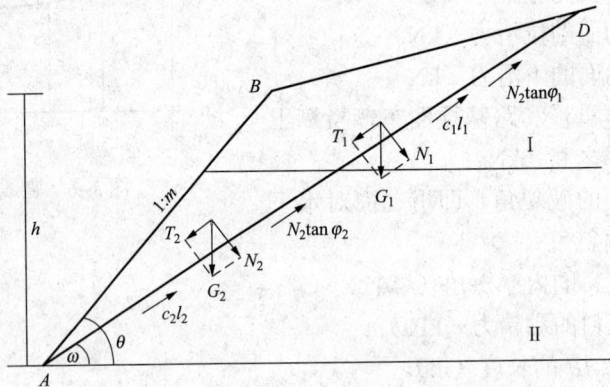

图 3-7　成层的砂质土坡的稳定分析简图

$$K = \frac{\sum\limits_{i=1}^{n} F_{ni}}{\sum\limits_{i=1}^{n} T_i} = \frac{\sum\limits_{i=1}^{n} (G_i \cos \omega \tan \varphi_i + c_i L_i)}{\sum\limits_{i=1}^{n} G_i \sin \omega} \tag{3-13}$$

式中　G_i——第 i 条块的重量（kN）；

　　　φ_i——第 i 条土的内摩擦角（°）；

　　　c_i——第 i 条土的单位黏聚力（kPa）；

　　　ω——破裂面的倾斜角（°）；

　　　L_i——第 i 条块破裂面分段长度（m）。

最小稳定系数确定方法与路堤边坡稳定性分析方法相同。如果某一分块有换算土柱荷载，该分块应包括换算土柱荷载在内。考虑到滑动面的近似假定，土工试验所得的 φ 和 c 的局限性以及气候环境条件差异性的影响，为保证边坡稳定性有足够的安全储备，稳定系数 $K_{\min}$ 应大于 1.25，但 K 值也不宜过大，以免造成工程不经济。

2. 圆弧滑动面计算的条分法

（1）简单条分法。简单条分法是瑞典工程师费伦纽斯（W.Fellenius）首先提出来的，故又称瑞典法。应用此法进行边坡稳定性分析时，假定滑动面为一圆弧面，且土为均质和各向同性；滑动面通过坡脚；简单条分法是将圆弧滑动面上的土体划分为若干竖向土条，依次计算每一土条沿滑动面的下滑力和抗滑力，然后叠加计算出整个滑动土体的稳定性。简单条分法的计算精度主要与分段数有关。分段越多则计算结果越精确，一般分 8~10 段。小段的划分，还可结合横断面特性，如划分在边坡或地面坡度变化之处，以便简化计算。不考虑土体的内应力分布及各土条之间相互作用力的影响，土条不受侧向力作用，或虽有侧向力，但与滑动圆弧的切线方向平行。

简单条分法适用于边坡有不同的土层、均质土边坡，部分被淹没、均质土坝，局部发生渗漏、边坡为折线或台阶形的黏性土的路堤与路堑。

其计算步骤如下：

1）先在米格纸上按合适的比例绘出路堤。

2）将路基上的车辆荷载换算为等效土柱高 h_0，并按照相应的比例绘在图上。

3）将滑动圆 AB 上的土体（连同换算等效土柱）用垂线等分割呈若干垂直的土条，一般宽度取 2~4m 即可满足精度要求，见图 3-8。确定可能的滑动圆圆心 O。

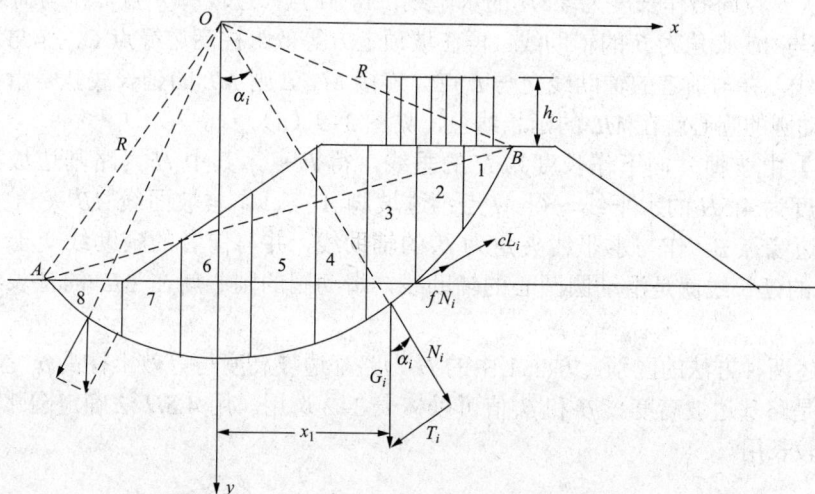

图 3-8 简单条分法

4）在计算图上按照比例量出每个土条的面积 A_i，取 1m 左右厚度路基，计算出每个土条的重力 Q_i 和土条在滑动面上的法向力 N_i 和切向力 T_i ［式（3-14）~式（3-16）］。

$$Q_i = A_i y_i \tag{3-14}$$

$$T_i = Q_i \sin \alpha_i \tag{3-15}$$

$$N_i = Q_i \cos \alpha_i \tag{3-16}$$

$$\alpha_i = \sin^{-1} \frac{x_i}{R}$$

式中 α_i ——第 i 个土条弧端中心点到滑动圆圆心垂直线的夹角；

x_i——第i个土条弧端中心点到滑动圆圆心垂直线的水平距离。

5）以$OA=R$为半径，O为圆心，做滑动圆圆弧AB，相交路基于B点。

6）计算第i个土条对滑动圆圆心O的抗滑力矩$M_{抗滑}$和下滑力矩$M_{下滑}$，并予以累加，得到整个滑动体的抗滑力矩$M_{抗滑}$与下滑力矩$M_{下滑}$，见式（3-17a）与式（3-17b）：

$$M_{抗滑} = \sum RfN_i + \sum RcL_i = R(\sum fQ_i\cos\alpha_i + cL) \tag{3-17a}$$

$$M_{下滑} = \sum RT_i - \sum RT_i' = R(\sum Q_i\sin\alpha_i - \sum Q_i'\sin\alpha_i') \tag{3-17b}$$

式中　L——圆弧AB的总弧长（m）；

　　　f——圆弧滑动面上土条的摩擦系数，$f=\tan\varphi$；

　　　c——圆弧滑动面上的黏聚力（kPa）；

式中其余符号含义同前。

7）重复第5）~6）步骤，分别求出若干个滑动面的滑动稳定系数，从而确定最小滑动稳定系数K_{min}，其余步骤同直线法。

确定滑动圆的圆心辅助线方法有两种，分别如下：

① 根据β_1、β_2确定滑动圆的圆心辅助线（4.5H法）。

【方法1】由坡脚A向下作长度为H的垂线，得F点，其中H为路基边坡高度与等效土柱高之和；从F点向右作长度为4.5H的水平线，得M点；过坡脚A点，作与荷载定点C的连线AC，作与AC夹角为β_1的辅助线，再在坡顶上方等效土柱高边缘点C，作与水平线夹角为β_2的辅助线，并与前者的辅助线交与L点。连接M、L则ML的延长线就是滑动圆圆心的辅助线，滑动圆的圆心就在ML的延长线上，见图3-9（a）。

【方法2】由坡脚A向下作长度为H的垂线，得F点，其中H为路基边坡高度；从F点向右作长度为4.5H的水平线，得M点；过坡脚A点，作与坡面线AB夹角为β_1的辅助线；在坡顶边缘点B，作与水平线夹角为β_2的辅助线，并与前者的辅助线交于L点。连接L、M，ML的延长线就是滑动圆圆心的辅助线，滑动圆的圆心就在ML的延长线上，见图3-9（b）。

注意上述两种方法的区别：方法1中的H为路基边坡高度与等效土柱高h_0之和，而方法2中的H仅是路基边坡高度。β_1和β_2值可以按表3-2选用。用4.5H法确定圆弧法的滑动圆圆心辅助线较长用。

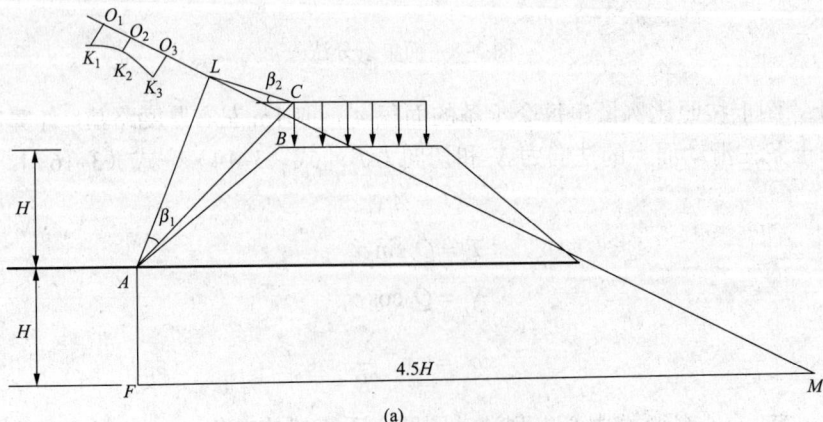

图3-9　4.5H法确定圆心辅助线（一）

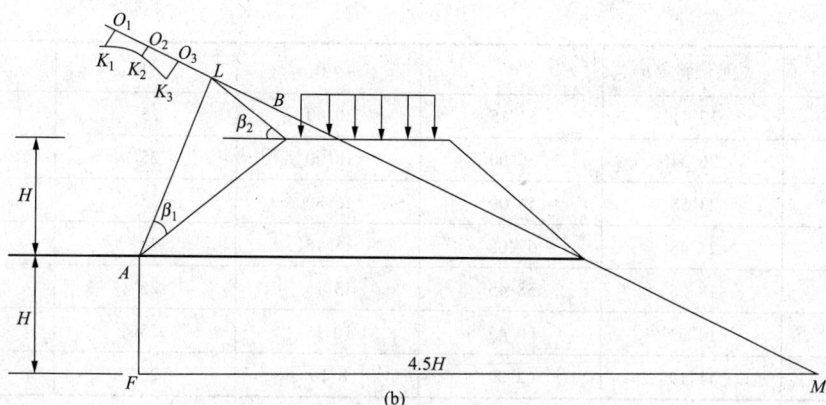

图 3-9　4.5H 法确定圆心辅助线（二）

② 确定滑动圆圆心辅助线的 36° 法。

【方法 1】 在换算土柱外缘点 C，作与水平线夹角 36° 的辅助线，就是滑动圆圆心的辅助线，见图 3-10（a）。

【方法 2】 在路基边缘点 B，做水平夹角为 36° 的辅助线，就是滑动圆圆心的辅助线，见图 3-10（b）。

注意上述两种方法的区别：方法 1 在换算土柱高的外缘点 C，方法 2 在路基边缘点 B，作辅助线。

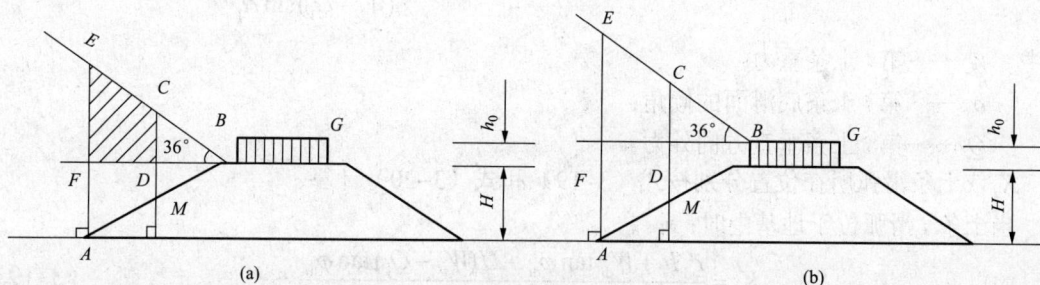

图 3-10　36° 法确定圆心辅助线

上述四种确定圆心辅助线方法的计算结果相差不大，均可采用。为求解简便，一般用 36° 法。但 4.5H 方法较精确，且求出的稳定系数 K 值最小，故常用于边坡稳定性分析重要建筑物的稳定性。通过坡脚的极限破裂圆弧中心位置的有关角值见表 3-3。

表 3-3　　　　　　　　　　　　　　β_1、β_2 取值（黏土边坡）

边坡斜度 i_0	边坡倾斜角 θ	α	ω	β_1	β_2
1:0.5	63°26′	33°15′	37°00′	29°30′	40°
1:0.75	53°0′	40°00′	32°15′	29°	39°
1:1	45°00′	45°00′	28°15′	28°	37°
1:1.25	38°40′	48°30′	25°00′	27°	35°30′
1:1.5	33°41′	51°15′	22°15′	26°	35°

边坡斜度 i_0	边坡倾斜角 θ	α	ω	β_1	β_2
1:1.75	29°41′	53°15′	20°00′	25°	35°
1:2.0	26°34′	55°00′	18°00′	25°	35°
1:2.25	23°58′	56°00′	16°30′	25°	35°
1:2.5	21°48′	57°00′	15°15′	25°	35°
1:3	18°26′	58°45′	13°15′	25°	35°
1:4	14°02′	60°45′	10°15′	25°	36°
1:5	11°19′	62°00′	8°15′	25°	36°

简单条分法完全不考虑条间力的影响，所得到的安全系数往往偏低，而偏低可达 10%～20%。但此法计算简单，故仍广泛应用，不过仅适用于破裂面为圆弧滑动面的情况。

（2）简化毕肖普法。毕肖普（A.W.Bishop）将条间力简化为水平推力 E_i，而忽略 E_i 作用点位置和竖直剪力 T_i 的影响（图3-11）。

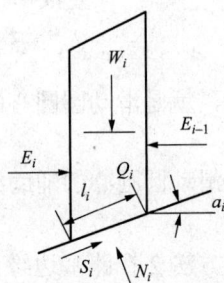

图 3-11 毕肖普法的条块作用力系

$$F_s = \frac{\sum K_i}{\sum (W_i + Q_i)\sin\alpha_i} \quad (3\text{-}18)$$

式中 W_i——第 i 土条重力；

α_i——第 i 土条底滑面的倾角；

Q_i——第 i 土条垂直方向外力。

K_i 依土条滑弧所在位置分别按式（3-19）和式（3-20）计算。

当土条 i 滑弧位于地基中时：

$$K_i = \frac{c_{di}b_i + W_{di}\tan\varphi_{di} + U(W_{ti}+Q_i)\tan\varphi_{di}}{m_{ai}} \quad (3\text{-}19)$$

式中 W_{di}——土条 i 地基部分的重力；

W_{ti}——土条 i 路堤部分的重力；

b_i——第 i 土条宽度；

U——地基固结度；

c_{di}、φ_{di}——第 i 土条滑弧所在地基土层的粘结力和内摩擦角。

当土条 i 滑弧位于路堤中时：

$$K_i = \frac{c_{ti}b_i + (W_{ti}+Q_i)\tan\varphi_{ti}}{m_{ai}} \quad (3\text{-}20)$$

式中 c_{ti}、φ_{ti}——土条 i 滑弧所在路堤土的粘结力和内摩擦角。

其余符号同前。

$$m_{ai} = \frac{\cos\alpha_i + \sin\alpha_i\tan\varphi_i}{F_s} \quad (3\text{-}21)$$

式中 φ_i——第 i 土条滑弧所在土层的内摩擦角。滑弧位于地基中取地基土的内摩擦角，位于路堤中时取路堤土的内摩擦角。

3．不平衡推力法

路堤沿斜坡地基或软弱层带滑动的稳定性可采用不平衡推力法进行分析计算，稳定系数 F_s 按以下方法计算（图 3–12）：

$$E_i = W_{Qi}\sin\alpha_i - \frac{1}{F_s}(c_il_i + W_{Qi}\cos\alpha_i\tan\varphi_i) + E_{i-1}\psi_{i-1} \qquad (3\text{–}22)$$

$$\psi_{i-1} = \cos(\alpha_{i-1}-\alpha_i) - \frac{\tan\varphi_i}{F_s}\sin(\alpha_{i-1}-\alpha_i) \qquad (3\text{–}23)$$

式中 W_{Qi}——第 i 个土条的重力与外加竖向荷载之和；

α_i——第 i 个土条底滑面的倾角；

c_i、φ_i——第 i 个土条底的粘结力和内摩擦角；

l_i——第 i 个土条底滑面的长度；

α_{i-1}——第 $i-1$ 个土条底滑面的倾角；

E_{i-1}——第 $i-1$ 个土条传递给第 i 个土条的下滑力。

用式（3–22）和式（3–23）逐条计算，直到第 n 条的剩余推力为零，由此确定稳定系数 F_s。

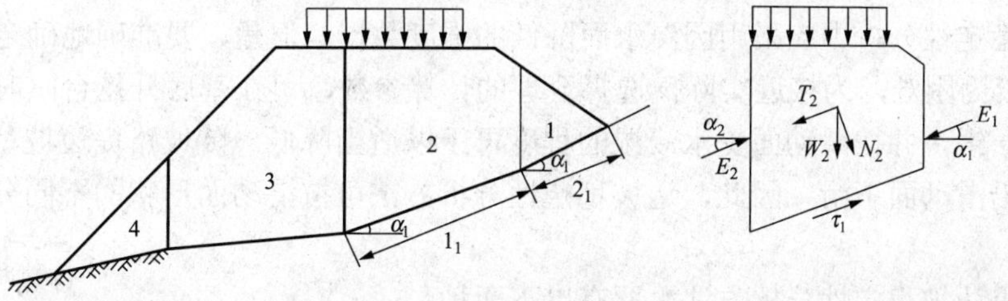

图 3–12 不平衡推力法计算图示

4．稳定系数 K 取值

稳定系数 $[K] = 1.25\sim1.50$，具体值应根据土的特性、抗剪强度指标的可靠程度以及公路等级和地区经验综合考虑，当计算值 $K < [K]$ 值时，则应放缓边坡，重新拟定横截面，再按上述方法进行边坡稳定性分析。

3.3 陡坡路堤稳定性验算

当路堤修筑在陡坡上，且地面横坡度大于 1:2.0 或在不稳固的山坡上时，路基可能沿基底接触面发生滑动，路基不仅要分析路堤边坡稳定性，还要分析路堤沿陡坡或不稳定山坡下滑的稳定性。当路基基底以下有软弱层面时，还应验算路堤下软弱面滑动稳定性。

图 3–12 给出了陡坡路堤滑动的几种可能：① 由于基底接触面较陡或强度较弱，致使路堤整体沿基底接触面产生滑动 [图 3–13（c）]；② 由于基底修筑在较厚的软弱土层上，致使路堤连同其下的软弱土层沿某一滑动面滑动 [图 3–13（b）]；③ 由于基底下岩层强度不均匀，例如泥质页岩，致使路堤沿某一最弱的层面滑动 [图 3–13（a）]。

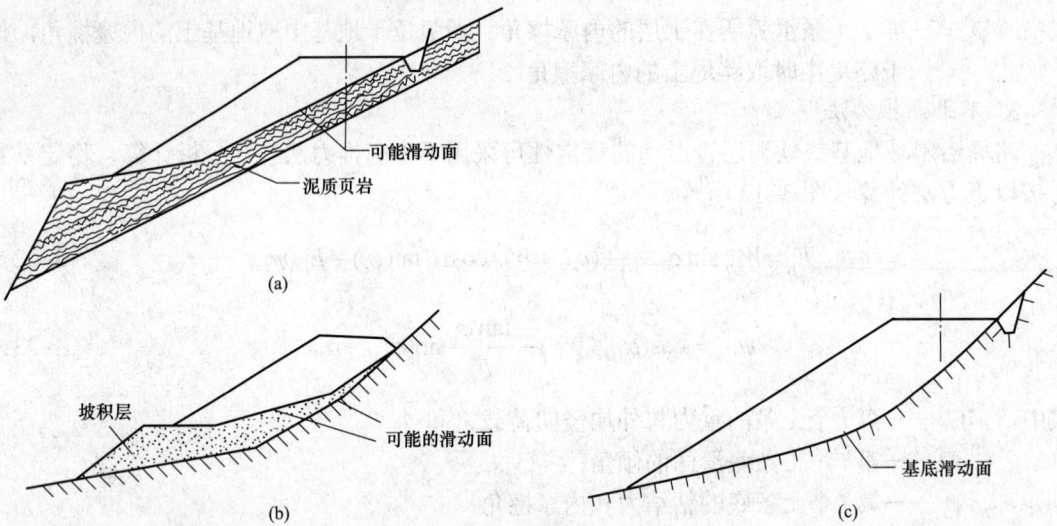

图 3-13　陡坡路堤可能的滑动面

　　陡坡路堤产生下滑的主要原因是地面横坡较陡、基底土层软弱或强度不均匀。因此，边坡稳定性分析中应采用滑动面附近较为软弱的土的有关测试数据。同时，如果滑动面附近有水的作用（包括地面水和地下水），致使路堤下滑力增大，接触面或软弱面抗剪强度显著降低，因此，边坡稳定性分析中应采用因浸水而降低的强度数据。但是，要准确地确定黏聚力 c 和内摩擦角 φ 较为困难，为接近实际，选择合理的计算参数，可在基底开挖台阶时选择测试数据中较低的一组，并按滑动面受水浸湿的程度再予以适当降低。陡坡路堤边坡稳定性分析假定路堤整体沿滑动面下滑，因此，边坡稳定性分析方法可按滑动面形状的不同分为直线和折线两种方法。

　　陡坡路堤边坡稳定性分析方法主要有以下两种：

　　（1）当基底为单一坡面，土体沿直线滑动面整体下滑时（图 3-14），可用直线滑动面法进行边坡稳定性分析。

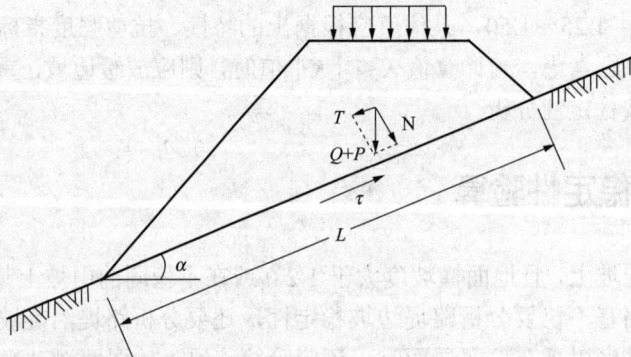

图 3-14　直线滑动面

　　滑动面以上土体的稳定性可按式（3-24）计算：

$$K = \frac{(Q+P)\cos\alpha\tan\varphi + cL}{(Q+P)\sin\alpha} \tag{3-24}$$

式中 Q——对于以基底接触面为滑动面者，等于路堤自重；对于以基底以下软弱面为滑动面者，等于路堤连同其下不稳定土体的自重力（kN）；

P——路堤顶面的换算土柱荷载（kN）；

α——滑动面对水平面的倾斜角（°）；

φ——滑动面上软弱土体的内摩擦角（°）；

c——滑动面上软弱土体的单位黏聚力（kN）；

L——滑动面的全长（m）。

（2）基底滑动面由多个坡度组成的，其滑动稳定性验算方法如下：

1）将滑动面以上路基土体按折线段划分为若干条块，条块顶面上有换算土柱荷载时，应计入。

2）取任意第 n 条土体进行受力分析，假定下滑力 E_n 的作用方向与该土条块底面平行，得

$$E_n = [T_n + E_{n-1}\cos(\alpha_{n-1}-\alpha_n)] - \frac{1}{K}\{[N_n + E_{n-1}\sin(\alpha_{n-1}-\alpha_n)]\tan\phi_n + c_n L_n\} \qquad (3-25)$$

$$T_n = (Q_n + P_n)\sin\alpha_n$$

$$N_n = (Q_n + P_n)\cos\alpha_n$$

式中 E_n——第 n 个条块的剩余下滑力（kN）；

T_n——第 n 个条块的自重 Q_n 与荷载 P_n 的切线下滑力（kN）；

N_n——第 n 个条块的自重 Q_n 与荷载 P_n 的法线分力（kN）；

α_n——第 n 个条块滑动面分段的倾斜角（°）。

计算时，从第 1 块开始，逐块递推计算，当第 n 块的剩余下滑力 $E_n \leq 0$ 时，则说明条块及以下各条块是稳定的。再从下一条块开始，重复上述步骤，计算各土条的剩余下滑力。

当求出最后一条块的剩余下滑力 $E_m \leq 0$ 时，则判定土体的滑动稳定性满足要求。

如果 $E_m > 0$ 则土体的滑动稳定性不满足要求，必须对土体采取加固措施。

3.4 浸水路堤稳定性验算

3.4.1 渗透动水压力的作用

受到季节性或长期浸水的沿河路堤、河滩路堤等均称浸水路堤。河滩路堤除承受普通路堤所承受的外力及自重力外，还要承受浮力及渗透动水压力的作用。当河中水往上升时，水从边坡的一侧或两侧渗入路堤内；当水位降落时，水又从堤身内向外渗出。由于在土体内渗水速度比河中水位升降速度慢。因此，当堤外水位升高时，堤内水位的比降曲线（浸润线）成凹形；当堤外水位下降时，堤内水位比降曲线成凸形（图 3-15）。

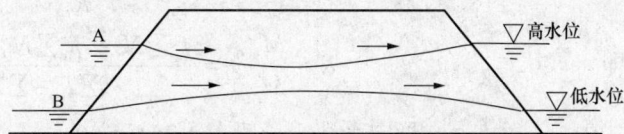

图 3-15　路堤内浸润曲线

当路堤一侧或两侧水位发生变化时，水的渗透速度与土的性质和时间有关。因此，当水位开始上升时，土体内的渗透浸润曲线比边坡外面水位低，经过一定时间后，才达到与外面水位齐平。如填土有毛细管作用，则土体内的浸湿曲线可继续上升至一定高度。在砂性土中，

这一高度为 0.15m 左右；在黏性土中，能达到 1.5m 或更高。水位上升时，土体除承受竖向的向上浮力外，还承受渗透动水压力的作用，其作用方向指向土体内部。

3.4.2 河滩路堤水位骤然升降对路基影响

当河中水位骤然降低时［图 3-16（a）］，水从土体内向边坡外渗出，由于水在土中的渗透速度比河中水位降低慢，土体内的渗透浸滑曲线比边坡外水位高，形成水位差，这时路堤内的渗透动水压力指向上体外，对路堤的稳定性极为不利。

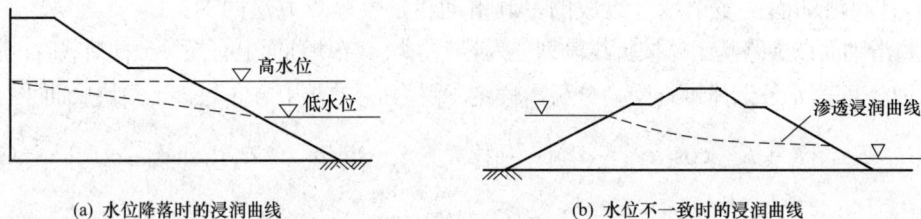

（a）水位降落时的浸润曲线 　　　（b）水位不一致时的浸润曲线

图 3-16　水位变化时路堤中的浸润曲线

当河中水位骤然升高时［图 3-16（b）］，水从边坡渗透入路基，由于水在土中的渗透速度比水位升高慢，土体内的渗透浸滑曲线比边坡外水位低，形成水位差和指向路堤的渗透动水压力，这种渗透动水压力对路基稳定性有利。

对两侧水位差不一样的路堤，在水位骤然升高和降低时，会形成贯穿路堤的渗透，这时，即使水位差较小，也应考虑渗透动水压力对路堤稳定性的影响。

3.4.3 浸水路堤稳定性验算方法

河滩路堤的稳定性验算方法与普通路堤边坡稳定性验算无大差异，只是多考虑了水的浮力、浸水压力、渗透动水压力的影响。

河滩路堤边坡破坏一般发生在最高洪水的水位骤然降落的时候。浸水路堤的边坡稳定性验算方法仍然采用圆弧法，其验算时要考虑浸水的影响，见式（3-26）：

$$K = \frac{M_{抵抗}}{M_{滑动}} = \frac{f_c \sum N_c + f_B \sum N_B + C_c L_c + C_B L_B}{\sum T_c + \sum T_B + \dfrac{\sum D_n S_n}{R}} \qquad (3-26)$$

由于渗透动水压力一般是较小的，故

$$\frac{\sum D_n S_n}{R} = D$$

即

$$K = \frac{M_{抵抗}}{M_{滑动}} = \frac{f_c \sum N_c + f_B \sum N_B + C_c L_c + C_B L_B}{\sum T_c + \sum T_B + D} \qquad (3-27)$$

式中　　　K——稳定系数，一般在 1.25～1.50；

$M_{抵抗}$——抵抗力矩；

$M_{滑动}$——滑动力矩；

$f_c \sum N_c$——浸润线以上部分沿验算滑动面的内摩擦力，$f_c = \tan \varphi_c$；

$f_B \sum N_B$——浸润线以下部分沿验算滑动面的内摩擦力，$f_B = \tan \varphi_B$；

$C_{c}L_{c}$——浸润线以上部分验算滑动面的黏聚力。C_{c} 为上在干燥时的单柱黏聚力，从为干燥部分的弧长；

$C_{B}L_{B}$——浸润线以下部分沿验算面的黏聚力；C_{B} 为土在饱和时的单位黏聚力，L_{B} 为浸润部分的弧长；

$\sum T_{c}$——浸润线以上部分沿验算滑动面的下滑力；

$\sum T_{B}$——浸润线以下部分沿验算滑动面的下滑力；

D——渗透动水压力；

D_{n}——分段渗透动水压力；

S_{n}——分段渗透动水压力作用线距圆心的垂直距离。

　　为简化起见，也可将路堤分为浸水线以上和以下两部分进行计算。在浸水线以上部分，忽略了毛细管水上升影响，按干燥部分计算；计算水位线以下土采用浸水重度。

　　在进行边坡稳定性分析时，对于用黏土填筑的路堤，因其几乎不透水，所以堤外水位涨落对土体内部影响较小，可以认为不产生动水压力，其边坡稳定性分析方法与一般路堤边坡稳定性分析方法相同。

　　如果由于浸水路堤外河水猛涨，使路堤左右两侧水位发生差异。若路堤用透水性较强的土填筑，虽可发生横穿路堤的渗透，但其作用力一般较小。若路堤采用不透水材料填筑，则不会发生横穿渗透现象，故也可不计算。但当路堤用普通土填筑，浸水后土体内产生动水压力。则需先绘出土体内的浸润曲线，然后根据前述方法进行计算。

　　如果是混合断面，其边坡稳定性计算方法仍同前述。仍可采用各土层的物理力学数据用圆弧法进行边坡稳定性分析。

【案例分析】

　　【案例 1】某段路基的横断面如图 3–17 所示。试算路堤土楔 ABC 是否会沿假设破裂面 AC 滑移。已知：填料的容重为 17kN/m³，黏聚力为 3kPa，内摩擦角 φ 为 45°，荷载为挂–100（一辆车重力为 1000kN），$N=2$，$B=8.4m$，$L=6.4m$，破裂面 AC 与水平面夹角 $\omega=30°$，$[K]=1.25$。

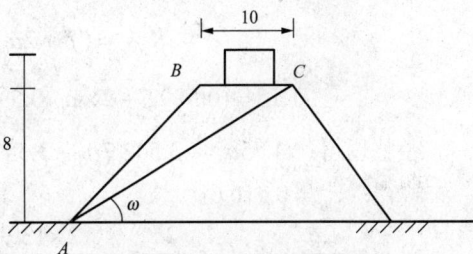

图 3–17　路堤断面

　　解：行车荷载等效土柱 h_{0}：

$$h_{0} = \frac{NQ}{\gamma BL} = \frac{2 \times 1000}{17 \times 8.4 \times 6.4} = 2.19 \text{（m）}$$

滑动土楔自重 G：

$$G = 17 \times (1/2 \times 10 \times 8 + 2.19 \times 10) = 1052.3 \text{（kN）}$$

稳定系数 K：

$$K = F/T = (G\cos\omega\tan\varphi + cL)/G\sin\omega$$
$$= (1052.3 \times \cos 30° \tan 45° + 3 \times 8/\sin 30°)/1052.3 \times \sin 30° = 1.82 > 1.25$$

所以路堤土楔 ABC 不会沿假设破裂面 AC 滑移。

　　【案例 2】某地区砂类土挖方路基边坡，$\varphi=27°$，$c=13.90kPa$，$\gamma=16.90kN/m³$，$H=7.0m$，采用边坡 1:0.5。假定 $[K_{c}]=1.25$。

（1）验算边坡的稳定性；

（2）当 $K_{min}=1.25$ 时，求允许边坡坡度；

（3）当 $K_{min}=1.25$ 时，求边坡允许最大高度。

解：据题意，砂类土挖方边坡适用于直线滑动面解析法求解。

$$f = \tan 27° = 0.509\,5 ; \quad \alpha_0 = \frac{2c}{\gamma H} = \frac{2 \times 13.90}{16.90 \times 7.0} = 0.235\,0 ; \quad m = c \cdot \tan \alpha = 0.5 。$$

（1）求边坡最小稳定性系数 K_{min}：

$$K_{min} = (f + 2a_0)m + 2\sqrt{a_0(f + a_0)(m^2 + 1)}$$

$$= (0.509\,5 + 2 \times 0.235\,0) \times 0.5 + 2\sqrt{0.235\,0 \times (0.509\,5 + 0.235\,0) \times (0.5^2 + 1)}$$

$$= 1.425 > [K_c] = 1.25$$

因此，该边坡稳定。

（2）当 $K_{min}=1.25$ 时，求最大允许边坡坡度：

$$K_{min} = (f + 2a_0)m + 2\sqrt{a_0(f + a_0)(m^2 + 1)}$$

$$1.25 = (0.509\,5 + 2 \times 0.235\,0)m + 2\sqrt{0.235\,0 \times (0.509\,5 + 0.235\,0) \times (m^2 + 1)}$$

经整理得： $0.259\,6m^2 - 2.448\,8m + 0.862\,7 = 0$

解得： $m = 0.366\,5$，取 $m = 0.37$

因此：当 $K_{min}=1.25$ 时，最大允许边坡坡度为 1:0.37。

（3）当 $K_{min}=1.25$ 时，求边坡允许最大高度 H：

$$K_{min} = (f + 2a_0)m + 2\sqrt{a_0(f + a_0)(m^2 + 1)}$$

$$1.25 = (0.509\,5 + 2 \times a_0)0.5 + 2\sqrt{a_0 \times (0.509\,5 + 0.235\,0) \times (0.5^2 + 1)}$$

经整理得： $4.75a_0^2 + 3.542\,7a_0 - 3.542\,7a_0 - 0.990\,4 = 0$

解得： $a_0 = 0.216\,6$

由 $a_0 = \frac{2c}{\gamma H}$，得 $H = \frac{2c}{\gamma a_0} = \frac{2 \times 13.90}{16.90 \times 0.216\,6} = 7.6$ （m）

因此：当 $K_{min}=1.25$ 时，边坡允许最大高度 H 为 7.6m。

复习思考题

1. 直线滑动面法和圆弧滑动面法各自适用的条件是什么？各自验算的方法和步骤有哪些？

2. 路基边坡稳定性分析中，有关的设计参数应如何选择？

3. 比较和分析圆弧法中的三种计算方法的差异？

4. 什么叫浸水路堤？哪种情况下需计入渗透动水压力的影响？稳定性验算的方法步骤有哪些？

5. 什么叫陡坡路堤？陡坡路堤稳定性验算的方法步骤有哪些？

6. 在路基边坡稳定性验算中，已求得某个滑动面上的稳定系数 $K=1.5$，试问该路基边坡是否稳定？为什么？

7. 在路基边坡稳定性验算中，浸水路堤与普通路堤有何区别？

8. 什么叫当量土柱高？

第 4 章

路基防护与加固设计

由岩土筑成的路基直接暴露于大气之中，长期受自然因素的影响，岩土在水温条件作用下，物理、力学性质将发生变化。浸水后湿度增大，土的强度降低；岩性差的岩体，在水温变化条件下，加剧风化；路基表面在温差作用下经受胀缩循环，在湿差作用下经受干湿循环，导致强度衰减和剥蚀；地表水流冲刷，地下水源侵入，使岩土表层失稳，易加剧路基的水毁病害；沿河路堤在水流冲击、淘刷和侵蚀作用下，易遭受破坏；湿软地基承载力不足，易导致路基沉陷。所有这些变化均取决于岩土的物理力学性质及自然因素，且与路基承受行车荷载的情况密切相关。

路基的防护加固措施应遵循"因地制宜，就地取材，以防为主，防治结合"的方针，根据当地的气候、水文、地形、地质条件及筑路材料分布情况，采取工程防护和植物防护相结合的综合措施，防治路基病害，保证路基稳定，并与周围环境相协调。路基边坡防护有坡面防护、冲刷防护、湿软地基加固、支挡建筑物等类型。

4.1 坡面防护

坡面防护主要是保护易受自然因素影响而强度、稳定性降低导致的路基边坡破坏。坡面防护还可以达到美化路容、协调自然环境的目的。坡面防护设施仅起到将坡面封闭隔离的作用，不承受外力作用，所以，要求被防护的路基边坡本身是稳定的。

常用的坡面防护方法有植物防护、工程防护。前者可视为有"生命"防护，以土质边坡为主；工程防护属"无机"防护，以石质边坡为主。在一定程度上，有"生命"防护在边坡稳定和改善路容方面，优于"无机"防护。

4.1.1 路基边坡植物防护

植物防护可美化路容，协调环境，调节边坡土的湿度，起到固结和稳定边坡的作用。它对于坡高不大，边坡平缓的土质坡面是一种简易有效的防护设施，其方法有种草、铺草皮和植树。土质边坡防护也可采用拉伸网草皮、固定草种布或网格固定撒种，用土工合成材料进行土质边坡防护的边坡坡度宜在 1:1.0～1:2.0 之间。

拉伸网草皮是在土工网或土工垫等土工合成材料上铺设 3～5cm 的种植土层，经过撒种养护后形成的人工草皮。固定草种布（也可称植生带）是在土工织物纺织时将草种固定于土工织物中，然后到现场铺筑，以促使草皮生长的一种土工合成材料草皮制品。网格固定撒种是先将土工网固定于需防护的边坡上，然后撒播草种形成草皮的一种边坡防护方法。

种草适用边坡坡度不陡于 1:1，土质适宜种草，不浸水或短期浸水但地面径流速度不超过 0.6m/s 的边坡。草的品种要适应当地自然条件，最好是根系发达，中茎低矮，多年生长，几种草籽混种。不宜种草的坡面，可以铺 5～10cm 厚的种植土层，土层与原坡面结合稳固。

当坡面冲刷比较严重，边坡较陡，径流速度大于 0.6m/s，容许最大速度为 1.8m/s 时，应根据具体条件（坡度与流速等），分别采用平铺（平行于坡面）、水平叠铺。垂直坡面或与坡面成一半坡角的倾斜叠铺草皮，还可采用片石铺砌成方格或拱式边框，方格或框内再铺草皮，如图 4-1 所示。

铺草皮需预先备料，草皮可就近培育，切成整齐块状，然后移铺在坡面上。铺时应自下而上，并用竹木小桩将草皮钉在坡面上，使之稳固。草皮根部土应随草切割，坡面要预先整平，必要时还应加铺种植土，草皮应随挖随铺，注意相互贴紧。

植树主要用在堤岸边的河滩上，用来降低流速，促使泥沙淤积，防水直接冲刷路堤。多排林堤岸与水流方向斜交，还可起到排水改变水流方向的作用。沙漠与雪害地区，防护林带还起阻沙防雪作用。树木的品种与种植位置及宽度，应根据防护要求、流水速度等因素，参见有关设计手册、结合当地经验而定。城市或风景区的植物防护，应与有关部门协调配合。

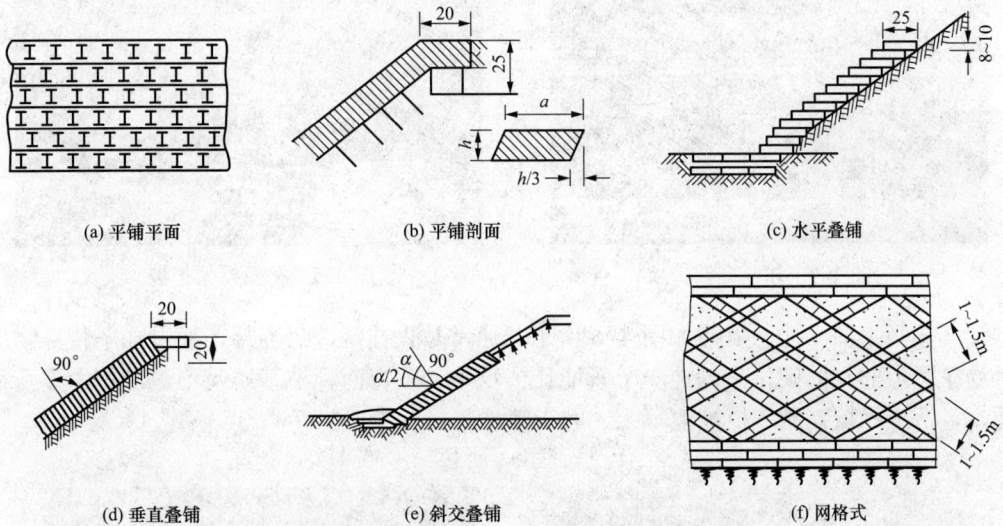

(a) 平铺平面　　　　　(b) 平铺剖面　　　　　(c) 水平叠铺

(d) 垂直叠铺　　　　　(e) 斜交叠铺　　　　　(f) 网格式

图 4-1　草皮防护示意图（除已注明尺寸外，其余单位为 cm）

注：图中 h 为草皮厚度，5～8cm；a 为草皮边长，20～25cm。

公路边坡生态防护方式的分类方法很多，按"是否需要借助外力营造植物生长环境"可分为不需借助外力的方式与需借助外力的方式两类。

1. 不需借助外力的方式

不需借助外力的方式指直接栽植，分以下两种情况：

（1）坡面覆有较厚土层、有利植物生长的，采用种草（含液压喷播）、铺草皮、栽植香根草等植物、干根网状护坡等方式，见图 4-2。

（2）坡面几乎无土壤覆盖，但坡顶、坡底、平台可以生长植物，比如采用栽植攀援性和垂吊性植物等（图4-3）。

图4-2 铺草皮防护

图4-3 藤蔓植物护坡

2. 需要借助外力的方式

（1）框架护坡。指采用混凝土、浆砌片（块）石、浆砌卵（砾）等做骨架形成正方形、菱形、正六边形、拱形、主肋加斜向横肋或波浪形横肋，以及几种几何图形组合等形式的框格，框格内采用种草或铺草皮。图4-4、图4-5分别表示的是路基框架护坡、路堑框架护坡。

图4-4 路基框架护坡

图4-5 路堑框架护坡

（2）挂网喷播。挂网喷播如图4-6所示。通常是先挂网、后喷播，通过加了特殊物质的喷射物在网上的凝固硬化来创造一个既能让植物生长发育而种植基质又不被冲刷的多孔稳定结构，包括三维植被网、植被混凝土、客土喷播等。

图4-6 挂网喷播

（3）OH液植草。OH液植草是国外近十多年新开发的一项边坡化学植草防护措施，它是通过专用的机械将新型化工产品 HYCEL–OH 液与水按一定比例稀释后同草籽一起喷洒于坡面，使之在极短时间内硬化，而将边坡表土固结成弹性固体薄膜，达到植草初期边坡防护目的。3～6 个月后其弹性固体薄膜开始逐渐分解，此时草种已发芽、生长成熟，根深叶茂的植物已能独立起到边坡防护、绿化双重效果，具有施工简单、迅速，不需后期养护，边坡防护绿化效果好等特点。

（4）综合防护。综合防护指综合上述几种方式的长处、混合运用，甚至补充工程防护方法的方式。多用于情况复杂、难以绿化或稳定性很差的高陡边坡。常见的比如挡土墙顶框架护坡、钢筋混凝土框架内填土植草、预应力锚索框架地梁植被护坡等。

4.1.2　工程防护

当不宜使用植物防护或考虑就地取材时，采用砂石、水泥、石灰等矿质材料进行坡面防护是常用的防护形式。它主要有砂浆抹面、勾缝或喷涂以及石砌护坡或护面墙等，这些形式各自适合于一定条件。

1. 边坡处治

抹面防护适于石质挖方坡面，岩石表面易风化，但比较完善，尚未剥落，如页岩、泥灰岩、千枚岩的新坡面。对此应及时予以封面，以预防风化成害。常用的抹面材料有石灰浆等，其中石灰为胶结料，要求精选。混合料如加纸筋或竹筋，可提高强度，防止开裂；如掺加适量制盐副产品卤水，可使抹面加速硬化和预防开裂。抹面防护使用年限为 8～10 年，高速公路路基边坡不宜采用。

喷浆施工简便，效果较好，适用于易风化而坡面不平整度岩石挖方边坡，厚度一般为 5～10cm。喷浆的水泥用量较大，重点工程可选用。比较经济的砂浆是用水泥、石灰、河沙及水按 1:1:6:3 配合。喷浆前后的处治与抹面相同。

上述方法可以局部处治，综合使用，并与放缓边坡等方法加以比较，力求适用和经济。如果在坡面防护时着色或修饰，还有助于改善路容。

2. 砌石防护

路基坡面为防止地面水流或河水冲刷，可以使用干砌片石防护。图 4–7 所示为浸水路堤单层或双层护面示意图。重要路段或暴雨集中地区的土质高边坡，以及桥面附近坡面与岩坡、地面排水沟渠等，亦可干砌片石加固。

护面墙是浆砌片石的坡面覆盖层，用于封闭各种软质岩层和较破碎的挖方边坡。要求墙面紧贴坡面，表面砌平，厚度可不一。护面墙石料应符合规格。护面墙除自重外，不承受其他荷载，亦不承受墙背土压力。其构造与布置，如图 4–8 所示。墙高度与厚度、路堑边坡的对应关系参见表 4–1。

护面墙高一般不超过 10m，若超过 10m 可以分级砌筑，每一级高度 6～10m，中间设平台，墙背可设耳墙，纵向每 10m 设一条伸缩缝，墙身应预留泄水孔。基础要求稳固，顶部封闭。若墙基软硬不匀，可设拱跨过软弱地基。坡面常有各种不同地质现象，开挖后形成凹陷。应以石砌圬工填塞平整，称为支补墙。以上构造的具体要求与尺寸，均可参考有关设计手册。

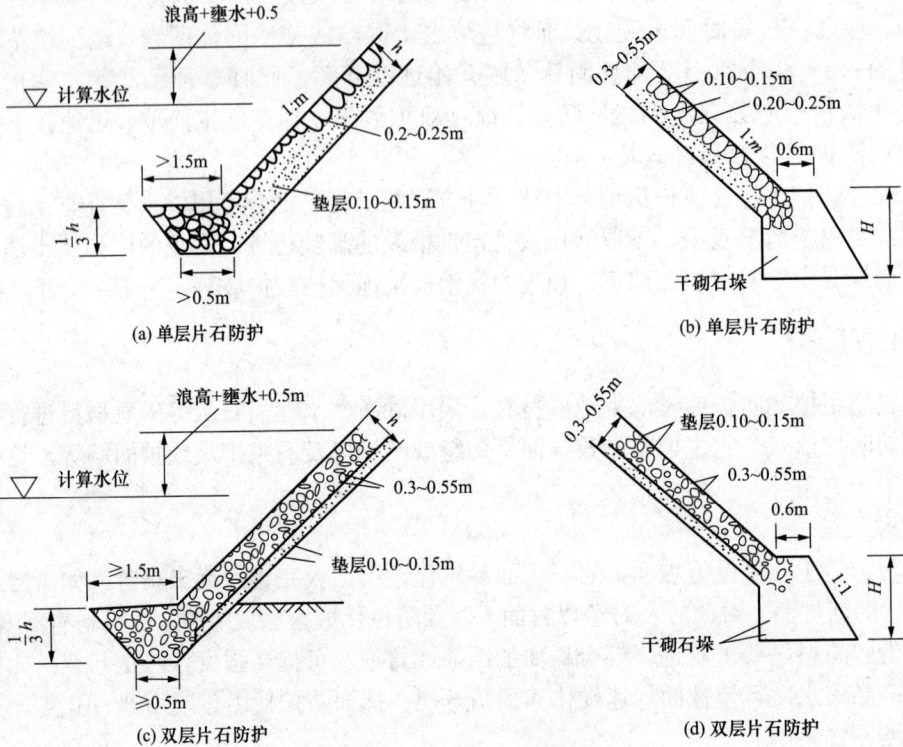

图 4-7   片石防护示意图

注：图中 H 为干砌石垛高度，20～30cm，h 为护面墙厚度，大于 20cm。

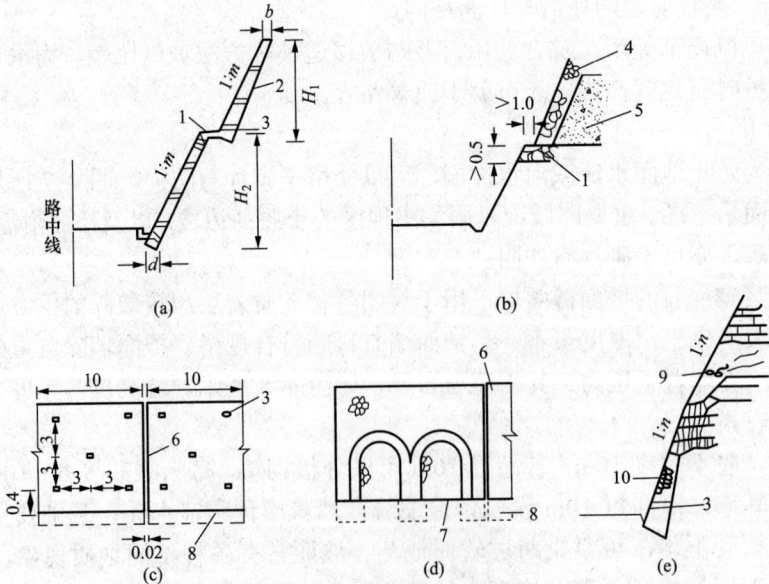

图 4-8   护面墙示意图（尺寸单位：m）

1—平台；2—耳墙；3—泄水孔；4—封顶；5—松散夹层；6—伸缩缝；7—软地基；
8—基础；9—支补墙；10—护面墙

表 4-1　　　　　　　　　　　　　　护面墙高度与厚度、路堑边坡对应关系

护面墙高度 H（m）	路堑边坡	路面墙厚度（m）	
		顶宽 b	底宽 d
≤2	1:0.5	0.40	0.40
≤6	陡于 1:0.5	0.40	0.40+0.10 H
6<H≤10	1:0.5～1:0.75	0.40	0.40+0.05 H
10<H≤15	1:0.75～1:1	0.60	0.60+0.05 H

4.2　冲刷防护

4.2.1　直接防护措施

为了防止流水直接危害沿河、滨海路堤以及有关海、河堤坝护岸的堤岸边坡和坡脚，必须采取一定防止冲刷的措施。

堤岸防护直接措施包括植物防护、石砌防护或抛石与石笼防护，以及必要时设置的支挡结构物等。其中植物防护与石砌防护，同坡面防护所述相近，但堤的防冲刷主要原因是洪水流，水位变迁不定，水流速度较大，相应的要求更高。盛产石料的地区，当水流速达到或超过 3.0m/s 或更高，植树与石砌防护无效时，可采用抛石防护。当水流速度达到或超过 5.0m/s 时，则改用石笼防护，也可就地取材，用竹笼防护，必要时可以采用土工织物软体沉排防护。

1. 抛石防护

抛石防护，类似在坡脚处设置护脚，亦称抛石垛，如图 4-9 所示。抛石不受气候条件限制。路基沉实以前均可施工，季节性浸水或长期浸水均可用。抛石垛的边坡坡度，不应陡于抛石浸水后的天然休止角，边坡率 m_1 一般为 1.5～2.0，m_2 为 1.25～2.0；石料粒径视水深与流速而定，一般为 15～50cm。

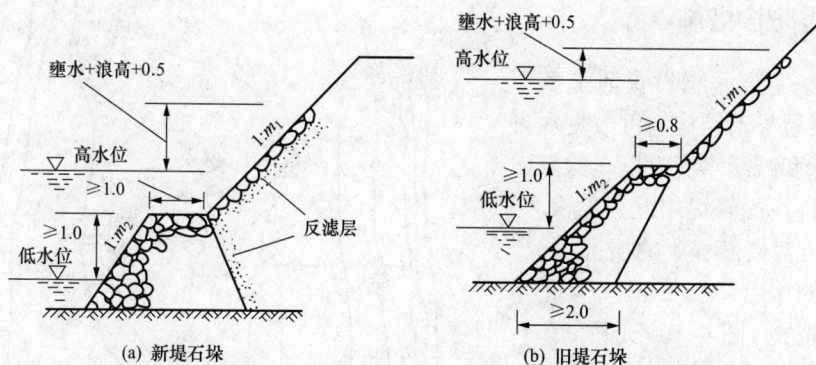

图 4-9　抛石防护示意图（尺寸单位：m）

2. 石笼防护

石笼是用铁丝编织成框架，内填石料，设在坡脚处，以防急流和大风浪破坏堤岸，也可用来加固河床，防止淘刷。铁丝框架可以箱形或圆柱形，笼内填石的粒径，最小不小于 4.0cm，

一般为5～20cm，外层应用棱角突出的大石料，内层可用较小石块填充。石笼在坡脚排列，用于防止冲刷淘底时，应平铺并与坡脚线垂直，而且堤岸一端固定，另一端不必固定，淘刷后可以向下沉落贴于底面；用于防止堤岸边坡冲刷时，则垒码平铺成梯形。单个石笼的大小以不被速度较快的水流冲动为宜，铺设时须用碎（砾）石垫层铺平，底层各角可用铁棒固定于基底。

3. 土工织物软体沉排防护

土工织物软体沉排是在土工织物上以块石或预制混凝土块体为压重的护坡结构。土工织物软体沉排一般适用于水下工程及预计可能发生冲刷的河床和岸坡土面上。主要有单片垫和双片垫两种结构形式。

单片垫是利用土工织物拼接成大面积的排体；双片垫是将两块单片垫重叠后接一定距离和型式将两片垫连接在一起而构成管状或格状空间，其中再填充透水性土石料（如砂卵石等），起到防冲与反滤的作用。

土工模袋是一种双层织物袋，袋中充填流动性混凝土或水泥砂浆或细石混凝土，凝固后形成高强度和高刚度的硬结板块。土工模袋材料应满足表4-2的技术要求。充填混凝土时，粗集料最大粒径应符合表4-3的要求，坍落度不宜小于20mm，其强度等级不低于C10；充填砂浆时，其强度等级不低于M2.5。

表4-2　　　　　　　　　土工模袋材料要求

指标内容	指标要求	指标内容	指标要求
顶破强度（N）	≥1500	等效孔径 O_{95}（mm）	0.07～0.15
渗透系数（10^{-3}cm/s）	0.86～10	延伸率（%）	≤15

表4-3　　　　　　　　　混凝土骨料的最大粒径要求

土工模袋厚度（mm）	骨料最大粒径（mm）	土工模袋厚度（mm）	骨料最大粒径（mm）
150～250	≤20	≥250	≤40

4.2.2　间接防护措施

间接防护主要是指设置河道整治构筑物，设置导治结构物可改变水流方向，消除和减缓水流对堤岸的直接破坏，同时，可减轻堤岸近旁淤积，彻底解除水流对局部堤岸的损害，起到安全保护的作用。

导治构筑物（图4-10）是桥涵和路基的重要附属工程，涉及水流改变方向，影响范围较大，工程费用较高。用于防护堤岸的改河工程，一般限于小型工程，如裁弯取直、挖滩改道、清除孤石。在小河的局部段落上进行。

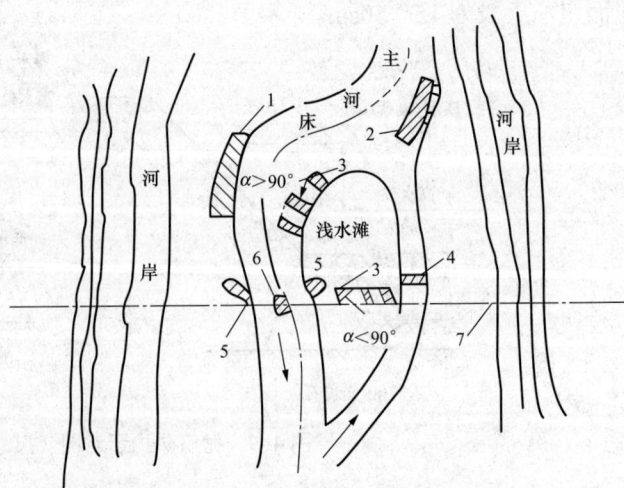

图4-10　导治构筑物综合布置示例

1—顺水坝；2—格坝；3—挑水坝；4—拦水坝；

5—导流坝；6—桥墩；7—路中线

导治构筑物主要是设坝，按其与河道的相对位置，一般可分为丁坝、顺坝或格坝。

顺坝大致与堤岸平行，主要作用为导流，束水、调整流水曲度，改善流态。格坝在平面上成网格状，设于顺坝与堤岸之间，防止高水位使水流溢入，冲刷内岸坡和坡脚，并促进格间的淤积。丁坝大致与堤岸垂直或斜交，将水流挑离堤岸，束河归槽，改变流态。顺坝亦称导流坝，丁坝亦称挑水坝。

导治结构物的布置是工程成败的关键。导治构筑物的布置，应综合河道宽窄、水流方向和工程经济等，综合考虑，全面治理，要避免河床过多压缩，或因水位提高和水流改向而危害对岸或附近地段的农田水利、地面及堤岸等。关键在于合理设计导治线，使之符合预定的河轴线和河岸线要求，亦取决于选择导治水位，确保不致出现不利的冲刷情况。导治线与导治水位，应依据水流和河岸、河床地形、地质情况、水流对上下游堤岸的影响等因素，通过综合分析和设计计算而定。

顺坝与丁坝均用石块修建成梯形横断面，坝体分为坝头、坝身和坝根三个组成部分，横断面尺寸依据构造要求、施工条件和使用需要而定，并应进行稳定性计算。

公路工程中的改河主要目的是：将直接冲刷路基的水流引向旁处；路基占用河槽后，需要拓宽河道；挖滩改河、清除孤石、改移河道以保护路基；裁弯取直，有利于布置路线或桥涵。这些措施，如经过论证可行，确有必要且效益高时，方可通过设计计算，最后实施。

导治构筑物的构造与要求，以及构筑物与改河工程的具体设计计算方法，在路基设计手册等文献中有详细介绍，可供查用。

4.3　软土地基加固

在沿海、滨湖和江河三角洲地带修建道路，常遇到近代沉积的高含水量和大孔隙的黏质土、粉质土有机质土或泥炭等软土层。因此在公路勘查期间，首先应收集地质资料，确定软土分布范围、构造与成因，得出可靠的软土物理力学性质指标，并进行认真的分析计算，采取必要的可靠措施将这些地基予以加固处理。

软土地基加固有沉降处理和稳定处理两种。

（1）沉降处理。包括加速固结沉降和减小总沉降量两方面。前者可采用加载预压、竖向排水（砂井或芯板排水）和挤实砂桩等方法。后者则可采用挤实砂桩、石灰（或水泥）桩、换填好土等方法。

（2）稳定处理。可以采用换填土、反压护道、挤实砂桩、石灰（或水泥）桩等措施增加抗滑阻力。各种加速固结沉降措施都有助于促进软土层强度的增长。慢速或分期填筑路堤可以达到阻止地基强度降低的目的。

按处理目的选择处理方法时，应考虑：① 地基的土质及土层构成（厚度、排水层等）条件；② 道路的性质、路堤高度和宽度，是否为与构造物连接的地段等条件；③ 工期、材料供应、施工机械作业条件和对周围环境的影响等条件。

处理方法有时单独使用，一般是几种方法组合使用，以发挥各种方法的特长，取得良好的处理效果。例如，图 4-11 所示为路堤下采用竖向排水法、边坡下采用挤实砂桩法和表面采用砂垫层的组合处理方法。

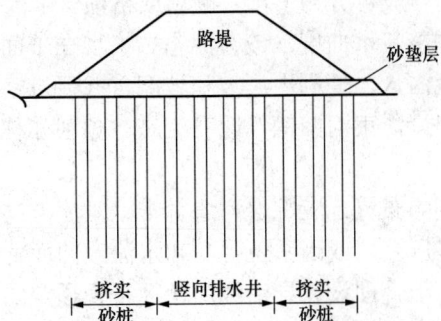

图 4-11 竖向排水、挤实砂桩和砂垫层并用措施。

砂垫层材料以透水性好的砂或砂粒（0.074mm 筛孔通过率 3%以下）为宜，以保证所需的排水能力。

2. 换填法

用好土全部或部分替换软土的方法以达到保证路堤稳定和降低沉降量的目的。换填土可以采用开挖和强制挤出两种施工方法。

全部开挖换填是在路堤全宽范围内将需要处理的软土层挖除，并置换好土。这种方法适用于软土层厚为 3m 以内，路堤需在短期内填筑完成的情况。部分开挖换填则是仅挖除表层最软弱部分的软土，换填好土，使沉降量减少到可接受程度。

强制换填法是利用路堤填土重力将软土从路堤下向两侧或前方挤出，或者用炸药装入软土层内，通过爆破将软土从路堤下挤出。由于软土从路堤下挤出，两侧和前方的地基会隆起，影响周围环境。爆破震动则对周围的影响更大。因而，这种方法仅适用于对周围环境的影响无不利后果的情况。

换填材料宜选用排水性能好，处于地下水位以下仍能保持有足够承载力的砂、砂砾及其他粗粒料。

3. 反压护道法

当路堤的填筑高度超过地基不作处理时所能容许的安全高度（称作极限高度或临界高度）时，路堤和软土层达不到要求的滑动破坏安全系数，可在路堤两侧填筑一定高度和宽度的护道，利用护道的填土重增加稳定力矩，以平衡主路堤的滑动力矩（图 4-12）。这种方法需要有大量的用地和丰富的填料来源，在用地和填料困难的情况下往往显得很不经济。

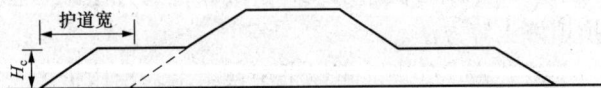

图 4-12 反压护道断面

1. 砂垫层法

在软土地基上铺设厚度为 0.5～1.2m 的砂层，称作砂垫层。其作用为

（1）作为软土层固结所需的上部排水层（配合其他排水设施）。

（2）作为路堤内的底部排水层，以降低路堤内水位或降低路堤内湿度。

（3）改善路堤和地基处理工程施工时的机械作业条件。

（4）软土层薄时，单独作为地基处理（固结排水）

4. 分阶段施工

路堤填筑到一定高度，其稳定性安全系数达到预定的下限值后，放置一段时间，使软土地基通过固结而增加其剪切强度，达到能支承下一层填土重量；而后，进行第二阶段的路堤填筑。在其安全系数下降到预定下限值后再放置一段时间；重复多次，填到设计高度为止。

5. 超载预压法

路堤填筑到超过设计标高的高度，使软土地基受到超载作用而加速固结沉降，从而可较早地达到路堤设计荷载下的沉降量，并减少路面铺筑后的剩余沉降量。

6. 竖向排水法

软土层厚而渗透性小时，软土地基的自然固结将很慢，有效地加速固结措施是软土层引入排水单元。竖向排水法是在地基内设置竖向排水井，缩短排水距离，加速固结排水。竖向排水井的材料可用砂（亦称砂井排水法）或塑料排水板（亦称塑料排水板排水法）。

砂井排水法可采用打入式、振动式、螺钻式、射水式等方法成孔，灌入粗砂或中砂而形成排水柱体，用荷载预压，加速湿软地基排水固结。

为缩短排水距离，可采用袋装砂井，这样可保证砂井的密实性和连续性，具有施工简单、成本低的特点。

竖向排水法对于均匀的厚黏土地基效果最好，夹有砂层或泥炭质的地基效果较差。

7. 挤密桩法和加固土桩法

用冲击或振动方法，将砂或碎石等粒料挤入软土地基内，形成直径较大的桩体，并同原地基一起形成复合地基。其主要作用为

（1）使桩周围的土体变密实；

（2）支承路堤很大一部分重量；

（3）加速周围软土的固结；

（4）防止液化（砂土地基时）。

砂桩与砂井相比，形式相近，成孔方法相同，但有本质不同。砂井的作用是排水固结，井径较小而间距较大，适用于湿软地基；砂桩的作用是挤紧地基土，井径较大而间距较小，适用于处理松砂、杂填土和黏粒含量不大的普通黏性土。

4.4　支挡建筑物

支挡建筑物是用来防止路基变形或支撑路基或山体的位移，保证路基的稳定。包括路基边坡支撑（挡土墙、土（石）垛及其他具有支承作用的构筑物）和堤岸支撑（沿河驳岸、浸水挡土墙）。

复习思考题

1. 路基防护与加固的目的和意义是什么？
2. 路基直接防护与间接防护主要有哪些区别？
3. 路基防护与加固工程，按作用不同可分为哪几类？
4. 试述植物防护的作用、类型及适用条件。
5. 试述工程防护的作用、类型及适用条件。
6. 常见的地基加固的方法主要有那些？各适用于什么场合？

第5章

挡 土 墙 设 计

5.1 挡土墙的类型及作用

　　挡土墙是承受土体压力以保持土体稳定的墙式构造物。在公路工程中，它广泛应用于支撑路堤或路堑边坡、隧道洞口、桥梁两端及河流岸壁等。

　　（1）按挡土墙位置不同分为路肩墙、路堤墙、路堑墙、山坡墙。挡土墙各部分名称如图5-1所示。墙背的倾角方向，按照面向外侧站立的人的俯仰情况，分俯斜、仰斜和垂直三种。墙背向填土一侧倾斜时，为仰斜墙背 5-1（a），α 为负；墙背铅垂时，为垂直墙背图 5-1（b），α 为零；墙背向外侧倾斜时，为俯斜墙背图 5-1（c），α 为正。如果墙背具有单一坡度，称为直线形墙背；若多于一个坡度，则称为折线形墙背。

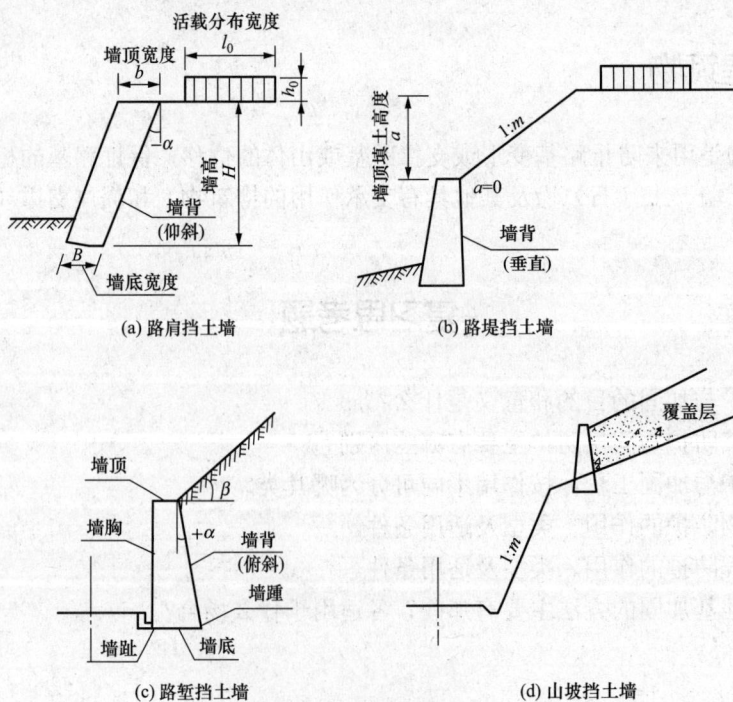

(a) 路肩挡土墙 　　　(b) 路堤挡土墙

(c) 路堑挡土墙 　　　(d) 山坡挡土墙

图 5-1 挡土墙各部分名称

（2）挡土墙按墙体材料不同分为石砌挡土墙、砖砌挡土墙、混凝土挡土墙、钢筋混凝土挡土墙、木质挡土墙和钢板挡土墙。

（3）挡土墙按结构形式分为重力式、半重力式、衡重式、悬臂式、扶壁式、锚杆式、拱式、锚定板式、桩板式和垛式等。

各类挡土墙的特点及适用范围，见表 5–1。挡土墙类型的选择应根据所支挡土体的稳定平衡条件，考虑荷载的大小和方向、地形、地质状况、冲刷深度、基础的承载力设计值和不均匀沉降、可能的地震作用、与其他构筑物的衔接、墙面的外观美感、施工难易、造价高低、环境特点等因素，综合比较后确定。

表 5–1　　　　　　　　　　　　挡土墙的特点及适用范围

名　称	示　意　图	特点及适用范围
重力式		依靠墙自重承受土压力、结构简单、施工方便，由于墙身重，对地基承载力的要求较高 　适用于一般地区，浸水地段和高烈度区的路堤和路堑等支挡工程。墙高不宜超过12m，干砌挡土墙的高度不宜超过6m。高速公路、一级公路不应采用干砌挡土墙
衡重式		设置衡重台使墙身后移，并利用衡重台上的填土，增加墙身稳定 　适用于陡山坡的路肩墙、路堤墙和路堑墙（兼有拦挡落石作用）
半重力式		在墙背设少量钢筋，并将墙趾展宽（保证基底必要的宽度），以减薄墙身，节省圬工 　适用于不宜采用重力式挡土墙的地下水位较高或较软弱的地基上，墙高不易超过8m
悬臂式		墙身及基础均采用钢筋混凝土浇筑，断面尺寸较小。由力壁、墙趾板、墙踵板三部分组成。墙高时，力壁下部弯矩较大消耗钢筋较多，不经济 　适用于缺乏石料地区、地基承载力较低的填方路段及挡土墙高度不大于5m的情况

续表

名　称	示　意　图	特点及适用范围
扶壁式		相当于沿悬臂式挡土墙的墙长，每隔一定距离设置一道扶壁，使力壁和墙踵板连接起来，更好受力 　在高墙时较悬臂式经济，但墙高不宜超过15m
锚杆式		由肋柱、挡板和锚杆组成，靠锚杆锚固在山体内拉住肋柱，肋柱、挡板可预制 　一般常用于墙身较高的路堑墙，每级墙高不宜大于8m
锚定板式		由钢筋混凝土墙面（肋柱及挡板）、拉杆和锚定板组成，靠埋置在破裂面后面的锚定板和锚杆拉住墙面，保持墙身稳定 　适用于缺乏石料地区的路肩墙或路堤墙
柱板式		由桩柱和挡板组成。利用深埋的桩柱前土层的被动土压力来平衡墙后主动土压力 　适宜于土压力大，要求基础埋深地段
加筋土式		由面板、拉筋和填料三部分组成，依靠拉筋与填料之间的摩擦力来抵抗侧向土压力 　适合于缺乏石料地区，但不应修建在滑坡，水流冲刷、崩塌等不良地质地段

5.2 挡土墙的一般要求

5.2.1 挡土墙的布置

挡土墙的布置,通常在路基横断面图和墙趾纵断面图上进行。布置前,应现场核对路基横断面图,不足时应补测;测绘墙趾处的纵断面图,收集墙趾处的地质和水文等资料。

1. 挡土墙位置的选定

路堑挡土墙大多数设在边沟旁。山坡挡土墙应考虑设在基础可靠处,墙的高度应保证墙后墙顶以上边坡的稳定。

当路肩墙与路堤墙的墙高或截面圬工数量相近、基础情况相似时,应优先选用路肩墙,按路基宽布置挡土墙位置,因为路肩挡土墙可充分收缩坡脚,大量减少填方和占地。若路堤墙的高度或圬工数量比路肩墙显著降低,而且基础可靠时,宜选用路堤墙,并作经济比较后确定墙的位置。

沿河路堤设置挡土墙时,应结合河流情况来布置,注意设墙后仍保持水流顺畅,不致挤压河道而引起局部冲刷。

2. 挡土墙的纵向布置

挡土墙纵向布置在墙趾纵断面图上进行,布置后绘成挡土墙正面图。布置的内容有:

(1) 确定挡土墙的起讫点和墙长,选择挡土墙与路基或其他结构物的衔接方式。

路肩挡土墙端部可嵌入石质路堑中,或采用锥坡与路堤衔接,与桥台连接时,为了防止墙后回填土从桥台尾端与挡墙连接处的空隙中溜出,需在台尾与挡墙之间设置隔墙及接头墙。

路堑挡土墙在隧道洞口应结合隧道洞门、翼墙的设置做到平顺衔接;与路堑边坡衔接时,一般将墙高逐渐降低至 2m 以下,使边坡坡脚不致伸入边沟内,有时也可与横向端墙连接。

(2) 按地基及地形情况进行分段,确定伸缩缝与沉降缝的位置。

(3) 布置各段挡土墙的基础。墙趾地面有纵坡时,挡土墙的基底宜做成不大于 5% 的纵坡。但地基为岩石时,为减少开挖,可沿纵向做成台阶。台阶尺寸视纵坡大小而定,但其高宽比不宜大于 1:2。

(4) 布置泄水孔的位置,包括数量、间隔和尺寸等。

在布置图上注明各特征点的桩号,以及墙顶、基础顶面、基底、冲刷线、冰冻线、常水位线或设计洪水位的标高等。

3. 挡土墙的横向布置

横向布置,选择在墙高最大处、墙身断面或基础形式有变异处,以及其他必须桩号处的横断面图上进行。根据墙型、墙高及地基与填料的物理力学指标等设计资料,进行挡土墙设计或套用标准图,确定墙身断面、基础形式和埋置深度,布置排水设施等,并绘制挡土墙横断面图。

4. 平面布置

对于个别复杂的挡土墙,如高、长的沿河曲线挡土墙,应作平面布置,绘制平面图,标明挡土墙与路线的平面位置及附近地貌与地物等情况,特别是对挡土墙有干扰的建筑物的情况。沿河挡土墙还应绘出河道及水流方向，防护与加固工程等。

在以上设计图纸上，可标写简要说明。必要时可另编设计说明书，说明选用挡土墙方案的理由、选用挡土墙结构类型和设计参数的依据、对材料和施工的要求、注意事项以及主要工程数量等，如采用标准图，应注明其编号。

5.2.2 墙身构造

挡土墙的构造必须满足强度和稳定性的要求，同时考虑就地取材、结构合理、断面经济、施工养护方便与安全。

常用的重力式挡土墙一般是由墙身、基础、排水设施和伸缩缝等部分组成。墙身部分包括墙背、墙面（墙胸）、墙顶和护栏。

1. 墙背

重力式挡土墙的墙背，可做成仰斜、垂直、俯斜、凸形折线和衡重式等形式（图 5-2）。

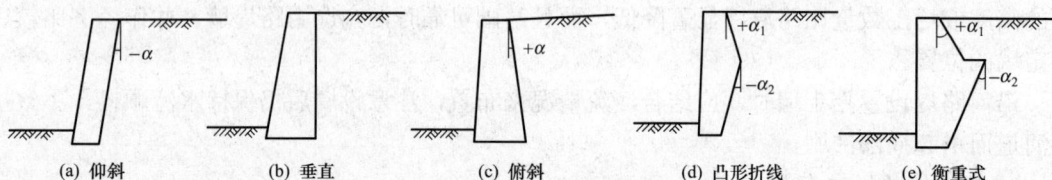

| (a) 仰斜 | (b) 垂直 | (c) 俯斜 | (d) 凸形折线 | (e) 衡重式 |

图 5-2 重力式挡土墙的断面形式

仰斜墙背所受的土压力小，故墙身断面较经济。用于路堑墙时，墙身与开挖面边坡较贴合，所以开挖量与回填量均较小。但当墙趾处地面横坡较陡时，会使墙身增高，断面增大。因此仰斜墙背适用于路堑墙及墙趾处地面平坦的路肩墙或路堤墙。仰斜墙背的坡度不宜缓于1:0.3，以免施工困难。

俯斜墙背所受的土压力较大。在地面横坡陡峻时，俯斜式挡土墙可采用陡直的墙面，以减小墙高。俯斜墙背也可做成台阶形，以增加墙背与填料间的摩擦力。

垂直墙背的特点介于仰斜和俯斜墙背之间。

凸形折线墙背系将仰斜式挡土墙的上部墙背改为俯斜，以减小上部断面尺寸，多用于路堑墙，也可用于路肩墙。

衡重式墙可视为在凸形折线墙上的上下墙之间设衡重台，并采用陡直的墙面。适用于山区地形陡峻处的路肩墙和路堤墙，也可用于路堑墙。上墙俯斜墙背的坡度 1:0.25～1:0.45，下墙仰斜墙背在 1:0.25 左右，上下墙的墙高比一般采用 2:3。

2. 墙面

墙面一般均为平面，其坡度应与墙背坡度相协调。墙面坡度直接影响挡土墙的高度。因此，在地面横坡较陡时，墙面坡度一般为 1:0.05～1:0.20，矮墙可采用陡直墙面；地面平缓时，一般采用 1:0.20～1:0.35 较为经济。

3. 墙顶

浆砌片石挡土墙的墙顶宽度一般不应小于 50cm，路肩挡土墙墙顶应以粗料石或 C15 水泥混凝土做帽石，其厚度通常为 40cm，宽度不应小于 60cm，突出墙顶外的帽檐宽为 10cm。如不做帽石或为路堤墙和路堑墙，应选用大块片石置于墙顶并用砂浆抹平。

干砌挡土墙墙顶宽度不应小于 60cm，墙顶 50cm 高度范围内，应用 M2.5 砂浆砌筑，以增加墙身稳定。干砌挡土墙的高度一般不超过 6m，高速公路、一级公路不宜采用干砌挡土墙。

在有石料的地区、重力式挡土墙应尽可能采用浆砌片石。片石的极限抗压强度不得低于 30MPa。在一般地区及寒冷地区，采用 M5（四级公路可用 M2.5）水泥砂浆；在浸水地区及严寒地区，采用 M7.5 水泥砂浆。在缺乏石料的地区，重力式挡土墙可采用 C15 水泥混凝土或片石混凝土建筑；在严寒地区采用 C20 水泥混凝土或片石混凝土。此时墙顶宽度不应小于 40cm。

4. 护栏

为保证交通安全，在地形险峻地段，或过高过长的路肩墙的墙顶应设置护栏。为保持土路肩最小宽度，护栏内侧边缘距路面边缘的距离，二、三级路不小于 0.75m，四级路不小于 0.5m。

5.2.3 基础

地基不良和基础处理不当，往往会引起挡土墙的破坏，因此必须重视挡土墙的基础设计，事先应对地基的地质条件作详细调查，必要时须先进行挖探或钻探，然后再来确定基础类型与埋置深度。

1. 基础类型

绝大多数挡土墙，都直接修筑在天然地基上。当地基承载力不足，地形平坦而墙身较高时，为了减小基底压应力和增加抗倾覆稳定性，常常采用扩大基础的措施 [图 5-3 (a)]，将墙趾或墙踵部分加宽成台阶，或两侧同时加宽，以加大承压面积。加宽宽度视基底应力需要减少的程度和加宽后的合力偏心距的大小而定，一般不小于 20cm。台阶高度按加宽部分的抗剪、抗弯拉和基础材料的刚性角的要求确定（刚性角：浆砌片石 35°，混凝土 45°）。

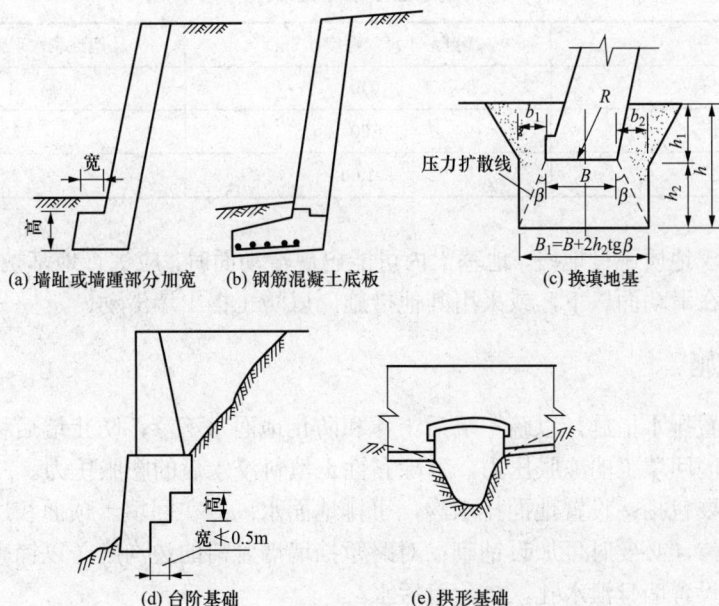

图 5-3 重力式挡土墙的基础类型

当地基压应力超过地基承载力过多时，需要的加宽值较大，为避免加宽部分的台阶过高，可采用钢筋混凝土底板［图5-3（b）］，其厚度由剪力和主拉应力控制。

地基为软弱土层（如淤泥、软黏土等）时，可采用砂砾、碎石、矿渣或灰土等材料予以换填，以扩散基底压应力，使之均匀地传递到下卧软弱土层中，如图5-3（c）所示。一般换填深度 h_2 与基础埋置深度 h_1 总和不宜超过5m，对淤泥和泥炭土等应更浅些。

当挡土墙修筑在陡坡上，地基又为完整、稳固、对基础不产生侧压力的坚硬岩石时，可如图5-3（d）所示，设置台阶基础，以减少基坑开挖和节省圬工。分台高一般约1m左右，台宽视地形和地质情况而定，不宜小于0.2m，高宽比可以采用3:2或2:1。最下面一个台阶的底宽应满足偏心距的有关规定，不宜小于1.5m。

如地基有短段缺口（如深沟等）或挖基困难（如需水下施工等），可采用拱形基础，以石砌拱圈跨过，再在其上砌筑墙身［图5-3（e）］，但应注意土压力不宜过大，以免横向推力导致拱圈开裂。设计时，对拱圈应予验算。

2. 基础埋置深度

对于土质地基，基础埋置深度应符合下列要求：

（1）无冲刷时，应在天然地面以下至少1m；

（2）有冲刷时，应在冲刷线以下至少1m；

（3）受冻胀影响时，应在冻结线以下不少于0.25m。当冻深超过1m时，采用1.25m，但基底应夯填一定厚度的砂砾或碎石垫层，垫层底面亦应位于冻结线以下不少于0.25m。

碎石、砾石和砂类地基，不考虑冻胀影响，但基础埋深不宜小于1m。

基础位于稳定斜坡地面上时，前趾埋入深度和距地表的水平距离应满足表5-2的规定。位于斜坡上的挡土墙，当基底纵坡大于5%时，基底应设计为台阶式。

表5-2　　　　　　　　　　斜坡地面基础埋置条件

土层类别	墙趾最小埋入深度 h（m）	距地表水平距离 L（m）
硬质岩石	0.6	1.5
软质岩石	1.00	2.00
土层	≥1.00	2.50

当挡土墙位于地质不良地段，地基土内可能出现滑动面时，应进行地基抗滑稳定性验算，将基础底面埋置在滑动面以下，或采用其他措施，以防止挡土墙滑动。

5.2.4　排水设施

挡土墙应设置排水措施，以疏干墙后土体和防止地面水下渗，防止墙后积水形成静水压力，减少寒冷地区回填土的冻胀压力，消除黏性土填料浸水后的膨胀压力。

排水措施主要包括：设置地面排水沟，引排地面水；夯实回填土顶面和地面松土，防止雨水及地面水下渗，必要时可加设铺砌；对路堑挡墙墙趾前的边沟应予以铺砌加固，以防边沟水渗入基础；设置墙身泄水孔，排除墙后水。

浆砌块（片）石墙身应在墙前地面以上设一排泄水孔（图5-4）。墙高时，可在墙上部加设一排泄水孔，上下交错布置。泄水孔的尺寸一般为5cm×10cm、10cm×10cm、15cm×20cm的方孔或直径为5～10cm的圆孔。泄水孔应具有向外倾斜的坡度，其间距一般为2～3m，浸水挡土墙一般为 1.0～1.5m，干旱地区可适当加大。下排排水孔的出口应高出墙前地面 0.3m；若为路堑墙，应高出边沟水位 0.3m；若为浸水挡土墙，应高出常水位 0.3m。为防止水分渗入地基，下排泄水孔进水口的底部应铺设 30cm 厚的黏土隔水层。泄水孔的进水口部分应设置粗粒料反滤层，以免孔道阻塞。当墙背填土透水性不良或可能发生冻胀时，应在最低一排泄水孔至墙顶以下 0.5m 的范围内铺设厚度不小于 0.3m 的砂、砾石排水层 [图 5-4（c）]。

干砌挡土墙因墙身透水，可不设泄水孔。

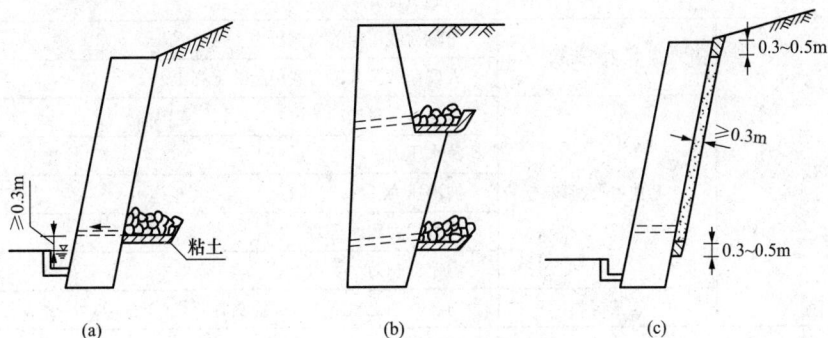

图 5-4　泄水孔及排水层

5.2.5　变形缝

为避免因地基不均匀沉陷而引起墙身开裂，需根据地质条件的变异和墙高、墙身断面的变化情况设置沉降缝。为了防止圬工砌体因收缩硬化和温度变化而产生裂缝，应设置伸缩缝。设计时，一般将沉降缝与伸缩缝合并设置，沿路线方向每隔 10～15m 或与其他建筑物连接处设置一道，兼起两者的作用，缝宽 2～3cm，缝内一般可用胶泥填塞，但在渗水量大，填料容易流失或冻害严重地区，则宜用沥青麻筋或涂以沥青的木板等具有弹性的材料，沿内、外、顶三方填塞，填深不宜小于 0.15m，当墙后为岩石路堑或填石路堤时，可设置空缝。

干砌挡土墙，缝的两侧应选用平整石料砌筑，使成垂直通缝。

5.3　挡土墙设计方法

5.3.1　挡土墙的荷载的计算方法

1. 挡土墙的荷载

施加于挡土墙的荷载按性质划分见表 5-3。

表 5-3　　　　　　　　　　　施加于挡土墙的荷载

荷　载　分　类	荷　载　名　称
永久荷载	挡土墙结构自重
	填土（包括基础襟边以上土）重力
	填土侧压力
	墙顶上的有效永久荷载

荷 载 分 类		荷 载 名 称
永久荷载		墙顶与第二破裂面之间的有效荷载
		计算水位的浮力及静水压力
		预加力
		混凝土收缩及徐变
		基础变位影响力
可变荷载	基本可变荷载	车辆荷载引起的土侧压力
		人群荷载、人群荷载引起的土侧压力
	其他可变荷载	水位退落时的动水压力
		流水压力
		波浪压力
		冻胀压力和冰压力
		温度影响力
	施工荷载	与各类挡土墙施工有关的临时荷载
偶然荷载		地震作用力
		滑坡、泥石流作用力
		作用于墙顶护栏上的车辆碰撞力

作用于一般地区挡土墙上的力，可只计算永久荷载和基本可变荷载，浸水地区、地震动峰值加速度值为 $0.2g$ 及以上的地区、产生冻胀力的地区，尚应计算其他可变荷载和偶然荷载，荷载组合可按表 5-4 进行。

表 5-4　　　　　　　　　　　常 用 荷 载 组 合

组合	荷 载 名 称
I	挡土墙结构重力、墙顶上的有效永久荷载、填土重力、填土侧压力及其他永久荷载组合
II	组合 I 与基本可变荷载相组合
III	组合 II 与其他可变荷载、偶然荷载相组合

注：1. 洪水与地震力不同时考虑。

　　2. 冻胀力、冰压力与流水压力或波浪压力不同时考虑。

　　3. 车辆荷载与地震力不同时考虑。

地震区修建挡土墙时，抗震验算应按表 5-5 进行。

表 5-5　　　　　　　　　挡土墙抗震强度和稳定性验算范围

地基类型		设计基本地震动峰值加速度				
		高速公路、一级公路、二级公路			三级公路、四级公路	
		0.10g（0.15g）	0.20g（0.30g）	0.40g	<0.40g	0.40g
岩石、非液化土及非软土地基	非浸水	不验算	$H>4$ 验算	验算	不验算	验算
	浸水	不验算	验算	验算	不验算	验算
液化土及软土地基		验算	验算	验算	不验算	验算

注：H 为挡土墙墙趾至墙顶的高度（m）。

2. 挡土墙的设计原则

挡土墙采用以极限状态设计的分项系数法为主的设计方法。挡土墙设计分承载力极限状态和正常使用极限状态。承载力极限状态是当挡土墙出现以下任何一种状态，即认为超过了承载力极限状态：① 整个挡土墙或挡土墙的一部分作为刚体失去平衡；② 挡土墙构件或连接部件因材料强度超过而破坏，或因过度塑性变形而不适于继续承载；③ 挡土墙结构变为机动体系或局部失去平衡。正常使用极限状态是挡土墙出现下列状态之一时，即认为超过了正常使用极限状态：① 影响正常使用或外观变形；② 影响正常使用或耐久性的局部破坏（包括裂缝）；③ 影响正常使用的其他特定状态。

挡土墙构件承载能力极限状态采用下列表达式：

$$r_0 S \leqslant R \tag{5-1a}$$

$$R = R\left(\frac{R_k}{\gamma_f}, \alpha_d\right) \tag{5-1b}$$

式中　r_0——结构重要性系数，对高速公路和一级公路：墙高$\leqslant$5m 时，$r_0 = 1.0$，墙高>5m 时，
　　　　$r_0 = 1.05$；二级及以下公路，当墙高$\leqslant$5m 时，$r_0 = 0.95$，墙高>5m 时，$r_0 = 1.0$。
　　S——荷载效应的组合设计值。
　　R——挡土墙结构抗力。
　　R_k——抗力材料的强度标准值。
　　γ_f——结构材料、岩土性能的分项系数。
　　α_d——结构或结构构件几何参数的设计值，当无可靠数据时，可采用几何参数标准值。

除另有规定外，承载能力极限状态荷载分项系数按表 5-6 取值。

表 5-6　　　　　　　　　　　承载能力极限状态荷载分项系数

情　况		荷载增大对挡土墙结构起有利作用时		荷载增大对挡土墙结构起不利作用时	
组合		I、II	III	I、II	III
垂直恒载 γ_G		0.90		1.20	
恒载或车辆荷载、人群荷载的主动土压力 γ_{Q1}		1.00	0.95	1.40	1.30
被动土压力 γ_{Q2}		0.30		0.50	
水浮力 γ_{Q3}		0.95		1.10	
静水压力 γ_{Q4}		0.95		1.05	
动水压力 γ_{Q5}		0.95		1.20	

5.3.2　挡土墙验算

1. 挡土墙稳定性验算

（1）抗滑稳定性验算。为保证挡土墙抗滑稳定性，应验算在土压力及其他外力作用下，基底摩阻力抵抗挡土墙滑移的能力。

如图 5-5 所示，在一般情况下，挡土墙的滑动稳定方程及抗滑稳定系数应分别按式（5-2a）与式（5-2b）计算。

$$[1.1G + \gamma_{Q1}(E_y + E_x \tan\alpha_0) - \gamma_{Q2}E_P \tan\alpha_0]\mu + (1.1G + \gamma_{Q1}E_y)\tan\alpha_0 - \gamma_{Q1}E_x + \gamma_{Q2}E_P > 0 \quad （5-2a）$$

$$K_c = \frac{[N + (E_x - E_P')\tan\alpha_0]\mu + E_P'}{E_x + N\tan\alpha_0} \quad （5-2b）$$

式中　G——作用于基底以上的重力（kN），浸水挡土墙的浸水部分应计入浮力；

　　　　E_y——墙后主动土压力的竖向量（kN）；

　　　　E_x——墙后主动土压力的水平分量（kN）；

　　　　E_P——墙前被动土压力的水平分量（kN），当为浸水挡土墙时，$E_P=0$；

　　　　E_P'——墙前被动土压力水平分量的 0.3 倍（kN）；

　　　　N——作用于基底上合力的竖向分力（kN），浸水挡土墙应计浸水部分的浮力；

　　　　α_0——基底倾斜角（°），基底为水平时，$\alpha_0=0$；

γ_{Q1}、γ_{Q2}——主动土压力分项系数、墙前被动土压力分项系数，可按表5-6的规定采用；

　　　　μ——基底与地基间的摩擦系数，当缺乏可靠试验资料时，可按表5-7的规定采用。

表5-7　　　　　　　　　　　　　　　　基底与基底土间的摩擦系数 μ

地基土的分类	摩擦系数 μ	地基土的分类	摩擦系数 μ
软塑黏土	0.25	碎石类土	0.50
硬塑黏土	0.30	软质岩石	0.40~0.60
砂类土、黏砂土、半干硬的黏土	0.30~0.40	硬质岩石	0.60~0.70
砂类土	0.40		

（2）抗倾覆稳定性验算。为保证挡土墙抗倾覆稳定性，须验算它抵抗墙身绕墙趾向外转动倾覆的能力，如图5-6所示。

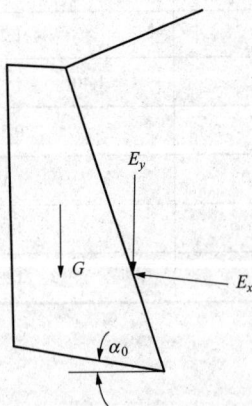

图5-5　挡土墙的抗滑稳定　　　　　　图5-6　挡土墙的抗倾覆稳定

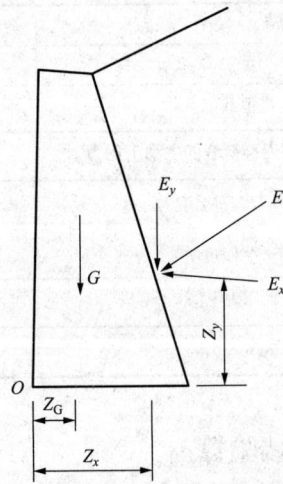

挡土墙的倾覆稳定方程应满足式（5-3a）的要求，抗倾覆稳定系数应按式（5-3b）计算：

$$0.8GZ_G + \gamma_{Q1}(E_yZ_x - E_xZ_y) + \gamma_{Q2}E_PZ_P > 0 \quad （5-3a）$$

$$K_0 = \frac{GZ_G + E_y Z_x + E_\mathrm{P}' Z_\mathrm{P}}{E_x Z_y} \tag{5-3b}$$

式中　　Z_G——墙身重力、基础重力、基础上填土的重力及作用于墙顶的其他荷载的竖向力
合力重心到墙趾的距离（m）；

Z_x——墙后主动土压力的竖向分量到墙趾的距离（m）；

Z_y——墙后主动土压力的水平分量到墙趾的距离（m）；

Z_P——墙前被动土压力的水平分量到墙趾的距离（m）。

其余符号意义同前。

在验算挡土墙的稳定性时，一般均未计趾前土层对墙面所产生的被动土压力。验算结果
如不满足以上要求，则表明抗滑稳定性或抗倾覆稳定性不够，应改变墙身断面尺寸重新核算。

2. 基底应力及合力偏心距验算

为了保证挡土墙基底应力不超过地基承载力，应进行基底应力验算；同时，为了避免挡
土墙不均匀沉陷，应控制作用于挡土墙基底的合力偏心距。

（1）基础地面的压应力。

1）轴心荷载作用时，基底平均压应力为

$$p = \frac{N}{A} \tag{5-4}$$

其中

$$N = (r_\mathrm{G} G + r_\mathrm{Q1} E_y - W) \cos\alpha_0 + r_\mathrm{Q1} E_x \sin\alpha_0$$

式中　　p——基底平均压应力（kPa）；

A——基础底面每延米的面积，即基础宽度 $B \times 1.0$（m^2）；

N——每延米作用于基底的总竖向力设计值（kN）；

E_y——墙背主动土压力（含附加荷载引起的）的垂直分力（kN）；

E_x——墙背主动土压力（含附加荷载引起的）的水平分力（kN）；

W——低水位浮力（指常年淹没水位）（kN）。

2）偏心荷载作用时，作用于基底的合力偏心距 e 为

$$e = \frac{M_\mathrm{d}}{N_\mathrm{d}} \tag{5-5}$$

式中　　M_d——作用于基底形心的弯矩组合设计值（MPa）；

N_d——作用于基底上的垂直组合设计值（kN/m）。

当计算挡土墙地基时，各类荷载组合下，作用效应组合设计值计算式中的作用分项系数，
除被动土压力分项系数 $\gamma_\mathrm{Q2} = 0.3$ 外，其他全部荷载系数规定采用 1.0。

① 当 $|e| \leqslant \dfrac{B}{6}$ 时：

$$\left. \begin{array}{l} p_{\max} = \dfrac{N_\mathrm{d}}{A}\left(1 + \dfrac{6e}{B}\right) \\[3mm] p_{\min} = \dfrac{N_\mathrm{d}}{A}\left(1 - \dfrac{6e}{B}\right) \end{array} \right\} \tag{5-6}$$

式中　　$p_{\max}, p_{\min}$——基底边缘最大、最小压应力设计值（kN）；

B ——基础宽度（m）。

② 对岩石地基上的挡土墙，当 $|e| > \dfrac{B}{6}$ 时，此情况可以不考虑地基拉应力，而压应力重新分布如下：

$$p_{\max} = \frac{2N_{\mathrm{d}}}{3C}, \quad p_{\min} = 0 \tag{5-7}$$

式中　　$C = \dfrac{B}{2} - e \quad (e \leqslant B/2)$。

（2）挡土墙基础合力偏心距。挡土墙基础合力偏心距应满足（表 5-8）。

表 5-8　　　　　　　　　　　　　挡土墙基础合力偏心距限制

荷 载 情 况	地 基 条 件	合力偏心矩
荷载组合 I	非岩石地基	$e \leqslant B/8$
荷载组合 II、III、施工荷载	非岩石地基	$e \leqslant B/6$
	较差的岩石地基	$e \leqslant B/5$
	坚硬的岩石地基	$e \leqslant B/4$

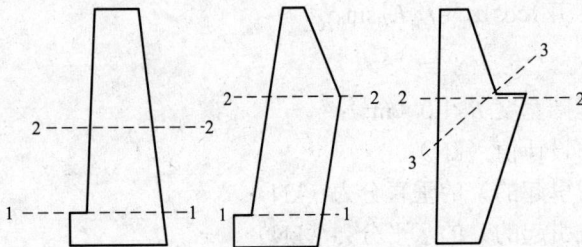

图 5-7　验算断面的选择

3. 墙身截面强度验算

为了保证墙身具有足够的强度，应根据经验选择 1～2 个控制断面进行验算，如墙身底部、二分之一墙高处、上下墙（凸形及衡重式墙）交界处（图 5-7）。

当构件采用分项安全系数的极限状态设计时，荷载效应不利组合的设计值，应小于或等于结构抗力效应的设计值。

（1）强度计算：

$$\gamma_0 N_{\mathrm{d}} \leqslant \alpha_{\mathrm{k}} A R_{\mathrm{a}} / \gamma_{\mathrm{f}} \tag{5-8}$$

$$a_{\mathrm{k}} = \frac{1 - 256\left(\dfrac{e}{B}\right)^8}{1 + 12\left(\dfrac{e}{B}\right)^2}$$

式中　　N_{d} ——验算载面上的轴向力组合设计值；

　　　　γ_0 ——重要性系数；

　　　　γ_{f} ——圬工材料的抗力分项系数，见表 5-9；

　　　　R_{a} ——材料抗压极限强度；

　　　　A ——挡土墙构件的计算截面面积；

　　　　α_{k} ——轴向力偏心影响系数。

表 5–9　　　　　　　　　　　　　　　抗 力 分 项 系 数

圬工种类	受力情况	
	受 压	受弯、剪、拉
石料	1.85	2.31
片石砌体 片石混凝土砌体	2.31	2.31
块石、粗料石、混凝土预制块、砖砌体	1.92	2.31
混凝土	1.54	2.31

（2）稳定计算：

$$\gamma_0 N_d \le \psi_k a_k A R_a / \gamma_f \qquad (5\text{-}9a)$$

其中

$$\psi_k = \frac{1}{1 + \alpha_s \beta_s (\beta_s - 3)[1 + 16(e_0/B)^2]} \qquad (5\text{-}9b)$$

$$\beta_s = 2H/B$$

式中　ψ_k ——弯曲平面内的纵向弯曲系数；

　　　H ——墙有效高度（视下端固定，上端自由，m）；

　　　B ——墙的宽度（m）；

　　　α_s ——系数，查表 5–10。

其余符号意义同前。

表 5–10　　　　　　　　　　　　　　　α_s 取 值

砌体砂浆强度等级	M10、M7.5、M5	M2.5	M1	混凝土
α_s 值	0.002	0.0025	0.004	0.002

一般情况下挡土墙尺寸不受稳定控制，但应判断是细高墙或是矮墙。

当 $H/B<10$ 时为矮墙，其余则为细高墙。但当墙顶为自由时 H/B 应小于 30。

对于矮墙可取 $\psi_k=1$，即不考虑纵向稳定。

5.3.3　增加挡土墙稳定性的措施

1. 增加抗滑稳定性的方法

（1）设置倾斜基底（图 5–8）。设置向内倾斜的基底，可以增加抗滑力和减少滑动力，从而增加了抗滑稳定性。

基底倾角 α_0 越大，越有利于抗滑稳定性，但应考虑挡土墙连同地基土体一起滑走的可能性，因此对地基倾斜度应加以控制。通常，对土质地基，不陡于 1:5（$\alpha_0 \le 11° 10'$）；对岩石地基，不陡于 1:3（$\alpha_0 \le 16° 42'$）。

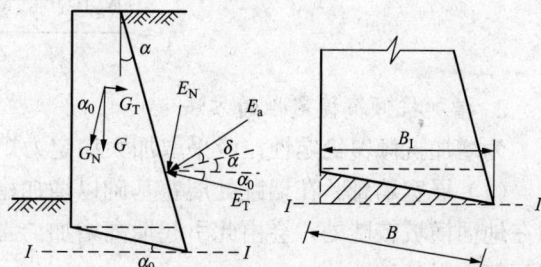

图 5–8　倾斜基底增加挡土墙抗滑稳定性

此外，在验算沿基底的抗滑稳定性的同时，还应验算通过墙踵的地基水平面（图 5-8 中 I-I 水平面）的滑动稳定性。

（2）采用凸榫基础（图 5-9）。在挡土墙基础底面设置混凝土凸榫，与基础连成整体，利用榫前土体产生的被动土压力以增加挡土墙的抗滑稳定性。凸榫应设置在坚实地基上。

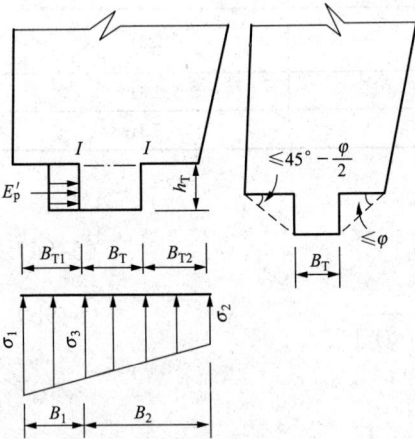

图 5-9　凸榫基础

为了增加榫前被动阻力，应使榫前被动土楔不超过墙趾。同时，为了防止因设凸榫而增加墙背的主动土压力，应使凸榫后缘与墙踵的连线同水平线的夹角不超过 φ 角。因此应将整个凸榫置于通过墙趾并与水平线成 $45°-\varphi/2$ 角线和通过墙踵并与水平线成 φ 角线所形成的三角形范围内。

当 $\beta=0$（填土表面水平），$\alpha=0$（墙背垂直），$\delta=0$（墙光滑）时，榫前的单位被动土压力 σ_p，按朗金（Rankine）理论计算

$$\sigma_p = \gamma h \tan^2(45°+\varphi/2) \approx \frac{1}{2}(\sigma_1+\sigma_3)\tan^2(45°+\varphi/2)$$

考虑到产生全部被动土压力所需的墙身位移量大于墙身设计所允许的位移量，为工程安全所不允许，因此铁路规范规定，榫前的被动土压力按朗金被动土压力的 1/3 采用，即

$$e_p = \frac{1}{3}\sigma_p = \frac{1}{3}\left[\frac{1}{2}(\sigma_1+\sigma_3)\tan^2(45°+\varphi/2)\right]$$

(5-10)

$$E_p = e_p h_T$$

在榫前 B_T 前宽度内，因已考虑了部分被动土压力，故未计其基底摩擦阻力。

一般地区挡土墙的抗滑稳定系数 K_c 按下式计算：

$$K_c = \frac{抗滑力}{滑动力} = \frac{(G+E_y)f}{E_x} \geqslant [K_c]$$

式中　K_c——抗滑移稳定系数，一般情况下取 1.3。

按照抗滑稳定性的要求，令 $K_c=[K_c]$，即可得出凸榫高度 h_T 的计算式：

$$h_T = \frac{[K_c]E_x - \frac{1}{2}(\sigma_2+\sigma_3)B_2 f}{e_p}$$

(5-11)

2. 增加抗倾覆稳定性的方法

为增加抗倾覆稳定性，应采取加大稳定力矩和减小倾覆力矩的办法。

（1）展宽墙趾。在墙趾处展宽基础以增加稳定力臂，是增加抗倾覆稳定性的常用方法。但在地面横坡较陡处，会由此引起墙高增加。当刚性基础的前趾扩展受刚性角限制时，可采用配筋扩展基础。

（2）改变墙面及墙背坡度。改缓墙面坡度可增加稳定力臂［图 5-10（a）］，改陡俯斜墙背或改缓仰斜墙背可减少土压力［图 5-10（b）、图 5-10（c）］。在地面纵坡较陡处，均须注意对墙高的影响。

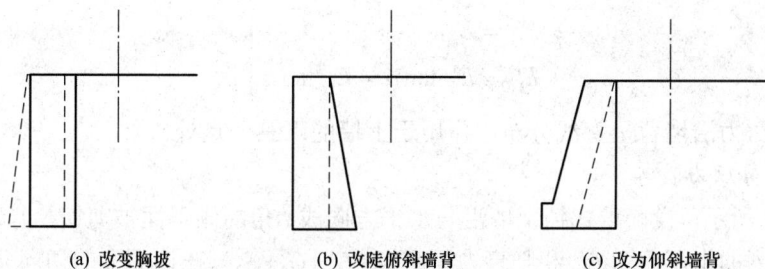

| (a) 改变胸坡 | (b) 改陡俯斜墙背 | (c) 改为仰斜墙背 |

图 5-10　改变胸坡及背坡

（3）改变墙身断面类型。当地面横坡较陡时，应使墙胸尽量陡立。这时可改变墙身断面类型，如改用衡重式墙或者墙后加设卸荷平台、卸荷板（图 5-11），以减少土压力并增加稳定力矩。

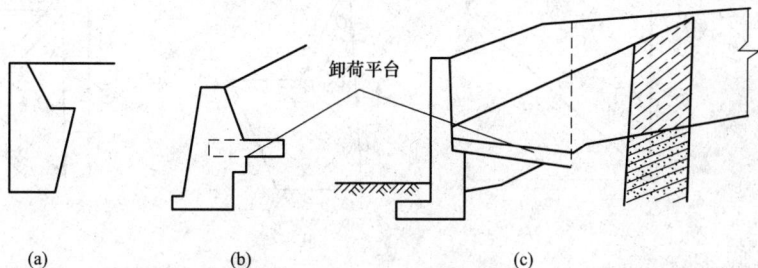

卸荷平台

(a)　　　　　(b)　　　　　(c)

图 5-11　改变墙身类型措施

5.4　衡重式挡土墙设计

衡重式挡土墙设计与一般重力式挡土墙相同。但是，因为墙背为带有衡重台的折线形，所以土压力计算及墙身构造都有其特殊性。

衡重式挡土墙的构造，通常墙胸多采用 1:0.05 的陡坡，上墙墙背坡率采用 1:0.25～1:0.45，下墙墙背坡率采用 1:0.25，上下墙高比采用 2:3。其他构造要求与一般重力式挡土墙相同。

作用于衡重式挡土墙的主动土压力，按上下墙分别计算，取其矢量和作为全墙的主动土压力。

衡重式挡土墙稳定性验算的内容和要求同一般重力式挡土墙。当上墙出现第二破裂面时，第二破裂面与上墙墙背之间的填土与墙身一起移动，其重量应计入墙身自重。

验算墙身截面强度时，应按上墙实际墙背所承受的土压力计算，验算内容同重力式（图 5-7）。最危险的截面是上下墙分界面 2-2，以及与挡土墙土压力大致平行的 3-3 斜截面。对于斜截面验算，应将诸力投影到斜截面上，验算的重点是抗剪强度能否满足要求。

下面介绍上墙实际墙背上的土压力及斜截面上的剪应力的计算方法。

1. 上墙实际墙背的土压力

上墙实际墙背的土压力 E_1' 由第二破裂面上的土压力 E_1 传递而来。一般假定衡重台及墙背上均无摩擦力产生，采用力多边形法来推求，如图 5-12 所示。

从力多边形可知

$$\left.\begin{aligned} E'_{1x} &= E_{1x} \\ E'_{1y} &= E'_{1x}\tan\alpha = E_{1x}\tan\alpha \end{aligned}\right\} \tag{5-12}$$

假定此土压力沿墙背呈直线分布，作用于上墙的下三分点处。

2. 斜截面剪应力验算

如图 5-13 所示，设衡重式挡土墙沿与水平方向成 i 角的倾斜面被剪切。剪切面上的作用力是主动土压力的水平分力 E'_{1x} 和竖直力 $\sum N$（$=E'_1+G_1+G_2$）在该面上的切向分力 P_E 和 P_G。P_G 和 P_E 随 i 角的变化而变化，因此该剪切面上的剪应力 τ 是 i 角的函数。欲求最大剪应力 τ 值，可按 $\dfrac{d\tau}{di}=0$ 导出。

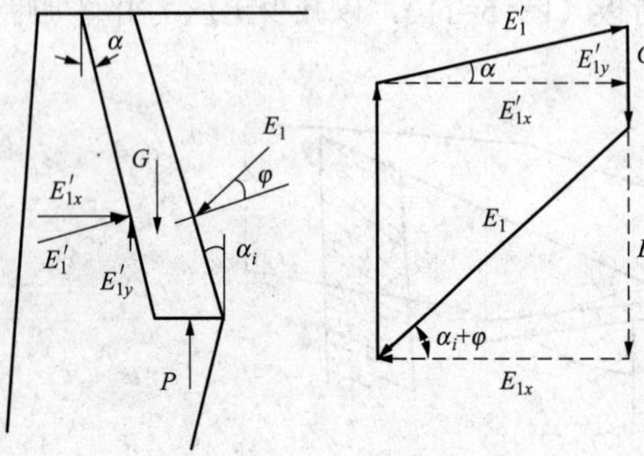

图 5-12　上墙实际墙背的土压力计算

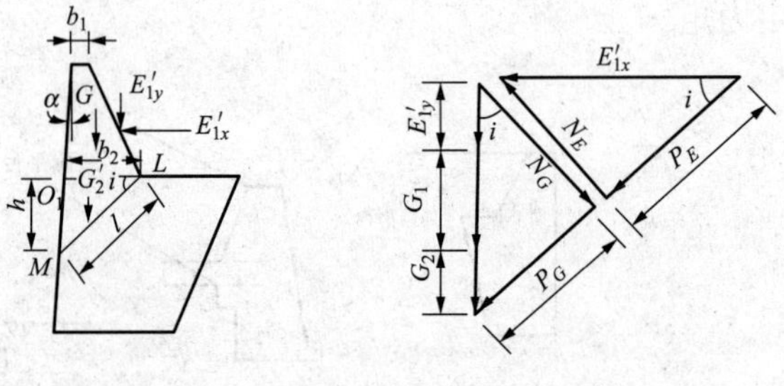

(a)　(b)

图 5-13　斜截面剪应力验算

在△O_1LM 中，由正弦定律得

$$\frac{\dfrac{h}{\cos\alpha}}{b_2}=\frac{\sin i}{\sin(90^\circ-\alpha-i)}=\frac{\sin i}{\cos(\alpha+i)}$$

则

$$h=\frac{b_2\sin i\cos\alpha}{\cos(\alpha+i)}=\frac{b_2\tan i}{1-\tan\alpha\tan i}$$

剪切面宽度

$$l=\frac{h}{\sin i}=\frac{b_2}{\cos i(1-\tan\alpha\tan i)}$$

$$G_2=\frac{1}{2}\gamma_k h b_2=\frac{1}{2}\gamma_k b_2^2\frac{\tan i}{(1-\tan\alpha\tan i)}$$

$$P=P_E+P_G=E'_{1x}\cos i+(E'_{1y}+G_1+G_2)\sin i$$

$$=E'_{1x}\cos i+(E'_{1y}+G_1)\sin i+\frac{1}{2}\gamma_k b_2^2\frac{\tan i\sin i}{1-\tan\alpha\tan i}$$

$$\tau=\frac{P}{l}=\frac{P(1-\tan\alpha\tan i)\cos i}{b_2}$$

$$=\left(\frac{E_{1x}}{b_2}\right)\cos^2 i(1-\tan\alpha\tan i)+\left(\frac{E_{1y}+G_1}{b_2}\right)\sin i\cos i(1-\tan\alpha\tan i)+\frac{1}{2}\gamma_k b_2\sin^2 i$$

$$=\cos^2 i[\tau_x(1-\tan\alpha\tan i)+\tau_0\tan i(1-\tan\alpha\tan i)+\tau_r\tan^2 i] \tag{5-13}$$

式中　$\tau_x = \dfrac{E'_{1x}}{b_2}$，$\tau_0 = \dfrac{E'_{1y} + G_1}{b_2}$，$\tau_r = \dfrac{1}{2}\gamma_k b_2$，$\gamma_k$ 为墙身砌体重度。

对式（5–13）微分，令 $\dfrac{\mathrm{d}\tau}{\mathrm{d}i} = 0$，经整理简化得

$$\tan i = -A \pm \sqrt{A^2 + 1} \tag{5–14}$$

式中　$A = \dfrac{\tau_r - \tau_x - t_0 \tan\alpha}{\tau_x \tan\alpha - \tau}$。

由式（5–14）解出 i 角，代入式（5–13），即可求得最大计算剪应力 τ_{max}。其验算方法同前。

5.5　浸水路堤挡土墙设计

设计长期或季节性浸水的挡土墙，除了按一般挡土墙考虑所作用的力系外，还应考虑水对墙后填料和墙身的影响：

（1）浸水的填料受到水的浮力作用而使土压力减小；

（2）砂性土的内摩擦角受水的影响不大，可认为浸水后不变，但黏性土浸水后抗剪强度显著降低；

（3）墙背与墙面均受到静水压力，在墙背与墙面水平一致时，两者互相平衡；而当有一水位差时，则墙身受到静水压力差所引起的推力；

（4）墙外水位骤然降落，或者墙后暴雨下渗在填料内出现渗流时，填料受到渗透动水压力。渗水性填料，动水压力一般很小，可忽略不计；

（5）墙身受到水的浮力作用，使其抗倾覆及抗滑动稳定性减弱。

1. 浸水挡土墙土压力计算

（1）当填料为砂性土时，计算时考虑：浸水部分填料单位重量采用浮容重；浸水前后的内摩擦角不变；破裂面为一平面；由于浸水后破裂位置的变动对于计算土压力的影响不大，因而不考虑浸水的影响。

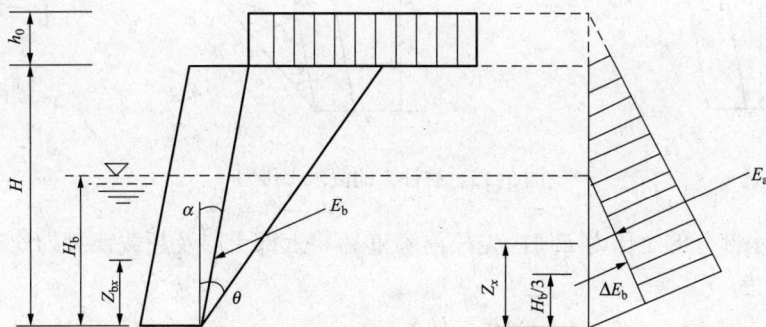

图 5–14　砂性土的浸水土压力

在此情况下，浸水挡土墙墙背土压力 E_b 可采用不浸水时的土压力 E_a 扣除计算水位以下因浮力影响而减少的土压力 ΔE_b（图 5–14），即

$$E_b = E_a - \Delta E_a \tag{5–15}$$

$$\Delta E_b = \frac{1}{2}(\gamma - \gamma_b)H_b^2 R_0 \tag{5–16}$$

$$\gamma_b = \gamma_d - (1-n)\gamma_w = \frac{\gamma_s - \gamma_w}{1+\varepsilon} \tag{5-17}$$

式中 γ——填料天然容重（kN/m³）;

γ_b——填料的浮容重（kN/m³）;

H_b——浸水部分墙高（m）;

γ_d, γ_s——填料的干容重和固体土粒的容重，其中 γ_s 值可采用：砂土 26.6kN/m³，砾石、卵石 26.5～28.0kN/m³;

γ_w——水的容重，$\gamma_w \approx 10$kN/m³;

n——填料的孔隙率;

ε——填料的孔隙比。

土压力作用点的位置：

$$Z_{bx} = \frac{E_a Z_x - \Delta E_b \dfrac{H_b}{3}}{E_a - \Delta E_b} \tag{5-18}$$

式中符号同前。

（2）当填料为黏性土时，考虑到黏性土浸水后 c 值显著降低，将填土的上下两部分视为不同性质的土层，应分别计算土压力（图 5-15）。计算中，先求出计算水位以上填土的土压力 E_1；然后再将上层填土重量作为荷载，计算浸水部分的土压力 E_2。E_1 与 E_2 的矢量和即为全墙土压力。

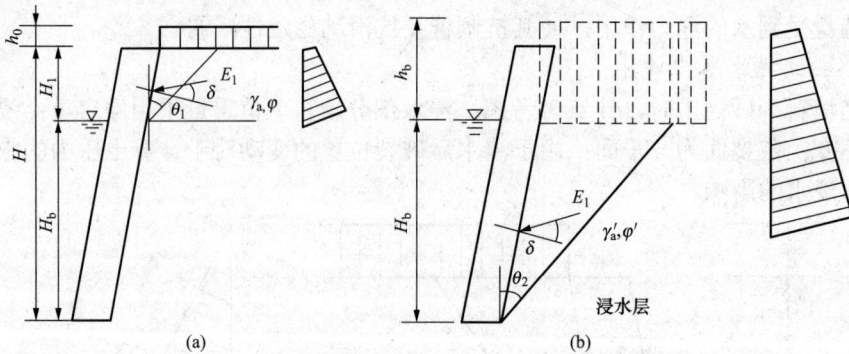

图 5-15 黏性土的浸水土压力

在计算浸水部分的土压力 E_2 时，先按浮容重 γ_b 将上部土层及超载换算为均布土层作为超载。土层厚 h_b 为

$$h_b = \frac{\gamma(h_0 + H_1)}{\gamma_b} = \frac{\gamma}{\gamma_b}(h + H - H_b) \tag{5-19}$$

式中符号同前。

2. 静水压力、动水压力和上浮力

（1）静水压力（图 5-16）。

墙胸所受静水压力：

$$P' = \frac{1}{2}\gamma_w H_b'^2 \sec\alpha'$$

其水平分力及垂直分力分别为

$$P_{1x}' = \frac{1}{2}\gamma_w H_b'^2$$

$$P_{1y}' = \frac{1}{2}\gamma_w H_b'^2 \tan\alpha'$$

墙背所受静水压力：

$$P_1' = \frac{1}{2}\gamma_w H_b'^2 \sec\alpha'$$

其水平分力及垂直分力分别为

$$P_{1x}' = \frac{1}{2}\gamma_w H_b'^2$$

$$P_{1y}' = \frac{1}{2}\gamma_w H_b'^2 \tan\alpha'$$

墙背所受静水压力：

$$P_1 = \frac{1}{2}\gamma_w H_b^2 \sec\alpha$$

其水平分力及垂直分力分别为

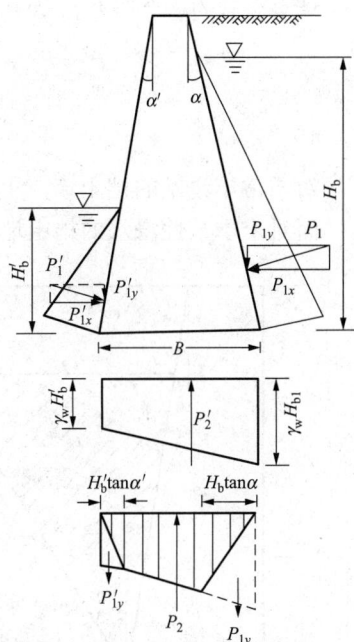

图 5-16 静水压力及上浮力

$$P_{1x} = \frac{1}{2}\gamma_w H_b^2$$

$$P_{1y} = \frac{1}{2}\gamma_w H_b^2 \tan\alpha$$

当计算动水压力 P_3 时，$H_b - H_b'$ 段的静水压力为动水压力所代替，则墙背静水压力 P_{1x} 为

$$P_{1x} = \frac{1}{2}\gamma_w(2H_b H_b' - H_b^2) \tag{5-20}$$

挡土墙两侧静水压力的水平分力差为 $P_{1x} - P_{1x}'$。当墙身排水良好，墙前与墙后的水位一致时，$P_{1x} = P_{1x}'$，两者相互平衡，计算时可不予考虑。静水压力的垂直分力 P_{1y} 和 P_{1y}' 计入上浮力。

（2）上浮力（图 5-16）。作用于基底的上浮力 P_2' 为

$$P_2' = \frac{1}{2}C\gamma_w(H_b + H_b')B \tag{5-21}$$

式中 B——基底宽（m）；

C——上浮力折减系数，根据墙基底面水的渗透情况而定，见表 5-11。

表 5-11   **上浮力折减系数 C 值**

墙基底面水的渗透情况	C
透水的地基	1.0
不能肯定是否透水的地基	1.0
岩石地基，在基底与岩石间浇注混凝土，认为相对不透水时	0.5

墙身受到的总上浮力 P_2 为基底上浮力与墙胸、墙背所受的静水压力竖直分力的代数和，即

$$P_2 = P_2' - P_{1y} - P_{1y}'$$
$$= \frac{1}{2}\gamma_w [CB(H_b + H_b') - (H_b'^2\tan\alpha' + H_b^2\tan\alpha)] \quad (5-22)$$

对于常年浸水的挡土墙，上述静水压力及上浮力在计算时应视作主要荷载组合中的作用力；而对于季节性浸水的挡土墙，则当作附加组合中的作用力。

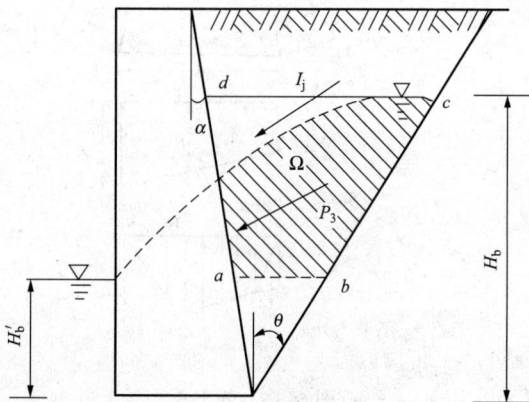

图 5-17 动水压力

（3）动水压力（图 5-17）。当墙后为弱透水性填料时，由于墙外水位急骤下降，在填料内部将产生渗流，由此而引起动水压力 P_3，其大小按下式计算：

$$P_3 = I_j\Omega\gamma_w \quad (5-23)$$

其中 $\Omega = \frac{1}{2}(H_b^2 - H_b'^2)(\tan\theta - \tan\alpha)$ （5-24）

式中 I_j——降水曲线的平均坡度；

Ω——产生动水压力的浸水部分，即图中的阴影部分，可近似地取梯形 $abcd$ 的面积。

动水压力 P_3 的作用点为 Ω 面积的重心，其方向平行于 I_j。

透水性材料，动水压力一般很小，可略而不计。

3. 浸水挡土墙稳定性验算

作用在浸水挡土墙的力系，如图 5-18 所示。

具体验算方法同前述，只是验算时注意考虑浸水挡土墙的受力特点。

4. 求算最不利水位

设计浸水挡土墙，应求算最不利水位进行验算。由于浸水对墙身及填料产生不同的影响，随着水位的涨落，墙的稳定性出现不同的变化。最高水位并不是在所有情况下都是最不利的水位；抗滑稳定系数和抗倾覆稳定系数的最小值，可能同时出现在某一水位，也可能分别出现。因此，设计浸水挡土墙时，须作反复的试算，以寻求最不利的水位。为减少计算工作量，可采用优选法。

下面说明运用优选法求最小稳定系数和最不利水位的步骤：如图 5-19 所示，设浸水挡土墙的高度为 H，试算水位均从挡土墙基底算起。具体过程如下：

（1）求算 H_1 处的稳定系数 $K_1=1$，$H_1=0.618H$。

（2）求算与 H_1 对称的 H_2 处的 K_2，$H_2=0+(H-H_1)=0.382H$。

（3）比较 K_1 和 K_2，若 $K_2>K_1$，则舍去$[0, H_2]$区段，求算剩余区段$[H_2, H]$中与 H_1 对称的 H_3 处的 K_3，$H_3=H_2+(H-H_1)=0.764H$。

（4）比较 K_1 和 K_3，若 $K_1>K_3$，则舍去$[H_2, H_1]$区段，求算剩余区段$[H_1, H]$中与 H_3 对称的 H_4 处的 K_4，$H_4=H_1+(H-H_3)=0.854H$。

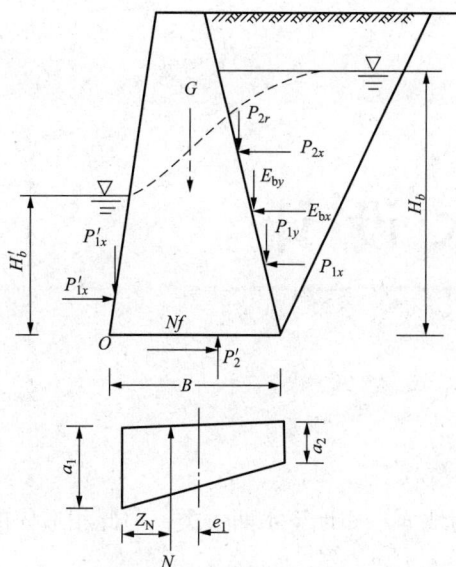

图 5–18 作用在浸水挡土墙上的力系

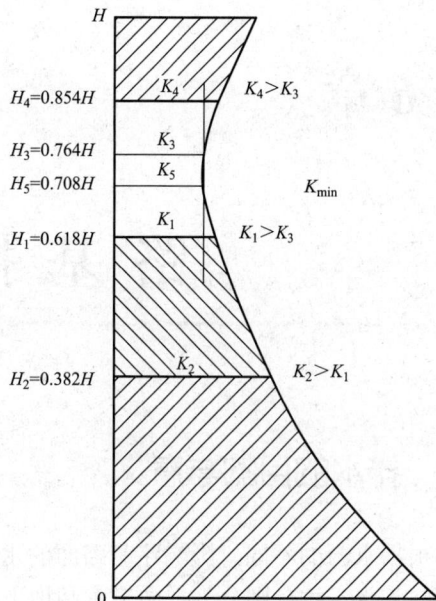

图 5–19 用优选法求算最不利水位

（5）比较 K_3 和 K_4。若 $K_4>K_3$，则舍去[H_4, H]区段，求算剩余区段[H_1, H_4]中与 H_3 对称的 H_5 处的 K_5，$H_5= H_1+(H–H_3)=0.854H$。

如此试算三、五次，并将各试算水位的稳定系数 K_1、K_2…绘成 $K–H$ 曲线，从曲线上找出 $k_{\min}$（本次为 K_5），则其相应的水位（H_5）便是最不利水位。

至于基底应力，在一般情况下，它随水位的降低而增大，而在枯水位时，接近或达到最大值，故在浸水挡土墙基底应力验算中，通常以枯水位作为验算水位。

复习思考题

1. 挡土墙的作用、设置情况和设计内容有哪些？
2. 试述各类挡土墙的结构特点及其适用条件。
3. 挡土墙抗滑稳定性、抗倾覆稳定性或地基承载力不足时，可采取哪些改进措施？
4. 挡土墙的排水设施是如何设计的？

第6章

路 基 排 水 设 计

6.1 排水的目的与意义

根据水源的不同，影响路基路面的水流可分为地面水和地下水两大类，与此相适应的路基路面排水工程，则分为地面排水和地下排水。

地面水包括大气降水（雨和雪）以及海、河、湖、水渠及水库水。地面水对路基产生冲刷和渗透，冲刷可能导致路基整体稳定性受损害，形成水毁现象。渗入路基土体的水分，使土体过湿而降低路基强度。

地下水包括上层滞水、潜水及层间水等，它们对路基的危害程度，因条件不同而异。轻者能使路基湿软，降低路基强度；重者会引起冻胀、翻浆或边坡滑坍，甚至整个路基沿倾斜基底滑动。水还可能造成掺有膨胀土的路基工程毁灭性的破坏。

路基排水的任务，就是将路基范围内的土基湿度降低到一定的限度以内，保持路基常年处于干燥状态，确保路基及路面具有足够的强度和稳定性。

路基设计时，必须考虑将影响路基稳定性的地面水，排除和拦截于路基用地范围以外，并防止地面漫流、滞积或下渗。对于影响路基稳定性的地下水，则应予以隔断、疏干和降低，并引导至路基范围以外的适当地点。

6.2 路基路面排水设计的一般原则

（1）排水设施要因地制宜、全面规划、合理布局、综合治理、讲究实效、注意经济，并充分利用有利地形和天然水系。一般情况下地面和地下设置的排水沟渠，宜短不宜长，以使水流不过于集中，做到及时疏散，就近分流。

（2）各种路基排水沟渠的设置，应注意与农田水利相结合，必要时可适当地增设涵管或加大涵管孔径，以防农业用水影响路基稳定。路基边沟一般不应用作农田灌溉渠道，两者必须合并使用时，边沟的断面尺寸应加大，并予以加固，以防水流危害路基。

（3）设计前必须进行调查研究，查明水源与地质条件，重点路段要进行排水系统的全面规划，考虑路基排水与桥涵布置相配合，做到综合设计和分期修建。对于排水困难和地质不良的路段，还应与路基防护加固相配合，并进行特殊设计。

（4）路基排水要注意防止附近山坡的水土流失，尽量不破坏天然水系，不轻易合并自然沟溪和改变水流性质，尽量选择有利地质条件布设人工沟渠，减少排水沟渠的防护与加固工程。对于重点路段的主要排水设施，以及土质松软和纵坡较陡地段的排水沟渠，应注意必要的防护与加固。

（5）路基排水要结合当地水文条件和道路等级等具体情况，注意就地取材，以防为主，既要稳固适用，又要讲究经济效益。

（6）为了减少水对路面的破坏作用，应提高路面结构的抗水害能力，尽量阻止水进入路面结构，提供良好的排水条件，迅速排除路面结构内的积水。

6.3 排水设计的降雨重现期

排水设计重现期指的是设计暴雨强度出现的周期，是道路排水设计的标准。重现期表示在许多次试验中某一事件重复出现的时间间隔的平均数。需要特别指出的是所谓"重现期"并不是说正好多少年中出现一次，它带有统计平均的意义，说得更确切一点是表示某种水文变量大于或等于某一指定值，每出现一次平均所需的时间间隔数。

路基地表排水设施的径流量计算，对高速公路、一级公路应采用 15 年，其他等级公路应采用 10 年的重现期内任意 30min 最大降雨强度。各类地表水沟沟顶应高出沟内设计水面 0.2m 以上。

6.4 地面排水设计

6.4.1 边沟

设置在挖方路基的路肩外侧或低路堤的坡脚外侧，多与路中线平行，用以汇集和排除路基范围内和流向路基的少量地面水。平坦地面填方路段的路旁取土坑，常与路基排水设计综合考虑，使之起到边沟的排水作用。边沟的排水量不大，一般不需要进行水文和水力计算，依据沿线具体条件，选用标准横断面形式。边沟紧靠路基，通常不允许其他排水沟渠的水流引入，亦不能与其他人工沟渠合并使用。

边沟不宜过长，尽量使沟内水流就近排至路旁自然水沟或低洼地带，必要时设置涵洞，将边沟水横穿路基从另一侧排出。

边沟的纵坡坡度应结合路线纵坡、地形、土质、出水口位置等情况选定，宜与路线纵坡坡度一致，且不宜小于 0.3%，困难情况下，不应小于 0.1%。当路线纵坡坡度小于沟底最小不淤积纵坡坡度时，边沟宜采用沟底最小不淤积纵坡坡度，并缩短边沟出水口的间距。

边沟的横断面形式，有梯形、矩形、三角形及流线型等，如图 6-1 所示。边沟横断面一般采用梯形，梯形边沟内侧边坡为 1:1.0~1:1.5，外侧边坡坡度与挖方边坡坡度相同。石方路段的边沟宜采用矩形横断面，其内侧边坡直立，坡面应采用浆砌片石防护，外侧边坡坡度与挖方边坡坡度相同。少雨浅挖地段的土质边沟可采用三角形横断面，其内侧边坡宜采用 1:2~1:3，外侧边坡坡度与挖方边坡坡度相同。三角形边坡的水流条件较差，流量较大时沟深宜适当加大。

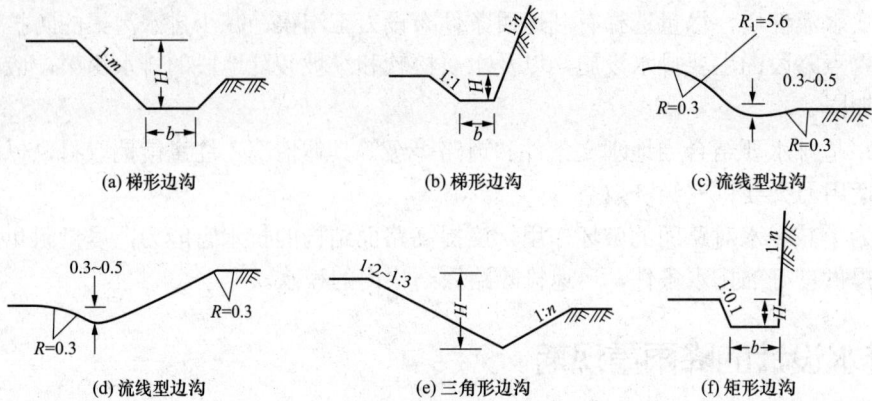

(a) 梯形边沟 (b) 梯形边沟 (c) 流线型边沟

(d) 流线型边沟 (e) 三角形边沟 (f) 矩形边沟

图 6-1 边沟的横断面形式示意图（单位：m）

梯形边沟的底宽与深度约 0.4～0.6m，水流少的地区或路段，取低限或更小，但不宜小于 0.3m；降水量集中或地势偏低的路段，取高限或更大一些。流线形边沟，是将路堤横断面的边角整修圆滑，可以防止路基旁侧积沙或堆雪，适用于沙漠或积雪地区的路基。

边沟可采用浆砌片石，栽砌卵石和水泥混凝土预制块防护。砌筑用的砂浆强度，对于高速公路、一级公路采用 M7.5，其他等级公路采用 M5。边沟出水口附近，水流冲刷比较严重，必须慎重布置和采取相应措施。

图 6-2 是路堑与高路堤衔接处的边沟排水布置图，由于边沟泄出水流流向路堤坡脚处，两者高差大，必须因地制宜，根据地形与地质等具体条件，将出水口延伸至坡脚以外，以免边沟水刷填方坡脚。

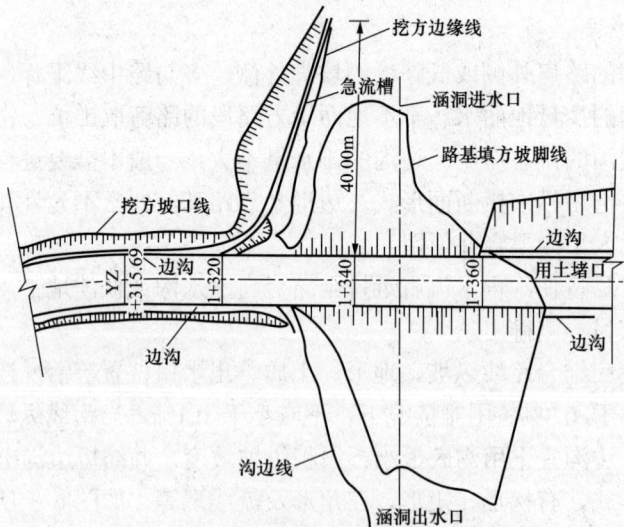

图 6-2 路堑与高路堤的边沟出水口布置图

边沟水流流向桥涵进水口时，为避免边沟流水产生冲刷，应作适当处治，图 6-3 是涵洞口设置窨井的一例。此外还应根据地形等条件，在桥涵进口前或在其他水流落差较大处，设急流槽与跌水等结构物，将水流引入桥涵或其他指定地点。

当边沟水流流至回头曲线处，一般边沟水较满，且流速较大，此时宜顺着边沟方向沿山坡设置引水沟，将水引至路基范围以外的自然沟中，或设急流槽或涵洞等结构物。将水引下山坡或路基另一侧，以免对回头曲线路段造成冲刷。

6.4.2　截水沟

截水沟又称天沟，一般设置在挖方路基边坡坡顶以外，或山坡路堤上方的适当地点，用以拦截并排除路基上方流向路基的地面径流，减轻边沟的水流负担，保证挖方边坡和填方坡脚不受流水冲刷。降水量较少、坡面坚硬和边坡较低以致冲刷影响不大的路段，可以不设截水沟；反之，如果降水量较多，且暴雨频率较高，山坡覆盖层比较松软，坡面较高，水土流失比较严重的地段，必要时可设置两道或多道截水沟。

图 6-4 是路堑段挖方边坡上方设置的截水沟图例之一，图中距离 d，一般应大于 5.0m，地质不良地段可取 10.0m 或更大。截水沟下方一侧，可堆置挖沟的土方，要求做成顶部向沟倾斜 2% 的土台。路堑上方设置弃土堆时，截水沟的位置及断面尺寸，如图 6-5 所示。

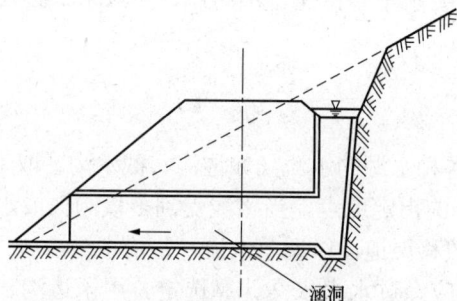

图 6-3　边沟泄水流入涵前窨井剖面

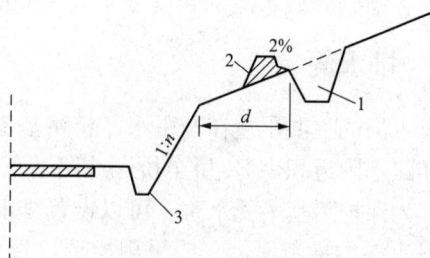

图 6-4　挖方路段截水沟示意
1—截水沟；2—土台；3—边沟

山坡填方路段可能遭到上方水流的破坏作用，此时必须设截水沟，以拦截山坡水流保护路堤。如图 6-6 所示，截水沟与坡脚之间，要有不小于 2.0m 的间距，并做成 2% 的向沟倾斜横坡，确保路堤不受水害。

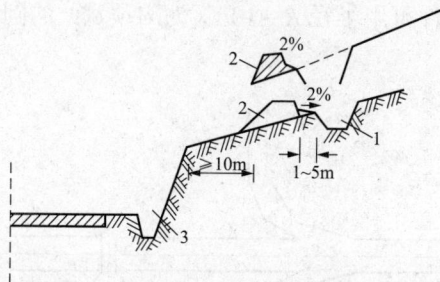

图 6-5　挖方路段弃土堆与截水沟关系
1—截水沟；2—弃土堆；3—边沟

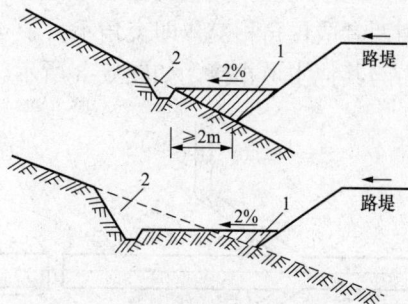

图 6-6　填方路段上的截水沟示意
1—土台；2—截水沟

截水沟的横断面形式，一般为梯形，沟的边坡坡度因岩土条件而定，一般采用 1:1.0～1:1.5，如图 6-7 所示。沟底宽度 b 不小于 0.5m，沟深 h 按设计流量而定，亦不应小于 0.5m。

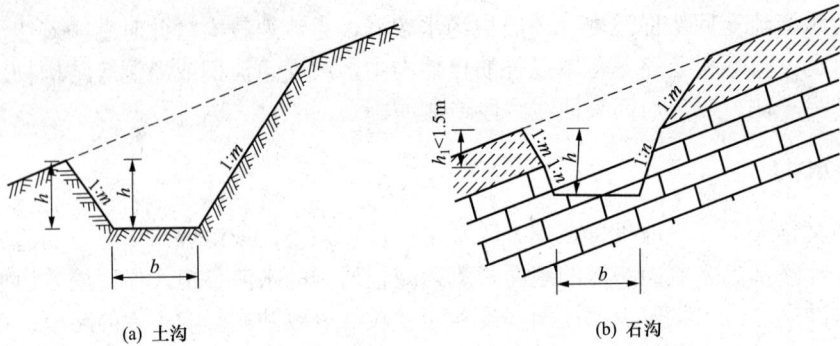

(a) 土沟   (b) 石沟

图6-7   截水沟的横断面图例

截水沟的位置，应尽量与绝大多数地面水流方向垂直，以提高截水效能和缩短沟的长度。截水沟应保证水流畅通，就近引入自然沟内排出，必要时配以急流槽或涵洞等泄水结构物将水流引入指定地点。截水沟水流不应引入边沟，当必须引入时，应增大边沟横断面，并进行防护。沟底应具有0.3%以上的纵坡。沟底和沟壁要求平整密实，不滞流、不渗水，必要时予以加固和铺砌。截水沟的长度以200~500m为宜。

6.4.3 排水沟

排水沟的主要用途在于引水，将路基范围内各种水源的水流（如边沟、截水沟、取土坑、边坡和路基附近积水），引至桥涵或路基范围以外的指定地点。当路线受到多段沟渠或水道影响时，为保护路基不受水害，可以设置排水沟或改移渠道，以调节水流，整治水道。

排水沟的横断面，一般采用梯形，尺寸大小应经过水力水文计算选定。用于边沟、截水沟及取土坑出水口的排水沟，横断面尺寸根据设计流量确定，底宽与深度不宜小于0.5m，土沟的边坡坡度为1:1~1:1.5。

排水沟的位置，可根据需要并结合当地地形等条件而定，离路基尽可能远些，距路基坡脚不宜小于2m，平面上力求顺直，需要转弯时应尽量圆顺，做成弧形，其半径不宜小于10~20m，连续长度宜短，一般不超过500m。

排水沟水流注入其他沟渠或水道时，应使原水道不产生冲刷或淤积。通常应使排水沟与原水道两者成锐角相交，即交角不大于45°，有条件可用半径$R=10b$（为沟顶宽）的圆曲线朝下游与其他水道相接，如图6-8所示。

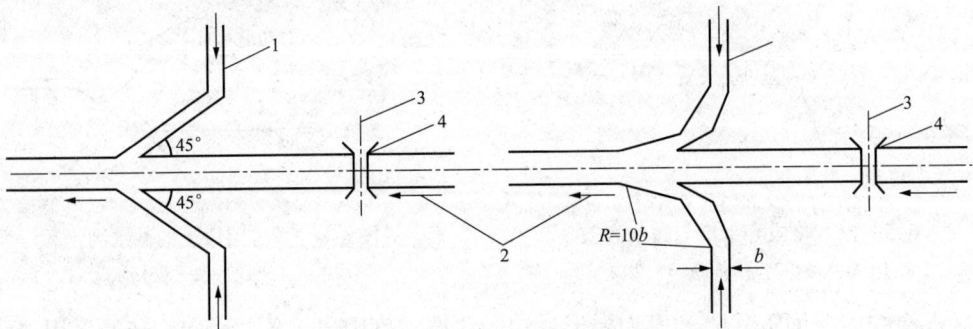

图6-8   排水沟与水道衔接示意图

1—排水沟；2—其他渠道；3—路基中心线；4—桥涵

排水沟应具有合适的纵坡，以保证水流畅通，不致流速太大而产生冲刷，亦不可流速太小而形成淤积，为此宜通过水文水力计算择优选定。一般情况下，可取 0.5%～1.0%，不小于0.3%，亦不宜大于 3%。若纵坡大于 3%，应采取相应的加固措施。

路基排水沟渠的加固类型有多种，表 6-1 为土质沟渠各种加固类型，图 6-9 为沟渠加固横断面，设计时可结合当地条件，根据沟渠土质、水流速度、沟底纵坡和使用要求等而定。

表 6-1 沟 渠 加 固 类 型

形　式	名　称	铺砌厚度（cm）
简易式	平铺草皮	单层
	竖铺草皮	叠铺
	水泥砂浆抹平层	2～3
	石灰三合土抹平层	3～5
	黏土碎（砾）石加固层	10～15
	石灰三合土碎（砾）石加固层	10～15
干砌式	干砌片石	15～25
	干砌片石砂浆勾缝	15～25
	干砌片石砂浆抹平	20～25
浆砌式	浆砌片石	20～25
	混凝土预制块	6～10
	砖砌水槽	

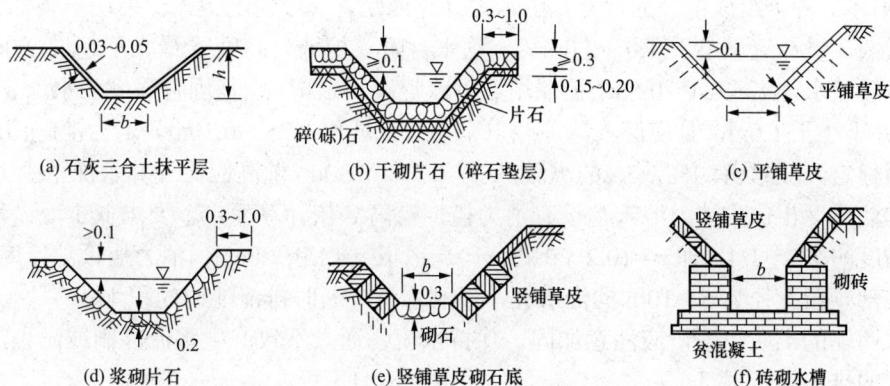

图 6-9 沟渠加固横断面

沟渠加固类型与沟底纵坡有关，表 6-2 所列可供设计时参考使用。

表 6-2 加固类型与沟底纵坡关系

纵坡（%）	<1	1～3	3～5	5～7	>7
加固类型	不加固	1. 土质好，不加固 2. 土质不好，简易加固	简易加固或干砌式加固	干砌式或浆砌式加固	浆砌式加固或改用跌水

6.4.4　跌水与急流槽

　　跌水与急流槽是路基地面排水沟渠的特殊形式，用于纵坡大于 10%，水头高差大于 1.0m 的陡坡地段。由于纵坡陡、水流速度快、冲刷力大，要求跌水与急流槽的结构必须稳固耐久，通常应采用浆砌块石或水泥混凝土预制块砌筑，并具有相应的防护加固措施。

　　跌水的构造，有单级和多级之分，沟底有等宽和变宽之别。单级跌水适用于排水沟渠连接处，由于水位落差较大，需要消能或改变水流方向，图 6-10 表示路基边沟水流通过涵洞排泄时，采用单级跌水（相当于雨水井）的示例之一。较长陡坡地段的沟渠，为减缓水流速度，并予以消能，可采用多级跌水，图 6-11 即为示例之一。多级跌水底宽和每级长度，可以采用各自相等的对称形，亦可根据实地需要，做成变宽或不等长度与高度。

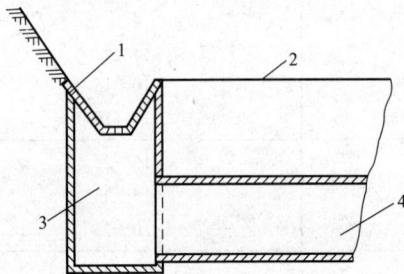

图 6-10　边沟与涵洞单级跌水连接
1—边沟；2—路基；3—跌水井；4—涵洞

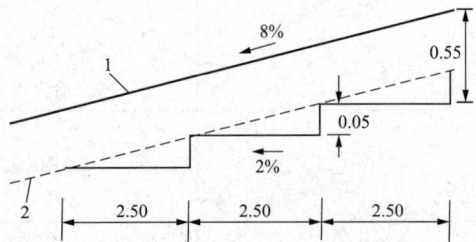

图 6-11　多级跌水纵剖面（单位：m）
1—沟顶线；2—沟底线

　　按照水力计算特点，跌水的基本构造可分为进水口、消力池和出水口三个组成部分，如图 6-12 所示。各个组成部分的尺寸，由水力计算而定。一般情况下，如果地质条件良好，地下水位较低，设计流量小于 1.0～2.0m³/s，跌水台阶（护墙）高度 p 最大不超过 2.0m。常用的简易多级跌水，台高 0.4～0.5m，护墙用石砌或混凝土结构，墙基埋置深度为水深 a 的 1.0～1.2 倍，并不小于 1.0m，且应深入冰冻线以下，石砌墙厚 0.25～0.30m。消力池起消能作用，要求坚固稳定，底部具有 1%～2% 的纵坡，底厚 0.35～0.30m，壁高应比计算水深至少大 0.20m，壁厚与护墙厚度相仿。消力池末端设有消力槛，槛高 c 依计算而定，要求低于池内水深，约为护墙高度的 1/5～1/4，即 $c = (0.2 \sim 0.25)p$，一般取 $c = 15 \sim 20\text{cm}$。消力槛顶部厚度为 0.3～0.4m，底部预留孔径为 5～10m 的泄水孔，以利水流中断时排泄池内的积水。

　　跌水两端的土质沟渠，应注意加固，保持水流畅通，不致产生水流冲刷或淤积，以充分发挥跌水的排水效能。

　　急流槽的纵坡，比跌水的平均纵坡更陡，结构的坚固稳定性要求更高，是山区公路回头曲线沟通上下线路基排水及沟渠出水口的一种常见排水设施。急流槽主体部分的纵坡依地形而定，一般可达 67%（1:1.5），如果地质条件良好，需要时还可更陡，但结构要求更严，造价亦相应提高，设计时应通过比较而定。

　　急流槽多用砌石（抹面）和水泥混凝土结构，亦可利用岩石坡面挖槽。如临时急需时，可就近取材，采用竹木结构。

　　急流槽的构造，如图 6-13 所示。按水力计算特点，亦由进口、主槽（槽身）和出口三部分组成。

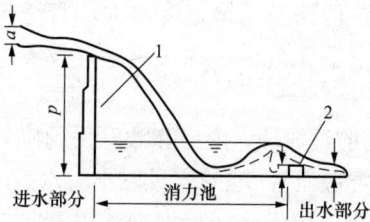

图 6-12　跌水构造示意
1—护墙；2—消力槛

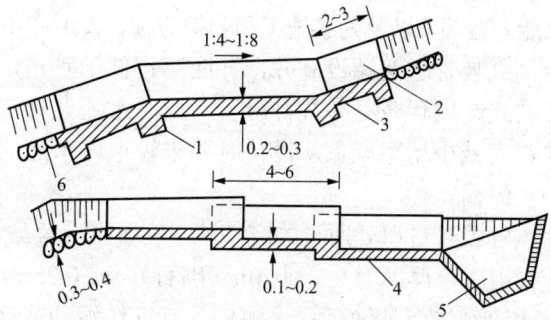

图 6-13　急流槽构造示意
1—耳墙；2—消力池；3—混凝土槽底；4—钢筋混凝土槽底；
5—横向沟渠；6—砌石护底

急流槽的进出口与主槽连接处，因沟槽横断面不同，为了能平顺衔接，可设过渡段，出口部分设有消力池。各个部分的尺寸，依水力计算而定。对于设计流量不超过 1.0m³/s，槽底倾斜为 1:1～1:1.5 的小型结构，可参照图 6-13。急流槽的基础必须稳固，端部及槽身每隔 2～5m，在槽底设耳墙埋入地面以下。槽身较长时，宜分段砌筑，每段长 5～10m，预留伸缩缝，并用防水材料填缝。

6.4.5　倒虹吸与渡水槽

当水流需要横跨路基，同时受到设计高程的限制，可以采用管道或沟槽，从路基底部或上部架空跨越，前者称倒虹吸，后者为渡水槽，分别相当于涵洞和渡水桥，两者属于路基地面排水的特殊结构物，并且多半是配合农田水利所需而采用。

倒虹吸的设置往往是因路基横跨原有沟渠，且沟渠水位高于路基设计高程，不能按正常条件下设置涵洞，此时采用倒虹吸是可行的方案之一，图 6-14 是其中的一种。

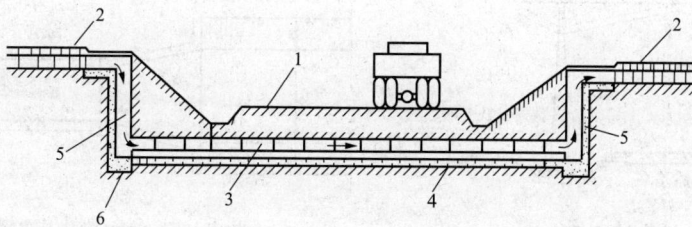

图 6-14　竖井式倒虹吸布置
1—路基；2—原沟渠；3—洞身；4—垫层；5—竖井；6—沉淀池

倒虹吸是借助上下游沟渠水位差，利用势能迫使水流降落，经路基下部管道流向路基另一侧，再复升流入下游水渠。由于所设管道为有压管道，竖井式倒虹吸的水流成多次垂直改变方向，水流条件较差，结构要求较高，容易漏水和淤塞，且难以清理和修复，应尽量不用或少用，使用时需合理设计，进行水力计算，选择最佳设计方案，并要求施工保证质量，使用时要经常检查维修。

倒虹吸管道有箱形和圆形两种，以水泥混凝土和钢筋混凝土结构为主，临时性简易管道可用砖石结构，永久性或急需时亦可改用钢铁管道。管道的孔径为 0.5～1.5m，管道附近的路基填土厚度，一般不小于 1.0m，以免行车荷载压力过于集中，严寒地区亦可赖以防冻。考虑到倒虹吸的泄水能力有限，以及为了施工和养护方便，管道亦不宜埋置过深，以填土高度不超过3.0m为宜。

倒虹吸管道两端设竖井，井底高程低于管道，起沉淀泥沙与杂物作用。亦可改用斜管式或缓坡式，以代替竖井式升降管，此时水流条件有所改善，但路基用地宽度增大，管道长度增加。为减少堵塞现象，设计时要求管道内水流的速度不小于1.5m/s，并在进口处设置沉沙池和拦泥栅。

倒虹吸管进口处所设的沉沙池，位于原沟渠与管道之间的过渡段，池底和池壁采用砌石抹面或混凝土，厚度为0.3～0.4m（砌石），或0.25～0.30m（混凝土），池的容量以不溢水为度。

水流经过沉沙池后，水中仍含有细粒泥沙或轻质漂浮物，可设网状拦泥栅予以清除，确保虹吸管道不致堵塞，但拦泥栅本身容易被堵塞，需经常清理，以保证水流畅通，避免沉沙池和沟渠溢水而危害路基。倒虹吸的出口，亦应设过渡段与下游沟渠平顺衔接，应对原有土质沟渠进行适当加固。

渡水槽相当于渡水桥，如图6-15所示。原水道与路基设计标高相差较大，如果路基两侧地形有利，或当地确有必要，可设简易桥梁，架设水槽或管道，从路基上部跨越，以沟通路基两侧的水流。

渡水槽的架设应满足道路对净空与美化的要求，其构造与桥梁相似，但主要作用是沟通水流，故除应在结构上具有足够强度外，在效能上应适合排水的要求，其中包括进出口的衔接，以及防止冲刷和渗漏等。

渡水槽由进出水口、槽身和下部支承三部分组成，其中进（出）口段的构造，参见图6-16。

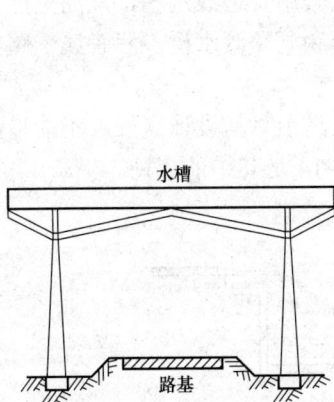

图6-15　渡水槽图例

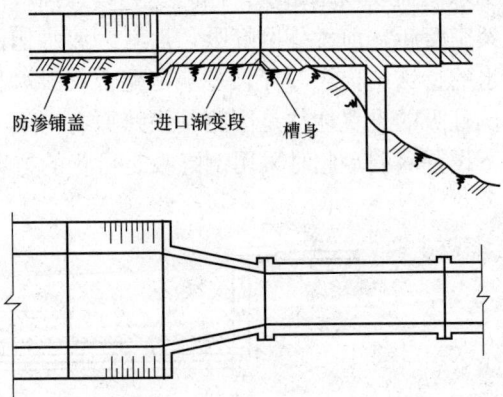

图6-16　渡水槽进出口布置

为降低工程造价，槽身过水横断面一般均较两端的沟渠横断面为小，槽中水流速度相应有所提高，因此进出口段应注意防止冲刷和渗漏。进出水口处设置过渡段，根据土质情况，分别将槽身两端伸入路基两侧地面2～5m，而且进出水口过渡段宜长一些，以防淤积。如果主槽较短，可取槽身与沟渠的横断面相同，沟槽直接衔接，可不设过渡段。水流横断面不同时，过渡段的平面收缩角为10°～15°，据此可确定过渡段的有关尺寸。与槽身连接的土质沟渠，应予以防护加固，其长度至少是沟渠水深的4倍。

6.4.6　蒸发池

气候干旱、排水困难地段，可利用沿线的集中取土坑或专门设置蒸发池排除地表水。

蒸发池与路基边沟（或排水沟）间应设排水沟连接。蒸发池边缘与路基边沟距离不应小于 5m，面积较大的蒸发池不得小于 20m。池中水位应低于排水沟的沟底。

蒸发池的容量应以一个月内路基汇流入池中的雨水能及时完成渗透与蒸发作为设计依据。每个蒸发池的容水量不宜超过 300m³，蓄水深度不应大于 2.0m。

蒸发池的设置不应使附近地面形成盐渍化或沼泽化。

6.5　地下排水设计

路基及边坡土体中的上层滞水，或埋藏很浅的潜水称为地下水，当地下水影响路基路面强度或边坡稳定时，应设置暗沟（管）、渗沟和检查井等地下排水设施。

常用的路基地下排水设备有盲沟、渗沟、渗水隧洞和渗井等，其特点是排水量不大，主要是以渗流方式汇集水流，并就近排出路基范围以外。对于流量较大的地下水，应设置专用地下管道予以排除。

由于地下排水设备埋置地面以下，不易维修，在路基建成后又难以查明失效情况，因此要求地下排水设备牢固有效。

6.5.1　暗沟

相对于地面排水的明沟而言，暗沟又称盲沟，具有隐蔽工程的含义。从盲沟的构造特点出发，由于沟内分层填以大小不同的颗粒材料，利用渗水材料透水性将地下水汇集于沟内，并沿沟排泄至指定地点，此种构造相对于管道流水而言，习惯上称之为盲沟，在水力特性上属于紊流。

图 6-17 为一侧边沟下面所设的盲沟，用以拦截流向路基的层间水，防止路基边坡滑坍和毛细水上升危及路基的强度和稳定性。

图 6-18 是路基两侧边沟下面均设盲沟，用以降低地下水位，防止毛细水上升至路基工作区范围内，形成水分积聚而造成冻胀和翻浆，或土基过湿而降低强度等。

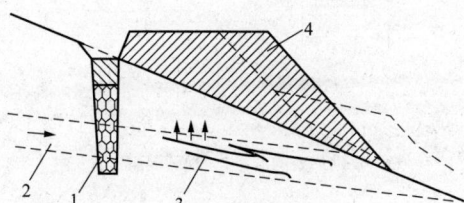

图 6-17　一侧边沟下设盲沟
1—盲沟；2—层间水；3—毛细水；4—可能滑坡线

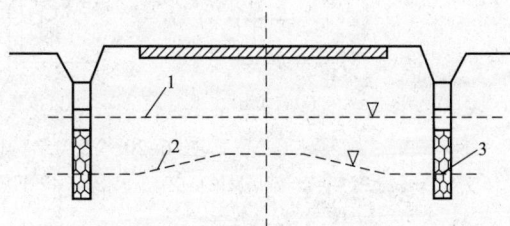

图 6-18　两侧边沟下设盲沟
1—原地下水位；2—降低后地下水位；3—盲沟

图 6-19 是设在路基挖方与填方交界处的横向盲沟，用以拦截和排除路堑下面层间水或小股泉水，保持路堤填土不受水害。

以上所述的盲沟，沟槽内全部填满颗粒材料，可以理解为简易盲沟，其构造比较简单，横断面成矩形，亦可做成上宽下窄的梯形，沟壁倾斜度约 1:0.2，底宽 b 与深度 h 大致为 1:3，深 1.0～1.5m，底宽 0.3～0.5m。盲沟的底部中间填以粒径较大（3～5cm）的碎石，其空隙较大，水可在空隙中流动。粗粒碎石两侧和上部，按一定比例分层（层厚约 10cm）填以较细粒

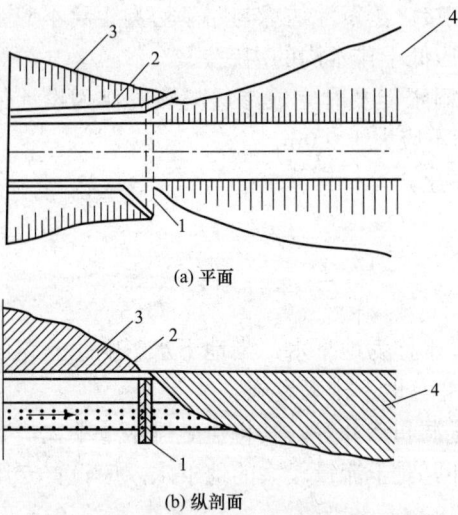

(a) 平面

(b) 纵剖面

图 6-19　挖填交界处横向盲沟
1—盲沟；2—边沟；3—路堑；4—路堤

径的粒料，逐层粒径比例大致按 6 倍递减。盲沟顶部和底面，一般设有厚 30cm 以上的不透水层，或顶部设有双层反铺草皮。

简易盲沟的排水能力较小，不宜过长，沟底具有 1%～2%的纵坡，出水口底面高程应高出沟外最高水位 20cm，以防水流倒渗。

寒冷地区的暗沟，应做防冻保温处理或将暗沟设在冻结深度以下。

6.5.2　渗沟

采用渗透方式将地下水汇集于沟内，并通过沟底通道将水排至指定地点，此种地下排水设备统称为渗沟，它的作用是降低地下水位或拦截地下水，其水力特性是紊流，但在构造上与上述简易盲沟有所不同。

渗沟有三种结构形式，如图 6-20 所示。

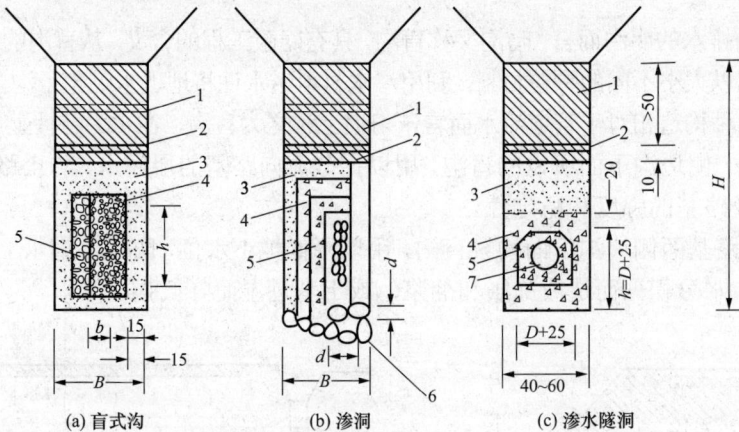

(a) 盲式沟　　(b) 渗洞　　(c) 渗水隧洞

图 6-20　渗沟结构图示（单位：cm）
1—黏土夯实；2—双层反铺草皮；3—粗砂；4—石屑；5—碎石；6—浆砌片石沟洞；7—预制混凝土管

盲沟式渗沟与上述简易盲沟相似，但构造更为完善，当地下水流量较大，要求埋置更深时，可在沟底设洞或管，前者称为渗洞，后者称为渗水隧洞。

渗沟的位置与作用，视地下排水的需要而定，大致与图 6-17～图 6-19 所示的简易盲沟相仿，但沟的尺寸更大，埋置更深，而且要进行水力计算确定尺寸。公路路基中，浅埋的渗沟约在 2～3m 以内，深埋时可达 6m 以上。

渗沟底部设洞或管，底部结构相当于顶部可以渗水的涵洞。图 6-21 是洞式渗沟结构图例之一，其洞宽 b 约 20cm，高 20～30cm；盖板用条石或混凝土预制板；板长约为 $2b$，板厚 $p \geqslant 15$cm，并预留渗水孔，以便渗入沟内的水汇集于洞内排出。洞身要求埋入不透水层内，如果地基软弱还应铺设砂石基础；洞身埋在透水层中时，必要时在两侧和底部加设隔水层，以达到排水的目的。洞底设置不小于 0.5% 的纵坡，使集水通畅排出。

当排除地下水的流量更大，或排水距离较长，可考虑采用管式渗沟。渗沟底部埋设的管道，一般为陶土或混凝土的预制管，管壁上半部留有渗水孔，渗水孔交错排列，设于边沟下的管或渗沟，如图 6-22 所示。管的内径 D 由水力计算而定，一般 0.4~0.6m，管底设基座。对于冰冻地区，为防止冻结阻塞，除管道埋在冰冻线以下外，必要时采取保温措施，管径亦宜较大一些。

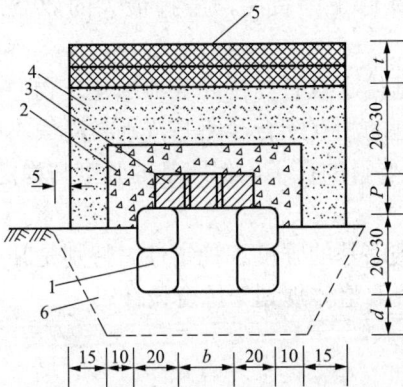

图 6-21 洞式渗沟结构示意（单位：cm）

1—浆砌块石；2—碎砾石；3—盖板；4—砂；
5—双层反铺草皮或土工布；6—基础

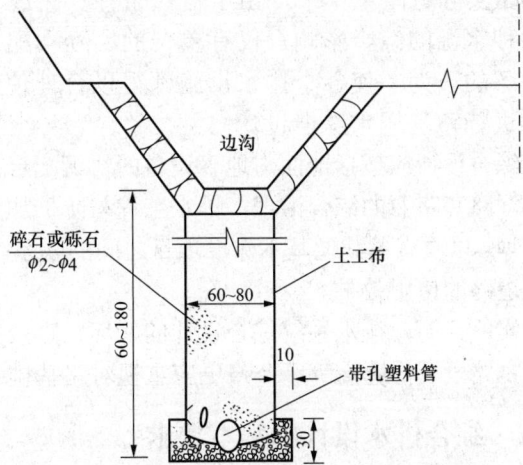

图 6-22 管式渗沟（尺寸单位：cm）

6.5.3 渗井

渗井属于立式地下排水设备，当地下存在多层含水层，其中影响路基的上部含水层较薄，排水量不大，且平式渗沟难以布置，采用立式（竖向）排水，设置渗井，穿过不透水层，将路基范围内的上层地下水，引入更深的含水中去，以降低上层的地下水位或全部予以排除。图 6-23 为圆形渗井的结构与布置图例。

渗井的平面布置，以及孔径与渗水量，按水力计算而定，一般为直径 1.0~1.5m 的圆柱形。亦可是边长为 1.0~1.5m 的方形。井深视地层构造情况而定，井内由中心向四周按层次，分别填入由粗而细的砂石材料，粗料渗水，细料反滤。填充料要求筛分冲洗，施工时需用铁皮套筒分隔填入不同粒径的

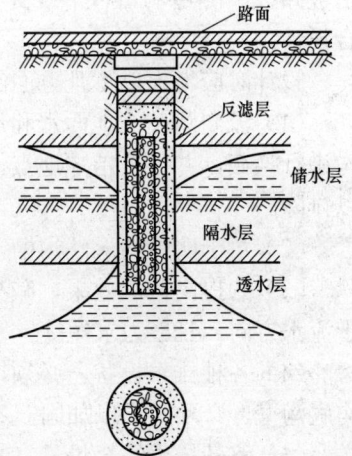

图 6-23 圆形渗井结构与布置图例

材料，要求层次分明，不得粗细材料混杂，以保证渗井达到预期排水效果。

鉴于渗井施工不易，单位渗水面积的造价高于渗沟，一般尽量少用。有时，因土基含水率较大，严重影响路基、路面的强度，其他地下排水设备不易布置，其他技术措施如隔离层的造价较高，此时渗井可作为方式之一，设计时应进行分析比较，有条件地选用。

6.6　综合排水设计

6.6.1　综合设计的意义

在实际道路工程中，由于自然条件、路线布置及其他人为因素的差异，道路往往受到各种水源的综合影响。仅有单一的、互不配合的排水设施是不能很好地完成全路基排水任务的。为了使各个排水设施都得以合理使用，降低工程费用，发挥最大的效益，就需要进行路基排水综合设计。

综合设计应包括地面与地下设备的协调配合，路基排水设备与桥涵等泄水建筑物的合理布置，路基路面的综合治理，排水工程与防护加固工程的相互配合，路基排水与沿线农田水利规划，以及有关其他基本建设项目之间的联系。但主要目的在于确保路基的强度与稳定型，提高道路的使用效果。

实践证明，排水系统综合设计的好坏，直接关系到路基的强度和稳定性。特别是某些地质不良路段及修建高等级公路更应重视对路基排水系统的整体规划、综合设计。

6.6.2　综合排水设计的基本要求

当一条路线在纵断面设计完成后，就应考虑各路段的排水综合设计。排水综合设计，一般结合路线的平面、纵断面设计和沿线地形、地质、水文条件进行。对一般公路，常在路线平面图、地形图上予以反映。对高等级公路，排水不良、易受水流冲刷的特殊地区，如滑坡路段、隧道洞口、干线交叉道口、连续回头曲线等排水复杂路段，应作专项公路排水综合设计。

设计时应考虑以下几方面的问题：

（1）流向路基的地面水和地下水，需在路基范围以外的地点，设置截水沟与排水沟或渗沟进行拦截，并引至指定地点。路基范围内的水源，分别采用边沟、渗沟、渗井与排水沟予以排除。

（2）对于明显的天然沟槽，一般宜依次设置涵洞。

（3）为提高截流效果，减少工程量，地面沟渠宜大体沿等高线布置，尽可能使沟渠垂直于流水方向，且应力求短捷，水流通畅。

（4）各种排水设备，必须地基稳固，不得渗漏或滞留，并具有适当纵坡。沟槽的基底与沟底沟壁，必要时予以加固，不得溢水渗水，防止损害路基和引起水土流失。

（5）路基排水综合设计，必须事先做好调查研究工作，进行必要的水文水力计算，作出总体规划，提出总体布置方案逐段逐项进行细部设计，并进行效益分析与经济核算。

【案例分析】

图 6-24 是路基排水综合设计的一个示例，在路堑上边坡上方修筑截水沟拦截地表水流，利用渗沟将路基上方出现的泉水汇集，再用排水沟引到就近的山沟中，再经涵洞排至路基下方。

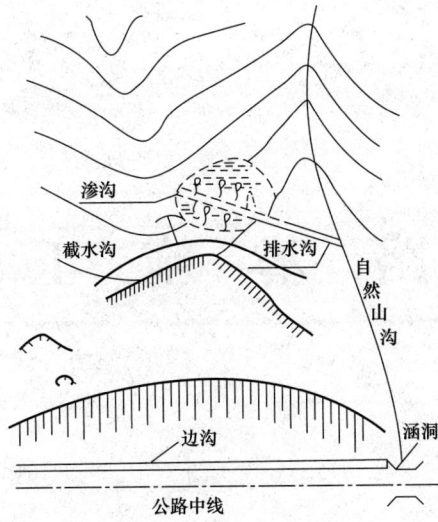

图 6-24　某路综合排水示例

复习思考题

1. 简述路基排水设计的目的和意义。
2. 边沟与截水沟的异同。
3. 路基地下排水设施有哪些？它们各自适用于哪些情况？

第7章

路 基 施 工

7.1 路基施工的特点

路基工程涉及范围广，影响因素多，灵活性很大，而且岩土内部结构复杂，在勘察设计阶段很难全面把握岩土内部情况，因此在施工阶段需要根据实际情况全面完善。在路基工程中施工比设计更为复杂，更为重要，也更耗费人力物力。

路基施工具有以下特点：

（1）公路工程是带状的结构物，路基施工面狭长。整个带状区域，会遇到不同的地形和地质条件，施工技术复杂化多变。

（2）沿线路基设计具有不同的断面结构形式和相应的排水、防护与支挡工程。路基断面有路堤或路堑，排水有不同的地面、地下排水结构物，以及生物的、工程的防护支挡工程。

（3）路基工程沿整个路线方向的工程量分布很不均匀，高填深挖段的土方工程量往往占全线路基工程量的相当大一部分。在寒冷地区，土方施工受气候的影响大。雨季土方难以施工且质量不易保证。因此，把一些工程量集中的路段常常做成整个路基施工的控制工程。

（4）我国修建的高等级公路，采用全封闭和控制出入，出现了众多的通道涵，再加上一定数量的过水结构物，因此高速公路和一级公路路基一般都比较高。高路基和桥涵在衔接处会产生不稳定和沉陷的问题，施工质量及沉降监测成为一个关键问题。

7.2 路基施工的一般准备工作

路基工程由于工程量大，项目种类多，往往实行大规模的机械化施工。为了保证工程的顺利进行，针对机械化施工速度快、工序紧凑、工作面相对集中的特点必须做好施工前的准备工作。路基施工前的准备工作，大致可归纳为组织准备、技术准备和物质准备三个方面。

（1）组织准备工作。组织准备是做其他一切准备工作的前提。它主要是明确施工队伍和管理机构，明确施工任务，制定相应的规章制度，确立施工所应达到的目标等。

（2）技术准备工作。路基开工前，施工单位应在全面熟悉设计文件和设计交底的基础上进行施工现场勘查、核对，必要时修改设计文件，发现问题应及时提出修改意见并申请设计变更，编制施工组织计划，路基恢复定线，施工放样与清除施工场地，搞好临时工程的各项改造等。

（3）物质准备工作。物质准备工作包括各种材料与机具设备的购置、采集、加工、调运与储存，以及生活后勤供应等。为使供应工作能适应基本工作的需要，物质准备工作必须制定具体计划，计划内容必须能够保证上述施工组织计划顺利实施，而且物质准备工作常被列为施工组织计划的一个组成部分。

7.3 土质路基施工

7.3.1 土质路堤填筑及其施工技术

1. 分层填筑

（1）水平分层填筑（图7-1）。土质路堤应尽量采用水平填筑分层方式进行，即将路堤划分为若干水平层次，逐层向上填筑。如果原地面不平，则从最低层开始填筑。每填一层，经压实达到标准后，再进行下层填筑，依此循环进行直至达到设计高度。

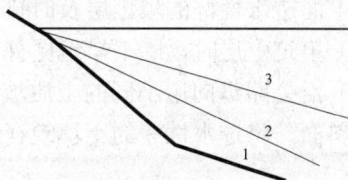

（2）纵向分层填筑（图7-2）。用推土机从路堑取土填筑距离较短的路堤，依纵坡方向分层填筑、压实，直至达到设计高程。

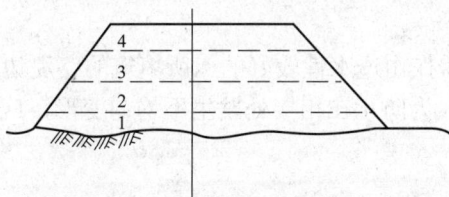

图7-1　水平分层填筑　　　　　　图7-2　纵向分层填筑

2. 竖向填筑方案

原地面纵向坡度大于12%、路线路越深谷或局部地面横坡较陡的地段，地面高差大，或断岩、泥沼地区，无法采用水平分层填筑时，可采取竖向填筑。

路线跨越深谷或局部地面横坡较陡的地段，地差较大，填土面积小，难以水平分层卸土，以及陡坡地段上半填半挖路基，局部路段横坡较陡或难以分层续筑等，可采用竖向填筑方案。即施工时将填料沿路线纵向在坡度较大的原地面上倾填，形成倾斜的土层，然后碾压密实，如此逐层向前推进，如图7-3所示。由于填土过厚而不易压实，必须采取相应的技术措施以保证压实质量。比如选用振动式或锤式夯击机，选用沉陷量较小及粒径较均匀的砂石填料，路堤全宽一次成型等施工技术措施。

3. 混合填筑方案

对于类似竖向填筑的地段，如深谷陡坡地段采用混合填筑方案更为有利，即下层竖向填筑，上层水平分层，必要时可考虑参照地基加固的注入、扩孔或强夯等措施，以保证填土具有足够的密实度，如图7-4所示。填筑时应根据填料运距、填筑高度、工程量等进行施工机械的配置，确定作业方式。施工机械应尽量配套，以最大限度地发挥各种机械的工效。对于两侧取土，填土高度在3m以内的路堤，可用推土机从两侧推填，配合平地机整平，然后在最佳含水量下用压路机压实。对于填方量较集中的路堤填筑，当填料运距超过1km时，可用松土机翻松，用挖土机或装载机配合自卸汽车运输，料运到作业面后用平地机整平，配合洒水车和压路机压实。当填料运距在 1km 范围内时，可用铲运机运土，推土机开道、翻松硬土、平整取土段、清除障碍及推土。

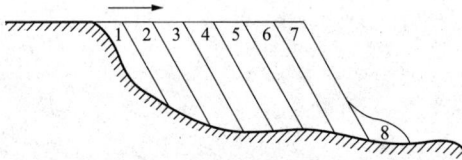

图 7-3 竖向填筑

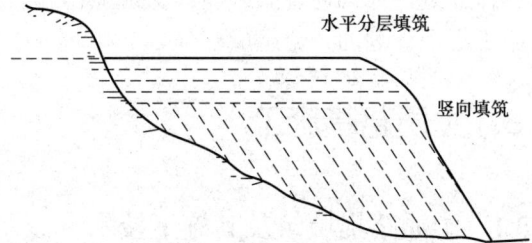

图 7-4 混合填筑

4. 对于不同土质填筑需注意的内容

当用不同土质填筑路堤时，应符合下列填筑工艺要求（图 7-5）：

（1）不同性质的土应分别填筑，不得混填。每种填料层累计总厚度不宜小于 0.5m。凡不因潮湿及冻融而变更其体积的优良土应填在上层，强度较小的土应填在下层。

（2）路堤下部用透水性较差的土填筑时，与上部土层接触面应做成 4% 的双向横坡，以保证来自上面透水性好的填土层及时排水。

（3）填筑上层时，除干旱地区外，不应覆盖在由透水性较好的土所填筑的路堤边坡上。

（4）沿公路纵向用不同的土质坡筑路堤时，为防止在相接处发生不均匀变形，应在交接处做成斜面，将透水性差的土填筑在斜面下方。

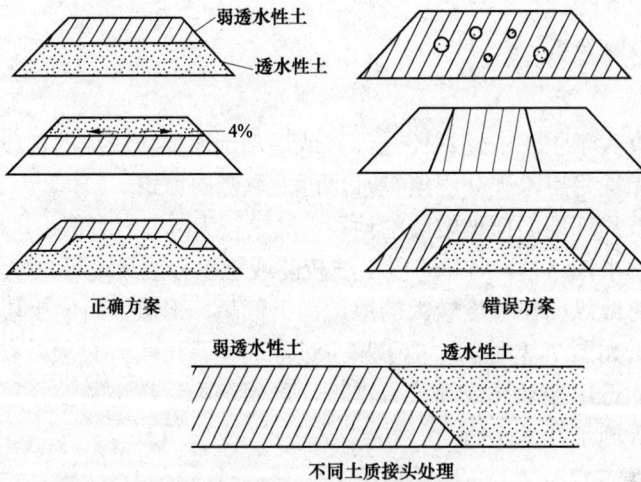

图 7-5 不同土质填筑

7.3.2 土质路堑开挖及其施工技术

路堑开挖是将路基范围内设计标高之上的土体挖除并运到其他地点的施工过程。开挖路堑会破坏土体原来的平衡状态，开挖时要保证边坡的稳定性。特别是深长路堑工程量巨大，开挖作业面狭窄，经常是一段路基施工进度的控制性工程。路堑开挖应以加快施工进度、保证工程质量和施工安全为原则，综合考虑工程量大小、路堑深度与长度、开挖作业面情况、地形与地质情况、机械设备等因素，制订切实合理的开挖方式。根据路堑深度和纵向长度，开挖方式可分为横挖法、纵挖法或混合式开挖法。

1. 纵向全宽掘进开挖（横挖法）

纵向全宽掘进开挖是从路堑的一端或两端在横断面全宽范围内沿路线纵向向前开挖，主要适用于短而浅的路堑，如图 7-6 所示。当路堑深度不大时，一次挖到设计标高的开挖方式称为单层横挖法，其高度即等于路堑设计深度，掘进时逐段成型向前推进，由相反方向运土送出。单层掘进的高度受到人工操作安全及机械操作有效因素的限制，如果施工紧迫，路堑较深，为增加作业面，以便容纳较多的施工机械，形成多向出土以加快工程进度可采用双层纵向掘进开挖。上层在前，下层随后，各施工层面具有独立的出土通道和临时排水设施出土和排水通道。双层或多层开挖，增多了施工工作面，加快了施工进度，层高应视施工方便且能保证安全而定，一般为 1.5～2.0m。若采用机械开挖，每层台阶高度可为 2～4m。

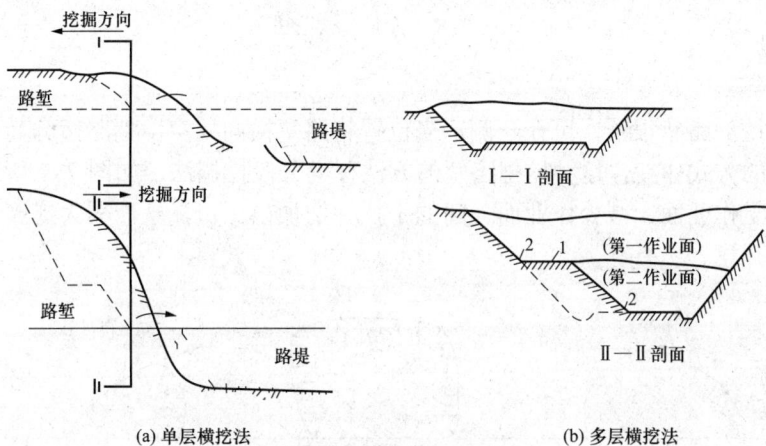

图 7-6　横挖法示意

1—第一层运土道；2—临时排水沟

2. 横向通道掘进开挖（纵挖法）

横向通道掘进开挖，是先在路堑纵向挖出通道，然后分段同时由横向掘进。此法工作面多，既可人工施工，亦可机械施工。亦可分层纵向开挖，即将路堑分为宽度和深度都合适的纵向层次向前掘进开挖，可采用各式铲运机施工。在短距离（100m 内）及大填度时，可用推土机施工。如系较长较宽的路堑，可用铲运机并配以运土机具进行施工。

纵挖法是开挖时沿路堑纵向将开挖深度内的土体分成厚度较均一的土层依次开挖，分为分层纵挖法和通道纵挖法两种。分层纵挖法适宜于路堑宽度和深度均不大的情况，在路堑纵断面全宽范围内纵向分层掘挖，如图 7-7 所示。

通道纵挖法适宜于路堑较长、较宽、较深而两端地面坡度较小的情况。开挖时先沿纵向分层，然后每层挖出一条通道，最后开挖通道两旁，通道用作机械运行和出土的线路，如图 7-8 所示。

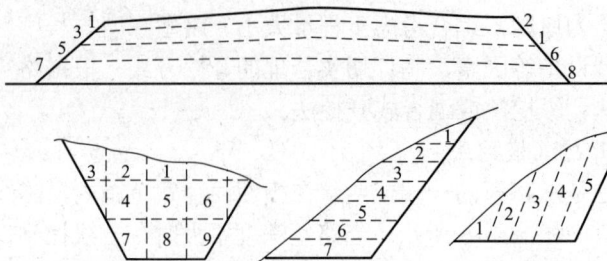

图 7-7　分层纵挖法（图中数字为挖掘顺序）

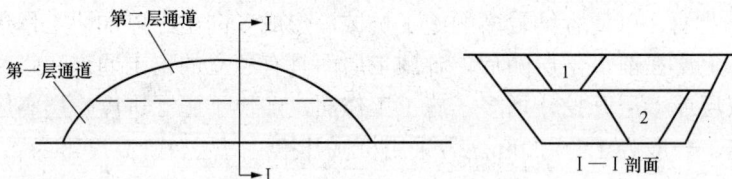

图 7-8　通道式纵挖法

1—第一次通道；2—第二次通道

如果所开挖的路堑很长，可在一侧适当位置将路堑横向挖穿，把路堑分为几段，各段再采用纵向开挖的方式作业，这种挖掘路堑的方法称为分段挖掘法，如图 7-9 所示。这种挖掘方式可增加施工作业面，减少作业面之间的干扰并增加出土口，从而大大提高效率，适合山区深长路堑的开挖。

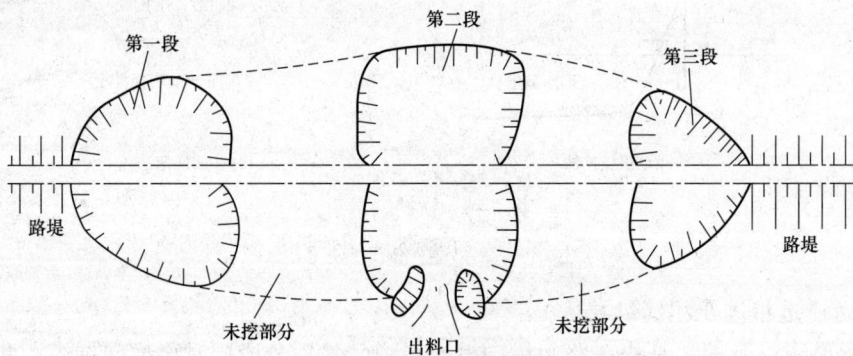

图 7-9　分段挖掘法

3. 混合式掘进开挖

混合式开挖法是将横挖法与纵挖法混合使用，即先顺路堑开挖通道，然后沿横向坡面挖掘，以增加开挖坡面，每一开挖坡面应能容纳一个施工组或一台开挖机械。在土方量较大的挖土地段，还可沿横向再挖沟，然后安置传动设备或布置运土车辆。当路线纵向长度和深度都很大时，适合采用混合式开挖法，如图 7-10 所示。

4. 路堑开挖中需注意的问题

（1）在开挖路堑地段前，应制定弃土的施工方案，报有关单位批准后实施（该方案包括弃土方式、弃土位置、弃土坡脚加固方案、排水系统处理及施工计划安排等）。弃土方案改变时，应报批准单位复查。

（2）路堑开挖应自上而下进行，逐步进行，不得超挖滥挖。在不影响边坡稳定的情况下可采用小型爆破以提高效率。

（3）在开挖过程中对于已开挖的适宜种植植被或有其他用途的土，应合理利用，不应舍弃。路堑路床的表层土若不宜作路床用土时，应用符合要求的土置换，然后按相关的要求进行压实。

（4）在边坡施工中，勘察设计资料可能与现场的实际土质情况不相符合，因此，施工人员应在填、挖进行过程中，对影响边坡坡度稳定的因素进行认真地观察分析，如果发现设计坡度不能达到边坡稳定的情况时，应按相关规定考虑变更设计，以确保边坡稳定。

（5）做好边沟与裁水天沟的开挖施工，所有排截水设施应满足要求，达到排水顺畅，不对路基造成影响。当挖方段有地下水层时，施工人员应根据现场情况，采取有效的排水措施进行处理。

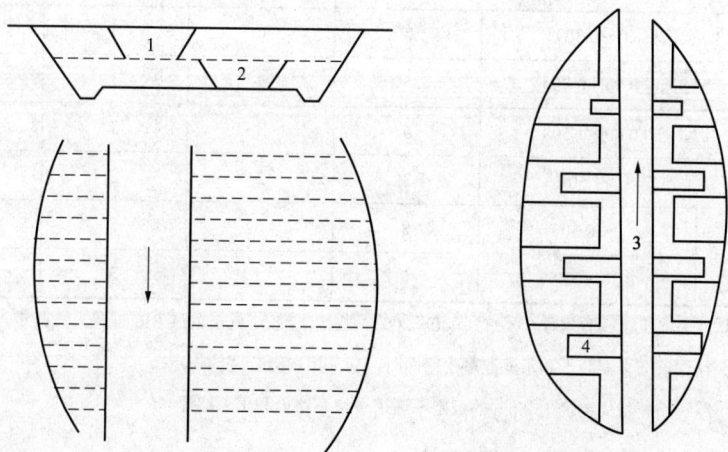

图 7-10　混合开挖

1—第一次通道；2—第二次通道；3—纵向运土；4—横向运土

7.3.3　填料选择和基底处理

填筑路堤所用的填料要求很严格，如果填料使用不当，则会直接影响路堤强度和稳定性，例如使用淤泥或腐殖质含量较高的土填筑的路堤，会产生路堤整段或局部变形，也可能因自重的原因产生滑坡，严重时将影响道路的使用。因此，为保证路堤的强度和稳定性。应选择强度高、稳定性好的土石作填料，如碎石、砾石、卵石、粗砂等透水性好的材料，它们不易被压缩、强度高、水稳性好，填筑时不受含水量限制，分层压实后较易达到规定的施工质量，此类材料应优先选用。用透水性不良或不透水的土作路堤填料时，必须在最佳含水量下分层填筑并充分压实。另外，即使填土材料良好，但由于其所处状态可能不同，例如含水量不同，所表现出的结果就会有很大差别，解决填土的含水量问题也是填筑路堤中一个很重要的步骤。

根据《公路路基施工技术规范》（JTG F10—2006）规定，路堤填料应符合以下要求：

（1）含草皮、生活垃圾、树根、腐殖质的土严禁作为填料。

（2）泥炭、淤泥、冻土、强膨胀土、有机质土及易溶盐超过允许含量的土，不得直接用于填筑路基；确需使用时，必须采取技术措施进行处理，经检验满足设计要求后方可使用。

（3）液限大于 50%、塑性指数大于 26、含水量不适宜直接压实的细粒土，不得直接作为路堤填料；需要使用时，必须采取技术措施进行处理，经检验满足设计要求后方可使用。

（4）粉质土不宜直接填筑于路床，不得直接填筑于冰冻地区的路床及浸水部分的路堤。

（5）填料强度和粒径，应符合表 7-1 的规定。

表 7-1　　　　　　　　　　　路基填料最小强度和最大粒径要求

填料应用部位（路面底标高以下深度）（m）		填料最小强度 CBR（%）			填料最大粒径（mm）
		高速公路一级公路	二级公路	三、四级公路	
路堤	上路床（0～0.30）	8	6	5	100
	下路床（0.30～0.80）	5	4	3	100
	上路堤（0.80～1.50）	4	3	3	150
	下路堤（＞1.50）	3	2	2	150
零填及挖方路基	（0～0.30）	8	6	5	100
	（0.30～0.80）	5	4	3	100

注：1. 表列强度按《公路土工试验规程》（JTG E40—2007）规定的浸水 96h 的 CBR 试验方法测定。

2. 三、四级公路铺筑沥青混凝土和水泥混凝土路面时，应采用二级公路的规定。

3. 表中上、下路堤填料最大粒径 150mm 的规定不适用于填石路堤和土石路堤。

经过清理后的路堤所在原地面即为路堤基底，是天然土体的一部分。路堤是天然地基上人为构筑的土体，与原地面接触而呈结合状态。基底处理的好坏对路基质量有着重要的影响，为使路基的强度和整体稳定性得到保障，应根据基底的土质、水文、坡度和植被情况及路基高度等进行相应的处理。

（1）做好原天然地面的排水工作。临时排水设施排出的雨水不得流入农田、耕地，也不得在路基周围引起淤塞和冲刷路基；原地面容易积水的坑槽处应用土填平并按规定压实。

（2）当路堤基底的天然土体强度不符合要求时，应进行换填处理，对原天然土体至少应再挖深 30cm，并对换填土分层找平压实。

（3）对于山坡路堤，当地面横坡坡度不大于 1:5 时，且基底土质密实均匀时，可将路堤填土直接填在天然地面上，当地面横坡坡度大于 1:5 时，应将原地面挖成台阶状并夯实，台阶宽度需大于 1m。对于原地面横坡较陡的高等级公路半填半挖路基，必须在山坡上从填方坡脚向上挖成向内倾斜的台阶，台阶宽度需大于 1m。

（4）矮路堤基底处理。矮路堤填筑高度小于 1.0～1.5m，接近或等于路基工作区。为提高路基的强度和稳定性，应对矮路堤进行认真的处理，须进行伐树除根，清除杂草垃圾及不稳定的石块等。

7.3.4 路基压实施工技术

1. 路基压实的必要性

路基施工破坏土体的天然状态，致使结构松散，空隙率较大。为使路基具有足够的强度与稳定性，必须予以碾压密实。通过碾压可以使土颗粒位置重新组合，彼此紧密，空隙减小，形成密实整体，使土的单位质量提高，从而使得强度增加，稳定性提高，此外土体的塑性变形、渗透系数、毛细水作用及隔温性能也均有明显改善。所以，压实工作是保证路堤获得强度和稳定性的根本措施，是路堤施工的最重要工序之一。除土质路基外，路堑路床及路堤基底均应进行压实，以提高其承载能力。

2. 影响压实效果的主要因素

影响路基压实效果的因素有内因和外因两个方面。内因主要是含水量和土的性质，外因主要是压实功能、压实机械、压实方法、碾压温度、碾压厚度和下层土体承载力等。

压实功能主要是指压实机械质量、碾压遍数等，是外因中影响压实效果的一个重要因素。对同一类土，随压实功能的增加，最佳含水量降低，最大干密度增加，只有达到一定的压实功能才能将土碾压密实。但当压实功能增大到一定程度后，最佳含水量和最大干密度的变化并不明显，因此只依靠增加压实功能无法经济有效地提高压实效果。压实机械和压实方法的作用主要表现为碾压传布深度和碾压速度对压实效果的影响，显然采用压实质量大的压路机碾压或好的压实方法，能够获得较好的压实效果。碾压时的温度对路基碾压也有影响，温度升高可使被压土中的水黏滞度降低，从而在土粒间起润滑作用，易于压实。但气温过高时，又会由于水分蒸发太快而不利于压实，当温度低于 0℃时，因部分水结冰，产生的阻力更大，起润滑作用的水更少，因而也得不到理想的压实效果。土体受压时，能够以均匀变形的深度（即有效压实的深度），近似地等于两倍的压模直径或两倍的压模与土接触表面的最小横向尺寸。超过这个范围，土受到的压力急剧变小并逐渐趋于零，可认为该深度的土体密实度没有变化。压实土层的厚度必须小于这个限值。在填筑路堤时，若地基或下承层没有足够的强度，则路堤的第一层难以达到较高的压实度，即使采用重型压路机或增加碾压遍数，也收效甚微，甚至使碾压土层起"弹簧"。因此，对于地基或下层承载强度不够的情况，填筑路堤时通常采取相应措施进行处理。

3. 路基压实质量标准

路基压实的目的是通过提高土的密实度来提高土的强度和稳定性。所谓密实度是指单位体积内土的固体颗粒排列的紧密程度，常以土的干密度来表示。但在路基施工过程中，土基的压实程度用压实度来表示，以此来检查和控制压实的质量。压实度是指土被压实后的干密度与该土的标准最大干密度之比，用百分率 K 表示。标准最大干密度是指按照标准击实试验法，土在最佳含水量时得到的干密度。土被压实后的干密度是指在施工条件下，获取施工压实后的土样通过试验所得到的干密度。由此可以看出，压实标准包括两个方面：一是确定采用标准干密度的方法；二是要求的压实度。压实度按下面公式计算：

$$K = \frac{\rho_d}{\rho_0} \times 100\%$$

式中　K —— 压实度（%）；

　　　ρ_d —— 压实土的干密度（kg/m^3）；

　　　ρ_0 —— 压实土的标准最大干密度（kg/m^3）。

根据《公路路基施工技术规范》（JTG F10—2006）规定压实度检测应符合以下规定：

（1）用灌砂法、灌水（水袋）法检测压实度时，取土样的底面位置为每一压实层底部；用环刀法试验时，环刀中部处于压实层厚的 1/2 深度；用核子仪试验时，应根据其类型，按说明书要求办理。

（2）施工过程中，每一压实层均应检验压实度，检测频率为每 1000m^2 至少检验 2 点，不足 1000m^2 时检验 2 点，必要时可根据需要增加检验点。

根据现行的《公路工程技术标准》（JTG B01—2014）及《公路路基设计规范》（JTG D30—2015）规定，压实度标准及施工质量标准见表 7–2 和表 7–3。

表 7–2　　　　　　　　　　　路 基 压 实 度

路基部位		路面底面以下深度（m）	路床压实度（%）		
			高速公路	二级公路	三、四级公路
上路床		0～0.3	≥96	≥95	≥94
下路床	轻、中等及重交通	0.3～0.8	≥96	≥95	≥94
	特重、极重交通	0.3～1.2	≥96	≥95	—
上路堤	轻、中等及重交通	0.8～1.5	≥94	≥94	≥93
	特重、极重交通	1.2～1.9	≥94	≥94	—
下路堤	轻、中等及重交通	1.5 以下	≥93	≥92	≥90
	特重、极重交通	1.9 以下			

注：1. 表列压实度系按现行《公路土工试验规程》（JTG E40—2007）重型击实试验所得的最大干密度求得的压实度。

　　2. 当三、四级公路铺筑沥青混凝土和水泥混凝土路面时，应采用二级公路的规定值。

　　3. 路堤采用粉煤灰、工业废渣等特殊填料，或处于特殊干旱或特殊潮湿地区时，在保证路基强度和回弹模量要求的前提下，通过试验论证，压实度标准可降低 1%～2%。

表 7–3　　　　　　　　　　土质路堤施工质量标准

序号	检查项目	允 许 偏 差			检查方法或频率
		高速公路、一级公路	二级公路	三、四级公路	
1	路基压实度	符合规定	符合规定	符合规定	施工记录
2	弯沉	不大于设计值	不大于设计值	不大于设计值	—
3	纵断高程（mm）	+10，−15	+10，−20	+10，−20	每 200m 测 4 断面
4	中线偏位（mm）	50	100	100	每 200m 测 4 点 弯道加 HY、YH 两点

续表

序号	检查项目	允许偏差			检查方法或频率
		高速公路、一级公路	二级公路	三、四级公路	
5	宽度	不小于设计值	不小于设计值	不小于设计值	每 200m 测 4 处
6	平整度（mm）	15	20	20	3m 直尺：每 200m 测 2 处×10 尺
7	横坡（%）	±0.3	±0.5	±0.5	每 200m 测 4 个断面
8	边坡坡度	不陡于设计坡度	不陡于设计坡度	不陡于设计坡度	每 200m 抽查 4 处

7.3.5 桥涵台背处填土施工

桥涵台背处由于沉陷而导致跳车是公路中常见的一种病害，其原因主要有：① 路基本身的压缩沉降；② 地基沉降。要解决桥涵处填料下沉问题，就必须采取正确的施工措施和适宜的施工方法。

1. 桥涵台背填土的施工与控制

桥涵台背路基填筑前，在原地基土拱上设置泄水管或盲沟。在基底上，先对基底作必要的处理，然后填筑 3%～4% 的夯实黏土土拱，再在土拱上挖一条双向的地沟（宽 40～60cm；深 30～50cm）然后在台背后全宽范围内满铺一层隔水材料，在地沟内四周铺设设有小孔的硬塑料泄水管（管径一般不小于 10cm，其上小孔孔径为 5mm，布成绢花形，间距控制在 10cm以内）。泄水管的出口应伸出路基外，然后在硬塑料管四周填筑透水性好、粒径较大的砂石材料，再分层填筑台后透水性材料，直到路基顶面。

横向盲沟的设置与上相同，取消泄水管，以渗水系数较大的透水性材料填筑地沟（如大粒径碎石）。用土工布包裹盲沟出口处，并对其做必要的处理。

2. 桥涵台背填筑材料的选择与施工

为保证桥涵台背处路基的稳定，其填土除设计文件规定外，一般应选用内摩擦角较大的透水性材料，如岩渣、碎石，就能很好地减小路基的压缩沉降，也利于桥涵台背缝隙中渗入的雨水沿盲沟或泄水管顺利地排出路堤外。

桥涵台背后填筑透水性材料，应满足一定的长度、宽度和高度要求，在通常情况下，台背填料顺路线方向顶部为距翼墙尾端不小于台高加 2m，底部距基础内缘控制长度不小于 2m，拱桥台背填土长度不小于台高的 3～4 倍，涵洞填土长度每侧不应小于 2 倍孔径长度。透水性材料的填筑高度，从路堤顶面起向下计算，在冰冻地区一般不小于 2.5m，无冰冻地区填至高水位处。台背与路基接壤处，为保证连接质量。一般路基留一斜坡，斜坡坡度不大于 1:1（也可用台阶形式连接）。

3. 桥涵台背填筑施工注意事项

（1）控制填料质量，填料的细料含量不宜过大。

（2）填筑前，应在土拱上设置泄水管或盲沟。

（3）桥涵台背填筑透水性材料前，桥涵的台前防护工程及桥梁上部结构均应完成。

（4）应严格按有关施工规范施工，控制每层填筑厚度（一般不超过 20cm，当采用小型夯具时，一级以上公路松铺厚度不超过 15cm）。碾压遍数（一般不少于 10 遍），并对每层填筑质量实施检测，透水性材料以干容重或空隙率控制施工质量。

7.4 石质路基施工

7.4.1 填料的规格及使用要求

1. 石料的种类及规格

路用岩石按其技术要求的不同，分为以下四个岩类：岩浆岩类、石灰岩类、砂岩与片岩类和卵石类。

每一个岩类，按其饱水状态的极限抗压强度和磨耗度，各分为四个等级（卵石抗压强度较高不分等级）（表7-4）。

表7-4   各类岩的等级划分

分级	Ⅰ 类 岩	Ⅱ 类 岩	Ⅲ 类 岩	备 注
1级	>120MPa	>100MPa	>100MPa	最坚强的岩石
2级	100～120MPa	80～100MPa	80～100MPa	坚强的岩石
3级	80～120MPa	60～120MPa	50～80MPa	中等坚强的岩石
4级	—	30～60MPa	30～50MPa	较软的岩石

2. 使用要求

在公路施工活动中，石方路基的填筑材料主要来源于石质挖方路段，部分取材于石料场。为了填筑工程的顺利进行，对于石料来源的石方挖方路段和借方石料场，需要采用切实可行的破碎方法，生产满足强度的各种粒径的石质填料。对于填石路堤，应将不同岩性的填料分层或分段填筑。石料强度相近的可一起填筑，硬质石和软质石料分开填筑，既有利于路基的压实作业，也利于施工质量提高。

按路用石料分级，1级、2级、3级石料分别为最坚强、坚强、中等坚强的岩石。不同强度适用不同路基情况。公路工程用于圬工构造物的石料抗压强要求在30MPa以上，用于路堤边坡作护坡的石料强度不应小于20MPa，填石路堤的石料强度不应小于15MPa。

路基的深度不同则填料对应的最大粒径也不同。从石质填料平整难易和压实效果考虑，石料最大粒径不宜超过层厚的2/3，填石路堤分层松铺厚度，高等级公路不宜大于0.5m。其他公路不宜大于1.0m，因此，用于高等级公路路堤的石料最大粒径不应大于30cm，其他公路的石料最大粒径不应大于65cm。为了填筑路堤面层的细粒料和各分层嵌缝料，应加工储备一定数量各种规格的碎石和石屑，数量约为填石量的15%。

7.4.2 填石路堤的施工机械

当选用的填料，满足石料品质、抗压强度、粒径大小及使用要求之后，需要采用机械化施工，使填石路堤有足够的强度和稳定性，以满足行车荷载的重复作用和各种自然因素的长期影响。

石方填筑路基的主要施工机械设备为装、运、铺、压四类。挖装机械采用挖掘机和装载机。运输设备主要使用自卸汽车和拖拉机，就近距离运输采用推土机推运或装载机独自完成装、运、卸作业。摊铺整平设备使用大中型推土机。压实设备选用振动压路机、冲击压实机、起重机和夯锤等。

7.4.3 填石路堤的施工方法

1. 分层压实法施工填石路堤

分层压实法是普遍采用的一种施工方法。填筑时按照横断面全宽分成若干个水平层次，填筑一层，压实一层，逐层向上填筑。每一分层先采用机械摊铺主骨料，平整作业铺撒嵌缝料，填石中的空隙以小石粒或石屑填满铺平，然后采用重型振动压路机碾压，压至填筑顶面石块稳定不松动为止。路堤基底应在填筑前进行压实，压实度不应小于 85%。

2. 强力夯实法施工填石路基

强力夯实法（简称强夯法）具有机械设备简单、击实效果显著、施工速度快等优点。它是用起重机械吊起重 8～30t 的夯锤从 6～30m 高处自由落下，给石质填料和地基以强大的动力冲击，迫使岩土颗粒位移，提高填筑层密度和地基强度的有效施工方法。对强夯施工后的表层松动层，采用振动碾压法进行压实。强夯法从起分面算起，有效加固深度可到表面以下 10m 范围，用于夯实以粗骨料为主的填石路堤。施工中它不需要铺撒细粒料就能满足高等级公路对路基密实度的要求

3. 竖向填筑法施工填石路基

竖向填筑法（倾填法）是以路基一端按横断面的部分或全部高度自上而下倾卸石料，逐步推进填筑。这种方式用于无法自下而上分层填筑的陡坡、断岩或泥沼地区，以及水中作业的填石。

竖向填筑法主要用于施工特别困难的各级公路路堤下面部分，应限制在路基面以下 1.5m 深度范围，若要铺设高级路面须采取加固补强措施。

4. 冲击压实法施工填石路基

冲击压实法（简称冲击法）是用高振幅、低频率的冲击压实机所具有的三边形、四边形以及五边形"轮子"产生集中的冲击能量压实土石填料的方法。经过冲击压实的填方路堤，施工后就完成了绝大部分的工后沉降量。

在我国许多工程中都采用冲击压路机（图 7-11），如北京八达岭高速、黑龙江大齐高速公路等。

图 7-11　冲击压路机

冲击压实法与分层压实法、强力夯实法相比，它具有分层法连续性的优点，又具有强夯法压实厚度深的优点。冲击法有效压实深度 1～1.5m、压实影响深度 5m，比不上强夯法有效压实深度 4～5m、压实影响深度 10m。但强夯法在周围有建筑物时使用受限。冲击压实法与分层压实法相比，填筑路基有效压实深度从 0.5m 提高到 1m，有利于实现填石路堤机械化作业，提高填筑压实速度，保证填石压实质量。采用分层压实法施工的高等级公路和竖向填筑法施工的低等级道路，在填至路基设计标高以后，对路基面普遍用冲击压实机碾压 5～10 遍，会提高路基深度范围的压实质量。

7.4.4 填石路堤的质量控制及检验标准

1. 填石路基的压实质量控制

石方路基的填筑压实是直接关系到路基质量的重要指标，但对石方路基压实度的检测，目前还没有完备的检测手段和明确的检测指标，因而只能从以下几个方面进行要求：

（1）石料的强度和最大粒径的要求。石料的强度不小于 15MPa，填石路堤石料的最大粒径不宜超过层厚的 2/3。粒径控制要注意在装车前、卸车后和初平中检查，发现不合格的大块石料，必须用机械或人工改小，最终使粒径达到要求。

（2）压实机具、压实程序及压实遍数的要求。根据石方填筑的特点宜选用自重 12t，激振力为 15t 以上的重型振动压路机，高速公路宜用 50t 的振动压路机。压实程序是：在需要平整的路基上，直线段由两边向中间，小半径曲线段由内侧向外侧，纵向进退式进行，横向接头处，振动压路机一般要重叠 0.4～0.5m，纵向重叠 1.0～1.5m，第一遍应不振动静压，然后先慢后快，由弱振至强振。一般要求压实遍数 8～10 遍。

（3）分层厚度和平整度的要求。高等级公路松铺厚度不宜大于 50cm，其他等级公路不宜大于 1.0m。填石路基的压实受平整度影响很大。突出的大颗粒石料易造成周围细料漏压，在摊铺和碾压过程需要人工辅助破碎和整平，对漏压区及时补填细粒料，分纵横向交叉碾压。

（4）含水量的要求。填石碾压受含水量影响不大，干燥季节在碾压层面洒水即可。如使用石料为 70% 以上的混合料填筑，由于还有 30% 以下的土料，则必须满足土的最佳含水量。当混合料中土的含水量适当高于最佳含水量 2%～4% 时，由于土对石的滋润作用，可得到最佳压实效果。

2. 检测标准

填石路堤施工过程中的每一压实层，可用试验路段确定的工艺流程和工艺参数，控制压实过程；用试验路段确定的沉降差指标检测压实质量。填石路堤成形后的外观质量标准：路堤表面无明显孔洞。大粒径石料不松动，铁锹挖动困难。边坡码砌紧贴、密实，无明显孔洞、松动，砌块间承接面向内倾斜，坡面平顺。

根据《公路路基施工技术规范》（JTG F10—2006）规定填石路堤压实质量标准见表 7-5。

表 7-5　　　　　　　　　　　填石路堤上、下路堤压实质量标准

分区	路面底面以下深度（m）	硬质石料孔隙率（%）	中硬石料孔隙率（%）	软质石料孔隙率（%）
上路堤	0.8～1.50	≤23	≤22	≤20
下路堤	>1.50	≤25	≤24	≤22

填石路堤填筑至设计标高并整修完成后，其施工质量应符合表 7-6 的规定。

表 7-6 填石路堤施工质量标准

项次	检测项目		允 许 偏 差		检查方法或频率
			高速公路 一级公路	其他公路	
1	压实度		符合试验路确定的施工工艺		施工记录
			沉降差≤试验路确定的沉降差		水准仪：每 40m 检测一个断面， 每个断面检测 5～9 点
2	纵面高程（mm）		+10，−20	+10，−30	水准仪：每 200m 测 4 断面
3	弯沉		不大于设计值		—
4	中线偏位（mm）		50	100	经纬仪：每 200m 测 4 点弯道 加 HY、YH 两点
5	宽度		不小于设计值		米尺：每 200m 测 4 处
6	平整度（mm）		20	30	3m 直尺：每 200m 测 4 点×10 尺
7	横坡（%）		±0.3	±0.5	水准仪：每 200m 测 4 个断面
8	边坡	坡度	不陡于设计值		每 200m 抽查 4 处
		平顺度	符合设计要求		

7.4.5 石质路堑的开挖方式

1. 爆破法开挖

爆破法是利用炸药爆炸将岩石炸碎，然后再挖运或借助爆炸能量将土石直接移动到预定的位置，爆破后再用机械清理。用这种方法开挖石质路堑具有速度快，节省人工，施工成本低等优点。对于岩质坚硬，无法用人工或机械开挖的石质路堑，通常要采用爆破法开挖，这是非常有效的方法。

根据炸药用量的多少，爆破法分为中小型爆破和大爆破。工程中经常使用的是中小型爆破。大爆破的应用受多种因素的限制，必须通过充分论证后方可采用。爆破对山体破坏较大，对周围环境有较大影响，而且危险性较大，因此必须在专业人员的操作下按有关施工规定和安全规程作业，严格按爆破计划实施。通常还需要作试爆分析或计算机模拟分析，把结果用于指导施工。

2. 松土法开挖

利用岩体的各种裂缝和结构面可以采用松土法开挖，该方法是先用推土机牵引松土器将岩体翻松，再用推土机、装载机与自卸汽车配合，将翻松的岩块搬运到指定的地点。松土法开挖避免了爆破作业的危险性，而且有利于挖方边坡的稳定和附近建筑设施的安全。凡能用松土法开挖的石方路堑，应尽量不采用爆破法施工。随着大功率施工机械的产生和使用，松土法越来越多地应用于石质路堑的开挖，而且开挖的效果越来越好，适用的施工范围也越来越广。

采用松土法开挖时，岩体需具有较大的岩体破裂面或风化程度较严重。当岩体已裂成小石块或呈粒状时，松土只能劈成沟槽，效率较低。沉积岩有沉积层面，比较容易松开，沉积层越薄越容易松开。变质岩，松开的难易程度和破裂面发育程度有关。对于岩浆岩，由于其不呈层状或带状，松开比较困难，较少采用松土法开挖。

3. 破碎法开挖

破碎法利用破碎机凿碎岩块，然后进行挖运。主要用于岩体裂缝较多，岩块体积小，抗压强度低于 100MPa 的岩石。由于破碎法开挖效率不高，只能用于前述两种方法不能使用的局部场合，是上述两种开挖方法的辅助作业方式。破碎开挖是将凿子安装在推土或挖土机上，利用活塞的冲击作用使凿子产生冲击力以凿碎岩石，其破碎岩石的能力取决于活塞冲击能力的大小，也有直接采用专门的岩石破碎机进行岩石破碎。

另外，还有一种用膨胀剂作破岩材料的"静态破碎法"。即先在岩石上钻好炮孔，然后在孔内装入破碎剂，利用药剂自身产生的膨胀力，缓慢地作用于孔壁，经过几个小时后可达到 300～500MPa 的压力，使得岩石开裂。该法适用于在设备附近、高压线下，以及开挖与浇筑过渡段等特定条件下的开挖和切割岩石，或拆除已有建构筑物。该方法安全可靠，没有爆破所产生的危险和对周边的破坏；但是破碎效率低，开裂时间较长，破碎效果不易控制。

7.4.6 石质路堑的开挖机械

1. 松土器

（1）松土器的技术性能。松土器是牵引式松土机的改进和变型，它由拖拉机或推土机、松土器和操纵机械三部分组成。松土器固定在拖拉机上，通常采用固定架固定，其固定架连接形式如图 7-12 所示。

（2）松土器的选用。单齿松土器则适用于松动较坚硬的厚层岩体，多齿松土器适用于松动较破碎的岩体。松土器型号及松土间隔应根据岩石的强度、裂隙情况、推器劈松试验来确定。遇到较坚硬的岩石，松土器难以贯入，推土机无法发挥作用，推土机可能后部翘起或履带打滑时，则需要另一台推土机在松土器后面顶推。对于坚硬完整的岩石难于翻松，可进行适当的潜孔松动爆破，再进行松土作业。

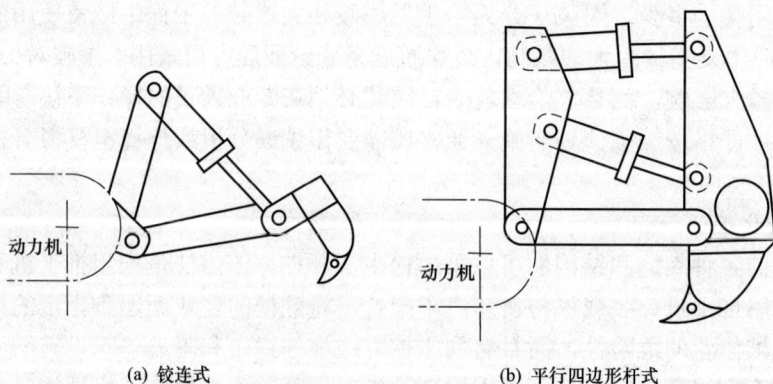

(a) 铰连式   (b) 平行四边形杆式

图 7-12 松土器示意

2. 凿岩钻孔机械

凿岩钻孔机械是一系列机械，包括凿岩机、钻孔机及其辅助设备，它们都是在爆破作业中使用的钻凿炮孔的石方机械，分别用于不同直径炮孔的钻凿，主要类型如图 7-13

所示。

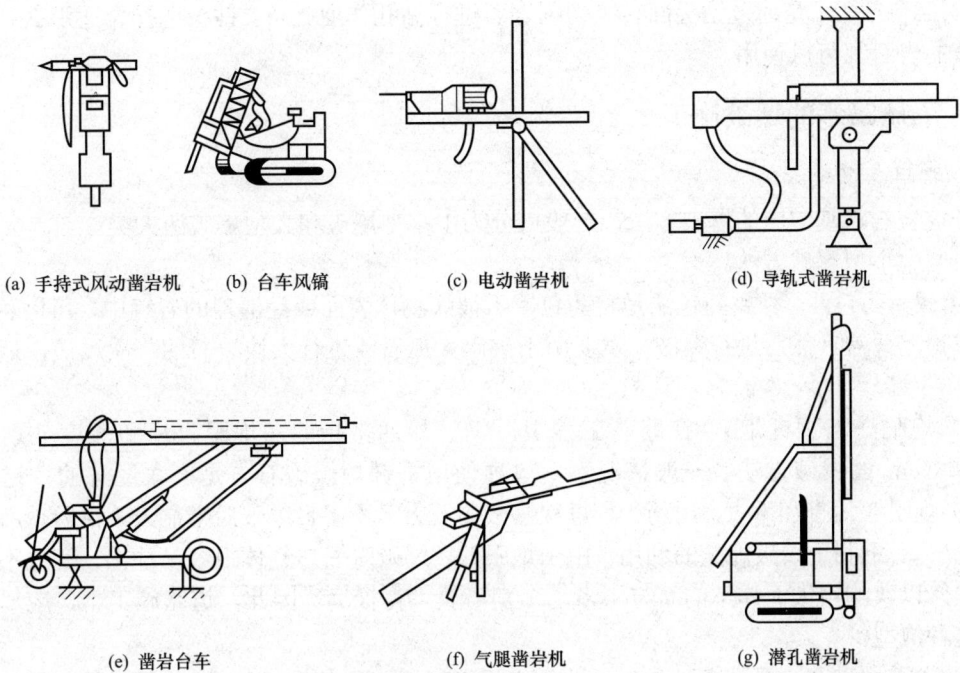

(a) 手持式风动凿岩机　　(b) 台车风镐　　(c) 电动凿岩机　　(d) 导轨式凿岩机

(e) 凿岩台车　　　　　(f) 气腿凿岩机　　　　　(g) 潜孔凿岩机

图 7-13　凿岩钻孔机械

（1）凿岩机。常见凿岩机有以下几种：

1）风动凿岩机。由于采用压缩空气为动力，故能量利用率低，设备使用费用高。其特点是结构简单、质量轻、价格便宜、工作安全可靠、操作维修方便，因此小型挖方经常使用，其适用于任何硬度的岩石。

2）液压凿岩机。是近几年来发展起来的一种新型凿岩机，其特点是动力单一、动力消耗低、凿岩速度快、可以实现一人多机操纵，还可按工作条件调整性能参数，是一种效率较高的凿岩机。

3）内燃凿岩机。由汽油发电机、空压机、凿岩机组成，作业时污染严重，对人体有害，且结构复杂，一般仅用在缺乏电力或压缩空气施工场地，而且不能进行工作量大的凿岩作业。

4）电动凿岩机。与风动凿岩机相比，电动凿岩机结构更简单，能量利用率高，使用成本低，噪音和振动小，但其使用的可靠性、耐久性较差，目前应用尚不普遍。

（2）钻孔机。钻孔机按碎岩方式不同，分为冲击钻机、潜孔钻机、牙轮钻机和回转钻机四种。

1）冲击钻机。适用于砂砾石和硬度不大的岩石的钻孔作业，生产效率低，但由于其使用安全可靠，结构较为简单，故被普遍使用。

2）潜孔钻机。是一种回转式钻机，冲击器直接潜入孔底冲击钎头进行凿岩，该钻机具有较高的凿岩效率，适用于任何硬度的岩石钻孔作业。

3）牙轮钻机。是一种同转式钻机，因其采用特殊的三牙轮钻头而得名。作业时钻头一方面向孔底施加较高的轴压，一方面旋转，牙轮既绕钻头轴线公转，一方面又绕牙轮自身轴线自转，各个齿圈上的牙齿依次对孔底各点进行冲击，完成破岩过程。它具有较高的钻孔效率，适用于中硬以上岩石的钻孔作业，但由于整机较重，因此使用不灵活。

4）回转钻机。是通过钻头回转来切削岩石进行钻孔作业。只要钻头选择合适那么几乎任何硬度的岩石都可以使用。

7.4.7　石质路基的爆破施工

1．常用的爆破方法

开挖岩石路基常用的爆破方法，一般可分为中小型爆破和大型爆破两大类。

（1）中小型爆破方法。

1）裸露药包法。裸露药包法是将药包置于被炸物体表面或经清理的岩缝中，药包表面用草皮或稀泥覆盖，然后进行爆破，主要用于破碎大孤石或进行大块岩石的二次爆破，适用面较窄。

2）炮眼法（钢钎炮）。在路基工程中，钢钎炮通常指的是炮眼直径和深度分别小于7cm 和 5cm 的爆破方法。一般情况下，单独使用钢钎炮爆破石方是不太经济的，这是由于：① 炮眼较浅直径不大，用药少，每次爆破的石方量不多，爆破后全靠人工清除，所以效率较低。② 不利于爆破能量的利用。由于炮眼浅，爆破时爆炸气体很容易冲出，变成不做功的声波，以致响声大而炸下的石方不多，个别石块飞得很远。因此，道路施工中，应尽可能少用这种炮型。

3）深孔爆破法。深孔爆破是对于孔径大于 75mm、深度 5m 以上，采用延长药包的一种爆破方法。炮孔需用大型的潜孔凿岩机或穿孔机钻孔，如用挖运机械清方可以实现石方施工全面机械化，是大量石方（万方以上）快速施工的发展方向之一。其优点是劳动生产率高，一次爆破的方量多，施工进度快，爆破时对路基边坡的影响比大炮小。若配合预裂或光面爆破，则边坡平整稳定，爆破效果容易控制，爆破时比较安全。但由于需要用大型机械，故转移工地、开辟场地、修筑便道等准备工作都较复杂，爆破后仍有 10%～25%的大石块需经第二次爆破改小。

进行深孔爆破时，要先将地面修成阶梯状，坡面倾角最好为 60°～70°，高度宜为 5～15m，炮孔垂直孔向下，也可为斜向下，孔径以 100～150mm 为宜；炮孔超钻深度大致是梯段高度 H 的 10%～15%，岩石坚硬者 h 取大值，如图 7-14、图 7-15 所示。有关计算如下：

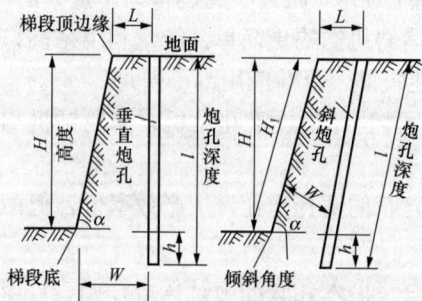

图 7-14　垂直和斜炮断面

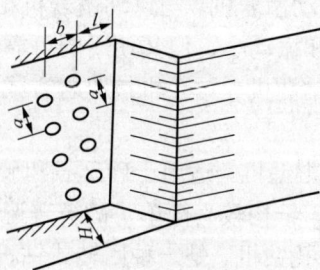

图 7-15　炮孔布置立面

垂直孔的深度　　　　　　　　$L = H + h$

斜孔的深度　　　　　　　　$L = H/(\sin\alpha + h)$

炮孔间距 $\qquad a = mW$

底板抵抗线 $\qquad W = D\sqrt{7.85\rho\tau L / K'mH}$

式中 L——炮孔深度（m）；

$\qquad H$——爆破岩石的阶梯高度（m）；

$\qquad h$——炮孔超钻深度（m）；

$\qquad \alpha$——阶梯坡面倾斜角；

$\qquad a$——炮孔间距；

$\qquad m$——药包邻接系数，为 0.6～1.4，一般取 0.7～0.85；

$\qquad D$——钻孔直径（mm）；

$\qquad \rho$——炸药密度（kg/cm^3）；

$\qquad K'$——单位耗药量，为 $N/3$（kg/cm^3），其中 N 为爆破单位体积介质所需炸药用量，应根据岩石情况并结合经验计算确定；

$\qquad \tau$——深孔装药系数，$H<10\text{m}$，$\tau=0.6$，$H=10$～15m，$\tau=0.5$，$H=15$～25，$\tau=0.4$。

W 值确定后可按下式估算 L 值：

$$L = W - H\cot\alpha$$

式中 L——炮孔与梯段顶边缘的距离，为确保凿岩机作业的安全，此值应大于 2～3m，否则需调整 W 值。

4）药壶法（烘膛炮）。药壶法是指在深 2.5m 以上的炮眼底部用少量炸药经一次或多次烘膛，使炮眼底部扩大成葫芦状集中埋置炸药，以提高爆破效果的一种炮型。这种方法每次可炸岩石数十方至数百方，是小炮中最省工、最省药的一种方法。如图 7-16 所示。它适用于结构均匀致密的硬土、次坚石、坚石。当炮眼深度小于 2.5m，或在节理发达的软石、薄层岩石，渗水或雨季施工时，不宜采用。

选择炮位应与阶梯高度相适应，遇高阶梯时，宜用分层分排的群炮。炮眼深度一般以 5～7m，阶梯高度在 7m 以下为宜。装药量可根据药壶体积而定，一般介于 10～60kg 之间，为避免超爆，药壶距边坡应预留一定间隙。扩大药壶时应不致将附近岩层振垮。

5）猫洞法（蛇穴炮）。猫洞炮系指炮洞直径为 0.2～0.5m，洞穴呈水平或略有倾斜（台眼），深度小于 5m，用集中药包在炮洞中进行爆破的一种方法，如图 7-17 所示。其特点是充分利用岩体本身的崩塌作用，能用较浅的炮眼爆破较高的岩体，一般爆破可炸松 15～150m^3，适用于硬土、胶结良好的古河床、冰溃层、软石和节理发育的次坚石等。在有裂缝的软石和坚

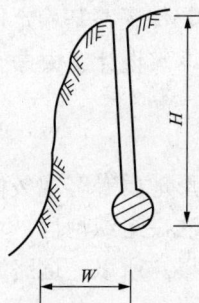

图 7-16 药壶法

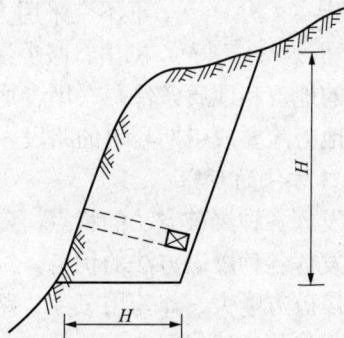

图 7-17 猫洞法

石中，阶梯高度大于4m，药壶炮药壶不易形成时，采用这种爆破方法，可以获得良好的爆破效果。此种炮型对独岩和特大孤石的爆破效果更佳。

6）微差爆破（毫秒爆破）。微差爆破是指相邻两个药包或前后排药包以数十毫秒的时间间隔（一般为15～75ms）依次起爆（图7-18）。微差爆破的特点是在装药量相等的条件下，可减震1/3～2/3。前发药包为后发药包开创临空面，从而加强了对岩石的破碎作用，同时降低多排孔一次爆破的堆积高度，有利于碎石清理工作。由于是逐发或逐排依次爆破，减少了岩石夹制力，可节省20%的炸药，并可增大孔距，提高每米钻孔的炸落方量。多排孔微差爆破是浅孔爆破发展的方向。

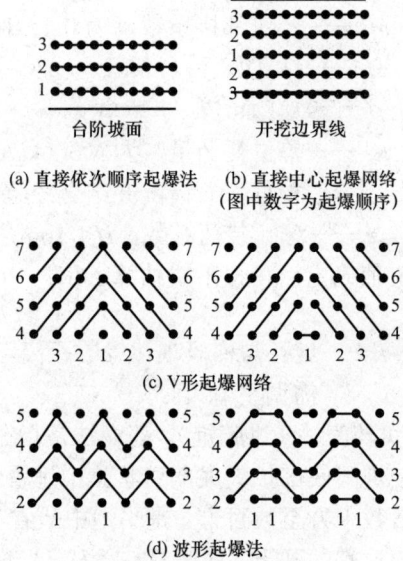

(a) 直接依次顺序起爆法　　(b) 直接中心起爆网络
　　　　　　　　　　　（图中数字为起爆顺序）

(c) V形起爆网络

(d) 波形起爆法

图7-18　微差爆破各种起爆法

7）光面爆破。光面爆破是指在开挖限界的周边，适当排列一定间隔的炮孔，在有侧向临空面的条件下用控制抵抗线和药量的方法进行的爆破，经过爆破后，可形成光滑平整的边坡。

8）预裂爆破。预裂爆破是指在开挖界限处，按适当间隔排列炮孔，在没有侧向临空面和最小抵抗线的情况下，用控制药量的办法，预先炸出一条裂缝，使拟爆破体与山体分开，作为隔振减振带，起保护和减弱开挖限界以外山体或建筑物的振动破坏作用。预裂爆破的起爆时间应在主炮起爆之前，光面爆破则在主炮起爆之后。

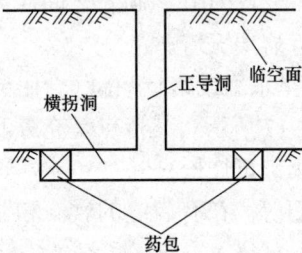

图7-19　大爆破导洞与药室示意

（2）大爆破。大爆破系采用导洞和药室装药，用药量在1000kg以上的爆破，如图7-19所示。大爆破为洞室爆破，具有威力大，效率高，节约劳力等优点。但若使用不当，则会破坏山体自然平衡，产生意外坍方，还可能在路基建成后遗留后患，长时间影响路基的正常使用。在地质不良地段，如滑坡体、断层破碎带，周围有重要建筑物及人烟稠密的城镇附近等条件下不宜采用大爆破。为了达到使路基设计断面内的岩体大量抛掷出、减少爆破后的清方工作量、保证路基稳定性等目的，应根据施工地段的地形和地质条件，采用合适的爆破形式并进行爆破设计。大爆破主要用于石方大量集中、地势险要或工期紧迫的路段。

2. 爆破施工方法的步骤

为了充分发挥各种爆破方法的特点，应因地制宜、利用地形地质等客观条件，在路基石方工程中充分发挥各种爆破方法的优势。综合采用多种爆破方法，组织炮群，有计划有步骤地爆破，达到爆破方量大、炸药用量少、路基边坡定的最佳效果。所以，道路爆破施工方案应按以下原则与步骤进行（图7-20、图7-21）。

施爆区管线调查

炮位设计与设计审批

配备专业施爆人员

人工清除 → 清除施爆区覆盖和强风化岩石 ← 机械清除

钻 孔

爆破器材检查与试验

坑道 → 炮孔检查与废渣清除 ← 药室

装药并安装引爆器材

布置安全岗和施爆区安全员

炮孔堵塞

撤离施爆区和飞石、强地震波影响区内的人、畜

起 爆

清除瞎炮

解除警戒

测定爆破效果

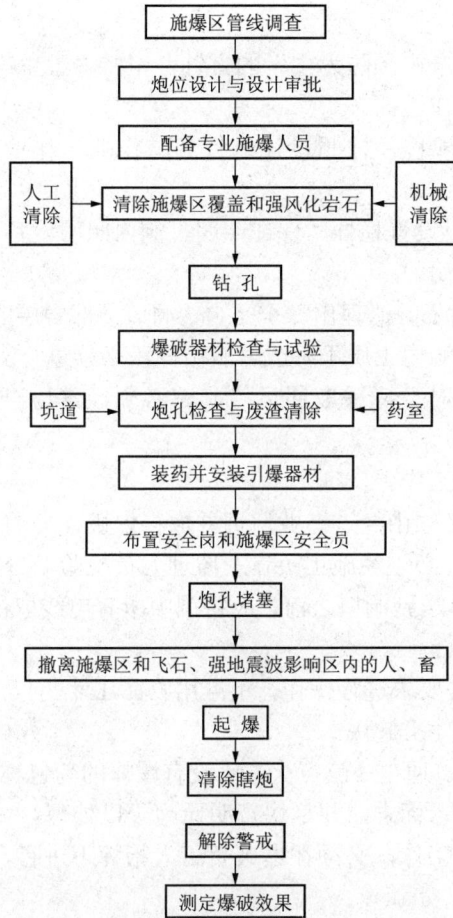

图 7-20　爆破法开挖的步骤

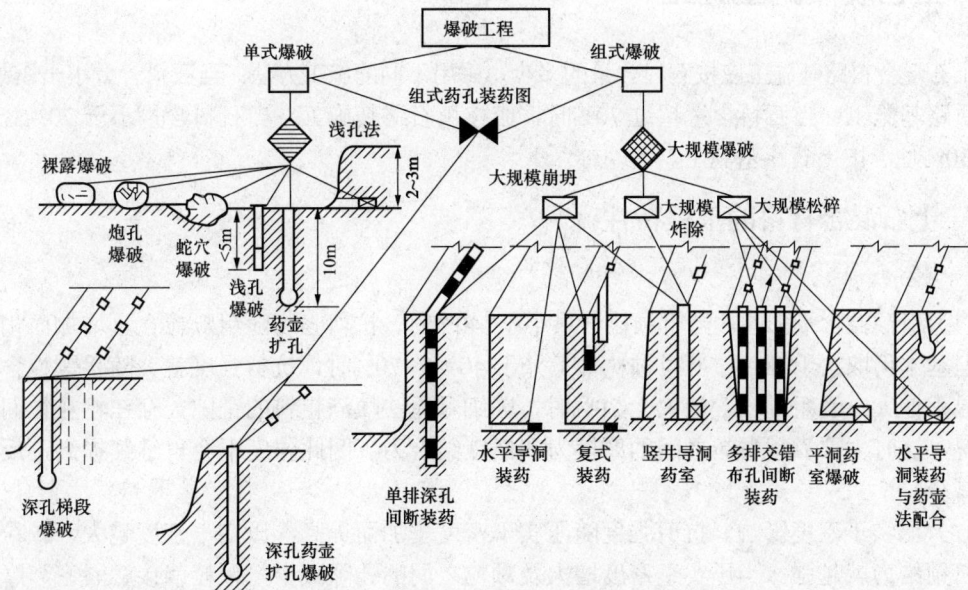

图 7-21　爆破施工简图

3. 爆破施工安全工作

必须贯彻执行"安全第一，预防为主"的方针，坚持"管生产必须管安全"的原则。

（1）爆破前安全准备工作。

1）严格遵守爆破操作规程，按照设计进行各道作业。作业人员必须对自身做好安全防护。

2）洞口、转角及危险段设置栏杆，保证照明，洞内照明设备应采用 12～36V 低压安全灯，严禁高压电灯或明火照明。

3）开挖前洞口应处理危石，清理出一个平台，洞口顶部岩层的最小厚度为洞口高的两倍以上，否则容易出现坍塌。洞内土质不好或岩石破碎段必须进行支撑和采取有效加固措施。

4）导洞深度超过 6m 时，应采取通风措施，必须经常检查洞内风量、气压和有害气体含量。

（2）爆破施工中的安全工作。

1）进行爆破作业时，必须由经过专业培训并取得爆破证书的专业人员进行施爆。

2）炮孔、洞室竣工后，必须经施工负责及监理人员检验，合格后方能装药。

3）严禁烟火，在起爆体送到洞口之前，应将洞中所有电线取出，改用绝缘电筒或蓄电池灯照明。

4）装药、堵塞应按相关要求进行操作，不准用物品压盖药包，并注意保护起爆线。必须在爆破负责人统一指挥下，才准起爆。

（3）爆破后瞎炮的处理。通电（或点火）后没有爆炸的药包称为瞎炮，应尽量设法预防，一旦发生瞎炮应立即设置警示标志，并尽快查明原因予以处理。

处理瞎炮是一件危险的工作，必须在爆破负责人指挥下进行，以确保作业安全。不得擅自处理或隐瞒。

7.5 土石混填路基施工

土石混合料路基施工应按石料含量的多少，采用不同的施工方法：当石料含量小于 30%时，按土质路基施工；当石料含量超过 70%时，应按填石路基施工；当石料含量小于 70%，土料大于 30%时，按土石路基施工。

7.5.1 土石混合材料的工程特性

1. 剪切特性

（1）粗颗粒含量影响。当粗颗粒含量小于 40%时，抗剪强度随粗颗粒含量增加而稍有增大，但基本仍取决于细粒；当粗颗粒含量介于 40 %～70%时，抗剪强度就会随粗颗粒含量增加而显著增大；当粗颗粒含量大于 70%时，因细颗无法填满粗料的空隙，存在粗颗粒间被架空情况，这时主要靠粗颗粒之间的摩擦力和嵌锁结合力，因此强度不会再继续提高，反而有可能减少。

（2）压实干密度影响。抗剪强度随压实干密度增加而提高，压实干密度越大，颗粒之间的嵌挤锁结力就越强。当压实干密度增大及颗粒之间的孔隙减少，颗粒就接触紧密，摩擦力也随干密度增加而提高，可见土石混合料作路堤填料时，压实干密度是提高剪切强度的重要因素。

（3）含水量的影响。因水分在细料与粗料表而形成一层润滑剂，含水量增加，那么水膜增厚，黏聚力随之降低，颗粒间摩擦力下降。故抗剪强度是随含水量增加而降低。

（4）细颗粒含量影响。当细颗粒含量增多、粗颗粒减少时，填于粗颗粒间的细颗粒增多，则粗颗粒间接触面积减少，摩擦力和嵌挤锁结力降低，抗剪强度随细颗粒含量增加而降低。

2. 压缩特性

根据试验可得，混合土随粗颗粒含量增加，压缩模量亦增大，则孔隙比及单位沉降量减小，当粗颗粒含量达 70%时，压缩模量最大，孔隙比、单位沉降量最小。这说明在该粗颗粒含量下，混合土孔隙率最小最密实。当粗颗粒含量超过 70%时，压缩模量逐渐下降，孔隙比、单位沉降量则缓慢上升。可见混合土属于低压缩性土，稳定性较好，且稳定较快。

3. 渗透性

土的渗透性和路基水稳定性密切相关，据水利部资料介绍，混合土的渗透性（渗透系数）随粗颗粒含量不同而不同，见表 7-7。当粗颗粒含量小于 40%时，混合土渗透系数主要取决于细土，当粗颗粒含量在 40%～70%时渗透系数取决于粗、细料两者的含量，当粗粒含量超过 70%，渗透系数主要取决于粗颗粒。

表 7-7 　　　　　　　　　　　混合土的渗透系数参考表

粗粒含量（%）	0	20	30	40	50	70
渗透系数（cm/s）	1.17×10^{-5}	1.86×10^{-5}	2.67×10^{-5}	6.67×10^{-5}	3.34×10^{-4}	8.14×10^{-3}

4. 压实特性

混合土的压实特性与颗粒含量和级配有关。级配良好、粗颗粒含量在 40%～70%间的砾石类土是路堤填筑的最佳材料。这类混合土水稳定性好、力学性能优良，承载力大，沉降量小。对于粗颗粒含量小于 40%的混合土，因其细颗粒含量多，碾压时应严格控制含水量，它是属于中低压缩性材料，粗颗粒含量大于 70%的混合土，它已属于填石类，应按填石工艺施工。

根据室内颗粒组成筛析试验得出的平均值结果，可以把混合土填料分为两种结构类型：① 空隙型。在土石混合料中粒径大于 38mm 的颗粒含量大于 50%，通过 5mm 筛孔的含量较少，压实后不能填满空隙。② 密实型。土石混合料中粒径大于 38mm 的颗粒含量在 30%～50%，且通过 5mm 筛孔的含量较多，压实后可填满空隙。

两种类型混合土通过压实试验得到：密实型的压实特性优于空隙型，即在相同的压实遍数下，密实型的强度高于空隙型，空隙型若要得到和密实型同样的效果需要较多的压实功。

一般来说，当粗颗粒含量小于 30%时，混合料各项工程特性取决于细料性质，粗颗粒只起填充作用；当粗颗粒含量介于 30%～70%时，粗细颗粒起联合作用，这两种料的性质可得到同时反映，当粗颗粒含量大于 70%，它的各项指标就取决于粗颗粒特性。

可以看出：不论何种土石混合料，尽管它的成分不同，风化程度、级配组成不同，但是都可以将它视作土的作用，不过这类土是由粗粒和细粒组成的，其工程特性就是取决于粗、细料的比例。

7.5.2　土石混填路基施工方法

（1）平坦地段的路堤填筑。在平坦地段填筑路堤，首先对天然地面进行清理，符合要求后，然后进行摊铺，在每层摊铺时，都需要对松铺厚度、平整度和含水量进行检查，符合要求后，才能进行碾压。尽量在下层采用强度较大的混合土铺筑，上层采用强度较小的混合土铺筑。

（2）山坡路堤的填筑。山坡路堤应由最低处分层填起，逐层压实。当自然地面的坡度小于1:5时，若基底强度符合要求，则在天然地面清理后，可将填料直接在自然地面分层铺筑。当自然地面的坡度大于1:5时，原地面应挖成台阶状，台阶宽度不小于1m，台阶的高度要根据压实设备压实一层的厚度而定，一般来说，采用小型夯实机械压实，厚度在15cm左右，台阶高度则为30cm或40cm左右，逐层台阶填完后，就可按一般的填土进行。当填方地段处于两个施工区接头位置时，在两段接头处都应按1:1坡度分层留台阶，连接两个施工区。

（3）水田地段的路堤填筑。水稻田地段施工，一般在秋后季节施工，首先在用地范围内两侧筑埂排水，使地表无水干涸，然后挖去表层腐殖土，如果含水量接近最佳含水量时，即可碾压密实，在其上填筑土石混合料，分层压实。湿土较厚时，则应换填含石量较高的土石混合料，然后按照铺筑厚度分层摊铺，碾压密实。

（4）高填土石路堤施工。一般来说，在山谷、洼地、冲沟地带，填土高度常超过20m的路堤为高填路堤。在这些地段上填筑土石路堤，从最低处分层向上填筑不能从高处倾卸填料，需要防止粗细料分离。对于高填路堤，尽管已检测压实度满足规定要求，但土内仍会残留有一定的空气，会有工后进一步沉降，因此需要超填一部分，保证施工结束后能维持原设计标高。

7.5.3　土石混填路基的压实与检测

1. 土石混填路基的压实

影响压实特性的主要因素有颗粒级配、含水量和压实方法。混合土中的粗颗粒含量在30%以下时，按细粒土压实方法。当粗粒含量大于70%时，可按填石工艺碾压，用重型振动压路机或25t以上的轮胎压路机压实。

粗颗粒含量在40%～70%时，混合土填料必须用振动压路机压实，只有振动时的冲击波才能强制颗粒重新排列，减少土内孔隙，使土得到充分压实。

各种压路机械行进时的速度开始时宜用慢速，最大速度不宜超过4km/h。因为压路机传递至填土的能量与碾压遍数及压路机的行驶速度成比例，当压路机行驶速度加倍时，碾压遍数也要加倍，但压路机速度也不能太慢，太慢了影响施工效率，增加工期。一般速度在2～6km/h范围内比较合适。

2. 土石混填路基的检测

由于土石路堤既有土的性质又有石的性质，因此土石路堤的压实度标准，可采用灌砂法或水袋法检验并应符合填土路堤的压实要求。也可采用填石路堤的方法检验（当压实后碎石含量多于30%时），并应用灌砂法或水袋法判定压实是否压实。

当采用灌砂法或水袋法检验有困难时，可采用填石路堤的方法进行检验，即通过12t

以上振动压路机压实试验,当压实层顶面稳定不再下沉(无轮迹)时,可认为是密实状态。

如果多种填料混合填筑,则应从试坑挖取的试样中计算各种填料的比例,利用混合料中几种填料的标准干密度曲线查得各自的标准干密度,再用加权平均的计算方法,计算出所挖试坑的标准干密度。

7.6　其他特殊路基施工

7.6.1　软土、沼泽地区的路基施工

1. 原地面处理

软土、沼泽地基应根据软土、淤泥的物理力学性质、埋置深度、路堤高度、材料场地条件、公路等级等因素分别采取换土、抛石挤淤、超载预压、反压护道、渗水及灰土垫层、土工织物、塑料排水板、碎石桩、轻质路堤、深层加固等措施进行处理。各项措施综合使用,效果更好。

2. 路堤填筑

(1) 路堤填筑前应排除地表水,保持基底干燥,淹水部位填土应由路中心向两侧填筑,高出水面后,按要求分层填筑并压实。

(2) 软土、沼泽地区下层路堤,应采用渗水材料填筑。特别是路堤处于软土泥沼分,要采用渗水材料填筑,其中用砂砾垫层的最大粒径应不大于 5cm,含泥量不大于 5%。填筑路堤用土宜设置集中取土场,必须在两侧取土时,对填高 2m 以内的路堤,取土坑内线距坡脚距离不得小于 20m,对填高 5m 以上的路堤,取土坑内缘距坡脚距离宜大于 40m。

(3) 在路、桥衔接部位,路基与锥坡填土应同步填筑。碾压不易到位的边角处,宜用小型夯实机械按要求夯压密实。填料宜采用渗水性土,分层碾压厚度控制在 15cm 左右。

(4) 软基填筑路堤,分层及接茬宜做成错台形状,台宽不宜少于 2m。

3. 施工注意事项

(1) 软土地段路基应提前安排施工。路堤完工后应留有沉降期,如设计未规定,则不应少于 6 个月,沉降期内不应在路堤上进行任何后续工程。

(2) 修筑路面结构之前,路基沉降应基本趋于稳定,地基固结度应达到设计规定值。

(3) 软土段填筑路堤要做好必要的沉降和稳定监测,并严格控制施工填料和加载速度。

7.6.2　膨胀土地区路基施工

1. 膨胀土的特性

膨胀土是指黏粒成分主要由强亲水性矿物组成,并具有显著胀缩性的黏性土。在黄河流域及其以南地区分布较广泛。这种土有吸水膨胀、失水收缩并往复变形的性质,对路基及人工构造物等都有破坏作用,并且不易修复。

膨胀土就其黏土矿物成分划分,可大致归纳为两大类:一类是以蒙脱石为主;另一类是以伊利石为主。蒙脱石类膨胀土的孔隙比接近 1.0 或大于 1.0,含水量常在 40% 以上,膨胀性大。伊利石类膨胀土的孔隙比多在 0.6~0.8 之间,含水量在 20% 左右。

膨胀土的含水量随季节变化,呈波动幅度,但含水量大体在塑限左右变动。在膨胀土层

内，一般无地下水，上层滞水和裂隙水也变化无常，这就造成了在很小范围内土层含水量及重力密度很不均匀的状况，成为路基不均匀变形的一个内在因素。

膨胀土具有吸水膨胀、失水收缩、再吸水再膨胀、再失水再收缩的变形特性，这个特性称之为土的膨胀与收缩的可逆性，是膨胀土的一种重要属性。膨胀与收缩的可逆变化幅度采用胀缩总率指标表示。

膨胀土地基的变形除了土的膨胀与收缩特性这个内在因素外，压力与含水量的变化则是两个非常重要的外在因素，特别是含水量的变化还与当地的气候条件、场地地形复杂程度以及覆盖等密切相关。

2. 膨胀土路基施工措施

膨胀土具有遇水后迅速膨胀，开裂分解，失水后收缩等特性。这些工程性质将对路基的稳定造成严重威胁。路基填挖施工前，必须做土的自由膨胀率试验。强膨胀土不得作为路基填料。中弱性膨胀土作为路基填料时，应对其掺灰改善，且必须在大面积施工之前铺筑试验路段。膨胀土地区的路基施工，应避开雨季，加强现场排水，保证路基和已填筑的路基不被水浸泡。

（1）路堤填筑。膨胀土地区修建公路，特别是修建高速及一级公路时，在路堤填筑前，必须对原地面进行处理，并应满足如下要求：① 填高不足1m的路堤，必须挖去地表30～60cm的膨胀土，换填非膨胀土，按规定压实；② 地表为潮湿土时，必须挖去湿软土层，换填碎、砾石土、砂砾或挖方坚硬岩石碎渣，或将土翻开掺石灰处理。

高速、一级、二级公路采用中等膨胀土作路床填料时，应掺灰（一般为石灰）进行改性处理，改性处理后要求胀缩总率不超过0.7%为宜。限于条件，高速、一级公路用中等膨胀土填筑路堤时，路堤填成后应立即作浆砌护坡封闭边坡。当填至路床底面时，应停止填筑，改用符合强度要求的非膨胀土或改性处理的膨胀土填至路床顶面设计高程，并严格压实。如当年不能铺筑路面，则应加做封层，封层的填筑厚度不宜小于30cm，并设不小于2%的横坡。

（2）路堑开挖。路堑施工前，应做好施工前的准备工作。如开挖截水沟并铺设浆砌圬工，其出口应延伸至桥涵进出口，防止水流冲蚀坡面与渗入坡体。截水沟一般应在路堑边缘以外10～15m。边沟应较一般土质路基的边沟适当加宽加深。边沟外侧须设一定宽度的平台，以保护坡脚免受浸湿，同时防止坡面剥落堵塞边沟。台阶式高边坡，应在每一级平台内侧设截水沟并及时浆砌，以截排坡面水。平台内侧截水沟与坡脚之间宜设一定宽度的平台，以利边坡稳定。膨胀土地区路堑开挖应按下列要求处理：① 挖方边坡不要一次挖到设计线，沿边坡预留厚度30～50cm，待路堑挖完时再削去边坡预留部分，并立即以浆砌护坡封闭；② 如路基与路面不连续施工时，二级及以下公路的挖方地段挖到距路床顶面以上30cm时，应停止向下开挖，并挖好临时排水沟，待做路面时再挖至路床顶面以下30cm，并用非膨胀土回填，按要求压实。如路基与路面连续施工时，对高速、一级公路应一次性超挖路床30～50cm，并立即用粒料或非膨胀土分层回填或用改性土回填，按规定压实。

（3）路基碾压。先要根据膨胀土自由膨胀率的大小，选用工作质量适宜的碾压机具。一般，自由膨胀率越大的土应采用的压实机具越重。压实土层不宜过厚，一般不得大于30cm。

由于膨胀土遇水易膨胀，因此压实时，应在最佳含水量时进行。土块应击碎至5cm粒径以下，使土块中水分易于蒸发，减少土块本身的膨胀率，有利于提高压实效率。

　　路堤与路堑分界处，即填挖交界处，两处土内的含水量不一定相同，原有土的密实程度也不相同，压实时应使其压实得均匀、紧密，避免发生不均匀沉陷。因此，填挖交界处 2m 范围内的挖方地基表面的土应挖成台阶，翻松，并检查其含水量是否与填土含水量相近，同时采用适宜的压实机具，将其压实到规定的压实度。膨胀土路基压实后的紧密程度比一般土填筑的路段更重要，因此，压实度的检验频率应增加一倍。

　　（4）施工注意事项。膨胀土地区的路基施工，应避开雨季作业，加强现场排水，保证地基和已填筑的路基不被水浸泡。施工开挖后各道工序要紧密衔接，连续施工，分段完成，特别是高速、一级公路更应如此，路基填筑后不应间隔太久或越冬后做路面。路堤、路堑边坡按设计修整后，应立即浆砌护墙、护坡，防止雨水直接侵蚀。膨胀土地区路床土的强度及压实标准应符合有关规定。

7.6.3　黄土地区路基施工

1. 黄土的特性

　　黄土可分为两类，一类为湿陷性黄土；另一类为非湿陷性黄土。

　　黄土浸水后在外荷载或自重的作用下发生的下沉现象称为湿陷。湿陷性黄土又可分为自重湿陷与非自重湿陷两类。自重湿陷是指土层浸水后仅仅由于土的自重发生的湿陷；非自重湿陷是指土层浸水后，由于土自重及附加压力的共同作用而发生的湿陷。

　　黄土的湿陷性可按下述方法鉴别。将黄土土样用普通固结仪加至 200kPa，变形稳定后，浸水测定相对湿陷系数 δ_s：

$$\delta_s = \frac{h_z - h_z'}{h_z}$$

$$\Delta S = \delta_s h_i$$

$$H = k\sqrt{\frac{hM}{g}}$$

式中　δ_s——相对湿陷系数；

　　　h_z——试样在 200kPa 压力下变形稳定后的高度（cm）；

　　　h_z'——上述加压后的土样，在浸水作用下变形稳定后的高度（cm）。

　　当 $\delta_s \geq 0.02$ 时，黄土被认为是具有湿陷性的。

　　湿陷性黄土具备黄土的一般特征如黄色或黄褐色，粒度成分以粉土颗粒为主约占 50%以上，具有肉眼可见的孔隙等。另外，它呈松散多孔结构状态，孔隙比常在 1.0 以上，天然剖面具有垂直节理，含水溶性盐（碳酸盐、硫酸盐类）较多，垂直大孔性、松散多孔结构，遇水后土颗粒间的加固凝聚力即降低或消失而沉陷。

　　为了正确反映湿陷性黄土地基的湿陷程度，并联系结构物和地基实际，合理地采用有效防护措施，按下式计算地基湿陷量 ΔS（m）：

$$\Delta S = \delta_s h_i$$

式中　δ_s——地基内第 i 层湿陷性黄土的湿陷系数；

　　　h_i——第 i 层湿陷性黄土的厚度。

　　根据计算湿陷量将湿陷性黄土划分为 3 个等级：

$$0.05 < \Delta S \leqslant 0.15 \qquad \text{I 级}$$
$$0.15 < \Delta S \leqslant 0.35 \qquad \text{II 级}$$
$$S > 0.35 \qquad \text{III 级}$$

湿陷等级越高，浸水后可能产生的湿陷量越大，对结构物的危害也越大。

2. 黄土地区路堤填筑

湿陷性黄土地基的处理目的是改善土的性质，减少土的渗水性、压缩性，控制其湿陷性的发生，以保证工程质量。

路基地基处理面积大，范围广，如采用重锤夯实、石灰挤密加固、换填土的办法对 I、II 级湿陷性黄土处理，则工程量大，造价高，工期长。因此，国内许多高速公路项目都已采用了一种新的高效夯实机械——冲击压路机。冲击压路机是采用非圆形滚轮滚动产生冲击与揉搓作用相结合的新型压实技术，将振动压实的高频率、低振幅改为高振幅、低频率，在压实作业中较大的增加了对土石方的压实能量。在牵引机拖动下，周期性地冲击地面，产生强烈的压实波，向地下深层传播，具有地震波的传递特性，以此提高地基承载力。

3. 基底处理

在黄土地区填筑路堤时，路基基底处理应按设计要求进行施工并应符合以下要求：① 若基底为非湿陷性黄土，且无地下水活动时，可按一般黏性土地基进行基底处理，同时做好两侧的施工排水、防水措施。若地基为湿陷性黄土，应采取拦截、排除地表水的措施，防止地表水下渗，减少地基地层湿陷性下沉。其地下排水构造物与地面排水构造沟渠必须采取防渗措施。② 若地基土层具有强湿陷性或较高的压缩性，且容许承载力低于路堤自重压力时，应考虑地基在路堤自重和活载作用下所产生的压缩下沉。除采取防止地表水下渗的措施外，可考虑采用重锤夯实，石灰桩挤密加固，换填土等措施。

4. 路堤填筑

新、老黄土均可用来填筑路堤。老黄土实用性差，干湿难以调节，大块土料不易粉碎，使用前应通过试验确定解决的办法。因此，路床填料不得使用老黄土。新黄土为良好填料，可用于填筑路床。黄土路堤应分层填筑，分层压实，大于 10cm 的块料，必须打碎，并应在接近土的压实最佳含水量时碾压密实。黄土含水量过小，应均匀加水再行碾压；如含水量过大，应翻松晾晒至需要的含水量再进行碾压，也可掺入适量石灰处理，降低含水量。掺灰后应将土、灰拌匀，其最大干密度应通过击实试验确定。黄土路堤的压实度要求与一般黏性土相同，黄土地区路床的土基强度应符合设计要求，当不能满足要求时，应对原土进行技术处治。

黄土路堤施工时，应做好填挖界面的结合（纵向），清除坡面杂草，挖好向内倾斜的台阶。如结合面陡立，无法挖成台阶时，可采用土工钉加强结合。不可使用黄土填筑浸水路堤。必须使用时，应采取措施，并报请批准。对于高度大于 20m 的高路堤，应按设计预留竣工后路堤自重压密固结产生的压缩下沉量。黄土路堤的边坡应刷顺，整平拍实，并应及时予以防护，防止路表水冲刷边坡。

5. 路堑的施工

黄土路堑边坡，应严格按设计坡度开挖，如设计为陡坡时，施工中不得放缓，以免引起边坡冲刷。黄土路堑边坡受各种因素的影响，容易产生变形，因此，施工中应采取措施进行边坡的防护加固。

路堑施工，当挖到接近设计标高时，应对上路床部分的土基整体强度和压实度进行检测。如路堑路床的密实度不足，土质符合设计规定时，则视其含水量情况或经洒水或经翻松晾晒至要求含水量再进行整平碾压至规定压实度。土质不符合设计规定时，则应将其挖除，另行取土，分层摊铺、碾压至规定的压实度。挖除厚度根据道路等级对路床的要求而定。

6. 路基排水及陷穴处理

（1）路基排水。高路堤路基施工期间，应在两侧或一侧（超高段）设临时阻水、拦水设施，以防雨水冲毁边坡。路堤填至设计高程后，应根据设计及时修筑外侧边缘的拦水、截水沟和急流槽，将水引至坡脚以外。

湿陷性黄土路基的地下排水管道与地面排水设施，应根据设计进行加固和采取防渗措施。黄土路基水沟的加固类型，宜用浆砌片石或混凝土板。如用预制混凝土板拼砌时，其接缝处应牢固无渗漏。在路堑顶部及路堤的靠山侧要做好排水工程，将地表水、地下水引入有防渗层的水沟内排走。截水沟应设在离堑顶边缘以外不少于 10m 的地方，断面不宜过大，沟底纵坡宜在 0.5%～2.0% 之间。

（2）陷穴处理。黄土经水的冲蚀与溶蚀，形成的暗沟、暗洞、暗穴等统称陷穴。在地形起伏多变、表面径流容易汇集的地方，在土质松散、垂直节理较多的新黄土中，最容易形成陷穴。

陷穴可分为四种类型：① 漏斗状陷穴。由于坡面径流汇集，水沿节理下渗、潜蚀而成。多产生在台地边缘及谷坡附近。② 竖井状陷穴。由于水流沿节理下渗，潜蚀而成，形如水井，口径不大，深可达 20 多米。产生在阶地的边缘径流汇集处。③ 串珠状陷穴。水沿沟床下渗，潜蚀使管道不断扩大而成，多沿沟床分布，一般产生在沟床的变坡处。④ 暗穴。地下陷穴逐渐发展形成通道，表面呈封闭状。

黄土陷穴处理方法及适用条件见表 7-8，各种处理方法也可综合采用。

表 7-8   黄土陷穴处理方法及适用条件

处 理 方 法	适 用 条 件	处 理 方 法	适 用 条 件
回填夯实	明陷穴	灌砂	暗穴小而直
明挖回填夯实	暗穴埋藏深	灌浆或砂	暗穴深而大
支撑开挖回填夯实	暗穴埋藏较深	导洞和竖井	暗穴深而大

为防止陷穴再生，应将处理好的陷穴附近的地面水引离路基以外，并严防地面水流入处理好的陷穴。同时，为防止产生新的黄土陷穴，应切实加强地面排水措施，做好地表水的截流、防渗和堵漏工作，杜绝地表水渗入土层。防止形成地表积水及水流集中产生冲刷。

对通过路基路床的陷穴，要向上游追踪至发源地点。在发源地点把陷穴进口封填好，并引排周围地表水，使其不再向陷穴进口流入。

黄土陷穴的处理范围，应视具体情况而定，一般在路基填方或挖方边坡外上侧 50m，下侧 10～20m。若陷穴倾向路基，虽在 50m 以外，仍应作适当处理，对串珠状陷穴应彻底进行处理。但应注意的是，在陷穴发育的路基及其附近，不得人工改变地下水位，否则应采用预防塌陷的措施。

处理好的陷穴，其土层表面均应用石灰土（石灰:土=3:7）填筑夯实或铺填老黄土等不透水材料加以改善。石灰土厚度应按设计严格执行。如原设计未要求时，其厚度不宜小于30cm。

7.6.4 盐渍土地区路基施工

盐渍土是一种含盐量较高的盐碱土，当地表1m内含有容易溶解的盐类超过0.55%时即属盐渍土。盐渍土影响农作物的生长，地面表层显露盐水的痕迹，或者可见到一层薄薄的白色粉状的盐霜，有的是一层坚硬的盐壳。土中最常遇到的易溶盐类有：氯化钠、氯化镁、氯化钙、硫酸钠、硫酸镁、碳酸钠、碳酸氢钠，有时也含有不易溶解的硫酸钙、碳酸钙等。由于土中含有易溶盐，土的物理力学性质和工程性质发生变化，引起许多路基病害，所以，盐渍土地区路基与一般地区路基在设计、施工中有很大差别。

由于易溶盐的存在，且盐分能改变土的性质，因此，盐渍土的工程性质随易溶盐的种类和含盐量的大小而变化。盐分对土的作用，既有利也有弊。在干旱和过干旱地区，氯化物盐类的胶结作用和吸湿、保湿作用常常有利于路基的稳定。路基在潮湿状态下，由于易溶盐的存在及其状态的转变，能使路基土的密度减小，并较快地丧失稳定性，造成道路泥泞，甚至坍陷、溶陷，可能使翻浆更严重。当含有硫酸盐类时，对路基可产生有害的松胀作用。盐渍土的碱化作用，可使土的膨胀性增加。在路面底层附近有过量硫酸盐时，会造成路面鼓包、破裂；盐分体积变化，能使路基表层疏松、边坡呈蜂窝状。当含有碳酸盐类时，其密度随含盐量的增加而降低，塑性和粘附性增大，使遇水后泥泞不堪，且浸水后膨胀作用严重，使渗透性降低；潮湿状况下，由于薄膜水和钠离子所引起的交换作用强烈，使强度显著降低，而干燥状态时粘固性大，强度较高。

1. 盐渍土对路基的主要危害

氯化物盐类含量在3%以下时，用于石灰或水泥加固土是有利的。它能促使石灰或水泥形成较坚固的结晶，加速硬化过程，提高强度。但当含量超过5%时，就会对石灰或水泥产生有害的腐蚀作用，使加固土的密度和水稳性降低。

土中硫酸盐类的含量较低时，对石灰或水泥加固土同样是有利的，其作用同氯化物盐类。当土中硫酸盐的含量超过1%时，就有腐蚀作用，尤其是硫酸盐的结晶水化物（$NaSO_4 \cdot 10H_2O$、$MgSO_4 \cdot 7H_2O$）结晶时的膨胀作用危害极大。它能使水泥加固土、砂浆、混凝土等产生疏松、剥落、掉皮、侵蚀等病害。施工时应严格限制硫酸盐类的含量，一般不应超过1%，最大不应超过2%。

土中碳酸盐含量较低时，对于石灰或水泥加固土也会产生有利的影响，可以加速硬化过程和稍微提高强度。但由于碳酸盐使土胶体颗粒分散，从而使土具有强烈的亲水性、膨胀性和塑性。要消除其有害性质的影响，势必要加大加固土中的石灰或水泥的用量，颇不经济。一般采用石灰或水泥加固土时，土中碳酸盐的含量不宜超过0.5%～1%。

2. 盐渍土的分类

盐渍土按含盐性质及盐渍化程度分类。

（1）盐土：以含有氯盐及硫酸盐为主的盐渍土称为盐土。盐土通常是在矿化了的地下水水位很高的低地层内形成的，由于毛细管作用，盐分经过蒸发而聚积在土的表层。在海滨由于海水浸渍也可形成盐土。在草原和荒漠中的洼地内，由于带有盐分的地表水流入，经过蒸发，也可形成盐土，干旱季节时，盐土表面常有盐霜或盐壳出现。

（2）碱土：其特点是在土表层中含有少量的碳酸钠和碳酸氢钠。通常具有明显的层次，表层为层状结构的淋溶层，下层为柱状结构的沉积层。在深度 40～60cm 的上层内含易溶盐最多，同时也聚积有碳酸钙和石膏。碱土可由盐土因地下水位降低而形成，或由地表水的渗入多于土中水的蒸发时形成。

（3）胶碱土（龟裂黏土）：生成于荒漠或半荒漠地形低洼处，表面平坦，不长植物。大部分是黏性土或粉性土，干燥时非常坚硬，干裂成多角形；潮湿时立即膨胀，裂缝挤紧，成为不透水层，非常泥泞。胶碱土中易溶盐的含量较少，且被淋溶在至少 0.5m 以下的地层内。

3. 盐渍土路基施工

（1）填料要求。由于盐渍土含盐量决定了土的物理力学件质，所以含盐量的大小便成了填料选择的主要依据。

盐渍土地区选择路堤填料时，还应注意如下几点：① 盐渍土的含盐程度在容许范围时可用作路堤填料，但施工时必须注意含盐量的均匀性。对填料的含盐量及其均匀性应加强施工控制检测，路床以下每 1000m³ 填料、路床部分每 500m³ 填料至少应测试一组。每组取 3 个土样，取土不足上列数量时，亦应作一组试件。在施工时，如将上下两层盐土打碎拌和后含盐量不超过规定时，则表土不必铲除废弃。② 在闭塞的积水洼地或常年潮湿的盐渍土地段填筑路堤时，应外运渗水土填筑，并考虑路堤沉陷问题。③ 内陆盆地干旱地区，如当地无其他适宜的填料，需用易溶盐含量超过规定值的土、含盐砂砾、盐岩等作用料时，应根据当地气候、水文地质情况，通过试验决定填筑措施。④ 用石膏土作填料时，应先破坏其蜂窝状结构。石膏含量一般不予限制，但应严格控制填筑密实度。路堤基底如为松散的石膏土时，应先予夯实。

（2）基底处理。盐渍土路基基底的处理应视含盐量、含水量及地下水位而定。从含盐量方面看，由于一般盐渍土地区土的含盐量往往表层最大，故当路堤底部表层盐渍土含有过量盐分（含盐量大于 8%）或表土松软有盐壳时，应在填筑前，将路堤基底与取土坑范围内的表层过盐渍土铲除，铲除深度应根据土的试验资料决定，一般为 0.1～0.3m。如路堤高度小于 1.0m 时，除将基底含盐量较重的表土挖除外，应换填渗水性土，其厚度高速公路、一级公路不应小于 1.0m，其他公路不应小于 0.8m。

从含水量及地下水位方面看，当含水量超过液限的土层在 1.0m 以内时，必须全部换填渗水性土；如含水量界于液限和塑限之间时，应铺 0.1～0.3m 的渗水性土后，再填黏性土；如含水量在塑限以下时，可直接填筑黏性土。当清除软弱土体达到地下水位以下时，则应铺填渗水性土，并应高出地下水位 0.3m 以上，再填黏性土。在修建高级路面或次高级路面的地段，除路床填料符合规定要求外，还应在路堤下部设置封闭性隔水层（材料如沥青砂、防渗薄膜、聚丙烯薄膜编织布等）以隔断地下水的上升。

基底的换填作业还有一定的要求。清（铲）除表层后地表应做成由路基中心向两侧约 2%的横坡，整平压实，沿横坡均匀铺平，以利排水，铲除的表层盐渍土应堆置在较远处，最好堆置在低处，以免水流浸渍后，又流回路基范围内。铲除后的回填应按规定采用可用的盐渍土。

（3）路基压实及含水量控制。为了防止盐分的转移和保证路基的稳定，盐渍土路基的压实度应尽可能地提高一级。要求达到重型压实标准。路基应分层压实，每层填土松铺厚度，对黏性土不得大于 20cm；对砂性土不得大于 30cm。碾压时应严格控制含水量，不应大于最佳含水量 1 个百分点。在干旱缺水地区，对路基填土可采用加大压实的办法进行压实，并应设法洒水，使路基表层 20cm 厚的土层在碾压时为最佳含水量，至少应达到最佳含水量的 60%～70%。当填土含水量过大时，施工中除按设计挖好该地区排水沟外，可在取土坑附近挖临时排水沟，以截断地表水和降低地下水位。此外也可延长施工段落，在取土坑内分层挖土，分段填土暴晒，分段夯压。

（4）路基排水与隔水层设置。盐渍土地区路基排水至关重要，如排水不畅，势必会因积水使土质发生不利的变化，造成路基病害。因此，在施工中应及时、合理地布置好地表排水系统，防止路基及其附近范围积水。

当路基一侧或两侧有取土坑时，可利用取土坑进行横向与纵向排水。取土坑的坑底离最高地下水位不应小于 15～20cm。底部应向路堤外有 2%～3% 的排水横坡和不小于 0.2% 的纵坡。在排水困难地段或取土坑有被水淹没可能时，应在路基一侧或两侧取土坑外设置高 0.4～0.5m、顶宽 1m 的纵向护堤。

当路基两侧无取土坑时，应设置纵向排水沟，并根据当地的地形、地势设置必要的横向排水沟，两排水沟的间距不宜大于 300～500m，长度不超过 2km。

当地下水位高时，除引导表面水外，应加深两侧边沟或排水沟，以降低路基下的地下水位。

盐渍土地区的地下排水管与地面排水沟渠必须采取防渗措施。盐土地区一般不宜设置盲沟、渗沟排除地下水，因为盐分的沉淀易使盲沟失效。且地面排水系统不宜与地下排水系统合并设置，以免造成地下水位的升高，影响路基稳定。

在地表为过盐渍土的细粒土地区或有盐结皮和松散土层时，应将其铲除。铲除的深度应通过试验确定。如地表过盐渍土过厚，亦可铲除一部分，并设置封闭隔水层。隔水层设置深度宜在路床顶以下 0.8m 深度处。若有胀盐问题存在，隔水层应设在产生盐胀的深度以下。当采用土工合成材料做隔水层时，为防止合成材料被挤压破，宜在隔水层上、下分别铺一层 10～15cm 厚的砂或黏土保护层。

路基修筑在强盐渍化的细颗粒土（黏性土、粉性土）地区，路基边缘至地下水位高度不可能达到设计规定，可在路基边缘以下 0.4～0.6m 处（或路基底部）的整个路基宽度上设置厚度为 15～30cm 的毛细隔断层。隔断层的材料可选用卵石、碎石或其他粒径 5～50mm 的砂砾；并在隔断层的上、下面各铺设一层 5～10cm 厚粗砂或石屑作为反滤层，以防止隔断层失效。

（5）路基边坡与路肩的处理。对于强盐渍土，无论其路基结构如何，边坡及路肩都必须进行加固。当路基容易遭受雨水冲刷、淋溶和松胀时，为保证路基有效宽度，对强盐渍土及过盐渍土的路基宽度，应较标准路基宽度增加 0.5～1.0m。

对硫酸盐渍土路基的边坡，根据需要与可能，宜采用卵石、砾石、黏土或盐壳平铺在路堤边坡上，用以防止边坡疏松、风蚀等破坏。对长期浸水地段，还需在高水位以上 0.5m 做护坡道，并予以防护。

在过盐渍土地区，对路肩的加固，可用粗粒渗水材料掺在当地土内封闭路肩表层，也可用沥青材料封闭路肩或用 15cm 厚的盐壳加固。

（6）施工季节的选择及施工程序安排。

在盐渍土地区筑路，应尽可能地考虑当地盐渍土的水盐状态特点，力求在土的含水量接近于最佳含水量、不发生冻结时期，或非积水季节进行施工。根据这一原则，一般认为，当地下水位高，对黏性土的盐土地区，以夏季施工为宜；对砂性土的盐土地区，以春季和夏初施工为宜；强盐渍土地区，应在表层含盐量降低的春季施工为宜；对于不冻结的土，可以考虑冬季施工。

盐渍土路基要分段一次做完。自基底清除盐土开始，要连续施工，一次做到路堤的设计标高。在设置隔离层的地段，至少也要一次做到隔离层的顶部，以避免路基的再盐渍化和形成新的盐壳。

7.6.5　多年冻土及季节性冻融地区路基施工

1. 多年冻土的定义及特性

凡温度为负温或零温并含有冰的各种土均称为冻土。如果土中只有负温度而不含冰时则称为寒土。冬季冻结、夏季全部融化的土层称为季节冻土，季节冻结层又称季节作用层、活动层。冬季冻，一两年内不融化的土层称为隔年冻层。冻结状态持续 3 年以上的土层称为多年冻土。

2. 多年冻土地区路基施工注意事项

（1）施工前应核查沿线冻土分布、类型、冻土上下限、冰层上限、地面水、地下水以及有无其他如热融（湖、塘）、冰丘等不良地质地段。

（2）施工必须严格遵循保护冻土的原则，使路基施工后仍处于热学稳定状态。路基原则上均应采取路堤型式，尤其在冰厚发育地段，并尽可能避免零填或浅挖断面，以免造成严重热融沉陷等病害。

（3）路基排水与加固除满足水力和土力条件外，还应考虑由于施工因素如排水系统修筑等引起的热力变化，不导致多年冻土层上限的下降。

（4）填方路基施工应符合的要求。

1）排水。

当路基位于永久冻土的富冰冻土、饱冰冻土或含土冰层地段时，必须保持路基及周围的冻土处于冻结状态。排水系统与路基坡脚应保持足够距离。高含冰量冻土集中地段，严禁坡脚滞水，路侧积水，边坡应及时铺填草皮。

在少冰与多冰冻土地段，也应避免施工时破坏土基热流平衡。排水沟与坡脚距离不应小于 2m；沼泽湿地段不应小于 8m。饱冰冻土及含土冰层地段，应避免修建排水沟和截水沟，宜修建挡水埝（堰），距坡脚不应小于 6m，若修建排水沟则不应小于 10m。

2）基底处理。

填方基底为含冰过多的细粒土，且地下冰层不厚时，可挖除并用渗水性土回填压实，再填路基。

当基底为排水困难的低洼沼泽地段时，其底部应设置毛细水隔离层。其厚度宜在路堤沉落后至少高出水面 0.5m，并在其上铺设反滤层。

3）路基高度。路基高度应达到防止翻浆与不超过路基冻胀值要求的最小填土高度。按保持冻结原则施工的路段，应同时满足冻土上限不下降的要求。

4）取土。宜设置集中取土场。富冰冻土、饱冰冻土及含土冰层路段，确需就近解决部分土源时，应在路基坡脚 10m 以外取土。斜坡地表路堤，取土坑应设在上坡一侧。取土坑深度均不得超过当地多年冻土上限以上土层厚度的 80%，坑底应有坡度，积水应有出口，水能及时排出；同时取土坑的外露面，宜用草皮铺填。

5）填料。填料应选用保温隔水性能均较好的细粒土。采用黏质土或透水性不良土填筑路堤时，要控制土的湿度，碾压时含水量不能超过最佳含水量±2%。不得用冻土块或草皮层及沼泽地含草根的湿土填筑路基。通过融湖（塘）路堤，水下部分必须用渗水良好的土填筑，并应高出最高水位0.5m。

6）压实。压实检查应采用重型击实标准成型后路床强度应符合设计要求，用不小于20t的压路机或等效碾压机械进行碾压2～3遍，无轮迹和软弹现象。

7）侧向保护。靠近基底部位有饱冰冻土层且有可能融化时，宜设保温护道和护脚。保温材料宜就地取材。用草皮时，草根应向上一层一层叠铺，最外一层应带泥，以便拍实形成保护层。沿线两侧20m内植被和原生地貌应严加保护。

（5）挖方路基施工应符合的要求。

1）排水。挖方路基地下水发育地段，路基边沟均应有防渗措施。路堑坡顶避免设置截水沟或排水沟，宜修挡水埝并与坡顶距离不小于6m。若必须修排水沟或截水沟，距挡水埝外距离不应小于4m。

2）土质边坡加固铺砌厚度应满足保温层要求。如用草皮铺砌，应水平叠砌，错缝嵌紧，缝隙用黏土或草皮填塞严密，连成整体。

3）饱冰冻土、含土冰层地段路堑，为防止开挖后基底冻胀翻浆，可根据需要换填足够厚度的渗水性土。

7.6.6 风积沙地区路基施工

1. 风积沙的定义及特性

我国沙漠、沙地在华北、西北分布较广，且多为风积沙。沙漠地区人烟稀少，筑路材料缺乏，所需的土、砂石料、水泥、沥青、钢材等主材料均需远运。为降低工程造价，本着就地取材的原则，路基填筑以风积沙为主。根据风积沙的物理力学性质和实验结果表明，风积沙路基具有整体稳定性好、沉降量小、沉降速度快、水稳性好等优点，但风积沙在天然条件下呈松散状态，内聚力几乎为零，抗剪性能极差，一般机具难以行驶，普通钢轮压路机根本无法碾压至规定的压实度。同时由于沙漠地带特殊的气候、地质状况，使得沙漠公路的施工比一般气候、地质条件下的公路施工难度要大得多。

2. 风积沙路基填筑施工工艺

风积沙路基填筑施工工艺流程按以下八个步骤进行循环作业：施工放样→场地清理→基底处理→分层填筑→洒水或晾晒→机械碾压→检测检验→路拱、边坡整修。

（1）施工放样。首先放出路基的中心线，每20m一桩，然后在路基两侧适当的位置进行拴桩。再根据每填筑层顶面标高放出每层风积沙填筑的边线。边线采用竹竿控制，每20m一桩，桩上必须插红色三角测量旗帜。竹竿长度一般为60cm左右，上面间隔30cm涂刷红、白漆。

（2）场地清理。开工前必须对设计图纸所示或监理工程师提供的各类现有建筑物、障碍物和其他设施的位置及场地清理情况进行现场核对和补充调查，并将结果报请监理工程师核查。根据现场地面实际条件及土质情况按施工规范及设计要求进行基底处理后再施工，场地清理根据填筑施工需要分期分批进行，每次清理长度500～800m。场地清理包括清除路基范围内树根、草皮等植物根系，将原地面 0.3m 厚度以内的耕植土清除，挖除各种不适用材料，并将清除地表土和不适用材料移运至指定的弃土场堆放。做好临时排水设施，排除地面积水和地下水，通过纵向、横向排水沟引入附近的沟渠或低洼处。临时排水设施与设计的路基排水系统相结合，避免造成不必要的浪费，以便降低工程成本。

（3）基底处理。按照设计文件和规范要求，在经过场地清理的施工路段，要根据原地面情况进行基底处理和平整。地面横坡在 1:1～1:5 时，将表土翻松，再进行填筑作业；地面横坡陡于 1:5 时，进行挖台阶处理，台阶顶面作成 2% 和 4% 的内倾斜坡，再进行路堤填筑。由于场地清理后留下基坑、坑穴、沟槽等，用批准的适用填料回填，夯实到周围同样的密实度。

（4）分层填筑。路堤填筑必须在已经清理场地和基底处理经监理工程师批准的路段进行，采用监理工程师批准并经试验合格的适用填料和施工工艺方案。不同性质的填料分别分层填筑，不得混填，以免形成水囊或薄弱层，影响路堤稳定，不使用淤泥、沼泽土、冻土、有机土、含草皮土、生活垃圾、树根和腐质土。透水性较大的土壤填在透水性较小的土壤之下，如二者粒径相差悬殊应在层间加铺过渡层。沿纵向间层次如要改变填料种类时，做成斜面衔接，且将透水性好的填料置于斜面的上面。填方相邻作业段若非同时填筑，先填地段 1:1 坡度留好台阶，若同时填筑，分层相互交迭衔接，搭接长度不小于 2m。路堤填筑在线路的纵向和横向均必须由低向高，先从最低洼处按要求在经过处理的地基上分层、逐层填筑，待施工作业面扩大以后再按填筑区、平整区、碾压区、检验区进行分区流水长期循环作业。除低洼段可进行路基横向宽度分区填筑外，填筑面达到路基横断面全宽以后，在全断面范围内横向不得分区填筑。对于新旧路线交错处，做好新路基与原有路基的衔接，按设计图纸和施工高度，使新旧路基衔接紧密，防止产生纵向裂缝和不均匀沉降。按横断面全宽纵向水平分层填筑，分层厚度根据试验路段确定的数据严格控制，路堤每 20m 设一组标高点，每次松铺厚度不超过 30cm。为了保证路基边缘与其他部位压实度均一致，路堤填土每侧横向超填 20cm 宽。

（5）洒水或晾晒。根据填料的含水量，取样试验测定的最佳含水量，确定是否对填料进行洒水或晾晒，同时填料的含水量应在最佳含水量的+2%～3%范围内进行控制。对含水量不足的填料采取在路基上的平整区内用洒水汽车进行洒水，洒水量要经过试验确定。填料含水量过大，超过最佳含水量时，运到路基上平整后进行晾晒，经试验检测接近最佳含水量后，进行压实作业。

（6）机械碾压。碾压前，先对填筑层的厚度、平整度及含水量进行检测，不符合要求时，用平地机再整平，确认符合要求后再进行碾压。开始碾压时，先用压路机（不开振）稳压，低速行驶一遍，使表面平整，然后再用振动压路机碾压。碾压遵循"先轻后重，先慢后快，路线合理，保证搭接，均匀压实"的原理碾压。碾压时，在直线路段和大半径曲线路段，应先压边缘，后压中间；在小半径曲线路段，先低（内侧）后高（外侧）。碾压时，碾压轮迹重叠二分之一轮宽，避免漏压，前后相邻纵向重叠 2m，并做到无死角，使每层压实度均匀。碾压过程中随时进行整平作业，严格控制压路机行驶速度，行驶速度不大于 4km/h。接合面表层太干，洒水湿润后继续回填，如遭受水泡，先把上层稀泥铲除后，再进行压实。填方接近设计标高后，加强测量控制，如发现高低不平，及时用平地机配合人工找平，然后再压实，直到达到设计所要求的断面标高和质量为止。

（7）检测检验。路基每层土方填筑压实后，及时进行检测，每层填土检测合格，并经监理工程师认可后，才能进行上层路基土方填筑。试验人员在取样或测试前先检查填料是否符合要求，碾压区段是否压实均匀，填筑层厚度是否超过规定厚度。压实度检测采用环刀法，检测分三级进行，"跟踪检测"、"复检"、"抽检"，分别由质检员、项目部试验室、业主监理单位质检中心实施。检查验收项目见表 7-9。

表 7-9 风积沙路堤检查项目

项次	检查项目	规定值或允许偏差	检 验 方 法	规定分
1	压实度	执行规范标准	环刀法检测密度，每 200m 检测 4 处	35
2	纵断高程（mm）	+40，-50	水准仪：每 200m 测 4 点	15
3	中线偏差（mm）	≤100	经纬仪：每 200 测 2 点（弯道加测 ZY、YZ 两点）	10
4	宽度（mm）	不小于设计值	米尺：每 200m 测 4 处	15
5	横坡度（%）	±0.5	水准仪：每 200m 测 4 个断面	5
6	边坡（%）	不陡于设计值	抽查，每 200m 测 4 处	10

（8）路拱、边坡整修。路基土方填筑接近设计标高时，加强高程测量检查，以保证完工后的路基面的宽度、高程、平整度、路拱度、边坡符合设计文件和规范要求。表面需补填时，如补填厚度小于 10cm，将压实层翻挖 10cm 以上，再补填同类土重新整平压实。整修路基边坡时，将其两侧超填的宽度切除，在整修阶段人工挂线清刷夯拍。路基经过整修后，要达到检验标准，做到肩棱明显，路拱、边坡符合设计要求。

3. 质量控制及注意事项

风积沙路基填筑施工过程中的质量控制及一些注意事项尤为重要，若忽略了某个环节，则可能前功尽弃，给工程质量造成一定的隐患。风积砂填筑施工过程中的质量控制及注意事项如下：

（1）在施工前，根据风积砂路基实验段施工，由于风积砂与包边土材料性质不同，松铺厚度不同，包边土松铺厚度为 30cm，风积砂松铺厚度为 50cm 左右，为了缩小风积沙的松铺厚度，在指定料场打井，进行料场取料前 2~3 天加一定量的水闷料，两天后直接拉料填筑。通过提前闷料，风积沙松铺厚度控制在 45cm 左右。

（2）在施工中，应注意观察天气情况，如有风或气温高，风积沙填料水分挥发快，此时应适当加大填料的含水量，以保证风积沙填料含水量处于最佳状态，以 500m 的长度一次填筑为宜，含水量易大不宜小。填筑时，风积沙表层很快会干燥松散滑动，为了约束干燥风积沙的松散不稳定特性，推土机与水车紧随其后，进行粗乎和洒水车洒水，使得风积沙与包边土的松铺厚度缩小。填筑完毕后，风积沙路基进行洒水，待风积沙含水量全部饱和后，压路机只在风积沙上静跑一遍，这时风积沙低于包边土的填筑高度，此时用平地机将包边土高出部分刮出路基以外，使风积沙与包边土同高，而后进行平地机精平碾压。

（3）在每天开铺之前对风积沙进行含水量测定，一定要取有代表性的风积沙，这样测出的含水量才能对施工具有代表性的意义。

（4）路基封层和包边土由于路基填料的风积沙，风积沙只含有较少的黏土粒，土粒间的联结力及联结数量很小，在竖向荷载作用下，不易形成整体，发生较大的侧向位移。路基两侧填筑黏性土做为包边土，以提高路基的整体稳定性。在碾压过程中，特别注意路的两边、两头的碾压，防止的漏压、少压。

7.6.7 采空区地区路基施工

1. 采空区路基施工的特点

采空区是指地下矿体采出后所留下的空间区域。在地下空间开挖之前，地层中岩体在地应力场作用下处于相对平衡状态。煤炭开采后，岩体内部出现采空区，导致周围岩体应力重新分布，部分上覆岩层冒落带塌陷，裂隙带与弯曲带的徐变累加导致地表沉降而形成沉降盆，给公路的建设和运营带来了很大的影响。由于采空区的沉陷与塌陷，不仅高速公路高填方路段多处出现严重的公路路基不均匀沉陷、路基变形造成路面开裂、桥头跳车等病害发生，而且采空区因地表不均匀沉陷也引发了等级路低路基变形的发生，严重影响了道路使用功能和行车安全，影响着行车的平顺性和舒适性，增加了公路养护和管理费用。

而道路修建时或修建后的运营过程中，由于公路路基路面、桥涵等构筑物载荷或施工机械振动冲击荷载以及运营中车辆动载的作用，有可能引起采空区活化或失稳，导致上覆岩体进一步的塌陷、冒落，从而使地表产生新的沉降，影响公路行车的安全，出现各种道路病害。采空区的变形特点一般是不均匀、较大变形，且动态发展。

2. 采空区埋深较小时的处理

对于埋深很小的采空区，可采用从地表开挖，一直挖至采空区，然后分层回填夯实。该方法工艺简单，操作简便，施工质量容易检查和控制。

开挖后用浆切片（或干切片）分层砌筑、填塞，上面加盖钢筋混凝土盖板。

开挖后，用碎石充填后灌注水泥砂浆。

高能量强夯法处理采空区上方松散地基。当采空区埋深较浅，而上方为松散地基且厚度较大时，可采用高能量强夯处理松散破碎岩体，提高松散破碎岩体的地基承载力。

3. 采空区埋深较大时的处理

公路路基下采空区埋深较大时，主要采用注浆处理。注浆法其机理简而言之：首先，制浆；然后，将采空层利用钻孔来打通，再将煤灰浆、水泥粉、水泥砂浆利用注浆管路在采空层中直接灌注，使之形成结石、沉积，最后将冒落带裂隙空间及采空层充满。

工序流程见图7-22。

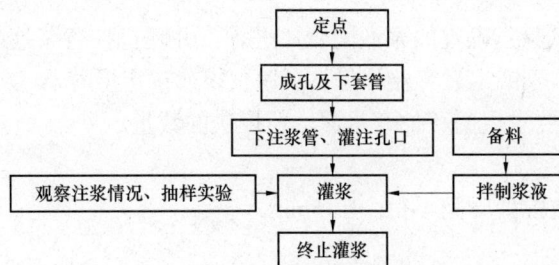

图 7-22　注浆施工工序流程

（1）注浆工序。注浆法成孔是第一道工序，按照孔的用途可分为帷幕空和注浆孔，帷幕孔的用途是在采空区治理边界布设的一圈孔距较小的边缘孔，注浆中先注帷幕孔，使其注入的浆液形成一道帷幕墙，以阻止治理范围内的浆液流失，降低治理成本。注浆孔是在治理范围内布设的一排排孔，其用途是为了注浆。帷幕孔和注浆孔的施工工艺是相同的，不同处是先施工帷幕孔后施工注浆孔，其施工工艺和技术要求主要是：

注浆孔应用专业测量仪器、皮尺进行实地测量放样，钻孔实际位置原则上不应偏离设计位置 1.0m。确因地形影响，钻孔不能放在设计位置时，应先施工其周围可以就位的钻孔，再根据钻探揭露采空区的情况予以调整。

鉴于煤矿开采和塌陷变形的复杂性，通过有限的勘探钻孔还很难精确查明地下的全部情况，施工时应先施工取芯孔，目的是进一步探明地层及采空区冒落的实际情况。

（2）钻孔工艺。为了防止采空区出现突然塌落的现象，钻孔时切记不可采用冲击钻孔，务必采用回转方式钻进的方法。钻孔要求采用清水正循环钻探工艺施工。做好钻探原始记录和岩芯编录工作。钻孔施工过程中，如发现漏水、吊钻、埋钻等现象要详细记录其深度、层位和耗水量。

（3）注浆系统配置及技术要求。注浆系统是实施全充填式注浆法治理采空区的关键工序，直接关系到治理效果和施工质量。注浆系统配置及技术要求主要为：

1）料场。堆放材料的料场场地要平整，运料车辆能正常通行，且紧邻搅拌机，利于材料运输、搬运，水泥库要求设有防潮、防雨设施，粉煤灰要做好防风扬尘措施。

2）搅拌池。修建的搅拌池应满足正常施工需求，池为圆柱体，中间设置搅拌系统，使得搅拌后的浆液均匀，符合要求，一次搅拌量应≥3m³。亦可选用符合标准的搅拌机。

3）水池。制浆站应根据施工注浆总量需要，建立数个水池，以保证正常施工，水池建筑规模及要求视工地具体情况而定。

4）注浆泵。宜采用变挡定量泵，其定额排浆量不小于 200L/min，注浆泵压力应大于注浆最大设计压力的 1.5 倍。

5）压力表。注浆用压力表最大指数应小于 10MPa。

（4）注浆施工工艺有关参数。注浆施工工艺主要有注浆设备的选择、制浆工艺、灌浆工艺及注浆压力的控制。

1）注浆设备。注浆设备主要由制浆设备和注浆泵组成，如前注浆配置系统所述，制浆设备由一次搅拌池和二次搅拌池构成，目前采用的是施工单位因地制宜自制的搅拌设备，其容量和数量应采空区治理工程量大小而定。

① 浆液配制应按试验室确定的浆液配合比进行，并随机抽查浆液的各项指标。

② 原材料：水用水表或定量容器计量；水泥按袋或按定量容器（散装水泥）计量；粉煤灰用定量容器计量，并要求用磅秤抽查水泥、粉煤灰的数量。

③ 制浆工艺见图 7-23。

④ 搅拌过程：每次搅拌时间不得少于 5min。

2）注浆工艺。

① 注浆。注浆开始前应用清水洗孔 5~10min，目的是将由于添堵在岩层裂隙中的岩屑及岩粉冲洗掉，是浆液能更好地填充进岩层裂隙中。然后准备注浆，注浆采用浆液浓度先稀

后稠的方法，先注入水固比为 1:1.1 的浆液，当浆量达到单孔设计量的 20%时，而注浆压力和单位注浆量均无改变或改变不显著时，应将浆液水固比改为 1:1.2 进行注浆，同理这一级配比注浆量达到设计量的 30%时，再更改水固比为 1:1.3 的浆液，直至注浆结束。注浆开始后，要定时观测泵的吸浆量和泵压，记录注浆过程中发生的各种现象，收集原始数据，并根据实际情况及时调整注浆量和浆液浓度。

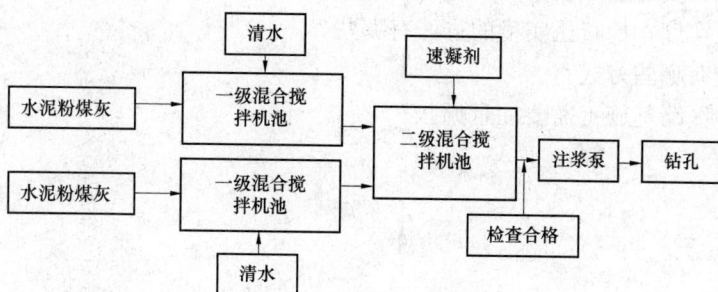

图 7-23 浆液拌制工艺流程

注浆过程中若出现地表裂隙大量跑浆时，应采用间歇式注浆，或减小泵量及采取地表充填裂隙的措施，阻止浆液从地面大量流失。

② 单孔注浆结束标准。在单孔注浆末期，泵压逐渐升高，当泵量小于 70L/min 时，孔口压力在 1.0~1.5MPa，稳定 10~15min，可结束该孔的注浆施工。若出现地表裂隙大量跑浆时，即可结束该孔的注浆施工。

（5）注浆质量检验内容与方法。

1）施工质量检测基本要求。由于采矿空区治理工程的隐蔽性和复杂性，要求必须对治理工程质量的最终效果进行检测。为此，应在治理区域内选择一定范围的路段对采空区底板以上受注层进行质量检测。检测的目的是采空区治理施工后地基稳定性是否满足设计的要求，并根据不同公路工程对其变形的允许范围确定评定标准。

采空区治理工程属隐蔽工程，对它的质量控制一直是一个难题。除了在施工过程中由业主和监理工程师严格按照设计文件和规范要求，对每一道工序进行监督外，在治理工程结束后，必须对施工质量进行检测，一般检测的时间应在注浆施工结束后 6 个月进行，主要是考虑到在注浆期间，注浆压力会对地下采空区产生较大的应力变化，注浆结束后，采空区内应有一个压应力调整的过程，才能达到采空区地基平衡稳定。

2）施工质量检测内容。

① 检查孔法。灌浆施工结束 6 个月后进行钻孔检验。按注浆孔的 2%设置检查孔数量，检查孔深度为原地面至采空区底板的深度。通过孔内取芯直接观察采空区的浆液充填情况，并结合钻探过程中循环的漏失情况及孔壁的稳定性等评价注浆质量。岩芯在标准养护 72h 后，进行无侧限抗压强度测试。

② 物探测试法。对治理后的采空区采用测定波速的方法检验注浆质量。若波速大于 160m/s，则注浆质量符合要求。

复习思考题

1. 在路基施工前，应进行哪些准备工作？
2. 影响路基压实效果的因素有哪些？
3. 路堤为什么要分层填筑？
4. 什么是压实度？检查压实度的方法有哪些？
5. 开挖路堑有哪些方式？
6. 盐渍土地区路基施工需要注意哪些？

第8章

路面工程基础知识

8.1 路面特点

路面是由各种坚硬材料铺筑在路基顶面，供车辆直接在其表面行驶的层状结构物。路基是路面结构的基础，具有足够强度与稳定性的路基可为路面结构长期承受车辆荷载提供重要的保证。路基和路面是不可分离的整体，应综合考虑其工程特点、综合解决两者的强度、刚度及稳定性等工程技术问题。

8.1.1 基本要求

路面是道路的主要组成部分，良好的路面能够保证车辆高速、安全、舒适地行驶，并能节约运输费用，充分发挥道路的功能。为满足行车的使用要求，提高行车速度，增强行车的安全性和舒适性，降低运输成本，延长道路的使用寿命，要求路面具有下述一系列性能。

1. 强度和刚度

路面强度是指路面结构整体及各结构层抵抗在各种荷载作用下产生的应力（压应力、拉应力、剪应力）及破坏（裂缝、变形、车辙、沉陷、波浪）等破坏的能力。刚度则是指其抵抗变形的能力。

2. 稳定性

路面结构暴露在大气之中，会受到气温、降水与湿度变化的影响，其物理、力学性质也将随之不断发生变化，处于一种不稳定状态。路面结构经受这种不稳定状态，而保持结构设计所要求的几何形态及物理力学性质，称为路面结构的稳定性。

3. 耐久性

路面结构要承受车辆荷载与自然因素的重复作用，由此而逐渐产生疲劳破坏或塑性变形的累积。此外，路面各结构层组成材料也可能由于老化而导致破坏。这些都将影响到路面的使用性能与使用寿命，增加路面的养护维修费用。因此，要求路面结构必须具有足够的抗疲劳强度；抗变形能力及抗老化能力。

4. 表面平整度

不平整的路表面会使车辆产生附加振动作用，并增大行车阻力。这种振动作用会造成行车颠簸，影响行车的速度和安全，驾驶的平稳和乘客的舒适。同时，振动作用还会对路面施加冲击力，从而加剧路面的破坏与车辆机件的损坏及轮胎的磨损，并增大油料的消耗。而且，不平整的路面还会因积水而加速路面的破坏。

5. 表面抗滑性能

路面表面要求既平整又粗糙，汽车在光滑的路面上行驶时，车轮与路面之间缺乏足够的附着力或摩擦阻力，在雨天高速行车，或紧急制动或突然起动，或爬坡，转弯时，车轮易产生空转或打滑，致使车速降低，油料消耗增多，甚至引起严重的交通事故。

8.1.2 使用性能

路面结构在行车荷载和自然因素的反复作用下，其使用性能会不断发生变化，并逐渐出现各种病害及破坏现象，最终导致不能满足使用性能的要求。路面的使用性能可分为功能性能、结构性能、结构承载力、安全性和外观等几个方面。

1. 功能性能

路面的基本功能是为车辆提供快速、安全、舒适和经济的行驶表面。路面的功能性能是指路面满足这一基本功能的能力，它反映了路面的行驶质量或服务水平。

路面的行驶质量同路表面的平整度特性、车辆悬挂系统的振动特性、人对振动的反应或接受能力三方面因素有关。从路面的角度来看，影响路面行驶质量的主要因素是路面的平整度。

2. 结构性能

路面的结构性能是指路面结构保持完好的程度。路面在使用过程中会随着行车荷载及环境因素的反复作用而出现各种损坏。

路面损坏可分为裂缝类、变形类、松散类、接缝损坏类及其他损坏类五大类：

（1）裂缝——路面结构的整体性受到破坏；

（2）变形——路面结构虽能保持整体性但其形状有较大变化；

（3）松散——路面结构中部分材料的散失或磨损；

（4）接缝损坏——水泥混凝土路面接缝附近局部宽度和深度范围内的混凝土碎裂；

（5）其他损坏——因设计、施工及养护管理不当造成的损坏。

路面结构损坏状况，可从三方面进行描述：损坏类型；损坏严重程度；出现损坏的范围或密度。并采用损坏类型综合指标对路面结构的损坏状况做出全面的评价。

3. 结构承载力

路面结构的承载力，是指路面在达到预定的损坏状况之前还能承受的行车荷载作用次数，或者还能使用的年限。

路面结构承载力的确定，可采用破损类或无破损类两种检测方法：破损类是从路面结构中钻取试样，试验确定其各项计算参数，通过与设计标准相比较，估算其结构承载力。无破损类检测则通过路面的弯沉测定，估算路面结构的承载力。

4. 安全性

安全性主要指路面表面的抗滑能力，采用摩擦系数、构造深度等抗滑指标表征。

5. 美观及低噪声

美观是指路面外观给道路使用者的视觉印象。它包括反光和眩目、夜晚能见度、表面结构和颜色的均匀性等方面。

车辆在路面上行驶时，除发动机等噪声外；路面不平整引起车身震动、车轮胎与路面的接触摩擦等也会产生噪声。为降低噪声应提高路面施工的工艺水平，并作好路面材料组成设计。

8.2 路面构造

8.2.1 路面横断面

在路基顶面铺筑面层结构，沿横断面方向由行车道、硬路肩和土路肩所组成。路面横断面的形式随道路等级的不同，可选择不同的型式，通常分为槽式横断面和全铺式横断面，如图 8-1 所示。

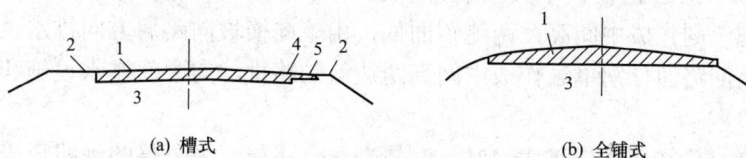

(a) 槽式   (b) 全铺式

图 8-1 路面横断面形式

1—路面；2—土路肩；3—路基；4—路缘石（侧石）；5—加固路肩

1. 槽式横断面

在路基上按路面行车道及硬路肩设计宽度开挖路槽，保留土路肩，形成浅槽，在槽内铺筑路面。也可采用培槽方法，在路基两侧培槽，或半填半挖的方法培槽。

2. 全铺式横断面

在路基全部宽度内都铺筑路面。在高等级公路建设中，有时为了将路面结构内部的水分迅速排出，在全宽范围内铺筑基层材料保证水分由横向排入边沟。有时考虑到道路交通量的迅速增长，适应扩建的需要，将硬路肩及土路肩的位置全部按行车道标准铺筑面层。

8.2.2 路拱横坡度

为了保证路面上雨水及时排出，减少雨水对路面的浸润和渗透而减弱路面结构强度，路面表面应做成中间高两边低的直线型或抛物线型的路拱。等级高的路面，平整度和水稳定性较好，透水性也小，通常采用直线型路拱和较小的路拱横坡度。等级低的路面，为了有利于迅速排除路表积水，一般采用抛物线型路拱和较大的路拱横坡度。表 8-1 列出了各种不同类型路面的路拱平均横坡度。

表 8-1   各类路面的路拱平均横坡度

路 面 类 型	路 拱 平 均 横 坡 度（%）
沥青混凝土、水泥混凝土	1～2
厂拌沥青碎石、路拌沥青碎（砾）石、沥青贯入碎（砾）石、沥青表面处治、整齐石块	1.5～2.5

续表

路 面 类 型	路拱平均横坡度（%）
半整齐石块，不整齐石块	2~3
碎石、砾石等粒料路	2.5~3.5
炉渣土、砾石土、砂砾土等	3~4

选择路拱横坡度，应充分考虑有利于行车平稳和有利于横向排水两方面的要求。在干旱和有积雪、浮冰地区应采用低值，多雨地区采用高值；当道路纵坡较大或路面较宽，或行车速度较高，或交通量和车辆载重较大时，或常有拖挂汽车行驶时，应采用平均横坡度的低值；反之则应取用高值。

高速公路和一级公路设有中央分隔带，通常采用两种方式布置路拱横断面。若分隔带未设置排水设施，则作成中间高，两侧路面低，由单向横坡向路肩方向排水。若分隔带设置排水设施，则两侧路面分别单独作成中间高两边低的路拱，向中间排水设施和路肩两个方向排水。

路肩横坡度一般较路面横坡大 1%。但是高速公路和一级公路的硬路肩采用与路面行车道相同的结构时，应采用与路面行车道相同的路面横坡度。

8.2.3　路面结构层次

行车荷载和自然因素对路面的影响随深度的增加而逐渐减弱，对路面材料的强度、刚度和稳定性等要求也随深度的增加而逐渐降低。为适应这一特点，路面结构采用分层铺筑的方法。按照路面结构的使用要求、受力状况、土基支撑条件和自然因素影响程度的不同，在路基顶面采用不同规格和要求的材料分别铺筑具有不同功能要求的面层、基层和垫层等结构层，见图8-2。

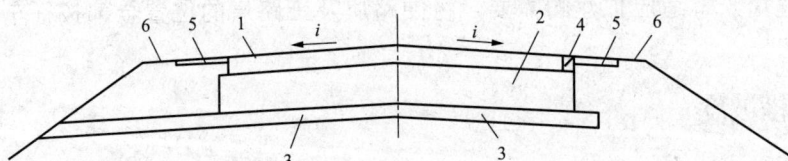

图8-2　路面结构层次划分示意

1—面层；2—基层（有时包括底基层）；3—垫层；4—路缘石；5—加固路肩；6—土路肩

i—路拱横坡度

1. 面层

面层是直接同行车和大气接触的表面层次，它承受较大的行车荷载的垂直力，水平力和冲击力的作用。同时还受到降水的浸蚀和气温变化的影响。因此，同其他层次相比，面层应具备较高的结构强度，抗变形能力，较好的水稳定性和温度稳定性，而且应当耐磨，不透水；其表面还应有良好的抗滑性和平整性。

修筑面层所用的材料主要有：水泥混凝土、沥青混凝土、沥青碎（砾）石混合料、砂砾或碎石掺土或不掺土的混合料以及块料等。

面层有时分两层或三层铺筑，如高速公路沥青面层总厚度 18～20cm，可分为上、中、下三层铺筑，并根据各分层的要求采用不同的级配等级。水泥混凝土路面也有分上下两层铺筑，分别采用不同标号的水泥混凝土材料。水泥混凝土路面上加铺 4cm 沥青混凝土这样的复合式结构也是常见的。但是砂石路面上所铺的 2～3cm 厚的磨耗层或 1cm 厚的保护层，以及厚度不超过 1cm 的简易沥青表面处治，不能作为一个独立的层次，应看作为是面层的一部分。

2. 基层

基层是路面结构中的承重层，主要承受车辆荷载的垂直力，并把由面层传下来的应力扩散到垫层或土基，基层应具有足够的强度和刚度，并具有良好的扩散应力的能力。基层受自然因素的影响虽然比面层小，但是仍应具有足够的水稳性，以防基层湿软后变形增大，从而导致面层损坏，基层表面还应具有较高的平整度，以保证面层的平整度及层间结合。基层有时选用两层，其下面一层称作底基层。对底基层材料的要求可低于上基层。设置的目的在于分担承重作用以减薄上基层厚度并充分利用当地材料。

铺筑基层的路面材料主要有：各种结合料（如石灰、水泥或沥青等）稳定土或碎（砾）石混合料；各种工业废渣（如粉煤灰、煤渣、矿渣、石灰渣等）和土、砂及碎（砾）石组成的混合料；贫混凝土；各种碎（砾）石混合料或天然砂砾；各种片石、块石等。

3. 垫层

垫层是介于基层和土基之间的层次，通常在季节性冰冻地区和土基水温状况不良时设置。其主要作用是：为改善土基的湿度和温度状况，以保证面层和基层的强度、刚度稳定性；消除由于土基水温状况变化所造成的冰冻、湿软等不利影响；扩散由基层传来的荷载应力，以减小土基所产生的变形；同时也能阻止路基土挤入基层中，影响基层结构的性能。

修筑垫层的材料，强度要求不一定高，但水稳定性和隔温性能要好。常用的垫层材料分为两类，一类是由松散粒料，如砂、砾石、炉渣等组成的透水性垫层；另一类是用水泥或石灰稳定土等修筑的稳定类垫层。

8.3　路面类型

路面类型可以从不同的角度来划分。按面层所用的材料区分为：沥青类路面、水泥混凝土路面、粒料路面、块料路面等。按强度构成原理分：嵌锁类、级配类、结合料稳定类和铺砌类路面。

在路面结构设计中，主要从路面结构在行车荷载作用下的力学特性和设计方法的相似性出发，将路面划分为：柔性路面、刚性路面和半刚性路面。

1. 柔性路面

结构整体刚度较小，在车辆荷载作用下产生较大弯沉变形，路面结构本身的抗弯拉强度较低，通过结构层传将车辆荷载传递给土基，使土基承受较大的单位压力。路基路面结构主要靠抗压强度和抗剪强度承受车辆荷载的作用。这类路面主要是指由各种粒料类基层和各类沥青面层、碎（砾）石面层或块石面层组成的路面结构体系。

2. 刚性路面

主要是指用水泥混凝土作面层或基层的路面结构。水泥混凝土与其他道路材料相比具有抗弯拉强度高、弹性模量高、刚度大的特点。在荷载作用产生的竖向变形很小，可使结构层处于弹性的板体工作状态。这类路面结构主要靠混凝土的抗弯拉强度承受车辆荷载作用。由于板体的扩散及分布荷载作用，使传递到板下基础上的单位压力较小。

3. 半刚性路面

用水泥、石灰、粉煤灰等无机结合料稳定各种粒料以及含有水硬性结合料的工业废渣铺筑的路面结构层。这类路面前期具有柔性路面的力学性质，后期的强度和刚度均有较大幅度的增长，但是最终的强度和刚度仍远小于水泥混凝土。其力学性质介于柔性与刚性路面之间。一般是把在这种基层上铺筑的沥青路面称为半刚性路面，把这种基层称为半刚性基层。

这种以力学特性为标准分类的方法主要是为了从结构层功能原理和设计方法等方面进行区分，并没有绝对的定量分界界限。近年来随着材料科学的发展，正在逐步改变这种路面属性。如水泥混凝土路面在保持其具有高强优势的前提下，降低其刚度，改善行车性能。沥青材料的改性研究也可使沥青路面材料的力学性质及气候稳定性得到改善与大幅度的提高。这说明，在当今的科学技术水平下，不同的路面类型可以相互转化，取长补短，达到更加理想的效果。

8.4　路面材料强度

路面所用的材料，按其不同的形态及成型性质大致可分为三类：① 松散颗粒型材料及块料；② 沥青结合料类；③ 无机结合料类。这些材料按不同的成型方式（密实型、嵌挤型和稳定型）形成各种结构层。由于材料的基本性质和成型方式不同，各种路面结构层具有不同的力学强度特性。路面材料在车轮荷载和环境因素的作用下所表现出的力学强度特性，对路面的使用品质和使用寿命有重大影响。

1. 抗剪强度

路面结构层因抗剪强度不足而产生破坏的情况有以下三种：① 路面结构层厚度较薄，总体刚度不足，车轮荷载通过薄层结构传给土基的剪应力过大，导致路基路面整体结构发生剪切破坏；② 无结合料的粒料基层因层位不合理，内部剪应力过大而引起部分结构层产生剪切破坏；③ 面层结构的材料抗剪强度较低。如高气温条件下的沥青面层；级配碎石面层等，经受较大的水平推力时，面层材料产生纵向或横向推移等各种剪切破坏。

按摩尔强度理论，材料的抗剪强度包括摩擦阻力和粘结力两部分组成，摩擦阻力同作用在剪切面上的法向正应力成正比；粘结力为材料固有性质，与法向正应力无关，即

$$\tau = c + \sigma \tan\varphi \tag{8-1}$$

式中　τ——抗剪强度（kPa）；

c——材料的粘结力（kPa）；

σ——法向正应力（kPa）；

φ——材料的内摩阻角。

c 和 φ 是表征路面材料抗剪强度的两项参数，可以通过直接剪切试验，绘出 $\tau-\sigma$ 曲线后，按上式确定。对于松散粒料无法进行直剪试验时，可以由三轴压缩试验，绘制摩尔圆和相应的包络线，按上式直线关系近似确定 c、φ 值，如图 8-3 所示。由于三轴试验较接近实际受力状态，因此得到广泛应用。三轴试验试件的直径应大于集料中最大粒径的 4 倍，试件的高度和直径之比不小于 2。目前普遍使用试件直径为 10cm，高为 20cm，粒料最大粒径不应大于 2.5cm。

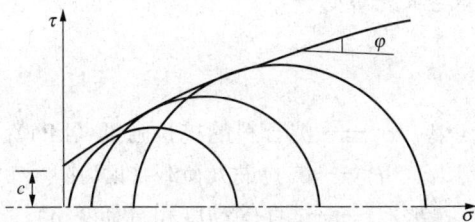

图 8-3 三轴试验确定 c、φ 值

沥青混合料经受剪切时，除了矿质颗粒之间存在摩擦阻力之外，还有粒料与沥青的粘结力以及沥青膜之间的黏滞阻力共同形成抗剪强度。因此沥青混合料的抗剪强度与沥青的黏度，用量、试验温度，加荷速率等因素有关。混合料中的矿质粒料因有沥青涂敷，其摩阻力比纯粒料有所下降。沥青含量越多，φ 值下降越多，但集料级配良好，富有棱角时，有助于提高摩阻角 φ。

2. 抗拉强度

沥青路面、水泥混凝土路面及各种半刚性基层在气温急骤下降时产生收缩，水泥混凝土路面和各种半刚性基层在大气湿度变化时，产生明显的干缩，这些收缩变形受到约束阻力时，将在结构层内产生拉力，当材料的抗拉强度不足以抵抗上述拉应力时，路面结构会产生拉伸断裂。

路面材料的抗拉强度主要由混合料中结合料的粘结力所提供，可以采用直接拉伸或间接拉伸试验，测绘应力——应变曲线，取曲线的最大应力值为抗拉强度。

直接拉伸试验（图 8-4），是将混合料制成圆柱形试件，试件两端粘结在有球形绞结的金属盖帽上，通过安装在试件上的变形传感器，测定试件在各级拉应力下的应变值。

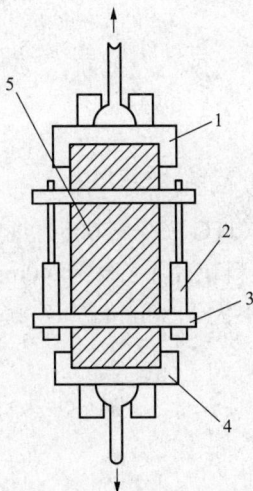

图 8-4 直接拉伸试验

1—上盖帽；2—变形传感器；3—金属箍；4—下盖帽；5—试件

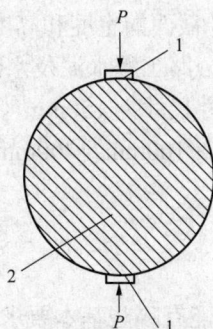

图 8-5 间接拉伸试验

1—压条；2—试件

间接拉伸试验，即劈裂试验，将混合料制成圆柱形试件，直径为 D，高度为 h（见图 8-5）。试验时通过垫条，沿直径方向，按一定的速率施加荷载，直至试件开裂破坏。抗拉强度由式

（8-2）计算确定：

$$\sigma_t = \frac{2P}{\pi h D} \tag{8-2}$$

式中 σ_t——混合料的抗拉强度（kPa）；

　　　　P——试验最大荷载（kN）；

　　　h，D——试件的高度和直径（m）。

劈裂试验试件尺寸（h，D）的大小与混合料中集料的最大粒径有关，用于沥青混合料的试件尺寸与用于半刚性材料的试件尺寸不一样，可在有关试验规程中查阅。

水泥混凝土劈裂抗拉强度测试采用边长为 150mm 的立方块试件，抗拉强度按式（8-3）计算：

$$\sigma_t = \frac{2P}{\pi A} \tag{8-3}$$

式中 A——试件劈裂面面积（m^2）。

沥青混合料是温度敏感性材料，其抗拉强度与温度有关，在常温条件下，随着试验温度增加，抗拉强度减小；在负温条件下，随着温度降低，抗拉强度增大。

3. 抗弯拉强度

用水泥混凝土，沥青混合料以及半刚性路面材料修筑的结构层，在车轮荷载作用下，处于受弯曲工作状态。由车轮荷载引起的弯拉应力超过材料的抗弯拉强度时，材料会产生弯曲断裂。

路面材料的抗弯拉强度，大多通过简支小梁试验进行评定。小梁截面边长的尺寸应不低于混合料中集料最大粒径的 4 倍。通常采用三分点加载法。材料的抗弯拉强度（抗折强度）σ_t 按下式计算：

$$\sigma_t = \frac{Pl}{bh^2} \tag{8-4}$$

式中 P——破坏荷载（kN）；

　　　　l——支点间距（m）；

　　　b，h——试件截面的宽度和高度（m）。

我国现行《公路工程水泥及水泥混凝土试验规程》（JTG E30—2005）规定，水泥混凝土抗折强度标准试件尺寸为 150mm×150mm×550mm，集料粒径不应大于 40mm，如确有必要，允许采用 100mm×100mm×400mm 试件，集料粒径应不大于 30mm。

复习思考题

1. 对路面性能有哪些基本要求？
2. 路面的使用性能有哪些？
3. 简述路面的构造。
4. 简述路面的分类。
5. 路面材料强度有哪几种？测试方法是什么？

第9章

路面基（垫）层

根据所用材料的不同，路面基（垫）层主要包括碎（砾）石类、无机结合料稳定类、柔性基层类等。碎（砾）石类具体包括水结、泥结、泥灰结碎石基层和级配碎（砾）石基层；无机结合料稳定类又分石灰稳定基层、水泥稳定基层、石灰工业废渣稳定基层等，其铺筑的半刚性基层为我国目前高等级公路所常用；沥青稳定碎石基层和无结合料的优质级配碎石基层则为柔性基层。各类基（垫）层的施工方法和质量控制有所差别。

9.1 碎（砾）石类基（垫）层

1. 碎（砾）石基层

碎石基层是用加工轧制的碎石按嵌挤原理铺压而成的路面基层。碎石基层按施工方法及所用填充结合料的不同，分为水结碎石、泥结碎石、级配碎石、干压碎石等数种。

碎石基层的强度主要依靠石料的嵌挤作用以及填充结合料的粘结作用。嵌挤力的大小主要取决于石料的内摩阻角。粘结作用（用材料的粘结力表示）的大小主要取决于填充结合料本身的内聚力及其与矿料之间的粘附力大小。碎石颗粒尺寸大致为0~75mm，通常按其尺寸大小划分为6类，见表9-1。

表9-1 各种碎石尺寸与分类

编 号	碎石名称	粒径范围（mm）	用 途
1	粗碎石	75~50	骨料
2	中碎石	50~35	
3	细碎石	35~25	
4	石渣	25~15	嵌缝料
5	石屑	15~5	
6	米石	0~5	封面料

（1）水结碎石基层。水结碎石基层是用大小不同的轧制碎石从大到小分层铺筑，经洒水碾压后形成的一种结构层。其强度是由碎石之间的嵌挤作用以及碾压时所产生的石粉与水形成的石粉浆的粘结作用形成的。由于石灰岩和白云岩石粉的粘结力较强，是水结碎石的常选

石料。

（2）泥结碎石基层。泥结碎石基层是以碎石作为集料、泥土作为填充料和粘结料，经压实修筑成的一种结构。泥结碎石基层的力学强度和稳定性不仅有赖于碎石的相互嵌挤作用，同时也取决于土的粘结作用。泥结碎石基层虽用同一尺寸石料修筑，但在使用过程中由于行车荷载的反复作用，石料会被压碎而向密实级配转化。

（3）泥灰结碎石基层。泥灰结碎石基层是以碎石为集料，用一定数量的石灰和土作粘结填缝料的碎石路面基层。因为掺入石灰，泥灰结碎石基层的水稳定性比泥结碎石为好。泥灰结碎石基层的黏土质量规格要求与泥结碎石相同；石灰质量不低于 3 级。石灰与土的用量不应大于混合料总重的 20%，其中石灰剂量为土重的 8%～12%。泥灰结碎石亦可用于路面面层。

（4）填隙干压碎石基层。碎石基层可采用干压方法，要求填缝紧密，碾压坚实。如土基软弱，应先铺筑低剂量石灰土或砂砾垫层，以防止软土上挤或碎石下陷。石料和嵌缝料的尺寸，视结构层的厚度而定：如压实厚度为 8～10cm，一般采用 30～50mm 粒径的石料和 5～15mm 粒径的嵌缝料；如压实厚度为 11～15cm，碎石最大尺寸不得大于层厚的 0.7 倍，50mm 以上粒径的石料应占 70%～80%，同时应两次嵌缝，其粒径为 20～40mm 和 5～15mm。有些单位使用尺寸较大的碎石（80～100mm）铺筑厚度为 15～25cm 的基层，常称为大块碎石基层。为了减轻碾压工作量，有时在碾压碎石的过程中，也适当洒些水。

2. 级配碎（砾）石基层

级配碎（砾）石基层是由各种集料（碎石、砾石）和土按最佳级配原理修筑而成的路面基层，亦可将级配碎（砾）石用作路面面层。由于级配碎（砾）石是用大小不同的材料按一定比例配合、逐级填充空隙，并用黏土粘结，故经过压实后，能形成密实的结构。级配碎（砾）石路面的强度是由摩阻力和粘结力构成，具有一定的水稳性和力学强度。

级配碎（砾）石基层应密实稳定，其粒径级配范围应按表 9-2 选用。为防止冻胀和湿软，应注意控制小于 0.6mm 细料的含量和塑性指数。在中湿和潮湿路段，用作沥青路面的基层时，应在级配砾石中掺石灰，细料含量可适当增加，掺入的石灰剂量为细料含量的 8%～12%。在级配砾石中掺石灰修筑基层，主要是为了提高基层的强度和稳定性。

表 9-2　　　　　　　　　　级配碎（砾）石矿料级配

编号	通过下列筛孔（mm）的质量百分率（%）									<0.5mm 细料性质		适用条件
	37.5～63	31.5	19	16	9.5	4.75	2.36	0.6	0.075	液限	塑性指数	
1	—	100	—	60～80	40～60	30～50	20～35	15～25	7～12	≤35	8～14	潮湿或有黏性土地区
2	—	100	—	70～90	50～70	40～60	25～40	20～32	8～15	≤35	8～12	干旱半干旱或缺乏黏性土地区
3	100	—	55～85	—	35～70	25～60	15～45	10～20	5～10	≤25	≤4	潮湿路段
4	—	—	90～100	—	60～75	40～60	20～50	12～25	5～12	≤25	≤6	中湿或干燥路段
5	100	—	<50	—	<30	<25	<15	<8	≤3	≤25	≤4	
6	—	—	<65	—	<45	<35	<25	<15	≤5	≤25	≤6	

注：1 号、2 号作面层；3 号、4 号作基层；5 号、6 号作垫层。

用级配砾石的垫层称为级配砂砾垫层，其级配砂砾要求颗粒尺寸在 4.75～31.5mm 之间，其中 19～31.5mm 砾石含量不少于 50%。

9.2 无机结合料稳定类基层

在粉碎的或原状松散的土中掺入一定量的无机结合料（包括水泥、石灰、工业废渣等）和水，经拌和得到的混合料在压实与养生后，其抗压强度符合规定要求的材料称为无机结合料稳定材料，以此修筑的路面为无机结合料稳定路面。

无机结合料稳定路面具有稳定性好、抗冻性能强、结构本身自成板体等特点，但其耐磨性差，因此广泛用于修筑路面结构的基层和底基层。

粉碎的或原状松散的土按照土中单个颗粒（指碎石、砾石、砂和土颗粒）的粒径的大小和组成，将土分成细粒土、中粒土、粗粒土。不同的土与无机结合料拌和得到不同的稳定材料，例如石灰土、水泥土、水泥砂砾、石灰粉煤灰碎石等。

无机结合料稳定材料种类较多，其物理、力学性质各异，使用时应根据结构要求、掺加剂和原材料的供应情况及施工条件进行综合技术、经济比较后选定。

由于无机结合料稳定材料的刚度处于柔性材料（如沥青混合料）和刚性材料（如水泥混凝土）之间，所以也称为半刚性材料，由其铺筑的结构层称为半刚性基层（底基层）。

1. 石灰稳定类基层（底基层）

在粉碎的土和原状松散的土（包括各种粗、中、细粒土）中掺入适量的石灰和水，按照一定技术要求，经拌和，在最佳含水率下摊铺、压实、养生，其抗压强度符合规定要求的路面基层称为石灰稳定类基层。用石灰稳定细粒土得到的混合料简称石灰土，所做成的基层称石灰土基层（底基层）（图 9-1）。

石灰剂量是石灰质量占全部土颗粒干质量的百分率，即石灰剂量=石灰质量/干土质量。

石灰稳定类材料适用于各级公路路面的底基层和二级以下公路的基层，石灰土不得用作二级和二级以上公路高级路面的基层。在冰冻地区的潮湿路段和其他地区的过湿路段不宜采用石灰土做基层和底基层。

（1）石灰稳定土强度形成原理。在土中掺入适量的石灰，并在最佳含水率下拌匀压实，使石灰与土发生一系列的物理、化学作用，从而使土的性质发生根本的变化。一般分为以下四方面：

图 9-1 石灰稳定土底基层

1）离子交换作用。土的微小颗粒具有一定的胶体性质，它们一般都带有负电荷，表面吸附着一定数量的 Na^+、H^+、K^+ 等低价阳离子，石灰是一种强电解质，在土中加入石灰和水后，石灰在溶液中电离出来的 Ca^{2+} 就与土中的 Na^+、H^+、K^+ 产生离子交换作用，原来的钠（钾）土转变成钙土，土颗粒表面所吸附的离子由一价变成二价，减少了土颗粒表面吸附水膜的厚度，使土颗粒相互之间更为接近，分子引力随之增加，许多单个土粒聚成小团粒，形成一个稳定结构。

2）结晶作用。在石灰土中只有一部分熟石灰 $Ca(OH)_2$ 进行离子交换作用，绝大部分饱和

的 $Ca(OH)_2$ 自行结晶。熟石灰与水作用生成熟石灰结晶网格，其化学反应式为

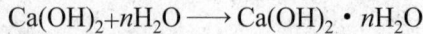

$$Ca(OH)_2 + nH_2O \longrightarrow Ca(OH)_2 \cdot nH_2O$$

3）火山灰作用。熟石灰的游离 Ca^{2+} 与土中的活性 SiO_2 和 Al_2O_3 作用生成含水的硅酸钙和铝酸钙的化学反应就是火山灰作用，其反应为

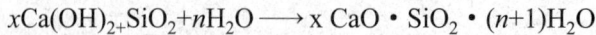

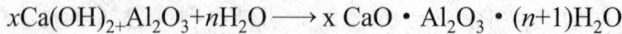

$$xCa(OH)_2 + SiO_2 + nH_2O \longrightarrow x\,CaO \cdot SiO_2 \cdot (n+1)H_2O$$

$$xCa(OH)_2 + Al_2O_3 + nH_2O \longrightarrow x\,CaO \cdot Al_2O_3 \cdot (n+1)H_2O$$

上述所形成的熟石灰结晶网格和含水的硅酸钙和铝酸钙结晶都是胶凝物质，它具有水硬性并能在固体和水两相环境下发生硬化。这些胶凝物质在土微粒团外围形成一层稳定保护膜，填充颗粒空隙，使颗粒间产生结合料，减少了颗粒间的空隙与透水性，同时提高密实度。火山灰作用是石灰土获得强度和水稳定性的基本原因，但这种作用比较缓慢。

4）碳酸化作用。在土中的 $Ca(OH)_2$ 与空气中的 CO_2 作用，其化学反应式为

$$Ca(OH)_2 + CO_2 \longrightarrow CaCO_3 + H_2O$$

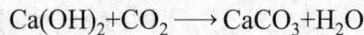

$CaCO_3$ 是坚硬的结晶体，它和其生成的复杂盐类把土粒胶结起来，从而大大提高了土的强度和整体性。

由于石灰与土发生了一系列的相互作用，从而使土的性质发生根本的改变。在初期，主要表现为土的结团、塑性降低、最佳含水率增加、最大密实度减小等；后期主要表现为结晶结构的形成，从而提高其板体性、强度、稳定性。

（2）石灰稳定土强度的影响因素。

1）土质。各种成因的土都可用石灰来稳定，但工程实践表明黏性土较好，其稳定效果显著、强度也高。当采用高液限黏土时施工不易粉碎；采用粉性土的石灰土早期强度较低，但后期强度也可满足行车要求；采用低液限土时易拌和，但难以碾压成型，稳定的效果不显著。采用的土质，既要考虑其强度，还要考虑到施工时易于粉碎、便于碾压成型。一般采用塑性指数 15～20 的黏性土较合适。塑性指数偏大的黏性土，要加强粉碎，粉碎后，土中的土块不宜超过 15mm。经验证明，塑性指数 <10 的土不宜用石灰稳定。对于硫酸盐类含量超过 0.8% 或腐殖质含量超过 10% 的土，对强度有显著影响，不宜直接采用。

2）灰质。石灰应是消石灰粉或生石灰粉，对高速公路或一级公路宜用磨细生石灰粉。

石灰质量应符合Ⅲ级以上的技术指标，并要尽量缩短石灰的存放时间。在同等石灰剂量下，质量好的石灰稳定效果好。如采用质量差的石灰，为了满足石灰土的技术要求（表 9–3），应适当增加石灰剂量。

表 9–3　　　　　　　　　　　石　灰　技　术　标　准

项目	类别与指标		钙质生石灰			镁质生石灰			钙质消石灰			镁质消石灰		
			Ⅰ	Ⅱ	Ⅲ	Ⅰ	Ⅱ	Ⅲ	Ⅰ	Ⅱ	Ⅲ	Ⅰ	Ⅱ	Ⅲ
	有效 CaO+MgO（%）≥		85	80	70	80	75	65	65	60	55	60	55	50
	未消解残渣≤（%）		7	11	17	10	14	20						
	含水率（%）≤								4	4	4	4	4	4
细度	0.60mm 方孔筛的筛余≤								0	1	1	0	1	1
	0.15mm 方孔筛的筛余≤								13	20		13	20	
钙镁石灰的分类，MgO（%）			≤5			>5			≤4			>4		

3）石灰剂量。石灰剂量对石灰土强度影响显著，石灰剂量较低（＜3%～4%）时，石灰主要起稳定作用，土的塑性、膨胀性减少，使土的密实度、强度得到改善。随着剂量的增加，强度和稳定性均提高；但剂量超过一定范围时，强度反而降低。工程实践中常用的最佳剂量范围，对于黏性土及粉性土为 8%～14%，对砂性土则为 9%～16%。剂量的确定应根据结构层技术要求进行混合料组成设计。

4）含水率。水是石灰土的重要组成部分。它促使石灰土发生物理–化学变化，形成强度；便于土的粉碎、拌和与压实，并且有利于养生。不同土质的石灰土有不同的最佳含水率，需通过标准击实试验确定，并用以控制施工中的实际加水量。所用水应是干净可供饮用的水。

5）密实度。石灰土的强度随密实度的增加而增长。实践证明，石灰土的密实度每增减 1%，强度约增减 4%。而密实的石灰土，其抗冻性、水稳定性也好，缩裂现象也少。

6）龄期。石灰土强度具有随龄期增长的特点。一般石灰土初期强度低，前期（1～2 个月）增长速率较后期快。石灰土强度与龄期关系可表示为式（9–1）：

$$R_t = R_1 t^{\beta} \tag{9-1}$$

式中　　R_1——龄期一个月的抗压强度；

　　　　R_t——龄期 t 个月的抗压强度；

　　　　β——系数，为 0.1～0.5。

7）养生条件。养生条件主要是指温度与湿度。养生条件不同，强度也有差异。

当温度高时，物理–化学反应、硬化、强度增长快，反之强度增长慢，在负温条件下甚至不增长。因此，要求施工的最低温度应在 5℃以上，并在第一次重冰冻（–3～–5℃）到来之前 1 个月至 1 个半月内完成。施工经验证明，热季施工的石灰土强度高，质量有保证，一般在使用中很少损坏。

养生的湿度条件对石灰土的强度也有很大影响。实践证明：在一定潮湿条件下养生强度的形成比在一般空气中养生要好。

（3）石灰稳定土基层的应用。石灰稳定土具有一定的抗压强度和抗弯强度，且强度随龄期逐渐增加。因此，石灰稳定土一般可以用于各类路面的基层或底基层。但石灰稳定土因其吸水性、透水性和水稳定性较差，不得做二级及二级以上各等级公路的基层和底基层。在冰冻地区潮湿路段以及其他地区过分潮湿路段，不宜采用石灰土做基层和底基层（图 9–2）。当低等级公路采用高级路面时，也不宜用石灰稳定土做基层。

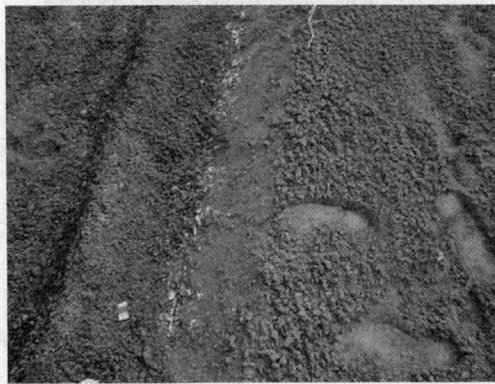

图 9–2　石灰土底基层冻坏

（4）石灰稳定土基层的缩裂防治。石灰稳定土基层防治缩裂的措施如下：

1）控制压实含水率。石灰稳定土因含水率过多产生的干缩裂缝显著，因而压实时含水率一定不要大于最佳含水率，其含水率应略小于最佳含水率。

2）严格控制压实标准。实践证明，压实度小时产生的干缩要比压实度大时严重，故应尽可能达到最大压实度。

3）温缩的最不利季节是材料处于最佳含水率附近、且温度在 0～10℃，因此施工要在当地气温进入 0℃前一个月结束，以防在不利季节产生严重温缩。

4）干缩的最不利情况发生在石灰稳定土成型初期，因此要重视初期养护，保证石灰土表面处于潮湿状态，严防干晒。

5）石灰稳定土施工结束后要及早铺筑面层，使石灰土基层含水率不发生大变化，可减轻干缩裂隙。

6）在石灰稳定土中掺加集料（砂砾、碎石等），集料含量 70%～80%，使混合料满足最佳组成要求，不但提高强度和稳定性，而且具有较好的抗裂性。

7）基层的缩裂会反射到面层，常采取以下措施防止基层裂缝的反射：① 设置沥青碎石或沥青贯入式联结层，是防止反射裂缝的有效措施；② 铺筑碎石隔离过渡层，在石灰土与沥青面层间铺筑厚 10～20cm 的碎石层或玻璃纤维网格，可减少反射裂缝出现。

此外，最新研究结果表明，可以在无机结合料稳定材料中掺入纤维材料（如钢纤维、合成纤维等）（图 9-3），利用纤维增韧原理来提高半刚性基层材料的抗拉强度、增强其抗裂性能（图 9-4）。

图 9-3　合成纤维增韧无机结合料稳定细粒土

图 9-4　弯拉试验后合成纤维增韧试件裂而不断

（5）石灰稳定土的设计。石灰稳定土是由土、石灰和水组成的。混合料组成设计包括：根据强度标准，通过试验选取合适的土；确定必需的或最佳的石灰剂量和混合料的最佳含水率。

1）石灰土的强度标准。石灰土的强度标准根据相应的公路等级和在路面结构中的层位而定。在规定温度保湿养生 6d、浸水 1d 后无侧限抗压强度标准见表 9-4。

表 9-4　　　　　　　　　石灰稳定细粒土的强度（MPa）和压实度标准

使用层次	高速和一级公路		二级及以下公路	
	强度（MPa）	压实度（%）	强度（MPa）	压实度（%）
基层			≥0.8	中、粗粒土 97；细粒土 93
底基层	≥0.8	中、粗粒土 97；细粒土 95	0.5～0.7	中、粗粒土 95；细粒土 93

注：1. 在低塑性土（塑性指数小于 7）地区，石灰稳定砂砾土和碎石土的 7d 浸水抗压强度应大于 0.5MPa。

　　2. 低限用于塑性指数小于 7 的黏性土，高限用于塑性指数大于 7 的黏性土。

2）混合料的设计步骤。

① 制备同一种土样、不同石灰剂量的石灰土混合料。根据不同的层位，可参照下列石灰剂量进行配制。

a. 做基层用：

砂砾土和碎石土：3%、4%、5%、6%、7%；

塑性指数小于 12 的黏性土：10%、12%、13%、14%、16%；

塑性指数大于 12 的黏性土：5%、7%、9%、11%、13%。

b. 做底基层用：

塑性指数小于 12 的黏性土：8%、10%、11%、12%、14%；

塑性指数大于 12 的黏性土：5%、7%、8%、9%、11%。

② 确定混合料的最佳含水率和最大干压实密度（用重型击实标准试验），至少做三个不同石灰剂量混合料的击实试验，即最小剂量、中间剂量、最大剂量。

③ 按最佳含水率与工地预期达到的压实密度制备试件，进行强度试验时，做平行试验的试件数量应符合规定。

④ 试件在规定温度（北方冰冻地区为 20℃±2℃，南方非冰冻地区为 25℃±2℃）下保湿养生 6d、浸水 1d，进行无侧限抗压强度试验。根据表 9–6 的强度标准，选定合适的石灰剂量，室内试验结果的平均抗压强度应符合式（9–2）的要求：

$$\overline{R} \geqslant \frac{R_d}{1 - Z_\alpha C_v} \tag{9-2}$$

式中　R_d ——设计抗压强度；

　　　C_v ——试验结果的偏差系数（小数计）；

　　　Z_α ——标准正态分布表中随保证率（或置信度 α）而变的系数，重交通道路应取保证率 95%，此时 Z_α=1.645；其他道路可取保证率为 90%，即 Z_α=1.282。

工地实际采取的石灰剂量应较试验室内试验确定的剂量多 0.5%～1.0%。

（6）碎（砾）石灰土（底）基层。

石灰稳定碎（砾）石土，简称碎（砾）石灰土。将拌和均匀的碎（砾）石灰土经摊铺、整型、碾压后成型的（底）基层，称碎（砾）石灰土（底）基层。

混合料的最佳组成应是碎（砾）石掺入量占混合料总重的 80% 以上，而且要求碎（砾）石要有一定级配，级配标准可参照级配碎（砾）石基层。按重型击实试验确定材料的最佳含水率和最大干密度。所制成的试件在规定温度下，经 6d 保湿养生、1d 浸水的无侧限抗压强度应满足规范规定的强度标准要求。

2. 水泥稳定类基层

在粉碎的或原状松散的土（包括各种粗、中、细粒土）中，掺入适量水泥和水，按照技术要求，经拌和摊铺，在最佳含水率时压实及养护成型，其抗压强度符合规定要求，以此修建的路面基层称水泥稳定类基层。当用水泥稳定细粒土（砂性土、粉性土或黏性土）时，简称水泥土。

水泥是水硬性结合料，绝大多数的土类（高塑性黏土和有机质较多的土除外）都可以用水泥来稳定，改善其物理力学性质，适应各种不同的气候条件与水文地质条件。水泥稳定类基层具有良好的整体性、足够的力学强度、抗水性和耐冻性。其初期强度较高，且随龄期增长而增长，所以应用范围很广。近年来，在我国一些路面工程中，水泥稳定土可用于路面结构的基层和底基层，在保证路面使用品质上取得了满意的效果。但水泥土禁止作为高速公路或一级公路路面的基层，只能用作底基层。在高等级公路的水泥混凝土路面板下，水泥土也不应用做基层。

（1）水泥稳定土的强度形成原理。

在水泥稳定土中，水泥、土和水之间发生多种复杂的物理化学作用，从而使土的性能发生明显的变化。这些作用可以分为如下几种作用：

化学作用：如水泥颗粒的水化、硬化作用；有机物的聚合作用；水泥水化产物与黏土矿物之间的化学作用等。

物理-化学作用：如黏土颗粒与水泥及水泥水化产物之间的吸附作用；微粒的凝聚作用；水及水化产物的扩散、渗透作用；水化产物的溶解、结晶作用等。

物理作用：如土块的机械粉碎作用；混合料的拌和、压实作用等。

其中主要作用如下：

1）水泥水化作用。在水泥稳定土中，首先发生的是水泥自身的水化反应，从而产生具有胶结能力的水化产物，这是水泥稳定土强度的主要来源。水泥水化过程的反应简式如下：

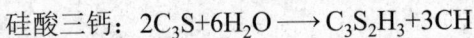

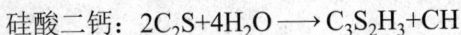

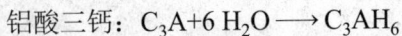

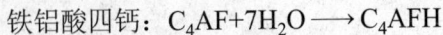

硅酸三钙：$2C_3S+6H_2O \longrightarrow C_3S_2H_3+3CH$

硅酸二钙：$2C_2S+4H_2O \longrightarrow C_3S_2H_3+CH$

铝酸三钙：$C_3A+6H_2O \longrightarrow C_3AH_6$

铁铝酸四钙：$C_4AF+7H_2O \longrightarrow C_4AFH$

水泥水化生成的水化产物，在土的孔隙中相互交织搭接，将土颗粒包覆连接起来，使土逐渐丧失了原有的塑性等，并且随着水化产物的增加，混合料也逐渐坚固起来。但水泥稳定土中水泥的水化与水泥混凝土中水泥的水化之间有所不同，原因在于：① 土具有非常高的比表面积和亲水性；② 水泥稳定土中的水泥含量较少；③ 土对水泥的水化产物具有强烈的吸附性；④ 在一些土中常存在酸性介质环境。由于这些特点，在水泥稳定土中，水泥的水化硬化条件较混凝土中差得多；特别是由于黏土矿物对水化产物中的 $Ca(OH)_2$ 具有极强的吸附和吸收作用，使溶液中的碱度降低，从而影响了水泥水化产物的稳定性；水化硅酸钙中的 C/S 会逐渐降低析出 $Ca(OH)_2$，从而使水化产物的结构和性能发生变化，进而影响到混合料的性能。因此在选用水泥时，在其他条件相同时，应优先选用硅酸盐水泥，必要时还应对水泥稳定土进行"补钙"以提高混合料中的碱度。

2）离子交换作用。土中的黏土颗粒由于颗粒细小、比表面积大，因而具有较高的活性，当黏土颗粒与水接触时，黏土颗粒表面通常带有一定量的负电荷，在黏土颗粒周围形成了一个电场，这层带负电荷的离子就称为电位离子。带负电的黏土颗粒表面，吸引周围溶液中的正离子，如 K^+、Na^+ 等，而在颗粒表面形成了一个双电层结构，这些与电位离子电荷相反的离子就称为反离子。在双电层中电位离子形成了内层，反离子形成外层。靠近颗粒的反离子与颗粒表面结合较紧密。当黏土颗粒运动时，结合较紧密的反离子将随颗粒一起动，而其他反离子将不产生运动，由此在运动与不运动的反离子之间便出现了一个滑移面。

由于在黏土颗粒表面存在着电场，因此也存在着电位，颗粒表面电位离子形成的电位称为热力学电位（φ），滑动面上的电位称为电动位（ξ）；由于反离子的存在，离开颗粒表面越远电位越低，经过一定的距离电位将降低为零，此距离称为双电层厚度。由于各个黏土颗粒表面都具有相同的双电层结构，因此黏土颗粒之间往往间隔着一定的距离。

在硅酸盐水泥中，硅酸三钙（C_3S）和硅酸二钙（C_2S）占主要部分，其水化后所生成的 $Ca(OH)_2$ 约占水化产物的 25%。大量 $Ca(OH)_2$ 溶于水以后，在土中形成了一个富含 Ca^{2+} 的碱性溶液环境。当溶液中富含 Ca^{2+} 时，因为 Ca^{2+} 的电价高于 K^+、Na^+ 等离子，因此与电位离子的吸引力较强，从而取代了 K^+、Na^+，成为反离子，同时 Ca^{2+} 也因双电层电位的降低，速度加快。因而使电动电位减小、双电层厚度减薄，使黏土颗粒之间的距离减小，相互靠拢，导致土的凝聚，从面改变土的塑性，使土具有一定的强度和稳定性。这种作用就称为离子交换作用。

3）化学激发作用。Ca^{2+} 的存在不仅影响黏土颗粒表面的双电层结构，而且在这种碱性溶液环境下，土本身的化学性质也将发生变化。

土的矿物组成中含有大量的硅氧四面体和铝氧八面体。在通常情况下，这些矿物具有比较高的稳定性，但当黏土颗粒周围介质的 pH 值增加到一定程度时，黏土矿物中的部分 SiO_2 和 Al_2O_3 的活性将被激发出来，与溶液中的 Ca^{2+} 进行反应，生成新的矿物，这些矿物主要是硅酸钙和铝酸钙系列，如 $4CaO \cdot 5SiO_2 \cdot 5H_2O$、$4CaO \cdot Al_2O_3 \cdot 19H_2O$、$3CaO \cdot Al_2O_3 \cdot 16H_2O$、$CaO \cdot Al_2O_3 \cdot 10H_2O$ 等。这些矿物的组成和结构与水泥的水化产物都有很多类似之处，并且同样具有胶凝能力。生成的这些胶结物质包裹在黏土颗粒表面，与水泥的水化产物一起，将黏土颗粒凝结成一个整体。因此，$Ca(OH)_2$ 对黏土矿物的激发作用，将进一步提高水泥稳定土的强度和水稳定性。

4）碳酸化作用。水泥水化生成的 $Ca(OH)_2$ 除了可与黏土矿物发生化学反应外，还可进一步与空气中的 CO_2 发生碳化反应并生成碳酸钙结晶，其反应如下：
$$Ca(OH)_2 + CO_2 + nH_2O \longrightarrow CaCO_3 + (n+1)H_2O$$
$CaCO_3$ 生成过程中产生体积膨胀，也可以对土的基体起到填充和加固作用；只是这种作用相对来讲比较弱，并且反应过程缓慢。

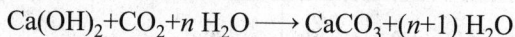

（2）水泥稳定土强度的影响因素。

1）土质。土的类别和性质是影响水泥稳定土强度的重要因素，各类砂砾土、砂土、粉土和黏土均可用水泥稳定，但稳定效果不同。工程实践证明：用水泥稳定级配良好的碎（砾）石和砂砾效果最好，不但强度高、而且水泥用量少；其次是砂性土；再次之是粉性土和黏性土。重黏土难于粉碎和拌和，不宜单独用水泥来稳定，故一般要求土的塑性指数≤17。

2）水泥成分和剂量。各类水泥都可用于稳定土；但试验研究表明，水泥的矿物成分和分散度对稳定效果有明显影响。对于同一种土，通常情况下硅酸盐水泥的稳定效果好，而铝酸盐水泥较差。在水泥硬化条件相似、矿物成分相同时，随着水泥分散度的增加，其活性和硬化能力也有所增大，从而水泥土的强度也大大提高。

水泥土的强度随水泥剂量的增加而增长；但水泥用量过多，虽能获得强度的增加，在经济上却不一定合理、效果上也不一定显著，而且刚性过大容易开裂。试验研究表明，对于中粒土和粗粒土，水泥剂量取 4%～8%较为合理。

3）含水率。含水率对水泥稳定土强度影响很大，当含水率不足时，水泥不能在混合料中完全水化和水解，发挥不了水泥对土的稳定作用，影响强度形成。同时，含水率小，达不到最佳含水率也影响水泥稳定土的压实度。因此，使含水率达到最佳含水率的同时，还要满足水泥完全水化和水解作用的需要。

水泥正常水化所需的水量约为水泥重的20%。对于砂性土，完全水化达到最高强度的含水率较最佳密度的含水率小；而对于黏性土则相反。

4）施工工艺过程。水泥、土和水拌和得均匀、且在最佳含水率下充分压实，使干密度最大，强度和稳定性高。水泥土从开始加水拌和到完成压实的延续时间要尽可能最短，一般要在6h以内；若时间过长则水泥凝结，在碾压时不但达不到压实度要求，而且也会破坏已硬化水泥的胶凝作用，反而使得水泥稳定土强度下降。在水泥终凝时间达不到规定要求时，可以使用一定剂量的缓凝剂，但缓凝剂的品种和掺量应根据试验确定。

水泥稳定土需湿法养生，以满足水泥水化形成强度的需要；养生温度越高，强度增长得越快。因此要保证水泥稳定土养生的温度和湿度条件。

（3）水泥稳定土的材料要求和组成设计。

1）材料要求。

① 土。凡能被粉碎的土都可用水泥稳定。宜做水泥稳定类基层的材料有石渣、石屑、砂砾、碎石土、砾石土等。碎石或砾石的压碎值对于高速公路和一级公路应不大于30%，对二级和二级以下公路应不大于35%。对于二级公路以下的一般公路，当用水泥稳定土做底基层时，颗粒最大粒径不应超过37.5mm；对于高速公路和一级公路，颗粒最大粒径不应超过31.5mm。土的颗粒组成应符合表9-5规定，同时土的均匀系数（土的均匀系数为通过量60%的筛孔尺寸与通过量10%的筛孔尺寸的比值）应大于5，细粒土的塑性指数不应超过9。

表9-5 水泥稳定土的颗粒组成

筛孔尺寸（mm）	37.5	31.5	19	9.5	4.75	2.36	0.6	0.075	液限	塑性指数
通过百分率（%）（基层）		100	90～100	60～80	29～49	15～32	6～20	0～5	<28	<9
通过百分率（%）（底基层）	100	93～100	75～90	50～70	29～50	15～35	6～20	0～5	<28	<9

② 水泥。普通硅酸盐水泥、矿渣硅酸盐水泥或火山灰质硅酸盐水泥都可以用于稳定土，但应选用终凝时间较长（宜6h以上）的水泥。早强、快硬、受潮变质的水泥均不应使用。宜采用强度等级较低的水泥，如32.5级或42.5级水泥。

③ 水。饮用水均可应用。

2）混合料组成设计。水泥稳定土混合料组成设计与石灰稳定土基本相同。

① 强度标准。7d无侧限抗压强度应根据公路等级和所在路面结构中的层位确定（表9-6）。

表9-6 水泥稳定材料的7d龄期无侧限抗压强度标准 R_d（MPa）

结构层	公路等级	极重、特重交通	重交通	中、轻交通
基层	高速公路和一级公路	5.0～7.0	4.0～6.0	3.0～5.0
	二级及二级以下公路	4.0～6.0	3.0～5.0	2.0～4.0
底基层	高速公路和一级公路	3.0～5.0	2.5～4.5	2.0～4.0
	二级及二级以下公路	2.5～4.5	2.0～4.0	1.0～3.0

注：1. 公路等级高或交通荷载等级高或结构安全性要求高时，推荐取上限强度标准。

2. 表中强度标准指的是7d龄期无侧限抗压强度的代表值。

② 设计步骤。

a. 制备同一种土样、不同水泥剂量的混合料，一般按下列水泥剂量配制：

做基层用时：

中粒土和粗粒土：3%、4%、5%、6%、7%；

塑性指数小于 12 的土：5%、7%、8%、9%、11%；

其他细粒土：8%、10%、12%、14%、16%。

做底基层时：

中粒土和粗粒土：3%、4%、5%、6%、7%；

塑性指数小于 12 的土：4%、5%、6%、7%、8%；

其他细粒土：6%、8%、9%、10%、12%。

b. 确定最佳含水率和最大干压实密度。

c. 按最佳含水率和计算得到的干压实密度制试件。根据表 9-6 强度标准选定合适的水泥剂量。在此剂量下试件室内试验结果的平均抗压强度 R 应符合式（9-3）的要求。

工地实际采用的水泥剂量应比室内试验确定剂量多 0.5%～1.0%。

3. 石灰工业废渣稳定基层

道路工程中常用的工业废渣有：火力发电厂的粉煤灰和煤渣，钢铁厂的高炉渣和钢渣，化肥厂的电石渣，以及煤矿的煤矸石等。粉煤灰和煤渣中含有较多的 SiO_2、CaO、Al_2O_3 等活性物质。用石灰稳定工业废渣时，石灰在水的作用下形成饱和的 $Ca(OH)_2$ 溶液，废渣的活性 SiO_2 和 Al_2O_3 在 $Ca(OH)_2$ 溶液中产生火山灰反应，生成水化硅酸钙和铝酸钙凝胶，把颗粒胶凝在一起，随水化物不断产生而结晶硬化，具有水硬性。温度较高时，强度增长快，因此，石灰稳定工业废渣最好在热季施工，并加强保湿养生。

工业废渣材料主要用石灰与之综合稳定，即石灰工业废渣材料，常用的有石灰粉煤灰类和石灰其他废渣类。

石灰稳定工业废渣基层具有水硬性、缓凝性、强度高、稳定性好，成板体、且强度随龄期不断增加，抗水、抗冻、抗裂而且收缩性小，适应各种气候环境和水文地质条件等特点。所以，近几年来，修筑高等级公路，常选用石灰稳定工业废渣做高级或次高级路面的基层或底基层。

（1）石灰工业废渣稳定土的材料要求。

1）石灰。工业废渣基层所用的结合料是石灰或石灰下脚料。石灰的质量宜符合Ⅲ级以上技术指标。

2）废渣材料。粉煤灰是火力发电厂燃烧煤粉产生的粉状灰渣，主要成分是 SiO_2、Al_2O_3、Fe_2O_3，其总含量一般要求超过 70%。粉煤灰的烧失量一般要小于 20%，如达不到上述要求，应通过试验后才能采用。干粉煤灰和湿粉煤灰都可以应用，干粉煤灰堆放时应洒水以防飞扬、湿粉煤灰堆放时含水率不宜超过 35%。粉煤灰比表面积宜大于 $2500 m^2/g$（或 70% 通过 0.075mm 筛孔）。

3）粒料（砾料）。高速公路和一级公路集料的压碎值应不大于 30%，二级和二级以下公路集料的压碎值应不大于 35%。颗粒最大粒径，高速公路和一级公路不大于 31.5mm，二级和二级以下公路不大于 37.5mm。

石灰工业废渣混合料中粒料质量宜占 80% 以上，并有良好的级配；二灰砂砾混合料应符合表 9-7 规定，二灰碎石混合料应符合表 9-8 规定。

表9-7   二灰砂砾混合料的级配范围

筛孔尺寸（mm）	37.5	31.5	19	9.5	4.75	2.36	1.18	0.6	0.075
通过百分率（%）（基层）		100	85～98	55～75	39～59	27～47	17～35	10～25	0～10
通过百分率（%）（底基层）	100	85～100	65～89	50～72	35～55	25～45	17～35	10～27	0～15

表9-8   二灰碎石混合料的级配范围

筛孔尺寸（mm）	37.5	31.5	19	9.5	4.75	2.36	1.18	0.6	0.075
通过百分率（%）（基层）		100	88～98	55～75	30～50	16～36	10～25	4～18	0～5
通过百分率（%）（底基层）	100	94～100	79～92	51～72	30～50	16～36	10～25	4～18	0～5

（2）石灰工业废渣稳定土的组成设计。石灰工业废渣混合料的组成设计内容包括：根据表9-9规定的7d无侧限抗压强度标准，通过试验选取适宜于稳定的土，确定石灰与粉煤灰或石灰与煤渣的比例，确定石灰粉煤灰或石灰煤渣与土的比例（均为质量比），确定混合料的最佳含水率。混合料的设计方法和步骤，可参照石灰稳定土进行。

表9-9   二灰混合料的强度（MPa）和压实度（%）标准

使用层次	高速和一级公路		二级及以下公路	
	强度（MPa）	压实度（%）	强度（MPa）	压实度（%）
基层	≥0.8	98	≥0.6	中、粗粒土97；细粒土96
底基层	≥0.6	中、粗粒土97；细粒土96	≥0.5	中、粗粒土96；细粒土95

图9-5 二灰碎石基层的表面

（3）石灰粉煤灰稳定基层。石灰粉煤灰（简称二灰）基层是用石灰和粉煤灰按一定配比，加水拌和、摊铺、碾压及养生而成型的基层。在二灰中再掺入一定量的土则成二灰土基层；在二灰中再掺入一定量的粗集料则成二灰碎石基层（图9-5）。混合料的配比组成，各地可根据当地的实践经验，参照下面配比选用：

采用石灰粉煤灰土做基层或底基层时，石灰与粉煤灰的比常用1:2～1:4（对于粉土以1:2较合适）。石灰粉煤灰与细粒土的比为30:70。

采用石灰粉煤灰与级配的中粒土和粗粒土时，石灰与粉煤灰的比为1:2～1:4，石灰粉煤灰与粒料的比常用20:80～15:85。

最近研究发现，为了防止裂缝，采用石灰与粉煤灰的配比为1:3～1:4、集料含量为80%～85%左右最佳，既可抗干缩又可抗温缩。不少地区在修筑高级或次高级路面时选用这种基层和底基层，既减少了因基层反射裂缝而引起的面层开裂问题，还减轻沥青路面的车辙。

石灰粉煤灰类基层的施工同石灰稳定土基层。施工应尽量安排在温暖高温季节，以利于形成早期强度。

（4）石灰煤渣稳定基层。石灰煤渣（简称"二渣"）基层是用石灰和煤渣按一定配合比，加水拌和、摊铺、碾压、养生而成型的基层。"二渣"中若再掺入一定量的粗集料便称"三渣"；

掺入一定量的土便成为石灰煤渣土。混合料的配合比，应满足表 9-9 规定的强度标准。各地可根据当地气候、水文、地质条件、公路等级及实践经验参照如下配比选用：

采用石灰煤渣做基层或底基层时，石灰与煤渣的比可以是 20:80～15:85。

采用石灰煤渣土做基层或底基层时（土为细粒土），石灰与煤渣的比可用 1:1～1:4，但混合料的石灰不应小于 10%，石灰煤渣与土的比例用 1:1～1:4。

采用石灰煤渣粒料做基层或底基层时，石灰：煤渣：粒料可以是（7～9）：（26～33）：（58～67）。

为提高石灰煤渣和石灰煤渣土的早期强度，可外加 1%～2% 的水泥。

石灰煤渣、石灰煤渣土、"三渣"皆具有水硬性，物理力学性质基本上与石灰土相似，但强度与水稳定性都比石灰土好。石灰煤渣的 28d 强度可达 1.5～3.0MPa，并随龄期而增长。初期强度增长慢，尚有一定的塑性，但达到一定龄期后，处于弹性工作状态，成板体，具有刚性，当冷缩和干缩时，易产生裂缝。研究表明，当采用石灰煤渣粒料时，抗缩裂能力有所改善。

9.3 柔性基层

柔性基层主要包括沥青稳定碎石基层和级配碎石基层（无结合料）。通常沥青稳定碎石适用于中等及更高交通等级的柔性基层；而无结合料的级配碎石则适用于中等交通以下的沥青路面基层。

柔性基层由于其力学特性与沥青面层一样都属于柔性结构，因此在应力、应变传递的协调过渡方面比较顺利，同时由于结构材料均为有级配的颗粒状材料，所以结构排水畅通，路面结构不易受水损害。柔性基层的缺点在于基层本身刚度较低，因此沥青面层将承受较多的荷载弯矩，在同样交通荷载作用之下，沥青面层应采用较厚的结构层。

1. 沥青稳定碎石基层

我国高等级公路的基层大多为半刚性基层，也可采用沥青稳定碎石基层。根据矿料级配与使用功能的不同，沥青稳定碎石基层主要包括传统沥青稳定碎石基层和沥青稳定碎石排水基层。

（1）传统沥青稳定碎石基层。用沥青为胶结料，将其与碎石拌和均匀，摊铺平整，碾压密实形成的基层称为沥青稳定碎石基层，亦称沥青稳定土基层。碎石表面的沥青包括结构沥青和自由沥青，结构沥青与碎石具有高粘附性的化学吸附，从而提高了沥青稳定碎石基层的水稳定性；自由沥青在基层压实时起润滑和填充作用，使沥青稳定碎石基层具有较小的毛细吸水作用，保护结构沥青膜免受水的侵蚀。

（2）沥青稳定碎石排水基层。除上述传统的沥青稳定碎石基层外，高等级公路和城市主干道面层以下的基层亦可用排水基层，即多空隙沥青稳定碎石排水基层。该基层一般跟纵向边缘集水沟结合使用，形成完整的排水系统。

沥青碎石排水基层由含少量细料的开级配碎石集料和沥青（2.5%～3.5%）组成。粗集料应选用洁净、坚硬、未风化的碎石，最好为碱性集料，以确保与沥青的良好粘结；细集料采用人工轧制石料或天然砂；沥青采用较稠的标号，如 50 号、70 号；混合料的空隙率一般不小于 20%；排水基层的厚度随孔隙率、路表渗入量、基层渗流量而定，一般为 8～12cm。

排水基层在面层下，一方面迅速疏干路表面渗入水；另一方面作为基层起承重作用。

采用沥青稳定碎石排水基层后，其下原有的半刚性基层厚度可作相应的减少，或可减薄沥青面层中连接层的厚度，如把中面层和下面层改成一层铺筑；同时，面层底面的应力随沥青稳定碎石模量的变化而变化，故可通过控制其模量使沥青面层处于受压状态（15℃时，沥青稳定碎石的模量大于 1100MPa 即可实现）。此外，排水基层的下层应为不透水层，并应做好层间联结。

多空隙沥青稳定碎石作为排水基层，在使用性能上应符合透水性、抗变形性、水稳定性三项要求。为减小水的侵蚀，一般要求沥青用量不小于 2.5%。

2. 无结合料的级配碎石基层（优质级配碎石基层）

无结合料处治粒料在国外是一种应用极为普遍的筑路材料，广泛用于柔性路面的基层和底基层，用于基层的常为较优质的碎石层。美国、澳大利亚、南非还把最佳级配的优质碎石用于半刚性基层与沥青路面之间，作为减少沥青路面反射裂缝的措施。我国也在多项大型工程中应用了这类材料和结构，取得了较好的效果。

优质级配碎石基层的强度主要来源于碎石本身强度及碎石颗粒之间的嵌挤力。因此，对于碎石基层应保证高质量的碎石，获得高密度的良好级配和良好的施工压实手段。我国相关规程在总结国内外经验及国内使用情况的基础上，规定高速公路和一级公路路面级配碎石集料压碎值应不大于 26%。研究表明，集料中小于 0.5mm 细料含量及其塑性指数对级配碎石的力学性质有明显的影响。因此，综合考虑结构强度和结构层排水因素，建议液限应小于 25%，同时规定小于 0.5mm 细料的塑性指数应小于 8%。

级配是影响级配碎石强度和刚度的重要因素。一般来说，密实的级配易于获得高密度，从而使级配碎石获得高 CBR 值和回弹模量。用于高等级公路基层或用于半刚性基层和沥青面层之间的最佳级配优质碎石，其级配应能获得最大密实度，并具有较好的透水性。表 9-10 给出了几种级配的情况。表中 ASTM 是由美国材料试验协会提供的级配；G_{30}、G_{40}、G_{50} 分别为最大粒径是 30mm、40mm、50mm 时，用变 K 法按最大密实度原理推导出的级配。

表 9-10   几种级配集料通过筛孔百分率情况

种类筛孔（mm）	ASTM（细）	ASTM（中）	ASTM（粗）	G_{30}	G_{40}	G_{50}
37.5		100	100			100
31.5					100	91
29.0		94	88		95	86
26.5				100	88	80
19				93	82	75
16	100	80	60	84	74	68
9.5	77	59	40	63	55	50
4.75	60	43	25	46	41	37
2.36	24	16	7	31	30	25
0.6				16	14	13
0.075	10	5	0	6	5	5

表 9-11 给出了室内标准重型击实试验得到 7 种级配碎石的最大干密度及相应的最佳含水率。

表 9-11　级配碎石击实试验结果

项 目 级 配	最大干密度（g/cm³）	最佳含水量（%）	孔隙率
规范级配	2.31	6	0.137
ASTM（细）	2.32	7.5	0.133
ASTM（中）	2.23	4.5	0.178
ASTM（粗）	2.07	3	0.227
G_{30}	2.33	4.6	0.130
G_{40}	2.36	4.0	0.119
G_{50}	2.37	5.0	0.115

采用重型击实和振动成型方法对级配碎石的试验表明，振动成型可以使级配碎石获得更高的 CBR 值和回弹模量值。

回弹模量是表征级配碎石刚度的重要指标及设计参数。一般来说，级配碎石的回弹模量明显低于半刚性基层材料，然而与半刚性材料不同的是，级配碎石材料具有较显著的非线性。这种非线性特性使其在刚度较大的下卧层上，表现出较大的回弹模量，从而亦具有足够的抵抗应力和变形的能力，最终使得级配碎石作为上基层不仅具有减缓半刚性沥青路面反射裂缝的作用，同时也具有较好的抗疲劳能力。

9.4　路面基（垫）层施工及质量控制

9.4.1　碎（砾）石类基（垫）层施工及质量控制

1. 水结碎石基层施工

水结碎石基层施工，一般按下列工序进行：准备工作→撒铺石料并摊平，可分一次或二次撒铺→预碾碎石→碾压碎石并洒水→撒铺嵌缝料并碾压与洒水碾压成型→初期养护。

碎石的碾压质量与石料性质、形状、层厚、压路机类型和质量、碾压行程次数，以及洒水与铺撒嵌缝料的适时与否等因素有关。根据碾压时碎石的移动、嵌挤以及最后成型等情况，水结碎石基层的碾压过程可分为三个阶段：

第一阶段为稳定期，此阶段采用 60～80kN（6～8tf）轻型压路机先干压 2～3 遍后，再随压随洒水，洒水可减少石料之间的摩擦力，目的是使碎石在压路机作用下就位压实，直至碎石挤紧不再移动为止。

第二阶段为压实期，宜采用 80～120kN（8～12tf）中型压路机进行洒水碾压。因在第一阶段碎石一部分被压碎嵌入石料空隙中，使碎石层挤紧，摩阻力增加，碾压效果逐渐减低。故应洒水减少石料之间的摩阻力，以便进一步增加石料间的嵌挤程度。此一阶段碾压直至碎石不再松动，不起波浪，表面无轮迹为止。

第三阶段为成型期，需要撒铺嵌缝料，洒水，并以 120kN（12tf）的重型压路机碾压，直至形成密实的表面层，不出现碾轮轮迹为止。

各个阶段压路机碾压的行程次数，因压路机质量、石料性质及碎石层厚度而异。根据经验，压路机行程次数大致如表 9–12 所列。

表 9–12　　　　　　　　　　　　　　水结碎石路面的碾压行程次数

阶段	压路机类型	车速（km/h）	行　程　次　数	
			软石	坚石
第一阶段	轻型	头档（1.5～2.25）	6～9（干压 2～3 遍后洒水）	8～11（干压 2～3 遍后洒水）
第二阶段	中型	头档（1.5～2.25）	10～14（洒水）	
第三阶段	重型	二档（2.5～3.0）	20～25（洒水）	

碾压时，应从路两侧开始，逐渐移向路中。碾压轮迹重叠宽度：对三轮压路机为后轮宽度的 1/3～1/2；对双轮压路机则为 20～30cm。

当用水结碎石作路面面层时，其所用材料质量、规格要求、施工程序和操作工艺皆与水结碎石基层相同，但需在撒铺嵌缝料碾压与洒水碾压后，加铺米石或石屑封面，再碾压成型。

2. 泥结碎石基层施工

泥结碎石层施工方法有灌浆法、拌和法、层铺法三种。实践证明灌浆法具有较高的强度和稳定性，因而目前采用较多。灌浆法泥结碎石路面施工，一般按下列工序进行：

（1）准备工作：包括放样、布置料堆、整理路槽（或基层）与拌制泥浆等。泥浆一般按水与土为 0.8:1 至 1:1 的体积比进行拌和配制。如过稠，则灌不下去，泥浆要积在石层表面；如过稀，则易流淌于石层底部，干后体积缩小，粘结力降低，均将影响路面的强度和稳定性。

（2）摊铺碎石：在路槽筑好以后，按松铺厚度（约为压实厚度的 1.2～1.3 倍）摊铺碎石，要求大小颗粒均匀分布，纵横断面符合要求，厚度一致。主层矿料粒径：底层一般采用 1～2 号或 2～3 号碎石，面层一般采用 3、4 号碎石。

（3）预压：碎石铺好后，用轻型压路机碾压，碾速宜慢，每分钟 25～30m，轮迹重叠 25～30cm。一般碾压 6～10 遍，至石料无松动为止。过多碾压将堵塞碎石缝隙，影响灌浆。

（4）浇灌泥浆：在预压的碎石层上，浇灌泥浆，浆要浇得均匀、浇得透，以灌满孔隙、表面与碎石齐平为度，但碎石棱角仍应露出泥浆之上。

（5）撒嵌缝料：灌浆 1～2h 后，待泥浆下注，空隙中空气溢出，表面未干前撒铺 5～15mm 的嵌缝料（1～1.5m³/100m²），嵌缝料要撒得均匀。

（6）碾压：撒过嵌缝料后，即用中型压路机进行碾压，并随时注意用扫帚将石屑扫匀。如表面太干须略微洒水碾压，如表面太湿须待干后再压。

3. 泥灰结碎石基层施工

泥灰结碎石基层的施工程序与质量要求与泥结碎石路面相同。采用拌和法时，应先将石灰与黏土拌和均匀，再撒在石料上拌和，摊铺均匀，边压边洒水，使石灰与土在碾压中成浆并充满空隙。

4. 级配碎（砾）石基层施工

级配碎（砾）石基（垫）层的施工一般按下列工序进行：开挖路槽→备料运料→铺料→拌和与整型→碾压；若施工方法采用拌和机集中拌制，则第三、四两工序分别改为"拌和"和"摊铺整型"。

（1）开挖路槽。可使用机械或人工开挖路槽；路槽开挖整修后，用重型压路机滚压数遍，使其密实度达 95% 以上。

（2）备料运料。应按施工路段长度（与拌和方法有关）分段运备材料；碎（砾）石可直接堆放在路槽内，砂及黏土堆放在路肩上。

（3）铺料。铺料顺序应先铺砾石，再铺黏土，最后铺砂。

（4）拌和和整型。可采用平地机或拖拉机牵引多铧犁进行。拌和时边拌边洒水，使混合料的湿度均匀，避免大小颗粒分离。混合料的最佳含水量为 5%～9%。混合料拌和均匀后按松厚（压实系数 1.3～1.4）摊平并整理成规定的路拱横坡度。

（5）碾压。先用轻型压路机压 2～3 遍，再用中型压路机碾压成型。碾压应在最佳含水量下进行，必要时可适当洒水，每层压实厚度不得超过 16cm，超过时需分层铺筑碾压。

此外，也可就地取材采用天然砂砾修筑基（垫）层，其施工简易、造价低廉。天然砂砾料含土少、水稳性好，宜作为路面的底基层或垫层。

天然砂砾基层所用的砂砾材料虽无严格要求，但为保证其干稳性和便于稳定成型，对于颗粒组成应予适当控制。综合各地经验，其颗粒组成中，>20mm 的粗骨料要占 40% 以上，最大粒径不宜大于压实厚度的 0.7 倍、并不得大于 100mm；<0.5mm 的细料含量应小于 15%，细料塑性指数不得大于 4。

天然砂砾基层施工的关键在于洒水碾压。砂砾摊铺均匀后，先用轻型压路机稳压几遍，接着洒水用中型压路机碾压，边压边洒水，反复碾压至稳定成型。由于天然砂砾基层的颗粒组成不属最佳级配、且缺乏粘结料，故其整体性较差、强度不高。为提高其整体性和强度，可根据交通量和公路线形（如弯道、陡坡等）情况，在其表面嵌入碎石或铺碎石过渡层。

9.4.2　无机结合料稳定类基层施工及质量控制

1. 石灰稳定类（底）基层施工

（1）备料。

1）石灰。

① 石灰的技术要求应符合表 9-5 的规定。

② 生石灰应在使用前 7～10d 充分消解成熟石灰粉，并过 10mm 筛。熟石灰粉应尽快使用，不宜存放过久。

③ 进场的生石灰块应妥善保管，加棚盖或覆土储存，应尽量缩短生石灰的存放时间。

2）土。

① 石灰土混合料的用土应按照《公路土工试验规程》（JTG E40—2007）的规定试验，其塑性指数 I_p 应为 12～18（100g 平衡锥法），过高时粉碎困难。

② 粉碎土中 10～25mm 团块的含量不得超过总重的 5%。

③ 土中硫酸盐含量应不大于 0.8%，腐殖质含量应不超过 10%。

（2）混合料配比。

1）应按指定的配比，在石灰土层施工前 10～15d 进行现场试配。按照《公路工程无机结合料稳定材料试验规程》（JTG E51—2009）的规定进行试验，标准养生湿度≥95%、温度为 20℃±2℃，标准养生 6d、第 7d 饱水，试件尺寸为 5cm×5cm（高×直径）的圆柱体。

2）考虑到石灰在施工过程中的损耗，允许实际用灰量可比设计值高出 0.5%～1.0%，现场石灰含量试验按《公路工程无机结合料稳定材料试验规程》（JTG E51—2009）的方法进行。

3）确定混合料松铺系数（混合料干压实密度与松铺干密度的比值）。

（3）路拌法施工要求。

1）摊铺。

① 摊铺土料前，应先在土基上洒水湿润，但不应过分潮湿而造成泥泞。

② 用平地机或其他合适的机具将土料均匀地摊铺在预定的宽度上，表面应力求平整，并有规定的路拱。

③ 摊铺过程中，应将土中超尺寸颗粒及其他杂物消除干净。

④ 检验松铺土料层的厚度，不符合要求时，应进行减料或补料。

⑤ 除洒水车外，严禁其他车辆在土料层上通行。

⑥ 如黏土过干，应事先洒水闷料，使它的含水率略小于最佳值（一般至少闷料一夜）。

⑦ 石灰应摊铺均匀，石灰摊铺完后，应检测石灰土的松铺厚度，并校核石灰用量足否合适。

2）拌和与洒水。

① 石灰土拌和应采用拌和机。

② 拌和机应先将拌和深度调整好，由两侧向中心拌和，每次拌和应重叠 10～20cm，为了防止漏拌，先干拌一遍，为确保碾压时达最佳含水率要求，应考虑拌和后到碾压前的蒸发，视混合料的含水情况适当洒水（一般可比最佳含水率大 1%左右），再进行补充拌和，以达到混合料颜色一致，没有灰条、灰团、花面为止。

③ 在路基上铺拌时应随时检查拌和深度，严禁在底部留有"素土"夹层，也应防止过多破坏土基表面，以免影响混合料的石灰剂量及底部压实。

④ 洒水要求用喷管式洒水车，并及时检查混合料含水率。洒水车起洒处和另一端"掉头"处都应超出拌和段 2m 以上。洒水车不应在进行拌和的以及当天计划拌和的路段上"掉头"和停留，以防局部水量过大。

⑤ 在两工作段的搭接部分，应在前一段拌和后留 5～8m 不进行碾压，待后一段施工时，将前段留下未压部分一起再进行拌和。

⑥ 拌和机械及其他机械不宜在已压成的石灰土层上"掉头"，如必须"掉头"时，应采取措施保护"掉头"部分，使石灰土表层不被破坏。

（4）场拌（或集中场拌）法施工要求。

1）拌和。

① 石灰稳定土应在中心站用强制式拌和机、双转轴桨叶式拌和机等稳定土石拌和设备中进行集中拌和。

② 在正式拌制稳定土混合料之前，应先调试所用的拌和设备，使混合料的配比和含水率

都达到规定要求。

③ 稳定土混合料正式拌制时，应将土块粉碎，必要时，筛除原土中大于 15mm 的土块；配料要准确，各料（石灰、土、加水量）可按质量配比，也可按体积配比；拌和要均匀；加水量要略大于最佳含水率 1%左右，使混合料运至现场摊铺后碾压时的含水率能接近最佳含水率。

④ 成品料露天堆放时，应减少临空面（建议堆成圆锥体），并注意防雨水冲刷对屡遭日光曝晒或受雨淋的料堆表面层材料应在使用前清除。

⑤ 上路摊铺前，应检测混合料中有效 $CaO+MgO$ 含量，如达不到要求时，应在运料前加料（消石灰）重拌。成品料运达现场摊铺前应覆盖，以防水分蒸发。

2）摊铺。

① 可用稳定土摊铺机、沥青混凝土摊铺机或水泥混凝土摊铺机摊铺混合料；如没有上述摊铺机，也可用摊铺箱摊铺。如石灰土层分层摊铺时，应先将下层顶面拉毛，再摊铺上层混合料。

② 拌和机与摊铺机的生产能力应互相协调。如拌和机的生产能力较低时，在用摊铺箱摊铺混合料时，应尽量采用最低速摊铺，以减少摊铺机停机待料的情况。

③ 石灰土摊铺的松铺系数应视摊铺机机械类型而异，必要时，通过试铺碾压求得。

④ 场拌混合料的摊铺段，应安排当天摊铺当天压实。

（5）整型。

1）路拌混合料拌和均匀后或场拌混合料运到现场经摊铺达预定的松铺厚度之时，即应进行初整型。在直线段，平地机由两侧向路中进行刮平；在平曲线超高段，平地机由内侧向外刮平。

2）初整型的灰土可用履带拖拉机或轮胎压路机稳压 1～2 遍，再用平地机进行整塑，并用上述压实机械再碾压一遍。

3）对局部低洼处，应用齿耙将其表层 5cm 以上耙松，并用新拌的灰土混合料找补平整，再用平地机整型一次。

4）在整形过程中，禁止任何车辆通行。

（6）碾压。

1）混合料表面整型后应立即开始压实。混合料的压实含水率应在最佳含水率的±1%范围内，如因整型工序导致表面水分不足，应适当洒水。压实度要达到表 9-6 的要求。

2）用 12～15t 三轮压路机碾压时，每层压实厚度不应超过 15cm；用 18～20t 三轮压路机或相应功能的滚动压路机碾压时，每层压实厚度不应超过 20cm。压实厚度超过上述规定时，应分层铺筑，每层的最小压实厚度为 10cm。

3）直线段由两侧路肩向路中心碾压，超高段由内侧路肩向外侧路肩碾压，碾压时后轮应重叠 1/2 的轮宽，后轮必须超过两段的接缝处。后轮（压实轮）压完路面全宽时，即为一遍，一般需要碾压 6～8 遍。压路机碾压速度，头两遍采用 1 挡（1.5～1.7km/h）为宜，以后用 2 挡（2.0～2.5km/h）。路面两侧应多压 2～3 遍。

4）严禁压路机在已完成的或正在碾压的路上"掉头"和紧急制动，以保证灰土表面不受破坏。如确有必要时，应采取措施（如覆盖 10cm 厚的砂或砂砾）保护"掉头"部分的灰土表面。

5）碾压过程中，石灰土的表面应始终保持湿润，如表面水分蒸发太快，应及时补充洒水，以防表面开裂。

6）石灰土碾压中出现"弹簧"、松散、起皮等现象，应及时翻开晾晒或换新混合料重新拌和。

7）在碾压结束之前，用平地机再终平一次，使其纵向顺适，路拱和超高符合设计要求。终平时必须将局部高出部分刮除，并扣出路外。

8）一个作业段完成之后，应按《公路工程无机结合料稳定材料试验规程》（JTG E51—2009）检查灰土的压实度。检查频率：开始阶段，每一作业段检查 6 次；然后用碾压遍数与检查相结合，每 1000m 为 6～10 次。如果在铺一层或工程验收之前被检验的石灰土材料没达到所需的压实度，则必须返工。

9）不管路拌或场拌，其拌压间隔时间不得多于 2d。

（7）养生。

1）刚压实成型的石灰土底基层，在铺筑基层之前，至少在潮湿状态下养生 7d。养生方法可视具体情况采用洒水、覆盖砂等。养生期间石灰土表层不应忽干忽湿，每次洒水应用两轮压路机将表层压实。

2）在养生期间未采用覆盖措施的石灰土底基层上，除洒水车外，应封闭交通；在采用覆盖措施的石灰土底基层上，不能封闭交通时，应当限制车速不得超过 30km/h。

碎（砾）石灰土（底）基层的施工方法和程序，可参照石灰土施工方法进行。但应把碎（砾）石摊铺在路槽内，然后把事先拌匀的石灰土均匀地铺在碎（砾）石层上再与碎（砾）石拌均匀（控制含水率为最佳含水率），经整型、碾压、养生而成型。在具备机械拌和的条件下，也宜用中心站集中拌和法施工。

2. 水泥稳定类基层施工

（1）材料。对于水泥和集料（土）的要求同本小节 4（1）"材料要求"。但应注意，集料中 0.6mm 以下颗粒塑性指数不大于 12；有机物含量超过 2%、硫酸盐含量超过 0.25%的集料不宜使用。

（2）混合料设计。

1）应根据指定的配比（包括最佳含水率和最大干密度），在水泥稳定碎石层施工前 10～15d 进行现场试配；按指定的水泥剂量为中档，另增上、下浮动 1%的水泥剂量两个档次，采用同一种集料级配按《公路工程无机结合料稳定材料试验规程》（JTG E51—2009）规定的方法，对每种水泥剂量做平行试验的试件数量应不少于 9 个。如该组试验结果的偏差系数大于 15%时，则应重做试验，并找出原因，加以解释。试件在规定温度下保湿养生 6d、浸水 1d 后，进行无侧限抗压强度试验，并计算试验结果的平均值和偏差系数。

2）工地实际采用的水泥剂量应较室内试验确定的剂量多 0.5%～1.0%。

（3）施工要求。

1）底基层准备（图 9-6）。按底基层的有关检验标准进行复检，凡不合格的路段应进行整修，使其达到标准，底基层表面应平整、坚实、具有规定的路拱，没有任何松散和软弱地点。

2）一般规定。

① 水泥稳定碎石层施工期的最低气温在 5℃以上，并在第一次冰冻到来之前半个月到一

个月完成。

② 水泥稳定碎石混合料从拌和到碾压之间的延续时间宜控制在 3～4h。

③ 确定每一作业段的合理长度时，必须综合考虑下列因素：水泥的终凝时间；施工季节和气候条件；延缓时间对混合料密度和抗压强度的影响；施工机械的效率和数量；操作的熟练程度；尽量减少接缝。

3）拌和方法和摊铺。

① 混合料应在中心拌和厂拌和（图9-7），可采用间歇式或连续式拌和设备。

图9-6 底基层准备

图9-7 水泥稳定碎石拌和楼

② 所有拌和设备都应按比例（质量比或体积比）加料，配料要准确，加料方法应便于监理工程师对每盘配合比进行核实。

③ 拌和要均匀（图9-8），含水率要略大于最佳值，使混合料运到现场摊铺碾压时的含水率不小于最佳值。运距远时，运送混合料的车厢应加以覆盖，以防水分损失过多。

④ 用平地机或摊铺机（图9-9）按松铺厚度（图9-10）摊铺，摊铺要均匀，如有粗细料离析现象，应以人工或机械补充拌匀。

4）整型。对二级以下公路所用混合料，在摊铺后立即用平地机初步刮平和整型。在直线段，平地机由两侧向路中心进行刮平；在平曲线段，平地机由内侧向外侧进行刮平。需要时再返回刮一遍。

5）碾压（图9-11）。

图9-8 拌和后摊铺前的水泥稳定碎石

图9-9 水泥稳定碎石基层摊铺

图9-10　水泥稳定碎石基层摊铺厚度控制

图9-11　水泥稳定碎石基层碾压

① 整型后，当混合料的含水率等于或略大于最佳含水率（1%～2%）时，立即用停振的振动压路机在全宽范围内先静压1～2遍，然后打开振动器均匀压实到规定的压实度。碾压时振动轮必须重叠。通常除路面的两侧需多压2～3遍以外，其余各部分碾压的次数尽量相同。

② 严禁压路机在已完成的、或正在碾压的路段上"掉头"或紧急制动。

③ 碾压过程中，水泥稳定碎石的表面应始终保持潮湿，如表层蒸发过快，应尽快补洒少量水。

④ 碾压过程中，如有"弹簧"、松散、起皮等现象，应及时翻开重新拌和（如加少量的水泥）或其他方法处理，使其达到质量要求。

⑤ 在碾压过程结束之前，用平地机再终平一次，使其纵向顺适、路拱和标高符合规定要求。终平时应仔细用路拱板校正，必须将高出部分刮除，并扫出路外。

6）接缝处理。

① 当天两工作段的衔接处，应搭接拌和，即先施工的前一段尾部留5～8m不进行碾压，待第二段施工时，对前段留下未压部分要再加部分水泥重新拌和，并与第二段一起碾压。

② 应十分注意每天最后一段末端缝（即工作缝）处理，工作缝应成直线，而且上下垂直。经过摊铺整型的水泥稳定碎石当天应全部压实，不留尾巴。第二天铺筑时为了使已压成型的稳定边缘不致遭受破坏，应用方木（厚度与其压实后厚度相同）保护，碾压前将方木提出，用混合料回填并整平。

7）养生（图9-12）及交通管制。

① 每一段碾压完成后应立即开始养生，不得延误。

② 在整个养生期间都应使水泥稳定碎石保持潮湿状态，养生结束后，必须将覆盖物清除干净。

③ 在养生期间未采用覆盖措施的水泥稳定碎石层上，除洒水车外，应封闭交通。在采用覆盖措施的水泥稳定碎石层上不能封闭交通时，应限制重车通行，其他车辆车速不能超过30km/h。

④ 水泥稳定碎石层上立即铺筑沥青路面时，不需太长的养生期，但应始终保持表面湿润，至少洒水养生3d。

⑤ 养生期满验收合格后立即浇透层油（图9-13）。

图 9-12　水泥稳定碎石基层养生

图 9-13　撒布透层油

3. 石灰工业废渣稳定类基层施工

（1）石灰粉煤灰稳定基层。

1）材料。

① 石灰。石灰应符合规定。

② 粉煤灰。要求粉煤灰的 $SiO_2+Al_2O_3+Fe_2O_3$ 含量大于 70%，CaO 含量在 2%~6%，烧失量不大于 20%，粒径变化在 0.001~0.3mm，其比表面积一般在 2000~3500cm^2/g。干粉煤灰的堆放宜加水，以防飞扬；湿粉煤灰的含水率不宜超过 35%。干粉煤灰不应含有团块、腐殖质、有害杂质；使用时应将凝固的粉煤灰块打碎或过筛。

③ 集料。不同规格的集料应分别堆放，严禁混堆。集料的均匀系数应>10（通过量为 60% 的筛孔尺寸与通过量为 10% 的筛孔尺寸的比值）。集料的级配组成及二灰的掺量应满足要求。

2）混合料设计。

① 应按指定的配比（包括最佳含水率和最大干密度），在二灰碎石层施工前 10~15d 进行现场试配，按照《公路工程无机结合料稳定材料试验规程》（JTG E51—2009）的规定进行试验，标准养生湿度≥95%、温度为 20℃±2℃，标准养生 6d、第 7d 饱水，试件尺寸为 15cm×15cm（高×直径）圆柱体。

② 建议把提供的二灰掺量作中档值（例如 20%），按 15%、20%、25% 三档二灰掺量（碎石掺量分别为 85%、80%、75%）成型试件，进行重型击实试验和强度试验。后者每组试验结果的偏差系数（C_v）大于 10% 时应重做试验。

③ 若现场试验结果表明所提供的配比剂量和试验强度达不到规定要求（指第 7d 饱水后的无侧限抗压强度不小于 0.8MPa）或施工工艺上有难度时，需经批准后方可予以调整；但二灰的掺量一般应大于 15%。

3）施工要求

① 准备底基层。

② 拌和。二灰碎石混合料应用拌和机械集中拌和，不得采用路拌。具体要求如下：

a. 材料拌和可用带旋转刀片、分批出料的拌和设备或是用转动鼓拌和机或连续拌和式设备。二灰和集料可按质量比，也可按体积比控制。

b. 向各拌和设备内加水的比例可以按质量，也可按体积计量，要随时对每批材料或按连续式拌和的材料流速进行用水量检查，所加的水量必须考虑二灰及集料的原有含水率。

c. 注意拌和机内是否有死角存在，如发现应及时纠正。

d. 混合料应在拌和以后尽快摊铺。

e. 各种成分的配比偏差应在下列范围之内：集料，±2%（质量比）；粉煤灰，±1.5%（质量比）；石灰，±1.0%（质量比）；水，+1.0%（按最佳含水率）。

③ 摊铺。采用摊铺机铺筑，以防水分蒸发和产生离析。当二灰碎石层的铺筑厚度超过碾压有效厚度时，应分二层铺筑；在第一铺筑层经压实且压实度达到规定标准时，应立即铺筑第二层。

④ 碾压和整型。碾压和整型的全部操作应在当天完成。压实时最好用振动压路机碾压，压实度应达到规定的要求。通过在100～200m间隔内随机钻孔来检查铺筑层的厚度，全部试验至少有50%等于或超过要求的厚度，且不允许有两个相邻孔相差超过10%。二灰碎石层表面的平整度容许偏差不超过10mm；高程容许偏差为0～10mm；厚度容许偏差为0～10mm。

⑤ 养生。二灰碎石碾压完成后的第二天或第三天开始养生，及时洒水，应始终保持表面湿润。养生期一般为7d。

⑥ 浇洒沥青透层油。养生期结束后，应立即浇洒透层油。

（2）石灰煤渣稳定基层。石灰煤渣类基层的施工程序与方法基本上与石灰土基层施工相同。但要加强养生，重视提高初期强度，防止早期重交通量下出现早期破坏现象。

复习思考题

1. 碎石基层的分类及其特点是什么？
2. 石灰稳定土的强度形成机理是什么？
3. 石灰稳定土的强度影响因素有哪些？
4. 石灰稳定土基层防治缩裂的措施有哪些？
5. 水泥稳定土的强度形成机理是什么？
6. 水泥稳定土的强度形成机理是什么？
7. 柔性基层有何特点？

第 10 章

简 易 路 面

10.1 块料路面

用各种不同形状和尺寸的块状材料（天然或人工）铺成的路面称为块料路面（图 10-1）。所用材料有块石、炼砖块、铁块、木块、橡胶块、沥青混凝土块、水泥混凝土预制块等。

目前路面工程中较常用的为块石和水泥混凝土预制块（图 10-2）两种；此外，炼砖块也较常用。

图 10-1　块料路面

图 10-2　舒布洛克砖（高强高密实度混凝土路面砖）

10.1.1　块料路面的特点

块料路面的主要优点是施工简单、坚固耐久、清洁少尘、养护修理方便。由于这种路面易于翻修，因而特别适用于土基不够稳定的桥头高填土路段、铁路交叉口以及有地下管线的城市道路上。又由于它的粗糙度较好，故可在山区急弯、陡坡路段上采用，以提高抗滑能力。块料路面的主要缺点是用手工铺筑，难以实现机械化施工；铺筑进度慢；建筑费用高；块料之间容易出现松动；表面平整性一般较差。

10.1.2　块料路面的用途

基于块料路面的上述优点，其主要适用于：

（1）城市道路交叉口；

（2）山区陡坡路段或急弯路段；

（3）桥头高填方的暂时铺筑路面；

（4）需再开挖的具有地下管线的城市路段；

（5）城市人行道（有用彩砖的）。

10.1.3 块料路面的构造

块料路面的基础一般采用粒料或半刚性材料。整平层是用来垫平基础表面及块石底面，以保持块石顶面平整及缓和车辆行驶时的冲击、振动作用。整平层的厚度，视路面等级、块料规格、基层材料性质而异，一般路面整平层厚度为2～3cm。整平层材料一般采用级配良好、清洁的粗砂或中砂，它具有施工简便、成本低的优点，但稳定性较差。有时采用煤渣或石屑以及水泥砂或沥青砂作整平层。

块料路面的填缝料，主要用来填充块料间缝隙，嵌紧块料，加强路面的整体性，并起着保护块料边角与防止路面水下渗的作用。一般采用砂作填缝料，但有时应用水泥砂浆或沥青玛瑞脂。水泥砂浆具有良好防水和保护块料边角的作用，但翻修困难。有时每隔15～20m还需设置胀缩缝。

10.1.4 块料路面的种类

块料路面根据块料可分为天然块料路面、机制块料路面。

1. 天然块料路面

由石料经修琢成块状材料而铺筑的路面称天然块料路面。天然块料路面的整齐石块和条石，宜采用Ⅰ级石料，其形状近似正方体或长方体，顶面与底面大致平行，底面积不小于顶面积的75%。半整齐石块路面用坚硬石料经修琢成立方体（俗称"方石"或"方头弹街石"）或长方体（俗称"条石"），石料品质应符合Ⅰ～Ⅱ级标准，要求顶、底两面大致平行（图10-3）。不整齐石块路面（即拳石路面和片弹街路面）是天然石料经过粗琢以后铺成，符合Ⅰ～Ⅱ级标准的石料皆能用。

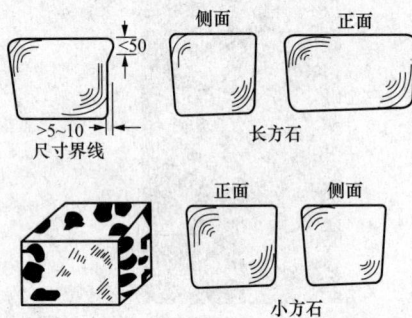

图10-3 条石及小方石形状图（尺寸单位：mm）

各种块石参考尺寸与类别见表10-1。

表10-1 块石参考尺寸与类别

类别名称		高度（cm）	长度（cm）	宽度（cm）
整齐石块	大型花岗岩块石	25	100	50
	大方石块	12～15	30	30
	小方（条）石	25（12）	12（25）	12
半整齐石块	矮条石	9～10	15～30	12～15
	中条石	11～13	15～30	12～15
	高条石	14～16	15～30	12～15
	矮方石	8～9	7～10	7～10
	高方石	9～10	8～11	8～11
	方头弹街石	10～13 或 11～13	8～10 或 9.5～10.5	6～8 或 9.5～10.5

续表

类别名称		高度（cm）	顶部直径（cm）
	矮的	12～14	10～16
	中的	15～16	12～18
不整齐石块	高的	20～22	12～20
	特高的	22～25	12～25
	弹街石	10～13	长 10～13×宽 5～8

拳石和粗琢块石路面可直接铺砌在厚 10～20cm 的砂或炉渣层上，也可用碎砖、碎石、级配砾石作基层。

条石、小方石路面，根据需要可铺设在贫水泥混凝土、碎石或稳定土基层上。

整齐石块和条石路面，要求有质量较高的基层和整平层，一般基层采用 C20 水泥混凝土，整平层为 M10 水泥砂混合物。天然块料路面构造示意如图 10-4 所示。

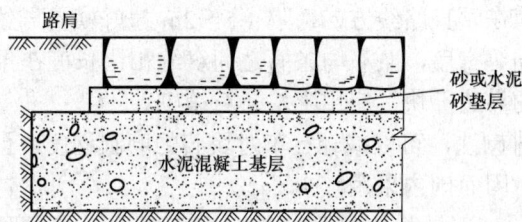

图 10-4　块料路面结构

天然块料路面的施工方法如下：

（1）拳石和粗琢块石路面。在已修建好的基层上，铺砌拳石与粗琢块石路面的施工过程，大致可分为摊铺整平层、排砌块石、嵌缝压实等工序。

1）摊铺整平层。在基层上按规定厚度及压实系数，均匀摊铺具有最佳湿度的砂或煤渣，用轻型压路机略加滚压。摊铺应与排砌进度配合，一般应保持在石块铺砌工作前 8～10m 为宜。

2）排砌块石。排砌块石前应先根据道路中线、边线及路拱形状，设置纵、横向间距分别为 1～1.5m 与 1～2.5m 的方格块石铺砌带（即先铺纵向路缘石及横向导石）。

排砌工作在路面全宽上进行。较大块石先铺在路边缘上，然后用适当尺寸的块石排砌中间段落。边部纵向排砌进度应超出中间部分约 5～10m，排砌的块石应小头向下，垂直嵌入整平层一定深度，块石相互之间必须嵌紧、错缝、表面平整，且石料长边应与行车方向垂直。在陡坡和弯道超高路段，应由低处向高处铺砌。

铺砌石块的方法，有逆铺法（"从砂上"铺砌）和顺铺法（"从石上"铺砌）两种。顺铺法是工人站在已砌好的块石路面上，面向整平层边砌边进，此法较难保证路面纵、横坡度和平整度的质量要求；且取石料不方便，但便于使块石相靠紧密和保持砂整平层平整。逆铺法是工人站在整平层上，面向已铺好的路面边砌边退，其优点是操作中能看到已铺好的路段，从而易于保证路面质量。

3）嵌缝压实。块石铺砌完成后，可用废石渣及土加固路肩，并予以夯实，再进行路面夯打，并铺撒 5～15mm 石屑嵌缝，然后用压路机压实，直至稳定无显著变形为止。

（2）条石及小方石路面。条石和小方石路面施工过程大体与拳石相似，但排砌与填缝工作有所不同。

铺砌条石路面时，在整平层上先沿路边纵向排两行至三行块石（长边与路中线平行）。条石的铺砌方法有横向排列、纵向排列、斜向排列（图 10-5）三种。

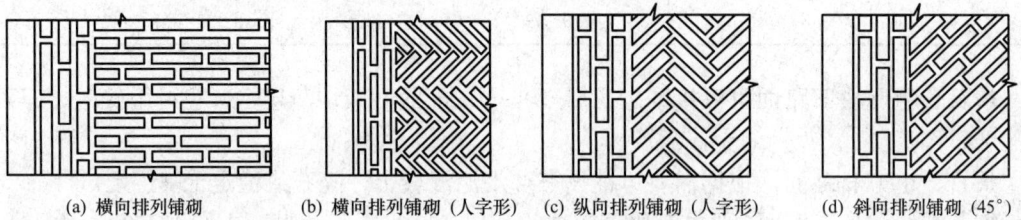

(a) 横向排列铺砌　(b) 横向排列铺砌（人字形）　(c) 纵向排列铺砌（人字形）　(d) 斜向排列铺砌（45°）

图 10-5　条石铺砌的平面形式

采用横向排列时，应在垂直路线方向每隔 1.5～2m 拉好横向导线，以保证横缝平直。一般同一排的条石应具有同等宽度，条石与条石之间纵缝相错长度在条石长边的 1/3～1/2 范围之内。因此，每隔一排的靠边石块，应用半块条石镶砌。

采用 45° 角的斜向排砌法，可以减轻行车对块石的磨圆程度，但边部一行斜向排列块石需加工成梯形，费工多，因而国内采用较少。

铺砌小方石路面，除一般的横向排列法外，也有以弧形或扇形的嵌花式来铺砌的（图 10-6）。但这种方法更加费工，仅用于铺砌具有高度艺术要求的道路和广场，以及坡度较大的桥头引道。

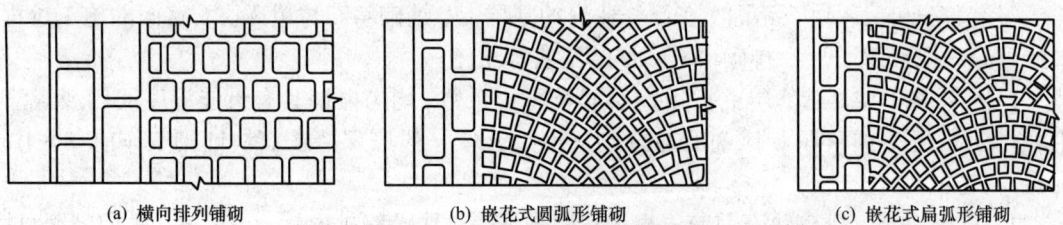

(a) 横向排列铺砌　(b) 嵌花式圆弧形铺砌　(c) 嵌花式扁弧形铺砌

图 10-6　小方石铺砌的平面形式

嵌花式铺砌需用特制的样板在路面的全宽上进行，并应注意较大块石用于弧形的顶部，较图 10-6 小方石铺砌的平面形式小的用于边部。圆弧或扇形应凸向行车方向和上坡方向，以抵抗车轮的水平力。

块石铺好并经用路拱板检验合格后，即用填缝料填缝，填缝深度应与块石厚度相同，然后加以夯打或碾压，达到坚实稳定为止。如需要，可用水泥砂混合物或沥青玛碲脂填缝隙上部 1/3 深度，而下部 2/3 深度应以砂填缝。当用水泥砂混合料填缝时，每隔 15～20m 需设伸缩缝，且需洒水保湿养生 7d 左右，方可开放交通。

2. 机制块料路面

由预制的混凝土小块铺筑的路面称机制块料路面。预制块料可以采用不同的形状及不同颜色，以使路面更加美观。预制块料路面的厚度可取 8～20cm。块料平面尺寸可用（15～30）cm×（12～15）cm 的矩形块，也可用 15～30cm 的六角形块。根据基层材料类型的不同，美国选用图 10-7 所示的典型结构，我国工程可参考使用。

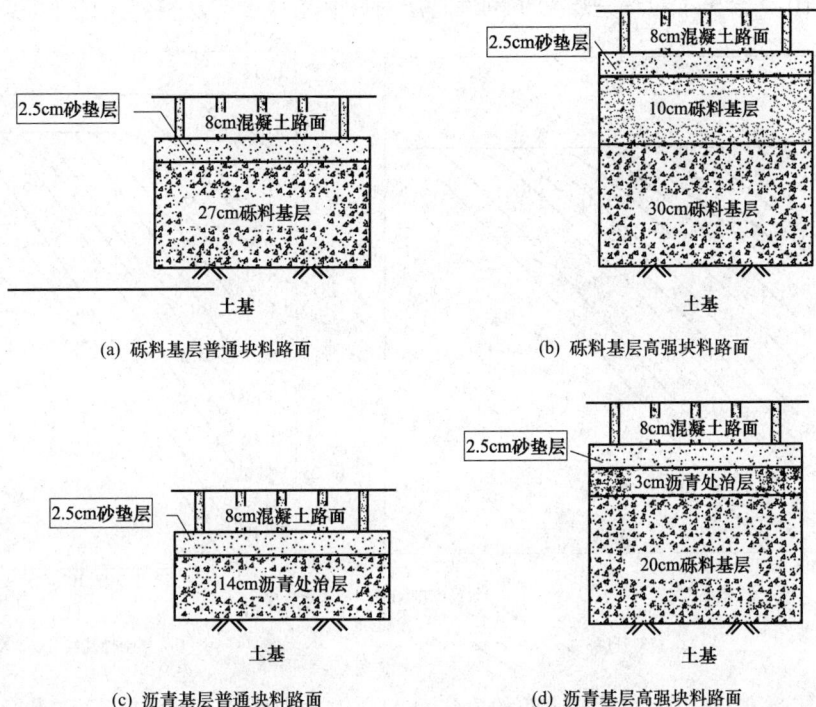

(a) 砾料基层普通块料路面　　　　(b) 砾料基层高强块料路面

(c) 沥青基层普通块料路面　　　　(d) 沥青基层高强块料路面

图 10-7　机制块料路面典型结构

机制块料路面的受力机理、施工与天然块料基本相似，但其能实现工厂化制块，且路面平整度较易保证。

10.1.5　块料路面的强度与设计

1. 块料路面的强度

块料路面的强度，主要由基础的承载力和石块与石块之间的摩擦力所构成（图 10-8）。当这两种力很小，不足以抵抗车轮垂直荷载作用时，就会出现沉陷变形。因此，欲使块料路面坚固，则块石料周界长与土基承载力和传布面积，均应尽可能地大。如果摩擦周界面上的摩擦力很小、或土基和基层承载力不足，则路面在车轮荷载作用下，将发生压缩变形。如果压缩变形不一致，则路面高低不平，最后导致块石松动而路面破坏。

块料路面的基层一般采用粒料基层和半刚性基层。不同的基层类型，块料路面的破坏特征不同。粒料基层的破坏主要表现为变形累积过

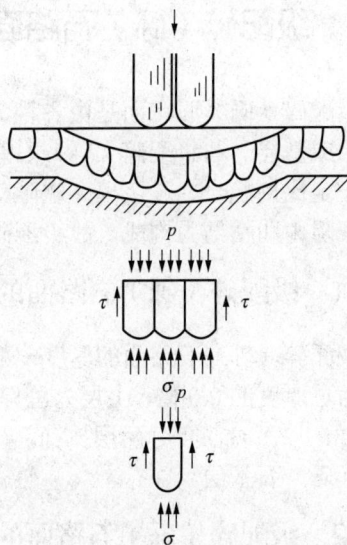

图 10-8　块石受荷载时力的平衡

p—垂直压力；τ—块石侧面摩擦力；σ—基层承载力

大及回弹弯沉超过结构承载能力；半刚性基层则表现为层底的弯拉应力超过材料的疲劳强度。

2. 块料路面的厚度设计

块料路面厚度取决于交通、基层结构整体强度、环境等因素，主要由半经验–半理论的方法确定。图10-9给出了粒料基层和半刚性基层对应基层厚度与块料厚度的关系。

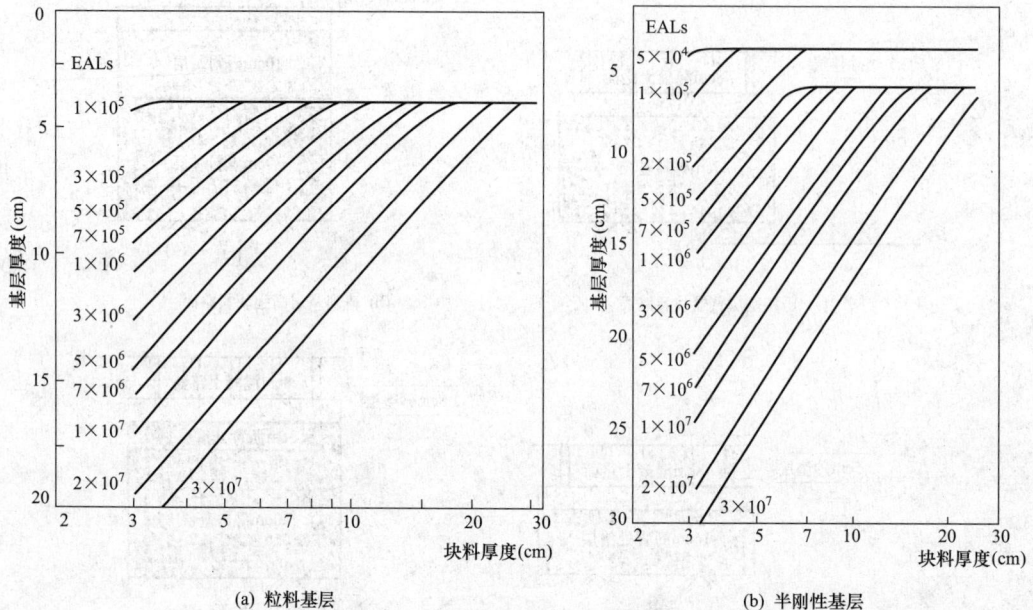

(a) 粒料基层　　　　(b) 半刚性基层

图10-9　基层厚度与块料厚度的关系（EAL为轴载为80kN的当量单轮荷载数）

10.2　级配碎（砾）石路面

级配碎（砾）石路面是由各种集料（碎石、砾石）和土，按最佳级配原理修筑而成的路面面层或基层。与级配碎（砾）石基层类似的是，级配碎（砾）石面层亦是用大小不同的集料按一定比例配合、逐级填充空隙，并用黏土粘结，经压实后形成密实的路面结构层；其强度由摩阻力和粘结力构成，故级配碎（砾）石面层具有一定的水稳性和力学强度。

10.2.1　级配碎（砾）石路面的厚度与材料

级配碎（砾）石路面的厚度一般为8～16cm。当厚度大于16cm时应分两层铺筑，下层厚度为总厚度的0.6倍，上层为总厚度的0.4倍。如基层和面层为同样类型的结构，其总厚度在16cm以下时，可分两层摊铺，一次碾压。级配碎（砾）石路面面层所用材料及要求同级配碎（砾）石基层。

10.2.2　级配碎（砾）石路面的施工

9.4.1小节中已介绍级配碎（砾）石基层施工的主要工序为：开挖路槽→备料运料→铺料→拌和与整型→碾压；采用拌和机集中拌制则施工主要工序为：开挖路槽→备料运料→拌和→摊铺与整型→碾压。

级配碎（砾）石面层的施工方法与级配碎（砾）石基层基本相同，唯一区别是在施工的最后阶段，在碾压结束后需铺筑封层，即加铺磨耗层和保护层。

10.2.3 碎（砾）石路面的磨耗层和保护层

为提高碎（砾）石路面的平整度，抵抗行车和自然因素的磨损和破坏作用，应在面层上加铺磨耗层和保护层。这一加铺封层的方法不仅适用于级配碎（砾）石路面，亦适用于水结碎石、泥结碎石、泥灰结碎石等其他碎（砾）石路面。

1. 磨耗层

磨耗层是路面的表面部分，用以抵抗由车轮水平力和轮后吸力所引起的磨损，以及大气温度、湿度变化等因素的破坏作用，并能提高路面平整度。磨耗层应具有足够的坚实性和稳定性，通常多用坚硬、耐磨、抗冻性强的级配粒料铺筑。磨耗层的级配组成可按表 10-2 选用。

表 10-2　　　　　　　　　　　　　　磨 耗 层 矿 料 的 级 配

编号	各筛孔（mm）的通过百分率（%）						<0.6mm 颗粒的塑性指数	厚度（cm）	适用地区
	19	16	9.5	4.75	2.36	0.6			
1	100	80～100	55～75	40～60	25～50	18～30	10～14	3～4	南方潮湿地区
2		100	75～90	50～70	38～56	18～35	10～14	2～3	南方潮湿地区
3		100	75～90	50～75	38～56	25～40	10～14	2～3	北方半干旱地区
4		100	70～85	55～70	44～55	30～45	>8	3～4	西北干旱地区
5			100	75～100	45～75	20～45	10～14	1～2	南方潮湿地区
6			100	80～95	60～80	35～50	10～14	2～3	北方半干旱地区
7				90～100	60～80	35～50	10～12	1～2	北方半干旱地区

磨耗层的厚度视所用材料和交通量大小而定，不宜过薄，以免抗磨能力过低，引起过早损坏；也不宜过厚，避免材料浪费和产生车辙。采用坚硬小砾石或石屑时，宜厚 2～3cm；用砂土时，宜厚 1～2cm；采用软质材料时，以 3～4cm 厚为宜。

加铺磨耗层时，应先整平原路面凹坑，矫正路拱，清除面上浮土和松散颗粒，然后洒水，将拌好的混合料均匀铺撒于原路面上。其松铺厚度为压实厚度的 1.3～1.4 倍，即用轻型压路机压 3～4 遍，使形成密实平整、稳定的表层。开放交通两周内调节行车路线，使磨耗层得到全面压实，并适当洒水，以保持最佳含水率。

2. 保护层

保护层在磨耗层上面，用来保护磨耗层，减少车轮对磨耗层的磨损。加铺保护层是一项经常性措施。保护层厚度一般不大于 1cm。

按使用材料和铺设方法的不同，保护层分为稳定保护层和松散保护层两种。前者使用含有黏土的混合料，借行车碾压，形成稳固的硬壳，粘结在磨耗层上；后者只用粗砂或小砾石而不用黏土，在磨耗层上呈松散状态。

稳定保护层的做法，是在润湿的磨耗层上撒布一层黏土，用扫帚扫匀，或先铺黏土，洒水扫浆，接着撒铺粗砂或石屑，扫匀后控制行车碾压。稳定保护层有砂土混合料和土砂封面两种。

砂土混合料是指天然级配的或人工配合的砂土混合料，材料组成如表10-3所示。

表10-3   砂土混合料材料组成

各筛孔（mm）的通过百分率（%）				<0.6mm 颗粒的塑性指数	适 用 条 件
9.5	4.75	2.36	0.6		
100	90～100	60～80	35～55	8～12	在不过分潮湿和不过于干燥且具有坚实平整面层的路段

土砂封面是用黏土封面后，再撒一层砂，在湿润条件下借行车碾压形成密实的表层。土、砂体积比大致为1:1。

松散保护层是在磨耗层上均匀铺撒粗砂或砂粒（石屑），粒径一般为2～5mm，干旱地区可用5～10mm。在行车作用下，砂粒（石屑）常被移动、带走，因此需要经常补充、回砂、扫砂，保持砂粒的均匀充足。松散保护层材料，按其粒径规格分为三种，如表10-4所示。

表10-4   松散保护层材料组成

编号	粒径规格（mm）	0.6mm 以下颗粒允许含量（%）	适宜厚度范围（mm）	适 用 条 件
1	2～5	≤15	5～8	铺有坚实的磨耗层，并出产合适规格的材料
2	2～8	≤15	8～10	磨耗层平整度较差或不够坚实，并出产合适规格的材料
3	5～10	≤15	8～12	适用于西北干旱地区

松散保护层施工简便，而且可使车轮水平力所产生的能量（动能），大部分转化为松散颗粒的自由移动（位移）的位能，从而大大减少了车辆水平力对磨耗层的损坏作用。因此，只要不断回砂、扫砂，就可保持磨耗层不致过早破坏。

松散保护层一般适用于南方潮湿地区。稳定保护层行车阻力小，养护用料少，但施工技术较复杂，在干旱和大风地区宜于采用。

10.2.4　碎（砾）石路面的养护与维修

1. 碎（砾）石路面的养护

碎（砾）石路面养护的主要任务是：在各种交通组成和交通量的负荷下，使路面保持应有的强度和平整度；对路面在车辆荷载与自然因素影响下产生的病害，如沉陷、松散、坑洞、车辙及裂缝等，进行事前预防及事后及时维修，使其经常保持良好的状态，以便利行车，并延长使用寿命。

2. 碎（砾）石路面的维修

碎（砾）石路面在行车作用下产生的病害和破坏现象有磨耗层破损、路面出现坑槽、车辙松散以及搓板等。

（1）磨耗层的修理。在行车作用下，如磨耗层坎坷不平，可铲去凸出部分，并用同样的级配混合料补平压实。如磨耗层损坏过甚，或大部分被磨坏，应先划出整齐的修补范围，清除残余部分，整平底层，洒水润湿，然后按新铺磨耗层的方法用与周围同样的混合料来铺筑。

磨耗层经行车磨损而厚度逐渐减薄时，可用同样材料加铺一层。为使上下层结合良好，须将旧磨耗层上的浮砂、泥土等扫净，进行擦毛，然后撒铺薄层黏土，洒水扫浆，或浇洒一薄层黏土浆，将拌和好的混合料铺上、整平、洒水压实。

（2）坑槽、车辙的修补。路面上发生坑槽和车辙后，为避免积水和扩大损坏范围，应按破坏面积大小及深浅程度采取下述不同方法及时修补，修补时尽量采用与原路面相同的材料。

对较小的坑槽或较浅的车辙，可先将坑槽和车辙内及其周围的尘土杂物清除，洒水润湿，再用与原路面相同的材料拌和填补，并夯压密实。

若坑槽或车辙较深、面积较大时，应划定较整齐的范围（比损坏面积稍大），按矩形开挖，壁应垂直，深度应不小于坑槽最大深度，也不得小于修补用材料最大颗粒的 1.5 倍。挖槽后，清除槽内杂物并整平槽底，旧路面材料可过筛重用。坑槽的填补，对泥结碎石或级配路面，一般用干拌、浆拌、灌浆法来填补；对水结碎石路面，可将筛出的石料铺于槽底，再添加新石料，耙平，夯压。夯实工作应按先轻后重、先边后中的做法进行，夯实后的补坑部分应略高于原路面，以便行车继续压实。

（3）路面松散的防治。路面松散多发生在干燥季节，主要是由于所用材料结合力不够、拌和不匀、碾压不实或保养不善等造成。当松散层厚度不大于 3cm 时，可将松散材料扫集起来，整平路面表层，扫除泥土，洒水润湿，把扫集起来的砂石进行筛分，并添加新料和黏土，洒水重拌，重铺压实；当松散层厚度大于 3cm 时，可按前述补坑方法处理，但应适当提高加铺材料的塑性指数，混合料塑性指数宜大于 10，黏土塑性指数最好 >15。

为防止路面松散，应采取预防措施，以阻止或减轻松散现象的扩大。平时要使路面保持一定的湿润程度，以增强其稳定性。在气候干燥时应予洒水，结合就地取材，可添加食盐或盐水。

（4）路面波浪（搓板）的防治。碎（砾）石路面当其表层材料稳定性不足时，经行车作用，往往使表层粒料发生有规则的水平位移、堆积，引起局部搓动形成波浪。形成波浪的原因很多，一般有以下几种：

1）材料配合不好。混合料中细粒过多，塑性指数过低，粘结力不够，或长条扁平颗粒过多、或圆粒多，内摩阻力小，不能抵抗车轮推挤、振动作用而引起的颗粒位移。

2）施工不当。如：拌和不匀，碾压不均匀、不及时、不密实；在铺筑磨耗层、保护层前，对原有底层未加整平即进行铺筑，造成厚薄不一致，出现不平。

3）养护不善。如：干燥不洒水；不及时扫除松散粒料和进行整平；松散保护层的粗砂颗粒大小不均，撒铺太厚；回砂、匀砂不及时或操作技术不当等。

此外，路基、路面的强度不足，不能抵抗行车的破坏作用；或强度不均匀，出现不平整，都会导致路面面层波浪的形成。

路面面层产生波浪后，程度轻微的可以刮平，并用相同材料修补；如波浪严重或波谷大于 5cm 时，则应进行局部彻底翻修。

10.3 无机结合料稳定路面

在粉碎或原状松散的土中掺入一定量的无机结合料（水泥、石灰或工业废渣等）和水，经拌和得到的混合料在压实与养生后，其抗压强度符合规定要求的材料称为无机结合料稳定材料，以此修筑的路面称为无机结合料稳定路面。

无机结合料稳定路面具有稳定性好，抗冻性能强、结构本身自成板体等特点，但其耐磨性差，广泛用于修筑高等级公路沥青路面和水泥混凝土路面的基层或底基层。

工程中常用的无机结合料稳定路面分类方法主要有三种：① 根据所用无机结合料的不同，可分为水泥稳定类基层路面、石灰稳定类基层路面、石灰工业废渣稳定类基层路面等；② 根据所稳定土的颗粒粒径与组成的不同（如碎石、砾石、砂、土等），可分为无机结合料稳定细粒土基层路面、无机结合料稳定中粒土基层路面、无机结合料稳定粗粒土基层路面；③ 根据无机结合料稳定基层上面层材料的不同，可分为无机结台料稳定基层沥青路面、无机结台料稳定基层水泥路面等。

1. 无机结合料稳定基层沥青路面

无机结合料稳定基层用于高速公路的沥青路面结构，其合理性主要表现在具有较高的强度和承载能力。一般来说，无机结合料稳定基层材料具有较高的抗压强度和抗压回弹模量，并具有一定的抗弯拉强度，且它们都具有随龄期而不断增长的特性，因此无机结合料稳定基层沥青路面通常具有较小的弯沉和较强的荷载分布能力。由于无机结合料稳定基层的刚度大，使得其上的沥青层弯拉应力值较小，从而提高了沥青面层抵抗行车疲劳破坏的能力，甚至可以认为在层间粘结良好的情况下，无机结合料稳定基层上的沥青面层不会产生疲劳破坏。也就是可以认为无机结合料稳定基层沥青路面的承载能力，完全可以由无机结合料稳定基层材料层来满足，而不需要依靠厚沥青面层，沥青面层可仅起功能性作用，这就鼓励人们去减薄面层。

但无机结合料稳定基层沥青路面的使用实践证明，如果面层不够厚，无机结合料稳定基层因温缩或干缩而产生的裂缝会很快反射到沥青路面的面层。初期产生的裂缝对行车无明显影响，但随着表面雨水或雪水的浸入，在行车荷载反复作用下，会导致路面承载力下降，产生冲刷和唧泥现象，加速沥青路面的破坏，影响沥青路面的使用性能。

2. 无机结合料稳定基层水泥混凝土路面

水泥混凝土路面结构层组合较为简单，一般由混凝土面板、基层或垫层组成。水泥混凝土路面基层直接位于面层板之下，是保证路面整体强度、防止唧泥和错台、延长路面使用寿命的重要结构层。目前基层类型主要采用无机结合料稳定基层，如水泥稳定粒料、工业废渣稳定粒料等基层。中等以下交通的道路，除上述类型外，还可采用石灰稳定类基层。

但由于水泥混凝土路面具有接缝，易引起水分的下渗，而无机结合料稳定材料的抗冲刷能力较弱，从而易引起混凝土板底脱空，直至断裂。因此，在湿润多雨地区，宜采用排水基层。排水基层可选用多孔隙的开级配水泥稳定碎石、沥青稳定碎石或碎石，其孔隙率约为 20%。

复习思考题

1. 块料路面有何优缺点？其适用范围如何？
2. 块料路面利用了何种强度机理？有何结构构造与施工要求？
3. 碎（砾）石路面为何要设置磨耗层和保护层？应如何施工？
4. 何为无机结合料稳定路面？并简述其特点与应用。
5. 请叙述无机结合料稳定路面的分类。

第 11 章

沥青路面设计与施工

沥青路面是在柔性基层、半刚性基层上铺筑一定厚度的沥青混合料作面层的路面结构。沥青路面具有平整度好、行车舒适、易养护维修、其适应变形的能力比水泥混凝土路面大得多等优点，故被广泛采用。

11.1 沥青路面的组成

沥青路面是用沥青材料作结合料粘结矿料修筑面层与各类基层和垫层所组成的路面结构。沥青路面结构层可由面层、基层、底基层、垫层等多层结构组成。

面层是直接承受车轮荷载反复作用和各种自然因素影响，并将荷载传递到基层以下的结构层，因此，它应满足表面功能性和结构性的使用要求。面层可为单层、双层或三层。双层结构称为表面层、下面层；三层结构分为表面层、中面层、下面层。

表面层应具有平整密实、抗滑耐磨、抗裂耐久的性能；中、下面层应具有高温抗车辙、抗剪切、密实、基本不透水的性能；下面层应具有耐疲劳开裂的性能。旧路面可加设磨耗层以改善表面服务功能。

基层是主要承重层，应具有稳定、耐久、较高的承载能力，可为单层或双层。无论是沥青混合料、粒料类柔性基层，还是半刚性基层、刚性基层，均要求具有相对较高的物理力学性能指标。

底基层是设置在基层之下，并与面层、基层一起承受车轮荷载反复作用的次承重层。

垫层是设置在底基层与土基之间的结构层，起排水、隔水、防冻等作用。

以上是路面结构层的基本组成，各级公路应根据具体情况设置必要的结构层。

11.2 沥青路面的分类

1. 按强度构成原理分类

按强度构成原理，可将沥青路面分为密实类和嵌挤类两大类。

密实类沥青路面要求矿料的级配按最大密实原则设计，其强度和稳定性主要取决于混合料的黏聚力和内摩阻力。

嵌挤类沥青路面要求采用颗粒尺寸较为均一的矿料，路面的强度和稳定性主要依靠骨料颗粒之间相互嵌挤所产生的内摩阻力，而黏聚力则起着次要的作用。按嵌挤原则修筑的沥青路面，其热稳定性较好，但因空隙率较大、易渗水，且耐久性较差。

2. 按施工工艺分类

按施工工艺的不同，沥青路面可分为层铺法、路拌法和厂拌法三类。

层铺法是用分层洒布沥青，分层铺撒矿料和碾压的方法修筑，其主要优点是工艺和设备简便、功效较高、施工进度快、造价较低，其缺点是路面成型期较长，需要经过炎热季节行车碾压之后路面方能成型。用这种方法修筑的沥青路面有沥青表面处治和沥青贯入式两种。

路拌法是在路上用机械将矿料和沥青材料就地拌和摊铺和碾压密实而成的沥青面层。此类面层所用的矿料为碎（砾）石者称为路拌沥青碎（砾）石；所用的矿料为土者则称为路拌沥青稳定土。路拌沥青面层，通过就地拌和，沥青材料在矿料中分布比层铺法均匀，可以缩短路面的成型期。但因所用的矿料为冷料，需使用黏稠度较低的沥青材料，故混合料的强度较低。

厂拌法是有一定级配的矿料和沥青材料在工厂用专用设备加热拌和，然后送到工地摊铺碾压而成的沥青路面。矿料中细颗粒含量少，不含或含少量矿粉，混合料为开级配的，（空隙率达10%～15%），称为厂拌沥青碎石；若矿料中含有矿粉，混合料是按最佳密实级配配制的（空隙率10%以下）称为沥青混凝土。厂拌法按混合料铺筑时温度的不同，又可分为热拌热铺和热拌冷铺两种：热拌热铺是混合料在专用设备加热拌和后立即趁热运到路上摊铺压实。如果混合料加热拌和后储存一段时间再在常温下运到路上摊铺压实，即为热拌冷铺。厂拌法使用较黏稠的沥青材料，且矿料经过精选，因而混合料质量高，使用寿命长，但修建费用也较高。

3. 根据沥青路面的技术特性分类

根据沥青路面的技术特性，沥青面层可分为沥青混凝土、热拌沥青碎石、乳化沥青碎石混合料、沥青贯入式、沥青表面处治五种类型。此外，沥青玛瑞脂碎石近年在许多国家也得到广泛应用。

（1）沥青混凝土路面是指用沥青混凝土作面层的路面，其面层可由单层或双层或三层沥青混合料组成，各层混合料的组成设计应根据其层厚和层位、气温和降水量等气候条件、交通量和交通组成等因素确定，以满足对沥青面层使用功能的要求。沥青混凝土常用作高等级公路的面层。

（2）热拌沥青碎石路面是指用沥青碎石作面层的路面，沥青碎石的配合比设计应根据实践经验和马歇尔实验的结果，并通过施工前的试拌和试铺确定。沥青碎石有时也用作联结层。

（3）乳化沥青碎石混合料适用于做三级、四级公路的沥青面层、二级公路养护罩面以及各级公路的调平层。国外也用作为柔性基层。

（4）沥青贯入式路面是指用沥青贯入碎（砾）石作面层的路面。沥青贯入式路面的厚度一般为4～8cm。当沥青贯入式的上部加铺拌和的沥青混合料时，也称为上拌下贯，此时拌和层的厚度宜为3～4cm，其总厚度为7～10cm。沥青贯入式碎石适用于做二级及二级以下公路的沥青面层。

（5）沥青表面处治路面是指用沥青和集料按层铺法或拌和法铺筑而成的厚度不超过3cm的沥青路面。沥青表面处治的厚度一般为1.5～3.0cm。层铺法可分为单层、双层、三层。单层表处厚度为1.0～1.5cm，双层表处厚度为1.5～2.5cm，三层表处厚度为2.5～3.0cm。沥青表面处治适用于三级、四级公路的面层、旧沥青面层上加铺罩面或抗滑层、磨耗层等。

（6）沥青玛琋脂碎石路面是指用沥青玛琋脂碎石混合料作面层或抗滑层的路面。沥青玛琋脂碎石混合料（简称 SMA）是以间断级配为骨架，用改性沥青、矿粉及木质纤维素组成的沥青玛琋脂为结合料，经拌和、摊铺、压实而形成的一种构造深度较大的抗滑面层。它具有抗滑耐磨、孔隙率小、抗疲劳、高温抗车辙、低温抗开裂的优点，是一种全面提高密级配沥青混凝土使用质量的新材料。适用于高速公路、一级公路和其他重要公路的表面层。

4. 根据基层的类型分类

与基层组合成四种典型路面结构：

（1）半刚性基层沥青路面。在半刚性基层上设有较薄的沥青面层结构。

（2）柔性路面。各结构层由沥青混合料，或沥青贯入碎石、或冷拌沥青混合料、级配碎石、砂砾等柔性材料层组成，无半刚性材料层的结构类型。

（3）刚性基层沥青路面。采用贫混凝土、混凝土基层等的沥青路面。

（4）混合式沥青路面。在半刚性或刚性材料层与沥青面层之间设置柔性基层的路面结构。

11.3　沥青路面的性能要求

11.3.1　路面温度状况

沥青混合料的强度随温度而变化，温度降低时强度提高，温度升高时强度降低。可见温度是影响沥青路面力学特性的一个重要因素。

由于外界气温的日变化过程受到太阳辐射、降雨（雪）等很多自然因素的影响，无论是从气象站提供的气温一小时间隔记录还是路面温度场实测时所记录的气温数据分析，气温日变化的规律都是很复杂的。若以晴天资料分析，气温日变化过程有一定的规律可循，如日最高气温一般在中午 12:00～14:00 达到，日最低气温一般在凌晨 4:00～6:00 之间达到。在正常天气时，气温的日变化过程如图 11-1 所示。昼夜平均气温以及气温的变化幅度随太阳总辐射量的增加而增加。

自然气温每年和每月都发生周期性变化，与大气直接接触的路面表面温度也相应地发生周期性变化。路面表面温度周期性起伏与气温的变化基本上是一致的。在太阳直接辐射下，由于有一部分辐射热被路面所吸收，因而路面的热量增大，使路面表面的温度较气温高。图 11-2 示沥青路面中一天中的温度变化。可以看出，太阳辐射和气温对沥青路面的温度有极大的影响。此外，沥青路面结构内不同深度处的温度，同样随气温变化也呈现出周期性的变化，但变化的幅度随离路表深度增大而减小。

11.3.2　高温稳定性

高温稳定性是指在夏季气温较高情况下，在交通荷载作用下沥青路面抵抗车辙、推移、拥包等永久变形的能力。沥青混合料的特点是强度和抗变形能力随着温度的变化而变化。温度升高时，沥青的黏滞度降低，矿料之间的粘结力削弱，导致路面的抗剪能力下降，致使矿料在行车荷载的作用下发生滑移与错位，细集料相对集中，并产生剪切破坏。

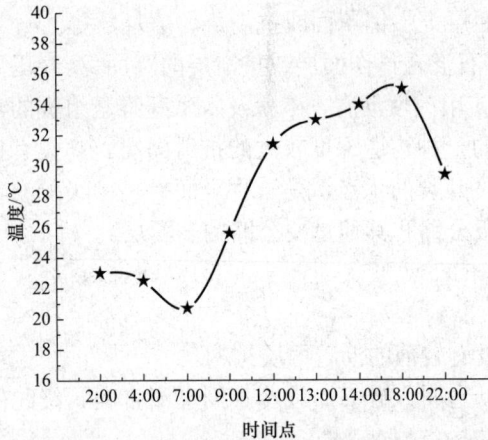

图 11-1　某地夏日实测气温变化曲线

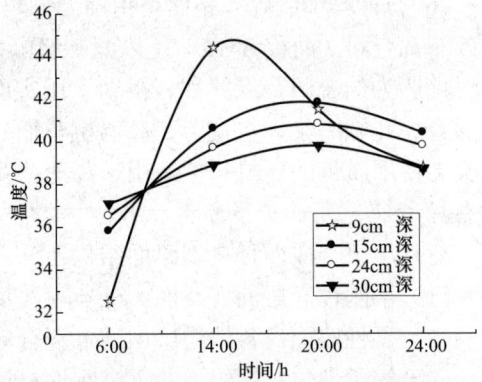

图 11-2　某月份不同面层厚度时的层间温度

中等交通以上的公路表面层和中面层沥青混合料，其动稳定度可参考《公路沥青路面施工技术规范》（JTGF40），并根据当地工程经验确定设计值。调整集料级配和沥青用量，提高沥青稠度，选用改性沥青可提高沥青混合料的高温稳定性。

11.3.3　低温抗裂性

沥青路面在低温时强度虽然增大，但其变形能力却因刚性增大而降低。气温下降，特别是在急骤降温时，会在路面结构上产生温度梯度，路面面层遇降温而收缩的趋势会受到其下部层次的约束在面层产生拉应力，开始时由于沥青混合料的劲度相对较低，这个拉应力较小，但是随着进一步的降温，在低温状态下，沥青混合料的劲度增加，从而伴随了收缩趋势的进一步增强，导致拉应力超过沥青混凝土的强度，造成面层开裂。路面所在地区的气温愈低，开裂愈为严重。沥青路面的低温缩裂，大致可分为两类：

一类是温度下降而造成路面的开裂，它与沥青混合料的体积收缩有关，这种裂缝是由表面开始发裂而逐渐发展成为裂缝；

另一类是属于路基或基层收缩与冰冻共同作用而产生的裂缝，这类裂缝是从基层开始逐渐反映到沥青面层开裂。

由于路面收缩的主轴是纵向的，因此，低温产生的裂缝大多是横向的。裂缝的间距一般为 6~10m。裂缝的出现，往往就是沥青路面损坏开始。随着低温循环的影响，裂缝将会进一步扩展，随后雨水由裂缝渗入路面结构，逐渐导致路面工作状况恶化。

影响低温开裂的因素很多，其中主要的因素是路面所用沥青的性质、当地的气温状况、沥青老化程度、路基的种类和路面层次的厚度等。此外，路面面层与基层的黏着状况，基层所用材料的特性，行车的状况对开裂也有一定的影响。

使用稠度较低、温度敏感性低的沥青，可以减少或延缓路面的开裂。沥青材料的老化，对低温更为敏感，使路面产生开裂的可能性增大。增加沥青面层的厚度可以减少或者延缓路面的开裂，但是不能根除。

对高速公路、一级公路表面层宜在-10℃的低温条件下进行弯曲试验，检验密级配沥青混凝土的低温抗裂性能，其极限破坏应变宜符合表 11-1 的要求。

表 11–1　　　　　　　沥青混合料低温弯曲试验破坏应变（$\mu\varepsilon$）技术指标

气候条件及技术指标	年极端最低气温（℃）				试验方法
	<-37.0	$-21.5\sim-37.0$	$-9.0\sim-21.5$	>-9.0	T 0728
极限破坏应变 $\mu\varepsilon$	≥2600	≥2300	≥2000		

注：当采用改性沥青时，极限破坏应变指标值可适当提高。

11.3.4　水稳定性

水损害就是沥青路面在水或冻融循环的作用下，加上汽车轮胎的冲击作用，进入路面空隙中的水不断的产生动水压力或真空负压抽吸的反复循环作用下，水分逐渐深入到沥青与集料的界面上，致使沥青与集料的粘附性能降低而逐渐丧失粘结力，沥青膜从石料表面剥离，沥青混合料出现掉粒、麻面、松散，继而形成沥青路面的坑槽等损坏。对于修补的坑槽更会因为水的作用而造成再次损坏。评价沥青混合料的水稳定性，有浸水马歇尔试验、真空饱水马歇尔试验、浸水劈裂试验、饱水劈裂试验、冻融后劈裂强度试验、浸水车辙试验等。

高速公路、一级公路、二级公路的沥青混凝土应具有良好的水稳性。沥青混凝土的水稳性指标，除通常采用浸水马歇尔试验和沥青与矿料的粘附性试验，以检验沥青混合料受水损害时的抗剥落性能外，对年最低气温低于–21.5℃的寒冷地区，还应增加沥青混合料冻融劈裂残留强度试验。

密级配热拌沥青混合料的水稳性宜符合表 11–2 要求。当沥青混合料水稳定性技术指标不满足要求时，应在沥青混合料中掺入适量消石灰或水泥；也可掺入一定量的石灰岩细集料或粗集料，提高其水稳性。

表 11–2　　　　　　　热拌沥青混合料水稳定性技术指标

年降水量（mm）	≥500	<500	试验方法
冻融劈裂试验劈裂强度比（%）	≥75	≥70	T 0729
浸水马歇尔试验残留稳定度（%）	≥80	≥75	T 0709

注：对多雨潮湿地区的重交通、特重交通等公路，其冻融劈裂强度比的指标值可增加 5%。

11.3.5　抗疲劳性能

事实上，沥青混合料的变形和破坏，不仅与荷载应力的大小有关，而且同荷载作用次数有很大关系。路面材料在低于极限抗拉强度下经受重复拉应力或拉应变而最终导致破坏，称为疲劳破坏。导致路面材料最终破坏（即开始疲劳开裂）的荷载作用次数，称为疲劳寿命。

影响沥青混合料疲劳特性的因素很多，除了与材料的性质（种类、组成等）、环境因素（温度、湿度等）、加荷方式等因素有关外，还取决于沥青混合料的劲度。因此，任何影响劲度的因素（矿料级配、沥青种类和用量、混合料的压实程度和空隙率、试验的温度、加荷速度和应力级等）对混合料的疲劳特性都有影响。

沥青混合料的疲劳特性可用各种室内试验方法测定。通常采用的方法是在简支的小梁上作重复加荷弯挠试验，也可采用重复加荷抗拉试验（劈裂试验）测定。

疲劳试验可以用控制应力或控制应变两种方式控制加荷。如用控制应力方式，则每次对试件施加的荷载为常量。由于施加荷载过程中，在应力集中处开始产生裂缝，随着荷载作用次数增多，试件不断受到损伤，劲度随之而降低，故荷载应力尽管不变，实际的弯曲应变则随施加荷载次数的增加而增大。对于控制应变方式，在测试过程中，始终保持每次荷载下应变值不变，要不断改变荷载使梁产生一固定值的挠曲，因此，应力随施加荷载次数的增加而不断减小。

试验表明，同一种沥青混合料因试验时所采用的控制方式不同，试件达到破坏的荷载作用总次数有一定的差别。一般情况下，按应力控制得出的疲劳寿命较短。路面设计时，用应力控制还是用应变控制，主要取决于路面的应力状态更接近于那一种试验的受力状态。

11.4 沥青路面的材料要求

11.4.1 沥青

沥青路面应采用道路石油沥青或其加工产品，沥青标号的选择应根据公路等级、气候条件、交通量及其组成，路线线形、面层结构与层次、施工工艺等因素，并结合当地使用经验确定。各种路用沥青的技术指标应符合有关国家标准、规范及行业标准、规范的要求。

液体石油沥青宜用作透层、表面处治或冷拌沥青混合料的粘结料，应视其用途、气候条件和施工情况选择类型与标号。

对于特重交通、重交通、重要公路，或温差变化较大、气候严酷地区，或铺筑特殊结构层，以及连续长、陡纵坡段等，可选用改性沥青。改性沥青的改性剂应根据改性目的与实践效果，结合加工工艺难易、质量稳定性等因素进行技术经济比较后选定。改性沥青的技术指标应符合现行国家标准、规范，行业标准、规范的相关要求。

乳化沥青宜用作透层、粘层、稀浆封层、冷拌沥青混合料、表面处治。改性乳化沥青适用于交通量较大或重要道路的粘层、稀浆封层、桥面铺装的粘层、表面处治、冷拌沥青混合料、微表处等。

应根据混合料类型与使用要求，合理选择纤维稳定剂类型与掺配剂量。纤维稳定剂包括木质素纤维、合成纤维、矿物纤维等。纤维稳定剂的技术指标应符合现行国家标准、规范，行业标准、规范的相关要求。

11.4.2 骨料

1. 粗骨料

粗骨料是指骨料粒径大于 4.75mm（或 2.36mm）的那部分材料，包括碎石、破碎砾石、筛选砾石、钢渣等。沥青路面应选用质量符合行业技术标准要求的粗骨料（含轧制的碎砾石）、细骨料和矿粉。沥青路面的粗骨料应选用碎石，也可选用经轧制的碎砾石。三级、四级公路的沥青层可用经筛选的小砾石。

粗骨料应采用无风化、微风化的石料轧制而成，不含土和杂质，石料坚硬、表面粗糙、洁净，轧成碎石形状方正。

高速公路和一级公路、二级公路沥青表面层用粗骨料应选用硬质、耐磨碎石，其石料磨光值应符合表 11-3 的要求，其他等级公路可参照执行。

表 11-3　　　　　　　　　　　　　　　石料磨光值的技术要求

PSV　　　　　　　　公路等级 年降水量（mm）	高速公路和一级公路	二级公路
>1000	>42	>40
500～1000	>40	>38
250～500	>38	>36
<250	>36	—

粗骨料与沥青应具有良好的粘附性，对年平均降水量 1000mm 以上地区的高速公路和一级公路，表面层所用骨料与沥青的粘附性宜达到 5 级；其他情况粘附性不宜低于 4 级。当粘附性达不到要求时，应掺入高温稳定性好的抗剥落剂或选用改性沥青提高粗骨料与沥青的粘附性。

2. 细骨料

细骨料是指骨料粒径小于 4.75mm（或 2.36mm）的那部分材料，沥青面层的细骨料可采用天然砂、机制砂及石屑。细骨料应洁净、干燥、无风化、无杂质，并有适当的颗粒组成。热拌沥青混合料的细骨料宜采用优质的天然砂或机制砂，在缺砂地区也可以用石屑。但由于一般情况下石屑的含泥量高，强度不高，因此用于高速公路、一级公路沥青混凝土面层及抗滑表层的石屑用量不宜超过天然砂及机制砂的用量。细骨料应与沥青有良好的粘结能力，与沥青粘结性能很差的天然砂及用花岗岩、石英岩等酸性石料破碎的机制砂或石屑不宜用于高速公路、一级公路沥青面层。必须使用时，应用抗剥落措施。

天然砂宜选用中砂、粗砂，天然河砂不宜超过骨料总质量的 20%。沥青玛蹄脂碎石混合料和开级配抗滑表层的混合料不宜使用天然砂。采用河砂、海砂等天然砂作为细骨料时，其规格应符合表 11-4 的要求。

表 11-4　　　　　　　　　　　　　　　沥青混合料用天然砂规格

筛孔尺寸 （mm）	通过各筛孔的质量		
	粗砂	中砂	细砂
9.5	100	100	100
4.75	90～100	90～100	90～100
2.36	65～95	75～90	85～100
1.18	35～65	50～90	75～100
0.6	15～30	30～60	60～84
0.3	5～20	8～30	15～45
0.15	0～10	0～10	0～10
0.075	0～5	0～5	0～5

3. 填料

粒径小于 0.075mm 的材料称为填料。沥青混合料的填料宜采用石灰岩或岩浆岩中的强基性岩石等憎水性石料经磨细，并通过 0.075mm 筛孔的矿粉，原石料中的泥土杂质应除净。矿粉要求干燥、洁净、不成团块，能自由地从矿粉仓中流出，其质量应符合表 11-5 的技术要求。

当采用水泥、石灰、粉煤灰作填料时，其用量不宜超过矿料总量的 1%～3%。

表 11-5 沥青混合料用矿粉质量技术要求

项 目		高速公路、一级公路	其他等级公路
表观相对密度，≥（t/m³）		2.50	2.45
含水量，≤（%）		1	1
粒度范围	<0.6mm（%）	100	100
	<0.15mm（%）	90～100	90～100
	<0.075mm（%）	75～100	70～100
外 观		无团粒结块	
亲水系数		<1	

若需利用拌和机回收的粉尘时，其掺入比例不得大于矿粉总量的 25%，且混合后矿粉的塑性指数不得大于 4%。

11.5 沥青路面设计

沥青路面的设计任务是根据使用要求及气候、水文、土质等自然条件，密切结合当地实践经验，设计经济合理的路面结构，使之能承受交通荷载和环境因素的作用，在预定的使用年限内满足各级公路相应的承载能力、耐久性、舒适性、安全性的要求。路面设计包括原材料的选择、混合料配合比设计和设计参数的测试与确定等。

路面面层直接承受车辆重复荷载作用和自然因素影响的结构层，要求其坚实、耐磨。设计时应对交通车辆荷载的量、级、组成比例和材料资源、机械设备、气候、水文地质、投资等条件进行多方面技术论证，综合经济分析，选择最优方案。

11.5.1 设计工作内容

设计工作主要包括以下内容：

（1）调查与收集有关交通量及其组成资料，积极开展轴载谱分布的调查、测试，分析预测设计交通量；

（2）收集当地气候、水文资料，了解沿线地质、路基填挖及干湿状况，通过试验或论证确定路基回弹模量；

（3）路用各种材料的调查，并取样试验，根据试验结果选定路面各结构层所需的材料；

（4）施工图设计阶段应进行混合料的目标配合比设计，并测试、确定材料设计参数；

（5）拟定路面结构组合，计算结构厚度；

（6）进行路面结构方案初期投资技术经济比较或长期成本寿命分析，提出推荐设计方案；

（7）做好路面排水、路面结构内部排水和中央分隔带排水系统设计，使路面排水通畅，路面结构内部无积水滞留。

11.5.2 设计遵循的原则

路面设计应遵循下列原则：

（1）开展现场资料调查与收集工作，做好交通荷载分析与预测，按照全寿命周期成本的理念进行路面设计。

（2）调查掌握沿线路基特点，查明土质、路基干湿类型，在对不良地质路段处理的基础上，进行路基路面综合设计。

（3）遵循因地制宜、合理选材、节约资源的原则，选择技术先进、经济合理、安全可靠、方便施工的路面结构方案。

（4）结合当地条件，积极、慎重地推广新技术、新结构、新材料、新工艺，并认真铺筑试验路段，总结经验，不断完善，逐步推广。

（5）符合国家环境保护的有关规定，保护相关人员的安全和健康，重视材料的再生利用与废弃料的处理。

11.5.3　结构设计方法

近 30 年来，有关理论法的研究取得了很大进展，许多国家相继提出较完整的设计体系。目前理论法对沥青路面的应力、形变和位移的分析，大多应用弹性层状体系理论，并采用电算的方法。鉴于理论法有着广阔的发展前景，我国沥青路面设计规范规定沥青路面设计理论以弹性层状体系理论为基础，所以着重阐述基于理论法的沥青路面结构设计与计算。

当前世界各国众多的沥青路面设计方法，可概括分为两类：

一类是以经验或试验为依据的经验法；

另一类是以力学分析为基础，考虑环境、交通条件以及材料特性为依据的理论法。

11.5.4　沥青路面破坏状态与设计标准

沥青路面由于环境因素的不断影响和行车荷载的反复作用，经过一段时间的使用，便会产生破坏而失去原有的使用能力。下面着重叙述沥青路面的结构破坏状态与设计标准。

1. 沉陷

沉陷是路面在行车荷载作用下，其表面产生的较大凹陷变形，有时凹陷两侧伴有隆起现象，如图 11-3 所示。当沉陷严重时，超过了结构的变形能力，在结构层受拉区产生开裂而形成纵裂，并有可能逐渐发展成网裂。造成路面沉陷的主要原因是路基土的压缩，路基水文条件差而过于湿软，承载力低。

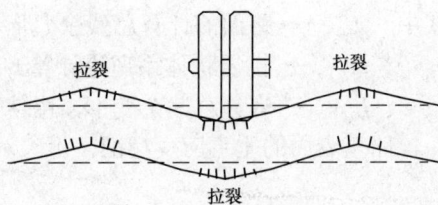

图 11-3　沉陷

为控制路基土的压缩引起路面的沉陷，可选用路基土的垂直压应力作为设计标准，即

$$\sigma_{z0} \leqslant [\sigma_{z0}] \tag{11-1}$$

式中　σ_{z0}——路基表面由行车荷载作用产生的垂直应力，可用弹性层状体系理论求得；

$[\sigma_{z0}]$——路基土的容许垂直压应力，其值与土基的特性（弹性模量）和行车荷载作用次数有关。

2. 车辙

车辙是路面结构层、土基在行车荷载重复作用下的补充压实，以及结构层材料侧向位移而形成的累积永久变形，见图 11-4。这种破坏形式出现在行车轮迹带处，沿路面纵向发展，是国际上最普遍的沥青路面的损坏现象。据统计，在沥青路面的维修养护中，有约 80% 是因为车辙变形。车辙损坏的维修最困难，因为车辙不仅发生在表面，经常危及中下面层，导致世界各国在防治沥青路面的损坏中，历来把防治车辙放在第一位。车辙的出现，使路面平整度变坏，从而影响行驶质量及行车安全，同时也会促使路面开裂。在高速公路和一级公路车辆实行严格的渠道化以后，车辙问题逐渐成为主要的病害。

图 11-4　车辙

车辙是各结构层的塑性变形累积的总和，辙深同重复应力的大小、荷载作用的次数和路基路面结构层的刚度大小有关。根据观测试验结果，国外已提出了表征上述关系的经验公式和设计指标。有代表性的控制车辙深度的指标有两种：一种是路面各结构层包括路基的残余变形总和；另一种是路基表面的垂直变形。

对于前一种，可表示为

$$L_{re} \leqslant [L_{re}] \tag{11-2}$$

式中　L_{re}——路面的计算总残余变形，可由各结构层残余变形经验公式确定（各层应力由弹性层状体系理论计算）；

　　$[L_{re}]$——容许总残余变形，由使用要求确定。

路基表面的垂直应变标准，可表示为

$$\varepsilon_{E0} \leqslant [\varepsilon_{E0}] \tag{11-3}$$

式中　ε_{E0}——路基表面的垂直应变，可由弹性层状体系理论求得；

　　$[\varepsilon_{E0}]$——路基表面容许垂直应变，可由路基残余变形和荷载应力、应力重复次数及路基土弹性模量之间的经验关系确定。

3. 疲劳开裂

疲劳开裂是指路表无显著永久变形而出现的裂缝现象，见图 11-5。往往首先出现较短的横向开裂，继而逐渐扩展为网状开裂，开裂面积也不断扩大。随着裂缝的出现，水分沿裂缝侵入基层、垫层和路基，使之变软而产生较大的弯沉，进而加速裂缝的发展。初始裂缝的出现，是路面材料疲劳损坏的反映，通常是由于行驶在路表的轮载使路面结构层受到反复弯曲所引起的。当荷载作用下面层底面产生的拉应变（或拉应力）级位超过材料的疲劳限度，底面便发生开裂，并扩展到表面。由水泥或石灰等稳定材料修建的基层，因刚度较其下卧层大很多，也会出现疲劳开裂而使面层损坏。

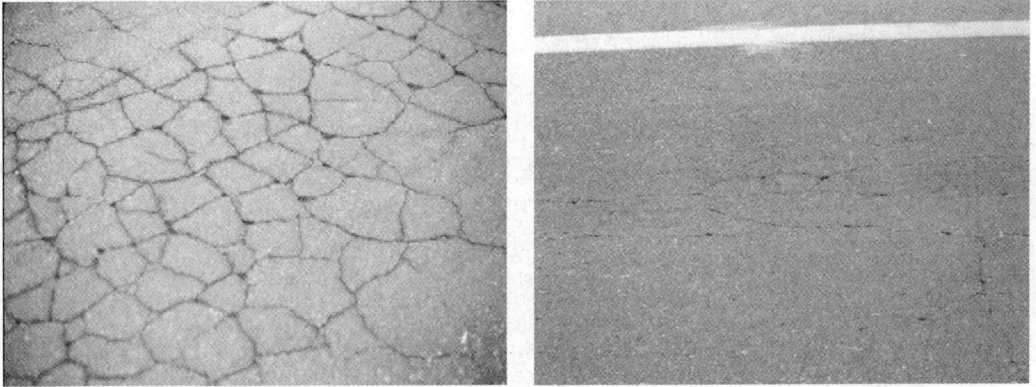

图 11-5　疲劳开裂

以疲劳开裂作为设计标准时，用结构层底面的拉应变或拉应力不超过相应的容许值控制设计，即

$$\varepsilon_r \leqslant \varepsilon_R \tag{11-4}$$

或
$$\sigma_r \leqslant \sigma_R \tag{11-5}$$

式中　ε_r、σ_r ——按弹性层状体系理论计算的结构层底面的最大拉应变和拉应力；

ε_R、σ_R ——由疲劳方程确定的该结构层容许拉应变和容许拉应力。

4. 推移和拥起

当沥青路面受到较大的车轮水平荷载作用时，例如经常启动或制动路段及弯道、坡度变化处，路面表面可能出现推移和拥起，见图 11-6。造成这种破坏的原因是，车轮荷载引起的垂直力和水平力的综合作用，使结构层内产生的剪应力超过材料的抗剪强度。同时也与行驶车轮的冲击、振动有关。

图 11-6　推移和拥起

为防止沥青面层表面产生推移和拥起，可用面层抗剪强度标准控制设计，也就是在车轮

的垂直力和水平力的共同作用下，有

$$\tau_{max} \leqslant \tau_{R} \tag{11-6}$$

式中　τ_{max} ——面层中可能产生的最大剪应力，由弹性层状体系理论计算的各应力分量求得；

　　　　τ_{R} ——材料的容许剪应力，要考虑路面的温度状况。

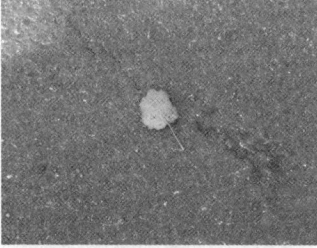

图 11-7　低温缩裂

5. 低温缩裂

路面结构中某些整体性结构层在低温（通常为负温度）时由于材料收缩受限制而产生较大的拉应力，当它超过材料相应条件下的抗拉强度时便产生开裂，见图 11-7。由于路面的纵向尺度远大于横向，低温收缩时侧向约束不大，故这种开裂一般为横向间隔性的裂缝，严重时才发展为纵向裂缝。在冰冻地区，沥青面层和用无机结合料稳定的整体性基层，冬季可能出现这种开裂。

低温缩裂是一项同荷载因素无关的设计指标，需满足

$$\sigma_{rt} \leqslant \sigma_{tR} \tag{11-7}$$

式中　σ_{rt} ——低温时结构层材料因收缩受约束而产生的温度应力；

　　　　σ_{tR} ——该温度时材料的容许拉应力。

6. 松散和坑槽

由于面层材料组合不当或施工质量差，结合料含量太少或粘结力不足，使面层混合料的集料间失去粘结而成片散开，称为松散，见图 11-8。松散的材料被车轮后的真空吸力以及风和雨水等带离路面，便形成大小不等的坑槽。网裂的后期，碎块被行车荷载继续碾碎，并被带离路面，也会形成坑槽。

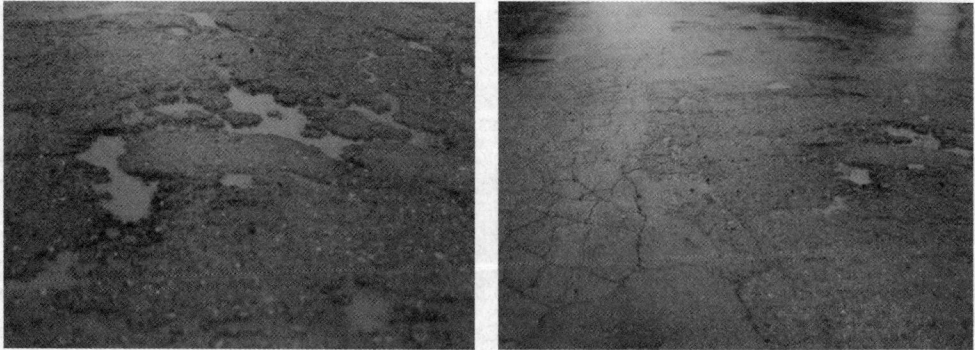

图 11-8　松散和坑槽

7. 设计标准

鉴于损坏模式的多样性，沥青路面设计不能像其他结构物的设计那样，仅选用一种损坏模式作为临界状态，选用一个单一的指标作为设计标准，而必须是多种临界状态，多种设计标准。

在上述各项损坏模式中，有些损坏是由于面层材料的组成不当，或者施工及养护的质量不佳引起的（如松散等），不属于结构设计考虑的范围；有些损坏（如沉陷），在正常的情况

下，通过改善路基水温状况和加设垫层以减小路基应力等结构组合措施，是完全可以避免出现的；还有些损坏，则通过来同荷载、温度或材料特性相适应的面层材料组成设计或结构措施，可以避免或减少到最低限度。只在一些特别严重的场合需要在设计中考虑（如推移、低温开裂、反射裂缝等）。目前，许多人认为，开裂和车辙（永久变形）是导致路面结构破坏的两项最主要的损坏模式，在设计中应予以着重考虑。

路面弯沉是路面在垂直荷载作用下，产生的垂直变形。一般认为，路面弯沉不仅能够反映路面各结构层及土基的整体强度和刚度，而且与路面的使用状态存在一定的内在联系，同时弯沉值的测定也比较方便。所以我国现行的沥青路面设计方法采用设计弯沉作为路面整体刚度的设计指标，即：

$$l_S \leq l_d \qquad\qquad (11-8)$$

式中 l_S ——路表计算弯沉值；

l_d ——设计弯沉值。

高速公路、一级公路和二级公路的沥青路面除了按弯沉设计路面结构之外，还须对沥青混凝土面层和半刚性基层、底基层进行层底拉应力的验算。城市道路路面设计尚须进行沥青混合料面层的剪应力验算。

11.5.5 轴载分析与交通分级

1. 标准轴载

将不同车型组合而成的混合交通量换算成某种统一轴载的当量轴次，将该统一轴载称为标准轴载。沥青路面设计采用双轮组单后轴 100kN 为标准轴载，BZZ-100。当轴载>25kN 和轴载<130kN 的各级轴载均应进行换算。

根据《重载沥青路面设计规范》研究报告，国外资料表明：世界上采用 100kN 为标准轴载的国家最多，占 34%；以 80kN 为标准轴载的国家次之，占 28%；标准轴载大于 100kN 的国家占 26%；标准轴载为 60kN 或 90kN 的国家各占 6%。我国规定的汽车轴重限值单轴为 100kN，双轴为 180kN，虽然某些公路超载现象严重，但各省已采取了限制超载措施，故仍以双轮组单轴 100kN 为标准轴载。

据调查，重载、超载车多的公路，其轮胎接地压强可达 0.8~1.1MPa，相应的接地面积也有一定增加。对运煤、运建筑材料、疏港公路以及大型车辆为主的公路，可根据实测汽车的轴重、轮胎压力、当量圆直径资料，经论证适当提高荷载参数进行计算。

路面设计时使用累计当量轴次的概念。但路上行驶的车辆类型很多，所以必需选定一种标准轴载，把不同类型轴载的作用次数换算为这种标准轴载的作用次数。考虑到我国公路汽车运输车辆的现状及发展趋势，我国路面设计采用双轮组单轴载 100kN 为标准轴载，以 BZZ-100 表示。标准轴载的计算参数按表 11-6 确定。

表 11-6   标 准 轴 载 计 算 参 数

标 准 轴 载	BZZ-100	标 准 轴 载	BZZ-100
标准轴载 P（kN）	100	单轮传压面当量圆直径 d（cm）	21.30
轮胎接地压强 p（MPa）	0.70	两轮中心距（cm）	1.5d

对于运煤或运建筑材料等大型载重车为主的公路，应根据实际情况，经论证单独选用设计计算参数。

2. 轴载换算

当把各种轴载换算为标准轴载时，为使换算前后轴载对路面的作用达到相同的效果，应该遵循两项原则：第一，换算以达到相同的临界状态为标准，即对同一种路面结构，甲轴载作用 N_1 次后路面达到预定的临界状态，路面弯沉为 L_1，乙轴载作用使路面达到相同临界状态的作用次数为 N_2，弯沉为 L_2，此时甲乙两种轴载作用是等效的，则应按此等效原则建立两种轴载作用次数之间的换算关系；第二，对某一种交通组成，不论以哪种轴载的标准进行轴载换算，由换算所得轴载作用次数计算的路面厚度是相同的。

设计交通量的计算应将不同轴重的各种车辆换算成 BZZ-100 标准轴重的当量轴次。

（1）当以设计弯沉值和沥青层层底拉应力为指标时，各级轴载均应按公式（11-9）换算成标准轴载 P 的当量轴次 N：

$$N = \sum_{i=1}^{K} C_1 C_2 n_i \left(\frac{P_i}{P}\right)^{4.35} \tag{11-9}$$

式中 N ——以设计弯沉值和沥青层层底拉应力为指标时的标准轴载的当量轴次（次/d）；

n_i ——被换算车型的各级轴载作用次数（次/d）；

P ——标准轴载（kN）；

P_i ——被换算车型的各级轴载（kN）；

C_1 ——被换算车型的轴数系数；

C_2 ——被换算车型的轮组系数，双轮组为 1.0，单轮组为 6.4，四轮组为 0.38；

K ——被换算车型的轴载级别。

当轴间距大于 3m 时，应按单独的一个轴载计算，当轴间距小于 3m 时，双轴或多轴的轴数系数按式（11-10）计算：

$$C_1 = 1 + 1.2(m-1) \tag{11-10}$$

式中 m ——轴数。

（2）当以半刚性材料层的拉应力为设计指标时，各级轴载均应按式（11-11）换算成标准轴载 P 的当量轴次 N'：

$$N' = \sum_{i=1}^{K} C_1' C_2' n_i \left(\frac{P_i}{P}\right)^{8} \tag{11-11}$$

式中 N' ——当以半刚性材料层的拉应力为设计指标时的标准轴载的当量轴次（次/d）；

C_1' ——被换算车型的轴数系数；

C_2' ——被换算车型的轮组系数，双轮组为 1.0，单轮组为 18.5，四轮组为 0.09。

以拉应力为设计指标时，双轴或多轴的轴数系数按式（11-12）计算：

$$C_1' = 1 + 2(m-1) \tag{11-12}$$

式中 m ——轴数。

（3）上述轴载换算公式，适用于单轴轴载小于或等于 130kN 的各种车型的轴载换算。

3. 设计使用年限

设计年限是一个计算累计标准当量轴次的基准年限，也就是在计算累计当量轴次时所取用的基准时间。设计年限不等于使用年限或路面的使用寿命。原规范一般规定为 6～15 年。但与国外相比，我国规定的设计年限较短。根据国外资料，路面设计中有设计年限和分析年限之分，设计年限的概念与我国相同，分析年限用于进行长期性能、寿命评价用。如美国 AASHTO 设计法，分析年限对交通量大的城市道路为 30～50 年，交通量大的郊区道路为 20～50 年；对交通量小的城市道路为 15～25 年，交通量小的砂砾路面为 10～20 年。设计年限一般为 10～20 年。英国、法国、德国、南非设计年限一般为 20 年。澳大利亚设计年限为 20～40 年，加铺罩面为 10～20 年。日本的设计年限，从疲劳开裂的角度考虑为 20 年。但是，管理者可根据交通情况、环境、路面寿命成本效益，采用稍长或稍短的设计年限。因此，新规范考虑我国的工程经验和经济发展情况，规定了一般情况下各级公路的设计年限，并考虑我国各地经济发展的不平衡和交通量差异较大的实际情况，适当放宽限制。对改、扩建工程或大修、加铺工程以及有特殊使用要求的公路，可根据具体情况调整设计年限。

设计年限应根据经济、交通发展以及该公路在公路网中的地位，考虑环境和投资条件综合确定。各级公路的沥青路面设计年限不宜低于表 11-7 的要求，若有特殊使用要求，可适当调整。

表 11-7 沥青混凝土路面结构设计使用年限

公路等级	设计使用年限（年）	公路等级	设计使用年限（年）
高速公路、一级公路	15	三级公路	10
二级公路	12	四级公路	8

4. 设计交通量

新建公路根据《工程可行性研究报告》提供的交通量 OD 调查资料，可得到多年各种汽车交通量（自然车辆数）构成，即小客车、小型货车、大客车、中型货车、大型货车、拖挂车等各种车型组成的比例，以及预估第一年或设计年末的日平均汽车交通量。设计时应对各种车型的轴重分布情况进行调查，可不考虑小客车、小货车、中客车，主要调查大客车，中货车、大型货车，拖挂车等的数量与轴重分布情况，并应根据交通载重的实际情况，计入空载、满载、超载等因素，更真实地预估设计交通量。

对改建工程可根据有代表性的月、日、时的实测轴载谱，或调查的各类型车的轴载分布资料，可将单轴大于或等于 25kN 的各种车辆分别按轴重每 10kN 分级排列，按规定计算前、后轴的轴重换算系数，并考虑轴数系数和轮组系数影响。

沥青路面的设计交通量，应在实测各类相关车型轴载谱的基础上，参照项目可行性研究报告等有关交通量的预测资料，考虑未来各种车型的组成论证确定各种车型的代表轴载，进行不同车型的轴载换算，计算交工后第一年双向日平均当量轴次 N_1。设计年限内交通量的平均增长率 γ，在项目可行性研究报告等资料基础上，经研究分析确定。

5. 车道系数

车道系数 η，按照表 11-8 选用。公路无分隔时，车道窄宜选高值，路面宽宜选低值。

表 11-8 车 道 系 数 η

车 道 特 征	η	车 道 特 征	η
双向单车道	1.0	双向六车道	0.3～0.4
双向两车道	0.6～0.7	双向八车道	0.25～0.35
双向四车道	0.4～0.5		

当上下行交通荷载有明显差异时，可按上下行交通特点分别进行结构与厚度设计。

6. 累计当量轴次

设计时按公式（11-13）计算设计年限内一个车道上的累计当量轴次 N_e。根据不同公路等级的设计年限、第一年双向日平均当量轴次（N_1）、年平均交通量增长率、车道系数及该公路交通特点，计算设计年限内一个方向一个车道的累计当量轴次。

$$N_e = \frac{[(1+\gamma)^t - 1] \times 365}{\gamma} N_1 \eta \tag{11-13}$$

式中 N_e——设计年限内一个车道的累计当量轴次（次/车道）；

     t——设计年限（年）；

     N_1——营运第一年双向日平均当量轴次（次/d）；

     γ——设计年限内交通量的平均年增长率（%）；

     η——车道系数，见表11-8。

7. 设计交通等级

对原材料的技术指标要求，以及在混合料设计、结构设计等方面，一般与公路等级有关，公路等级越高，技术指标要求越高。但是，从有关调查资料分析可知，同一公路等级的交通量及组成却大不相同。这样造成对交通量小的高速公路的技术要求过高，而对交通量很大的二级公路的技术要求却偏低，因此，有必要根据国内交通的实际情况，在考虑公路等级的同时，也考虑交通量等级的影响。

国外交通量的分级，多采用日平均货车或大型车对交通量进行分级，如澳大利亚、法国、德国、日本等，也有用累计当量轴次（万次）进行交通量分级，如美国沥青协会 AI、南非等，一般分为四至七级或更多。我国过去多以累计当量轴次（万次）表征交通量的大小，鉴于考虑多种性能指标，以及对材料、混合料设计、结构设计等方面的技术要求，有必要增加以货车为主划分交通量等级的方法。根据国家干线公路交通调查资料，将交通量划分为七级。经综合分析，考虑我国汽车交通量构成比例、国道交通量和高速公路上（中型标准车）的分级，以及部分专家意见，将我国交通量简化为四级，分为轻、中、重、特重交通等级。

交通量宜根据表 11-9 的规定划分为四个等级。设计时可根据累计当量轴次 N_e（次/车道）或每车道、每日平均大型客车及中型以上的各种货车交通量 [辆/（d·车道）]，选择一个较高的交通等级作为设计交通等级。

表 11-9 交 通 等 级

交通等级	BZZ-100 累计标准轴次 N_e（次/车道）	大客车及中型以上的各种货车交通量 [辆/（d·车道）]
轻交通	$<3\times10^6$	<600
中等交通	$3\times10^6\sim1.2\times10^7$	600～1500

续表

交通等级	BZZ-100 累计标准轴次 N_e（次/车道）	大客车及中型以上的各种货车交通量［辆/（d·车道）］
重交通	$1.2\times10^7\sim2.5\times10^7$	$1500\sim3000$
特重交通	$>2.5\times10^7$	>3000

11.5.6　沥青路面结构组合设计

沥青路面是多层次结构。作为路面结构设计的第一步，需要结合当地的具体条件和使用要求，选择各结构层次和组成材料，按就地取材和分期修建的原则，组合成既能经受住行车荷载和自然因素的作用，又能充分发挥各结构层材料最大效能的经济合理的路基路面结构体系。不同的路面结构组合，会产生经济上和使用上都不相同的效果。层次多厚度大的路面结构，其使用效果不一定就好，有时恰恰相反。

1. 结构组成

（1）沥青面层。面层可分为单层、双层或三层。双层结构可分为表面层和下面层。三层结构可分为表面层、中面层、下面层。路面表面同时承受车轮的磨耗和自然因素的作用，这就要求路面表面层应具有平整密实、抗滑耐磨、抗裂耐久的性能；中面层、下面层应具有高温抗车辙、抗剪切、密实、基本不透水的性能；且下面层应具有耐疲劳开裂的性能。通常选用粘结力强的结合料和高强耐磨的集料作为面层材料。

沥青面层分为热拌沥青混合料、冷拌沥青混合料、沥青贯入式、沥青表面处治与稀浆封层四种类型。热拌沥青混合料包含沥青混凝土、沥青碎石混合料。沥青面层类型应与公路等级、使用要求、交通等级相适应。面层所选用类型见表 11-10。

表 11-10　　　　　　　　　各级公路沥青路面类型的选择

公路等级	面 层 类 型
高速公路、一级公路	热拌沥青混凝土
二级公路	热拌沥青混凝土、热拌沥青碎石混合料、贯入式沥青碎石
三级公路、四级公路	热拌沥青混凝土、贯入式沥青碎石、上拌下贯式沥青碎石、沥青表面处治、稀浆封层、冷拌沥青混合料

应根据使用要求、气候特点、交通条件、结构层功能等因素，结合沥青层厚度和当地实践经验，合理地选择各结构层的沥青混合料类型。抗滑面层宜选用沥青玛琦脂碎石 SMA、密级配粗型沥青混合料 AC-C，有条件时可用开级配抗滑面层 OGFC。在各沥青层中至少有一层应为密级配沥青混合料。

沥青玛琦脂碎石混合料（即 SMA）适用于高速公路、一级公路的抗滑表面层。沥青玛琦脂碎石混合料宜采用改性沥青，改性沥青的技术要求应根据当地的气候条件，交通等级及改性沥青品种确定；混合料中应掺入纤维稳定剂，剂量应通过试验确定。SMA 可采用马歇尔试验等方法进行配合比设计，并检验高温稳定性、低温抗裂性、水稳定性等指标。

排水表面层（OGFC）适用于年平均降水量大于 800mm 地区的磨耗层和排水路面的表面层。开级配沥青混合料磨耗层厚度为 20mm 左右，排水表面层的厚度宜为 $30\sim40$mm。集料的级配可参照现行《公路沥青路面设计规范》的相关要求，结合料应采用高黏度改性沥青，混合料中应掺入适量的消石灰和纤维稳定剂。开级配沥青混合料磨耗层或排水表面层下应设置防水层，并将雨水排除路基。

为防止雨水、雪水渗入路面结构层、土基，沥青面层应选用密级配沥青混合料。当采用排水基层时，其下应设防水层，并设置结构内部的排水系统，将水排出路基。

（2）基层、底基层。基层、底基层设计应贯彻就地取材、就近取材的原则，认真做好当地材料的调查，根据交通量及其组成、气候条件、筑路材料以及路基水文状况等因素，选择技术可靠、经济合理的结构。基层可选用无机结合料稳定集料或沥青混合料、粒料、贫混凝土等材料，底基层应充分利用沿线地方材料，可采用无机结合料稳定细粒土类或粒料类等。

（3）垫层设置。为排除路面、路基中滞留的自由水，确保路面结构处于干燥或中湿状态，下列情况下的路基应设置垫层。

1）地下水位高，排水不良，路基经常处于潮湿、过湿状态的路段。

2）排水不良的土质路堑，有裂隙水、泉眼等水文不良的岩石挖方路段。

3）季节性冰冻地区的中湿、潮湿路段，可能产生冻胀需设防冻垫层的路段。

4）基层或底基层可能受污染以及路基软弱的路段。

2. 结构层厚度

作用在路面上的行车荷载，通常包括垂直力和水平力。路面在垂直力作用下，内部产生的应力和应变随深度向下而递减。水平力作用产生的应力、应变随深度递减的速率更快。路面表面还同时承受车轮的磨耗作用，因此，要求路面面层具有足够的强度和抗变形能力，在其下各层的强度和抗变形能力可自上而下逐渐减小。这样，在进行路面结构组合时，各结构层应按强度和刚度自上而下递减的规律安排，以使各结构层材料的效能得到充分发挥。

按照这种原则组合路面时，结构层的层数愈多愈能体现强度和刚度沿深度递减的规律。但就施工工艺、材料规格和强度形成原理而言，层数又不宜过多，也就是不能使结构层的厚度过小。表11-10是各种结构层的适宜厚度以及考虑施工因素的最小厚度，可供设计时参考。适宜的结构层厚度需结合材料供应、施工工艺并按该表的规定确定，从强度要求和造价考虑，宜自上而下由薄到厚。

（1）面层厚度。路面设计时，沥青面层厚度时应根据公路等级、交通量大小、重车所占的比例、选用沥青质量等因素，综合考虑确定沥青层厚度。

1）根据施工确定。各沥青层的厚度应与混合料的公称最大粒径相匹配，沥青混合料的一层压实最小压实厚度不宜小于混合料公称最大粒径的2.5～3倍，OGFC或SMA的一层压实最小厚度不宜小于混合料公称最大粒径的2～2.5倍，以利于碾压密实，提高其耐久性、水稳性。各结构层的设计厚度应根据级配类型、结构组合及施工条件等确定。沥青混合料的压实最小厚度与适宜厚度宜符合表11-11的要求。

表11-11　　　　　　沥青混合料的压实最小厚度与适宜厚度

沥青混合料类型		最大粒径（mm）	公称最大粒径（mm）	符号	压实最小厚度（mm）	适宜厚度（mm）
密级配沥青混凝土（AC）	砂粒式	9.5	4.75	AC-5	15	15～30
	细粒式	13.2	9.5	AC-10	20	25～40
		16	13.2	AC-13	35	40～60

沥青混合料类型		最大粒径（mm）	公称最大粒径（mm）	符号	压实最小厚度（mm）	适宜厚度（mm）
密级配沥青混凝土（AC）	中粒式	19	16	AC–16	40	50～80
		26.5	19	AC–20	50	60～100
	粗粒式	31.5	26.5	AC–25	70	80～120
密级配沥青碎石（ATB）	粗粒式	31.5	26.5	ATB–25	70	80～120
		37.5	31.5	ATB–30	90	90～150
	特粗式	53	37.5	ATB–40	120	120～150
开级配沥青碎石（ATPB）	粗粒式	31.5	26.5	ATPB–25	80	80～120
		37.5	31.5	ATPB–30	90	90～150
	特粗式	53	37.5	ATPB–40	120	120～150
半开级配沥青碎石（AM）	细粒式	16	13.2	AM–13	35	40～60
	中粒式	19	16	AM–16	40	50～70
		26.5	19	AM–20	50	60～80
	粗粒式	31.5	26.5	AM–25	80	80～120
	特粗式	53	37.5	AM–40	120	120～150
沥青玛琋脂碎石混合料（SMA）	细粒式	13.2	9.5	SMA–10	25	25～50
		16	13.2	SMA–13	30	35～60
	中粒式	19	16	SMA–16	40	40～70
		26.5	19	SMA–20	50	50～80
开级配沥青磨耗层（OGFC）	细粒式	13.2	9.5	OGFC–10	20	20～30
		16	13.2	OGFC–13	30	30～40

贯入式沥青碎石、沥青表面处治的压实最小厚度和适宜厚度宜符合表 11–12 的要求。

表 11–12　　　　贯入式沥青碎石、沥青表面处治压实最小厚度与适宜厚度

结构层类型	压实最小厚度（mm）	适宜厚度（mm）
贯入式沥青碎石	40	40～80
上拌下贯沥青碎石	60	60～80
沥青表面处治	10	10～30

2）根据采用的结构类型。我国地域广阔，气候、材料、水文条件以及经济发达程度、交通量和组成情况差异很大，路面结构应根据公路所在区域的水文地质、气候特点，公路等级与使用要求，交通量及其交通组成等因素，并考虑结构层的功能与受力特点以及经济发展和投资环境等因素，选择适宜的路面结构组合，拟定沥青层厚度。

沥青层厚度与所采用的结构类型有关，可参照沥青层最小厚度，并结合沥青和混合料性能，综合当地的工程实践经验，拟定或计算沥青层厚度。

① 当采用半刚性基层沥青路面时，高速公路、一级公路的沥青层厚度可为120～180mm；二级公路的沥青层厚度宜为60～120mm；三级公路的沥青层厚度宜为30～50mm（拌和法）或15～30mm（层铺法表处）；四级公路的沥青层厚度宜为10～30mm。

② 当采用柔性路面结构时，面层可选用100～120mm双层式，其下设沥青混合料、贯入式碎石、级配碎石等柔性材料层。沥青厚度应根据公路等级、交通量等具体情况计算而定。

③ 采用贫混凝土沥青路面时，沥青层可为100～180mm，当采取防止反射裂缝措施时，沥青层可适当减薄。

④ 当采用混合式沥青路面时，面层可选用两层式，沥青面层厚度宜为100～120mm，其下设柔性基层。柔性基层可为单层或双层，厚度宜为80～180mm。

⑤ 刚性基层沥青路面，高速公路、一级公路的沥青层最小厚度不宜小于100mm。因沥青层较薄，层间模量比大，应采取提高沥青混合料高温抗剪强度和加强层间结合的措施，防止沥青层抗剪切、推移与反射裂缝。

（2）基层、底基层厚度。基层、底基层厚度应根据交通量大小、材料性能，充分发挥压实机具的功能，以及考虑有利于施工等因素选择各结构层的厚度。为便于施工组织、管理，各结构层的材料不宜频繁变化。各种结构层压实最小厚度与适宜厚度应符合表11-13的要求，并不得设计小于150mm厚的半刚性材料薄层。基层、底基层的一层摊铺压实厚度宜为180～200mm，在有特重型压实设备并经实测能保证压实度的条件下可适当增厚。

表 11-13　各种结构层压实最小厚度与适宜厚度

结构层类型	压实最小厚度（mm）	适宜厚度（mm）
级配碎石	80	100～200
水泥稳定类	150	180～200
石灰稳定类	150	180～200
石灰粉煤灰稳定类	150	180～200
贫混凝土	150	180～240
级配砾石	80	100～200
泥结碎石	80	100～150
填隙碎石	100	100～120

（3）防冻厚度。如何保证沥青路面的水稳性，是路面结构层选择与组合需要解决的重要问题。在潮湿和某些中湿路段上修筑沥青路面时，由于沥青层不透气，使路基和基层中水分蒸发的通路被隔断，因而向基层积聚。如果基层材料中含土量多（如泥结碎石、级配砾石），尤其是土的塑性指数较大时，遇水变软，强度和刚度急剧下降，结果导致路面开裂破坏。所以沥青路面的基层一般应选择水稳性好的材料，在潮湿路段及中湿路段尤应如此。

冰冻区各级公路的中湿、潮湿路段，设计时应进行防冻厚度验算。根据交通量计算的结构层总厚度应不小于表11-14中最小防冻厚度的规定。防冻厚度与路基潮湿类型，路基土类、道路冻深以及路面结构层材料的热物性有关。若结构层总厚度小于最小防冻厚度，则应增加防冻垫层使其满足最小防冻厚度的要求。

表 11-14 最 小 防 冻 厚 度

路基类型	道路多年最大冻深（cm）	黏性土、细亚砂土			粉 性 土		
		砂石类	稳定土类	工业废料类	砂石类	稳定土类	工业废料类
中湿	50～100	40～45	35～40	30～35	45～50	40～45	30～40
	100～150	45～50	40～45	35～40	50～60	45～50	40～45
	150～200	50～60	45～55	40～50	60～70	50～60	45～50
	>200	60～70	55～65	50～55	70～75	60～70	50～65
潮湿	60～100	45～55	40～50	35～45	50～60	45～55	40～50
	100～150	55～60	50～60	45～50	60～70	55～65	50～60
	150～200	60～70	55～65	50～55	70～80	60～70	60～65
	>200	70～80	65～75	55～70	80～100	70～90	65～80

注：在《公路自然区划标准》中，对潮湿系数小于 0.5 的地区，Ⅱ、Ⅲ、Ⅳ区等干旱地区防冻厚度应比表中值减少 15%～20%。对Ⅱ区砂性土路基防冻厚度应相应减少 5%～10%。

在冰冻地区和气候干燥地区，无机结合料稳定土或粒料的基层常常产生收缩裂缝。如果沥青面层直接铺筑其上，会导致面层出现反射裂缝，为此可在其间加设一层粒料或优质沥青材料层，或者适当加厚面层。

3. 结构层模量

半刚性基层或贫混凝土基层模量增大，层底拉应力增加，沥青层剪切应力、沥青层与半刚性基层界面之间的剪切应力增大。因此，在进行半刚性基层或贫混凝土基层混合料的设计时，刚度不宜过高，若选择较大的材料模量时，对这类结构不仅以层底拉应力为控制指标，还应验算沥青层的剪应力和界面剪应力，并应使沥青混合料具有较高的抗剪强度，在层间界面结合更牢，防止层间界面推移。

根据理论分析可知，路面结构厚度与层间模量比有密切关系，故对半刚性基层提出适当控制层间模量比的要求。沥青层的回弹模量一般小于半刚性基层材料的回弹模量。从理论上分析，若沥青层与半刚性基层材料之间是连续体系时，沥青层多数处于受压状态或出现较小拉应力，半刚性材料层主要承受拉应力。上下层间模量比越小，沥青层剪应力增大，下层拉应力越大，故半刚性基层的刚度不宜太大。若层间接触面处于浸水状态可能导致界面产生滑移时，上层底面可能出现比连续状态大 1～2 倍的拉应力。因此从设计上应采取可靠技术措施，防止层间滑移。

对柔性基层沥青路面结构，沥青层与沥青层之间模量相差比较小，而沥青层与级配碎石之间模量则相差比较大，此时沥青层底的拉应力较大。选用各结构层间模量逐渐递减的材料组合，可使结构层受力更合理。

对半刚性基层沥青路面的结构层组合设计，基层与沥青面层的模量比宜在 1.5～3，基层与底基层的模量比不宜大于 3.0；底基层与土基模量比宜在 2.5～12.5。

总之，层间适当的模量比，使结构层受力更合理；保证层间结合状态的连续，是提高路面耐久性的关键。刚性基层沥青路面应采取措施加强沥青层与刚性基层间的结合，并提高沥青混合料的抗剪强度。

4. 层间措施

各结构层材料具有各自的特性，在组合时应注意相邻层次的相互影响，采取措施限制或消除所产生的不利影响。

为了保证路面结构的整体性和结构层之间应力传递的连续性，应尽量使结构层之间结合紧密稳定，可采取以下措施和方法。

（1）防裂措施。对于半刚性基层沥青路面宜采取以下措施减少收缩开裂、反射裂缝：

1）选用骨架密实型半刚性基层，严格控制细料含量、结合料剂量、含水量，及时养生。

2）适当增加沥青层的厚度，在半刚性材料层上设置沥青碎石或级配碎石等柔性基层。在高速公路、一级公路用级配碎石作基层或过渡层时，应先修试验段，注意搞好材料规格、施工工艺管理、工程质量过程的控制，总结经验，不能盲目地推广，尤其在交通量大、重车多的公路上应慎重采用。

3）在半刚性基层上设置改性沥青应力吸收膜、应力吸收层或铺设经实践证明有效的土工合成材料等。

（2）层间结合。设计时应采取技术措施，加强路面各结构层之间的结合，提高路面结构的整体性，避免产生层间滑移。

1）沥青层之间应设粘层。粘层沥青可用乳化沥青、改性乳化沥青或热沥青，洒布数量宜为 0.3～0.6kg/m²。

2）各种基层上应设置透层沥青。透层沥青应具有良好的渗透性能，可用液体沥青（稀释沥青）、乳化沥青等。

3）在半刚性基层上应设下封层。下封层可用沥青单层表面处治或砂粒式、细粒式密级配沥青混合料，稀浆封层等，其材料规格与要求宜符合规范的相关规定。

4）新、旧沥青层之间，沥青层与旧水泥混凝土板之间应洒布粘层沥青，宜用热沥青、改性乳化沥青、改性沥青。

5）拓宽路面时，新、旧路面接搓荐处，宜喷涂粘结沥青。

6）双层式半刚性材料基层宜采取连续摊铺、碾压工艺，增强层间结合，以形成整层。

（3）应力吸收层。沥青应力吸收膜、沥青应力吸收层具有防止反射裂缝和加强层间结合的作用。

在半刚性基层上洒布富有弹性恢复能力的聚合物改性沥青，如高含量的 SBS 改性沥青、橡胶沥青等，洒布量为 1.0～1.4kg/m²，再撒布粒径为 3～8mm 的小碎石或预拌碎石，经碾压形成应力吸收膜。

沥青应力吸收层是采用粘结力大、弹性恢复能力很强的改性沥青砂粒式或细粒式沥青混凝土，具有空隙率较小、密实不透水、抗变形能力与抗疲劳能力强的薄层结构，一般为 20～25mm 厚，也有防止反射裂缝的效果。

有某些特殊情况下，可考虑铺设聚酯长丝土工布或聚酯玻纤等土工合成材料。

（4）封层结构。封层的结构应根据设置目的选择材料和工艺，结合料一般可选用道路石油沥青、改性沥青、改性乳化沥青等，也可用与原有沥青面层标号一致的沥青或更高一级标号的沥青。

下封层是设在半刚性基层表面上，为了保护基层不被施工车辆破坏，利于半刚性材料养生，同时也为了防止雨水下渗到基层以下结构层内，以及加强层间结合而设置的结构层。新建工程中也有在表面层与中面层之间设封层的，以防止雨水下渗。下封层有多种做法，实践证明沥青单层表面处治是较经济、有效的方法之一。

11.5.7　沥青路面新建设计

路面结构设计采用双圆均布垂直荷载作用下的弹性层状连续体系理论进行计算，考虑到路面实际使用情况以及计算的合理性，在进行弯沉计算或验算层底拉应力时，层间接触条件设定为完全连续体系。高速公路、一级公路、二级公路的路面结构，以路表面回弹弯沉值、沥青混凝土层的层底拉应力及半刚性材料层的层底拉应力为设计指标。三级公路、四级公路的路面结构以路表面设计弯沉值为设计指标。有条件时，对重载交通路面宜检验沥青混合料的抗剪切强度。

1. 以路表回弹弯沉为设计指标

（1）计算图式。以路表回弹弯沉值为路面结构设计指标时，其路面荷载及计算点如图 11-9 所示。计算点取为双圆垂直荷载轮隙中心处（A 点），其路表计算弯沉值 l_S 应小于或等于设计弯沉值 l_d，即

$$l_S \leqslant l_d$$

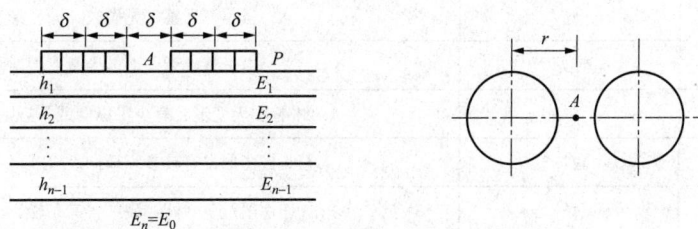

图 11-9　路面荷载及计算点图示

（2）路面设计弯沉值。现有路面回弹弯沉值是用杠杆式弯沉仪和具有标准轴载的规定汽车按前进卸荷法测定的。弯沉值的大小反映了路基路面的强弱，在相同车轮荷载下，路面的弯沉值愈大，则路面抵抗垂直变形的能力愈弱，反之则强。实践表明，回弹弯沉值大的路面，在经受了轮载不太多次的重复作用后，即呈现出某种形态的破坏；而回弹弯沉值小的路面，能经受轮载较多次重复作用才能达到这种形态的破坏。就是说，在达到相同程度的破坏时，回弹弯沉大小同该路面的使用寿命即轮载累计重复作用次数成反比关系。如果能够找到路面达到某种破坏状态时的重复荷载作用次数与此时弯沉值之间的关系，那么，就可以根据对该种路面所要求的使用寿命来确定它所容许的最大弯沉值，这个弯沉值被称作容许弯沉值。因此，路面容许弯沉值的确切含义是：路面在使用期末的不利季节，在设计标准轴载作用下容许出现的最大回弹弯沉值。

容许弯沉值与路面使用寿命的关系可通过调查测定确定。选择使用多年并出现某种破坏状况的路面，测定弯沉值，调查累计交通量，进行分析整理。其中对于路面破坏状况的判定十分重要，既要考虑路面的使用要求，又要顾及能够达到这种要求的经济力量。因此世界各国确定容许弯沉值采用的标准不尽统一。我国对公路沥青路面按外观特征分为五个等级（表 11-15），并把第四外观等级作为路面临界破坏状态，以第四级路面的弯沉值的低限作为临

界状态的划界标准。从表中所列的外观特征可知，这样的临界状态相当于路面已疲劳开裂并伴有少量永久变形的情况。对相同路面结构不同外观特征的路段进行测定后发现，外观等级数愈高，弯沉值愈大，并且外观等级同弯沉值大小有着明显的联系。这样，便可确定路面处于不同极限状态时的容许弯沉值，并将此弯沉值同该路面在以前使用期间的累计交通量建立关系。国内外的大量调查测定资料表明，路面达到某种临界状态时，累计交通量同容许弯沉值之间存在良好的双对数关系。这种关系可普遍地表示为

$$l_R = \frac{B}{N_e^\beta} \tag{11-14}$$

式中　l_R——容许回弹弯沉值；

　　　N_e——累计当量轴载作用次数；

　　　B——回归系数；

　　　β——l_R 随 N_e 改变的变化率。

表 11-15　　　　　　　　　　　　　沥青路面外观等级描述

外观等级	外观状况	路面表面外观特征
一	好	坚实、平整、无裂纹、无变形
二	较好	平整、无变形、少量发裂
三	中	平整、无变形、有少量纵向或不规则裂纹
四	较坏	无明显变形，有较多纵横向裂纹或局部网裂
五	坏	连片严重龟（网）裂或拌有车辙、沉陷

（3）路面设计弯沉值。路面设计弯沉值是路面整体刚度大小的指标，是路面厚度计算的主要依据。设计弯沉值应根据公路等级、设计年限内累计标准当量轴次、面层和基层类型按式（11-15）计算确定：

$$l_d = 600 N_e^{-0.2} A_c A_s A_b \tag{11-15}$$

式中　l_d——设计弯沉值（0.01mm）；

　　　N_e——设计年限内一个车道累计当量轴次（次/车道）；

　　　A_c——公路等级系数，高速公路、一级公路为1.0，二级公路为1.1，三、四级公路为1.2；

　　　A_s——面层类型系数，沥青混凝土面层为1.0；热拌和冷拌沥青碎石、沥青贯入式路面（含上拌下贯式路面）、沥青表面处治为1.1；

　　　A_b——路面结构类型系数，半刚性基层沥青路面为1.0，柔性基层沥青路面为1.6。

（4）路表计算弯沉值。轮隙中心路表回弹弯沉的计算。路表计算弯沉值应按式（11-16）计算：

$$l_S = 1000 \frac{2p\delta}{E_1} \alpha_c F \tag{11-16}$$

其中

$$\alpha_c = f\left(\frac{h_1}{\delta}, \frac{h_2}{\delta}, \cdots, \frac{h_{n-1}}{\delta}, \frac{E_2}{E_1}, \frac{E_3}{E_2}, \cdots, \frac{E_0}{E_{n-1}}\right)$$

$$F = 1.63\left(\frac{l_S}{2000\delta}\right)^{0.38}\left(\frac{E_0}{p}\right)^{0.36} \tag{11-17}$$

式中　　　　　　　l_S——路表计算弯沉值（0.01mm）；

　　　　　　　　　F——弯沉综合修正系数；

　　　　　　p, δ——标准车型的轮胎接地压强（MPa）和当量圆半径（cm）；

　　　　　　　　α_c——理论弯沉系数；

　　　　E_0 或 E_n——路基抗压回弹模量值（MPa）；

$E_1, E_2, \cdots, E_{n-1}$——各层材料抗压回弹模量（MPa）；

$h_1, h_2, \cdots, h_{n-1}$——各结构层厚度（cm）。

$\alpha_c = f(\cdots)$ 以 $\dfrac{h_1}{\delta}, \dfrac{h_2}{\delta}, \cdots, \dfrac{h_{n-1}}{\delta}, \dfrac{E_2}{E_1}, \dfrac{E_3}{E_2}, \cdots, \dfrac{E_0}{E_{n-1}}$ 等参数作为输入数据，应用通用软件计算得到，进而即可求得路表计算弯沉值。

2. 以层底拉应力为设计指标

（1）计算图式。以沥青混凝土层和半刚性材料层层底拉应力为路面结构设计指标时，其力学计算图式见图 11-10。

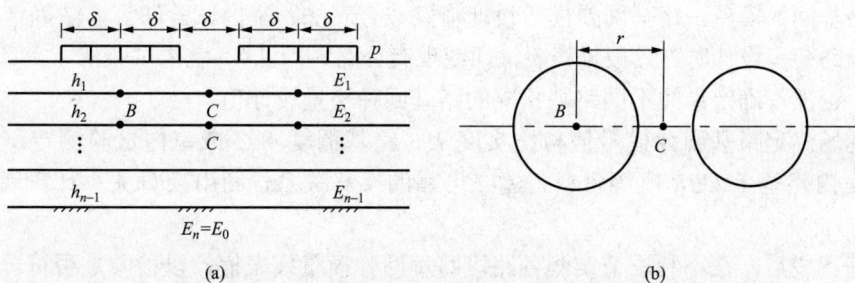

(a)　　　　　　　　　　　　　　　(b)

图 11-10　层底拉应力计算图式

计算点取为双圆荷载轮隙中心（C 点）和单圆荷载中心处（B 点），其层底拉应力 σ_m 应小于或等于容许拉应力 σ_R，即

$$\sigma_m \leqslant \sigma_R$$

（2）结构层材料的容许拉应力。沥青混凝土层、半刚性材料基层和底基层以拉应力为设计或验算指标时，材料的容许拉应力 σ_R 应按式（11-18）计算：

$$\sigma_R = \frac{\sigma_S}{K_S} \tag{11-18}$$

式中　σ_R——路面结构层材料的容许拉应力（MPa）；

　　　σ_S——沥青混凝土或半刚性材料的极限劈裂强度（MPa）；

　　　K_S——抗拉强度结构系数。

1）对沥青混凝土的极限劈裂强度，系指 15℃时的极限劈裂强度；对水泥稳定类材料系指龄期为 90d 的极限劈裂强度；对二灰稳定类、石灰稳定类材料系指龄期为 180d 的极限劈裂强度；对水泥粉煤灰稳定类材料系指龄期为 120d 的极限劈裂强度。

2）对沥青混凝土层的抗拉强度结构系数，按式（11-19）计算：

$$K_S = 0.09 N_e^{0.22} / A_c \tag{11-19}$$

对无机结合料稳定集料类的抗拉强度结构系数，按式（11-20）计算：

$$K_S = 0.35 N_e^{0.11} / A_c \tag{11-20}$$

对无机结合料稳定细粒土类的抗拉强度结构系数，按式（11-21）计算：

$$K_S = 0.45 N_e^{0.11} / A_c \tag{11-21}$$

（3）层底拉应力设计与验算。层底拉应力以单圆中心（B 点）及双圆轮隙中心（C 点）为计算点，并取较大值作为层底拉应力。按式（11-22）计算层底最大拉应力：

$$\sigma_m = p \overline{\sigma}_m \tag{11-22}$$

$$\overline{\sigma}_m = f\left(\frac{h_1}{\delta}, \ \frac{h_2}{\delta}, \ \cdots, \ \frac{h_{n-1}}{\delta}, \ \frac{E_2}{E_1}, \ \frac{E_3}{E_2}, \ \cdots, \ \frac{E_0}{E_{n-1}}\right)$$

式中 $\overline{\sigma}_m$——理论最大拉应力系数。

其他符号意义同式（11-16）。

3. 设计参数

（1）路基回弹模量。路基回弹模量设计值宜按查表法、室内试验法等方法确定：

新建公路初步设计时，宜根据查表法（或现有公路调查法）、室内试验法、换算法等，经综合分析、论证，确定沿线不同路基状况的路基回弹模量设计值。

通过现场测定路基回弹模量值与压实度 K、路基稠度 WC 或室内试验测定路基土回弹模量值与室内路基土 CBR 值等资料，建立可靠的换算关系，利用换算关系计算现场路基回弹模量。

当路基建成后，在不利季节实测各路段路基回弹模量代表值，以检验是否符合设计值的要求。现场实测方法宜采用承载板法，也可采用贝克曼梁弯沉仪法。若在非不利季节测试，则应进行修正。

若现场实测路基回弹模量代表值小于设计值或弯沉值大于要求的检验值，应采取翻晒补压、掺灰处理或调整路面结构厚度等措施，以保证路基路面的强度和稳定性。

1）查表法。估计路基回弹模量设计值，应按以下步骤进行：

① 确定临界高度。临界高度指在不利季节，路基分别处于干燥、中湿或潮湿状态时，路床表面距地下水位或地表积水水位的最小高度。可根据土质、气候条件按当地经验确定。

当缺乏实际资料时，中湿、潮湿状态的路基临界高度可查现行规范选用。

② 拟定土的平均稠度。在新建公路的初步设计中，因无法实测求得土的平均稠度，可根据当地经验或路基临界高度，判断各路段路基的干湿类型，可查现行规范，经论证得到各路段土的平均稠度 w_c 值。

③ 估计路基回弹模量设计值。根据土类和气候区以及拟定的路基土的平均稠度，可查现行规范估计路基回弹模量设计值。当采用重型击实标准时，路基回弹模量设计值可较表列数值提高 20%～35%。

2）室内试验法。测定土的回弹模量应按以下要求进行。

① 应选择土料场，取土样，宜采用 100mm 直径承载板，按照现行的《公路土工试验规程》中的小承载板法试验要求进行试验。回弹模量测试结果应采用式（11–23）修正：

$$E_{0S} = \lambda E \qquad (11–23)$$

式中　E_{0S}——修正后的回弹模量（MPa）；

λ——试筒尺寸约束修正系数，50mm 直径承载板取 0.78，100mm 直径承载板取 0.59；

E——室内试验法回弹模量实测值（MPa）。

② 试件制备应根据重型击实标准确定的最佳含水量，采用三组试样，每组三个试件，每个试件分别按重锤三层 98 次、50 次、30 次击实制件，测得不同压实度与其相对应的回弹模量值，绘成压实度与回弹模量间的关系线，查图求得标准压实度条件下土的回弹模量值。

③ 路基回弹模量设计值，应考虑公路等级、不利季节和路基干湿类型的影响，采用式（11–24）计算：

$$E_{0D} = \frac{Z}{K} E_{0s} \qquad (11–24)$$

式中　E_{0D}——路基回弹模量设计值（MPa）；

E_{0s}——室内承载板法考虑试筒尺寸约束修正后的回弹模量测试结果（MPa）；

Z——考虑保证率的折减系数，高速公路、一级公路为 0.66，二、三级公路为 0.59，四级公路为 0.52；

K——考虑不利季节和路基干湿类型的综合影响系数，参考表 11–16 选取，或者根据室内承载板法回弹模量与稠度的关系分析确定，或者根据当地经验确定。

表 11–16　　　　　　　　　　综 合 影 响 系 数 K

土基稠度值 w_c	$w_c \geqslant w_{c1}$	$w_{c1} > w_c \geqslant w_{c2}$	$w_c < w_{c2}$
综合影响系数	1.3	1.6	1.9

3）现场实测法。

① 采用承载板法测定已建成的路基回弹模量，利用式（11–25）计算测点处路基回弹模量值 E_{0b}：

$$E_{0b} = \frac{\sum P_i}{D \sum l_i}(1 - \mu_0^2) \times 10^5 \qquad (11–25)$$

式中　D——承载板直径（mm）；

P_i，l_i——第 i 级荷载（kN）及其检测的回弹变形（0.01mm）；

μ_0——路基的泊松比，取 0.35。

某路段路基回弹模量设计值应按式（11–26）计算：

$$E_{0D} = (\overline{E_0} - Z_a S)/K_1 \qquad (11–26)$$

式中　E_{0D}——某路段土基回弹模量设计值（MPa）；

$\overline{E_0}$，S——实测土基回弹模量的平均值和均方差；

Z_a——保证率系数，高速公路、一级公路为 2，二、三级公路为 1.645，四级公路为 1.5；

K_1 ——不利季节影响系数，可根据当地经验确定。

② 可采用贝克曼梁弯沉仪测定路基弯沉值，检验路基设计回弹模量相对应的弯沉值。

a. 将路基回弹模量设计值按式（11–27）计算其相应的路基设计弯沉值 l_{0D}，做为检验路基强度的简便方法。

$$l_{0D} = \frac{2p\delta}{K_1 E_{0D}}(1 - \mu_0^2)\alpha_0 \times 10^2 \qquad (11–27)$$

式中　l_{0D} ——路基设计弯沉值（0.01mm）；

　　p，δ ——测定车轮胎接地压强（MPa）与当量圆半径（mm）；

　　α_0 ——均匀体弯沉系数，取 0.712；

　　K_1 ——不利季节影响系数，可根据当地经验确定。

b. 某路段实测的弯沉代表值 l_0 应不大于路基弯沉设计值 l_{0D}，即：

$$l_0 = \overline{l}_0 + Z_a S \leqslant l_{0D} \qquad (11–28)$$

式中　$\overline{l}_0$，S ——分别为该路段实测路基弯沉平均值（0.01mm）与均方差（0.01mm）；

　　Z_a ——保证率系数，高速公路、一级公路为 2，二、三级公路为 1.645，四级公路为 1.5。

4）换算法。在新建土基上用承载板法测定 E_0 时，同时测定回弹弯沉 L_0、承载比 CBR 与土性配套指标，并在室内按相应土性状态进行 E_0、CBR 测试，建立现场测定与室内试验的关系，得到 $E_0 \sim L_0$、$E_0 \sim$ CBR 的相关换算关系式，以此为基础，可以单独采用室内试验方法确定 E_0 值。

（2）材料设计参数。路面材料的设计参数包括模量和劈裂强度。

材料模量值是表征材料刚度特性的指标，路面设计选用何种材料模量一直是我国道路界长期研究的课题。因为不同测试方法会得出不同的数值，目前我国常用的路面材料参数测试方法有压缩试验、劈裂试验、弯拉试验。设计时采用何种试验及其模量值应考虑因素：① 测试方法简便，结果比较稳定；② 测得的模量值和强度应较好地反映各种路面材料的力学特性；③ 模量值和强度用于厚度计算时，应较好地与设计方法相匹配，设计厚度与实际经验相吻合。

我国现行的公路沥青路面设计规范规定，以设计弯沉值计算路面厚度，对高速公路、一级公路、二级公路沥青混凝土面层和半刚性材料的基层、底基层应验算拉应力是否满足容许拉应力的要求，各层材料的计算模量采用抗压回弹模量，沥青混凝土和半刚性材料的抗拉强度采用劈裂强度。

路面设计中各结构层的材料设计参数应根据公路等级和设计阶段的要求确定。高速公路、一级公路施工图设计时应选取工程用路面材料实测设计参数，各级公路采用新材料时，也必须实测设计参数。高速公路、一级公路初步设计或二级及二级以下公路设计时可借鉴本地区已有的试验资料或工程经验确定。可行性研究阶段可参考规范上列出的设计参数。

以路表弯沉值为设计或验算指标时，设计参数采用抗压回弹模量，对于沥青混凝土试验温度为 20℃；计算路表弯沉值时，抗压回弹模量设计值 E 应按式（11–29）计算：

$$E = \overline{E} - Z_a S \qquad (11–29)$$

式中　$\overline{E}$——各试件模量的平均值（MPa）；

　　　S——各试件模量的标准差；

　　　Z_a——保证率系数，取 2.0。

半刚性材料的设计参数应按《公路工程无机结合料稳定材料试验规程》（JTG E51—2009）的规定测定。沥青混合料的设计参数应按《公路工程沥青及沥青混合料试验规程》（JTG E20—2011）的规定测定。以沥青层或半刚性材料结构层层底拉应力为设计或验算指标时，应在 15℃条件下测试沥青混合料的抗压回弹模量；半刚性材料应在规定龄期（水泥稳定类材料龄期为 90d，二灰稳定类、石灰稳定类材料为 180d，水泥粉煤灰稳定类为 120d）测定抗压回弹模量。

计算层底应力时应考虑模量的最不利组合。在计算层底拉应力时，计算层以下各层的模量应采用式（11–29）计算其模量设计值；计算层及以上各层模量采用式（11–30）计算其模量设计值 E：

$$E = \overline{E} + Z_a S \tag{11–30}$$

式中　$\overline{E}$——各试件模量的平均值（MPa）；

　　　S——各试件模量的标准差；

　　　Z_a——保证率系数，取 2.0。

各地区应建立劈裂强度、回弹模量与龄期的相关关系，以及快速养生方法等预估规定龄期的材料强度、模量的换算关系，经充分论证后作为设计参数的取值依据。

4. 厚度设计

路面结构层厚度的确定应满足结构整体刚度（即承载力）与沥青层或半刚性基层、底基层抗疲劳开裂的要求。

（1）设计流程。路面结构设计应按图 11–11 所示的流程进行，主要内容包括：

1）根据设计要求，按弯沉或弯拉指标分别计算设计年限内一个车道的累计标准当量轴次，确定设计交通量与交通等级，拟定面层、基层类型，并计算设计弯沉值或容许拉应力。

2）按路基土类与干湿类型及路基横断面形式，将路基划分为若干路段，确定各个路段土基回弹模量设计值。

3）参考本地区的经验拟定几种可行的路面结构组合与厚度方案，根据工程选用的材料进行配合比试验，测定各结构层材料的抗压回弹模量、劈裂强度等，确定各结构层的设计参数。

4）根据设计指标采用多层弹性体系理论设计程序计算或验算路面厚度。

5）对于季节性冰冻地区应验算防冻厚度是否符合要求。

6）进行技术经济比较，确定路面结构方案。

（2）算例。

1）基本资料。

① 设计任务书要求。某公路设计等级为高速公路，双向四车道，设计年限为 15 年，拟采用沥青路面结构，试进行路面结构设计。

② 气象资料。此高速公路地处 II_2 区，年降水量为 620mm/年，最高气温 35℃，最低气温–31℃，多年平均冻结指数为 882℃·d，最大冻结指数 1225℃·d。

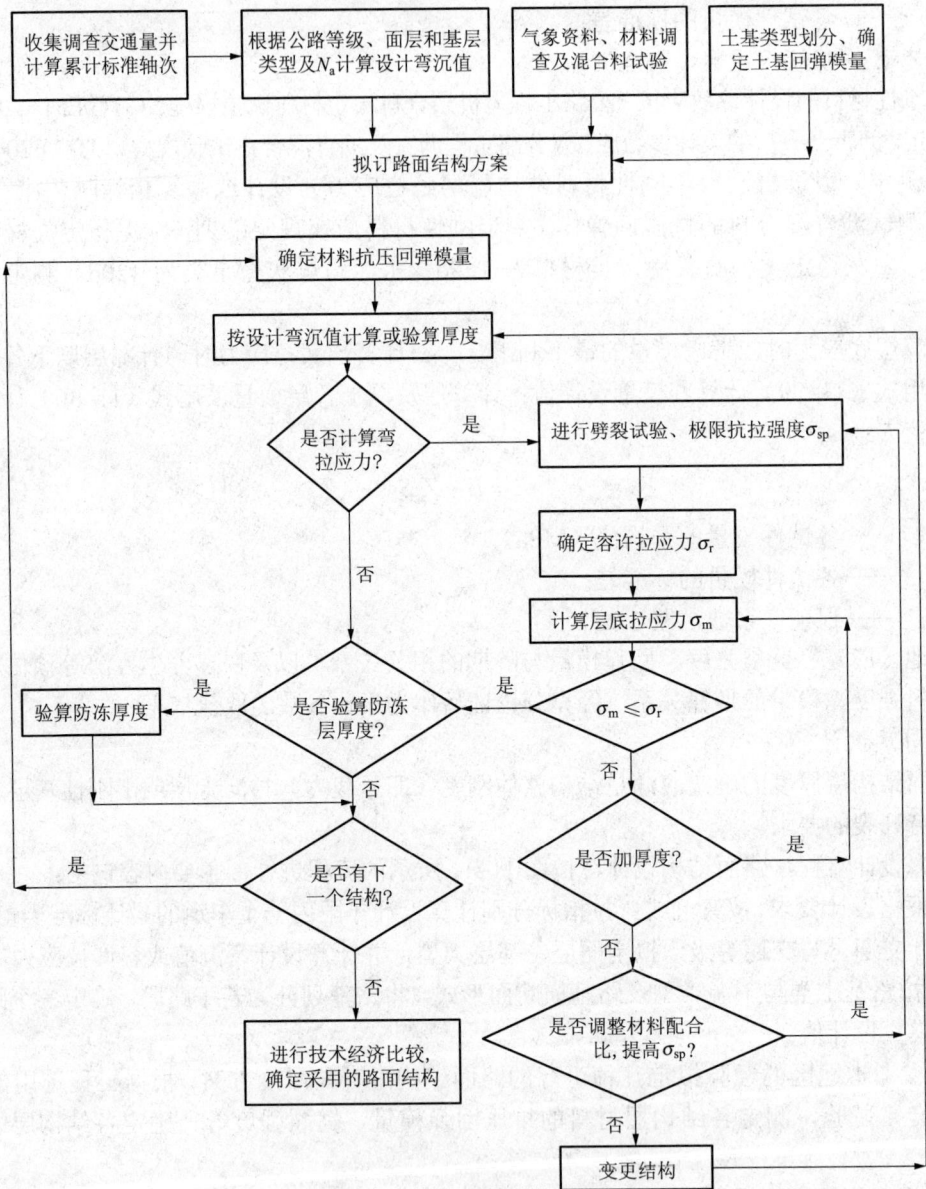

图 11-11 设计程序流程

③ 地质资料与筑路材料。沿线土质为中液限黏性土，填方路基高 1.8m，地下水位距路床 2.4m；多年最大道路冻深为 175cm。公路沿线有丰富的砂砾，附近有采石场和石灰厂，筑路材料丰富。

④ 交通资料。根据工程可行性研究报告可知路段所在地区近期交通量调查资料，见表 11-17。

表 11-17 近 期 交 通 量

车 型 分 类	代 表 车 型	数量（辆/d）
小客车	桑塔纳 2000	2280
中客车	江淮 AL6600	220
大客车	黄海 DD680	450
轻型货车	北京 BJ130	260
中型货车	东风 EQ140	660
重型货车	黄河 JN163	868
铰接挂车	东风 SP9250	330

根据交通调查进行综合分析，预测其交通增长率前 5 年为 8.0%、之后 5 年为 7.0%，最后 5 年为 5.0%。

2）设计轴载。累计轴次计算结果见表 11-18，属于重交通等级。

表 11-18 累 计 轴 次

汽车车型	前轴重（kN）	后轴重（kN）	后轴数	后轴轮组数	后轴距（m）	日交通量（辆/d）
北京 BJ130	13.4	27.4	1	2	0	260
东风 EQ140	23.6	69.3	1	2	0	660
东风 SP9250	50.7	113.3	3	2	4	330
黄海 DD680	49.0	91.5	1	2	0	450
黄河 JN163	58.6	114.0	1	2	0	868
江淮 AL6600	17.0	26.5	1	2	0	220
换算方法	弯沉及沥青层拉应力指标			半刚性层拉应力指标		
累计轴次	2098 万次			2673 万次		

注：车道系数取为 0.5。

3）土基回弹模量的确定。设计路段路基处于中湿状态，路基土为中液限黏质土，根据室内试验法可得土基回弹模量设计值为 40MPa。

4）初拟路面结构。根据本地区的路用材料，结合已有工程经验与典型结构，拟定了三个结构组合方案。按计算法确定方案一、方案二的路面厚度；按验算法验算方案三的结构厚度。根据结构层的最小施工厚度、材料、水文、交通量以及施工机具的功能等因素，初步确定路面结构组合与各层厚度如下：

方案一：

4cm 细粒式沥青混凝土+6cm 中粒式沥青混凝土+8cm 粗粒式沥青混凝土+38cm 水泥稳定碎石基层+水泥石灰砂砾土层，以水泥石灰砂砾土为设计层。

方案二：

4cm 细粒式沥青混凝土+8cm 中粒式沥青混凝土+15cm 密级配沥青碎石+? 水泥稳定砂砾

+18cm 级配砂砾垫层，以水泥稳定砂砾为设计层。

方案三：

4cm 细粒式沥青混凝土+8cm 中粒式沥青混凝土+2×10cm 密级配沥青碎石+35cm 级配碎石。

5）路面材料配合比设计与设计参数的确定。

① 试验材料的确定。半刚性基层所用集料取自沿线料场，沥青选用 A 级 90 号石油沥青，上面层采用 SBS 改性沥青，技术指标均符合《公路沥青路面施工技术规范》（JTG F40—2004）相关规定。

② 路面材料配合比设计（略）。

③ 路面材料抗压回弹模量的确定。

a. 半刚性材料的抗压回弹模量按照《公路工程无机结合料稳定材料试验规程》（JTG E51—2009）规定的顶面法测定。

b. 沥青混合料的抗压回弹模量按照《公路工程沥青及沥青混合料试验规程》（JTG E20—2011）中规定的方法进行，测定 20℃、15℃的抗压回弹模量，各种材料的试验结果与设计参数见表 11-19、表 11-20。

表 11-19　　　　　　　　　沥青材料抗压回弹模量测定与参数取值

材　料　名　称	20℃抗压回弹模量（MPa）			15℃抗压回弹模量（MPa）			
	E_p	方差	$E_p-2\sigma$	E_p	方差	$E_p-2\sigma$	$E_p+2\sigma$
		σ	$E_{p代}$		σ	$E_{p代}$	
细粒式沥青混凝土	1991	201	1589	2680	344	1992	3368
中粒式沥青混凝土	1425	105	1215	2175	187	1801	2549
粗粒式沥青混凝土	978	55	868	1320	60	1200	1440
密级配沥青碎石	1248	116	1016	1715	156	1403	2027

表 11-20　　　　　　　半刚性材料及其他材料抗压回弹模量测定与参数取值

材　料　名　称	抗压回弹模量（MPa）			
	E_p	方差	$E_p-2\sigma$	$E_p+2\sigma$
		σ		$E_{p代}$
水泥稳定碎石	3188	782	1624	4752
水泥石灰砂砾土	1591	250	1091	2091
级配碎石	400			
级配砂砾	250			

④ 路面材料劈裂强度测定。根据设计配合比，选取工程用各种原材料，测定规定温度和龄期的材料劈裂强度，结果见表 11-21。

表 11-21   路 面 材 料 劈 裂 强 度

材料名称	细粒式沥青混凝土	中粒式沥青混凝土	粗粒式沥青混凝土	密级配沥青碎石	水泥稳定碎石	水泥石灰砂砾土	二灰稳定砂砾
劈裂强度/MPa	1.2	1.0	0.8	0.6	0.6	0.4	0.6

6）路面结构厚度确定。

① 方案一的结构厚度。该结构为半刚性基层，沥青路面的基层类型系数为 1.0，设计弯沉为 20.60（0.01mm）。利用设计程序计算出满足设计弯沉指标要求的水泥石灰砂砾土层厚度为 11.1cm；满足层底拉应力要求的水泥石灰砂砾土层厚度为 16.5cm。设计厚度取水泥石灰砂砾土层为 17cm。路表计算弯沉为 18.57（0.01mm）。各结构层的验算结果见表 11-22所示。

表 11-22   结 构 厚 度 计 算 结 果

序号	结构层材料名称	20℃抗压回弹模量（MPa）		15℃抗压回弹模量（MPa）		劈裂强度（MPa）	厚度（cm）	层底拉应力（MPa）	容许拉应力（MPa）
		均值	标准差	均值	标准差				
1	细粒式沥青混凝土	1191	201	2680	344	1.2	4	−0.19	0.46
2	中粒式沥青混凝土	1425	105	2175	187	1.0	6	0.06	0.38
3	粗粒式沥青混凝土	978	55	1320	60	0.8	8	−0.06	0.31
4	水泥稳定碎石	3188	782	3188	782	0.6	38	0.15	0.26
5	水泥石灰砂砾土	1591	250	1591	250	0.4	17	0.13	0.14
6	土基	40	0	—	—	—	—	—	—

② 方案二的结构厚度。该结构为柔性基层与半刚性基层组合，沥青层较厚。根据工程经验，按内插法确定基层类型系数为 1.45，设计弯沉为 29.87（0.01mm）。利用设计程序计算出满足设计弯沉指标要求的水泥稳定砂砾层厚度为 16.4cm；满足层底拉应力要求的水泥稳定砂砾层厚度为 19.5cm。设计厚度取水泥稳定砂砾层为 20cm。路表计算弯沉为 27.0（0.01mm）。各结构层的验算结果见表 11-23。

表 11-23   结 构 厚 度 计 算 结 果

序号	结构层材料名称	20℃抗压回弹模量（MPa）		15℃抗压回弹模量（MPa）		劈裂强度（MPa）	厚度（cm）	层底拉应力（MPa）	容许拉应力（MPa）
		均值	标准差	均值	标准差				
1	细粒式沥青混凝土	1191	201	2680	344	1.2	4	−0.28	0.46
2	中粒式沥青混凝土	1425	105	2175	187	1.0	8	0.04	0.38
3	密级配沥青碎石	1248	116	1715	156	0.6	15	0.04	0.23
4	水泥稳定砂砾	2617	234	2617	234	0.5	20	0.26	0.26
5	级配砂砾	250	0	—	—	—	18	—	—
6	土基	40	0	—	—	—	—	—	—

③ 方案三的结构厚度。该结构为柔性基层，沥青路面的基层类型系数为 1.6，设计弯沉为 32.96（0.01mm）。利用设计程序验算结构是否满足设计弯沉与容许拉应力的要求。路表计算弯沉为 31.47（0.01mm），小于设计弯沉，符合要求。各结构层的层底拉应力验算结果均满足要求。详见表 11-24。

表 11-24   结构厚度计算结果

序号	结构层材料名称	20℃抗压回弹模量（MPa）		15℃抗压回弹模量（MPa）		劈裂强度（MPa）	厚度（cm）	层底拉应力（MPa）	容许拉应力（MPa）
		均值	标准差	均值	标准差				
1	细粒式沥青混凝土	1191	201	2680	344	1.2	4	-0.31	0.46
2	中粒式沥青混凝土	1425	105	2175	187	1.0	8	0.08	0.38
3	密级配沥青碎石	1248	116	1715	156	0.6	20	0.23	0.23
4	级配碎石	350	0	—	—	—	35	—	—
5	土基	40	0	—	—	—	—	—	—

7）验算防冻厚度。方案一沥青层厚度为 18cm，总厚度为 73cm，满足最小防冻厚度 45～55cm 的要求。方案二沥青层厚度为 27cm，总厚度为 65cm，满足最小防冻厚度 50～60cm 的要求。方案一沥青层厚度为 32cm，总厚度为 67cm，满足最小防冻厚度 50～60cm 的要求。因此，以上路面结构厚度均满足最小防冻厚度的要求。

8）方案技术经济比选。经过工程预算分析，三种路面结构的总造价相差不大。但考虑到本地区降雨量比较大，为了保证路面的长期性能，建议采用方案二混合式基层沥青路面。

11.5.8 沥青路面改建设计

1. 一般规定

当原有路面需要提高等级时，对不符合技术标准的路段，应先进行线形改善，使其符合《公路工程技术标准》（JTG B01—2014）的规定。改线路段应按新建路面设计。加宽路面、提高路基、调整纵坡的路段应视具体情况按新建或改建路面设计。在原有路面上补强时，按改建路面设计。

改建设计前应调查历年的年平均双向日交通量、交通组成与交通量增长率等，并收集公路建设和养护的有关技术资料。调查原路面现状，对路面破损程度进行分段评价，分析路面损坏原因，分段拟定路面改建工程设计方案。

交通量大的高速公路、一级公路以及城市郊区公路宜选择施工方便、工期短、对交通干扰少的设计方案。设计方案应在保证一定使用年限的要求下，尽量减少原路的开挖工程数量，减小废弃材料。

设计方案应考虑原路面沥青混合料、半刚性基层材料的再生利用，并结合已有成果和经验，积极慎重地推广再生技术。目前我国已开展旧路面的再生利用技术，包括现场热再生、厂拌热再生、改性沥青冷拌再生等工艺。沥青路面厂拌再生混合料主要用于基层或底基层。半刚性材料打碎当集料或再掺入水泥、碎石拌和可做底基层用。

在原路扩宽工程中应采取措施加强新、老路面之间的结合，防止加宽部分与原有路面间产生差异沉降。当旧路面进行加宽设计时，加宽部分沥青面层与原有路面的纵向接缝处，应采取减缓路基不均匀沉降裂缝的措施。同时铺筑路面以前应检查加宽部分路基土的密实度，并视具体情况采取措施，使加宽部分的整体强度与原有路面的整体强度相近，然后再进行全幅罩面或补强。

大型改扩建工程应根据设计方案修建试验路，以总结交通组织与疏导、施工组织、施工工艺、施工质量控制等方面经验，改进设计方案。

2. 沥青路面加铺层

沥青路面随着使用时间的延续，其使用性能和承载能力不断降低，超过设计使用年限后便不能满足正常行车的要求，而需补强或改建。路面补强设计工作包括现有路面结构状况调查、弯沉评定以及补强厚度计算。当原有路面需要提高等级时，对不符合技术标准的路段应先进行线型改善，改线路段应按新建路面设计。加宽路面、提高路基、调整纵坡的路段应视具体情况按新建或改建路面设计。在原有路面上补强时，按改建路面设计。路面补强设计工作包括现有路面结构状况调查、弯沉评定以及补强厚度计算。

（1）路面现状调查。对使用中的路面进行结构状况的调查与评定，其目的主要是了解路面现有结构状况和强度，据以判断是否需要加强或预估剩余使用寿命，分析路面损坏的原因及提出处理措施。

1）调查内容。设计应对原有路面做好调查，主要调查分析内容如下：

① 调查破损情况，包括裂缝率、车辙深度、修补面积等。

② 采用贝克曼弯沉仪或 FWD 等无损检测方法评价原路面结构承载能力。

③ 根据破损情况调查和承载能力测试与评价，结合路面外观选择好、中、差路面典型使用状况，进行分层钻芯或探坑取样，采集沥青混合料和基层、底基层、土基的样品试验，分析破坏原因，判断其破坏层位和是否可以利用。

④ 取样调查路床范围内路基土的分层含水量、土质类型及承载力等，分析路基的稳定性、强度以及路基路面范围内排水状况等。

⑤ 交通调查。对于当前的交通量和车型组成进行实地观测，通过调查分析预估交通量增长趋势，确定年平均增长率。

⑥ 路面修建和养护历史调查。

2）调查分段。设计应根据下列情况将全线划分为若干段。分段时，应考虑下列因素：

① 将原路面的破损形态、弯沉值、破损原因相近的划分为一个路段。

② 在同一路段内，若局部路段弯沉值很大，可先修补处理再进行补强。在计算该段代表弯沉值时，可不考虑个别弯沉值大的点。

③ 一般按 1km 为单位对路况进行评价，当路况评价指标基本接近时可将路段延长。在水文、土质条件复杂或需要特殊处理的路段，其分段最小长度可视实际情况确定。

（2）各路段的计算弯沉值。各路段应采用 BZZ-100 标准轴载汽车，用贝克曼梁测定原有路面的弯沉值，每 20～50m 测一点，弯沉值变化较大时可加密测点，每车道、每路段的测点数不少于 20 点。若为非标准轴载应进行换算。各路段的计算弯沉值 l_0 应按式（11-31）计算：

$$l_0 = (\overline{l_0} + Z_a S) K_1 K_2 K_3 \tag{11-31}$$

式中 l_0 ——路段内实测路表弯沉代表值（0.01mm）；

$\overline{l_0}$ ——路段内实测路表弯沉平均值（0.01mm）；

S ——路段内实测路表弯沉标准差（0.01mm）；

Z_a ——与保证率有关的系数，高速公路、一级公路 Z_a =1.645，其他公路沥青路面 Z_a = 1.5；

K_1 ——季节影响系数，根据当地经验确定；

K_2 ——湿度影响系数，根据当地经验确定；

K_3 ——温度修正系数，温度修正方法：可按照《公路路基路面现场测试规程》（JTG E60—2008）中的规定进行或根据条文说明或当地的实测资料进行修正。

（3）原路面当量回弹模量计算。

1）确定原路面的当量回弹模量时，应根据路段的划分计算当量回弹模量值。

2）各路段的当量回弹模量应根据各路段的计算弯沉值，按式（11–32）（轮隙弯沉法）计算：

$$E_t = 1000 \frac{2p\delta}{l_0} m_1 m_2 \tag{11-32}$$

式中 E_t ——原路面的当量回弹模量（MPa）；

p、δ ——标准车型的轮胎接地压强（MPa）和当量圆半径（cm）；

l_0 ——原路面的计算弯沉（0.01mm）；

m_1 ——用标准轴载的汽车在原路面上测得的弯沉值与用承载板在相同压强条件下所测得的回弹变形值之比，即轮板对比值；

m_2 ——原路面当量回弹模量扩大系数。

比值 m_1 应根据各地的对比试验结果论证地确定，在没有对比试验资料的情况下，可取 m_1 =1.1（轮隙弯沉法）进行计算。

3）计算与原路面接触的补强层层底拉应力时，m_2 按式（11–33）计算；计算其他补强层层底拉应力及弯沉值时，m_2 =1.0。

$$m_2 = e^{0.037 \frac{h'}{\delta} \left(\frac{E_{n-1}}{p} \right)^{0.25}} \tag{11-33}$$

式中 E_{n-1} ——与原路面接触层材料的抗压模量（MPa）；

h' ——各补强层相当于原路面接触层的模量 E_{n-1} 的等效总厚度（cm）。

4）等效总厚度 h' 按式（11–34）计算：

$$h' = \sum_{i=1}^{n-1} h_i (E_i / E_{n-1})^{0.25} \tag{11-34}$$

式中 E_i ——第 i 层补强层材料的抗压回弹模量（MPa）；

h_i ——第 i 层补强的厚度（cm）；

$n-1$ ——补强层层数。

（4）旧路面处理。

1）对旧沥青路面处理。

① 沥青路面整体强度基本符合要求，车辙深度小于10mm，轻度裂缝而平整度及抗滑性

能较差时，可直接加铺罩面，恢复表面使用功能。

② 对中度、重度裂缝段宜视具体情况铣刨路面。否则，应进行灌缝、修补坑槽等处理，必要时采取防裂措施后再加铺沥青层。对沥青层网裂、龟裂或沥青老化的路段应进行铣刨并清除干净，设粘层沥青后，再加铺沥青层。

③ 对整体强度不足或破损严重的路段，视路面破损程度确定挖除深度、范围以及加铺补强层的结构与厚度。

2）加铺面层。

① 可用沥青混凝土罩面、表面处治或其他预防性养护措施改善提高沥青表面层的服务功能。一般单层沥青混凝土罩面厚度可为 30～50mm；超薄层罩面厚度宜为 20～25mm。预防性养护可选用稀浆封层、微表处或养护剂等。

② 超薄磨耗层结合料宜用改性沥青或掺入其他添加剂，提高超薄磨耗层的水稳定性。

（5）加铺补强层设计。

1）补强设计的原则。

① 当强度不足时应进行补强设计，设计方法与新建路面相同。

② 加铺补强层的结构设计应根据原路面综合评价，公路等级、交通量，考虑与周围环境相协调，结合纵、横断面调坡设计等因素，选用直接加铺，或开挖原路至某一结构层位，或采取加铺一层或多层沥青补强层，或加铺半刚性基层、贫混凝土基层等结构层设计方案。在确定设计弯沉时，应根据加铺层的结构选用路面类型系数。

③ 原路面与补强层之间视加铺层的结构与厚度，宜洒布粘层沥青，或采取相应的减裂措施，或铺设调平层，或直接加铺结构层等。

2）补强厚度的计算。在确定原有路面的当量回弹模量后，可用弹性层状体系理论进行补强层厚度的计算，若补强单层时，以双层弹性体系为设计计算的力学模型，补强 n 层时，以 $n+1$ 层弹性体系为力学模型计算。补强设计时，仍以设计弯沉值作为路面整体刚度的控制指标；对于二级和二级以上公路，还应进行补强层底面拉应力的验算。设计弯沉值、各补强层底面的容许拉应力的计算方法、弯沉综合修正系数及补强层材料参数的确定与新建路面设计时的各项方法相同。

3）加铺补强层设计步骤。

① 计算原有路面的当量回弹模量。

② 拟定几种可行的结构组合及结构层厚度，并通过试验或参照当地成熟经验确定各补强层的材料参数。

③ 根据加铺层的类型确定设计指标，当以路表回弹弯沉为设计指标时，弯沉综合修正系数按式（11-35）计算：

$$F = 1.45\left(\frac{l_s}{2000\delta}\right)^{0.61}\left(\frac{E_t}{p}\right)^{0.61} \tag{11-35}$$

式中　E_t——原路面的当量回弹模量（MPa）。

当以拉应力为控制指标时，确定了设计厚度后，宜按式（11-17）计算弯沉综合修正系数，最后计算路表回弹弯沉。

④ 采用弹性层状体系理论设计程序计算设计层的厚度或进行结构验算。对季节性冰冻地区的中、潮湿路段还应验算防冻厚度。

⑤ 根据各方案的计算结果，进行技术经济比较，确定采用的补强设计方案。

3. 水泥混凝土路面加铺沥青路面

(1) 水泥混凝土路面调查内容。水泥混凝土路面应重点调查以下内容：

1) 破碎板块、开裂板块、板边角的破损状况，并逐个记录破损板块的位置和数量或按车道绘出破损状况草图，计算每公里断板率。调查纵、横向接缝拉开宽度、错台位置与高度，计算错台段的平均错台高度；调查板底脱空位置等。

2) 用落锤式弯沉仪（FWD）或贝克曼弯沉仪（BB）进行现场测定。

① 视路况每块板或每2～4块板选一测点，在横向接缝板边距板角30～50cm处测定弯沉，全面了解水泥混凝土路面的承载能力情况。

② 根据测定弯沉值或弯沉盆资料，选择典型路段测量横向接缝或裂缝两侧板边的弯沉值，以评价原混凝土板的承载能力、接缝传荷能力，并结合平均错台高度判断板底脱空情况。

3) 选择典型路面状况，分层钻芯取样，测定原混凝土强度、模量等，分析破坏原因。原混凝土路面结构参数，包括面板厚度、弯拉强度、弯拉弹性模量、基层顶面当量回弹模量标准值，可按《公路水泥混凝土路面设计规范》（JTG D40—2002）的有关规定确定。

(2) 原路面接缝传荷能力的评价。

1) 横向接缝两侧板边的弯沉差宜按式（11-36）计算：

$$\Delta_D = D_u - D_e \tag{11-36}$$

式中　Δ_D——弯沉差（0.01mm）；
　　　D_u——未受荷板接缝边缘处的弯沉值（0.01mm）；
　　　D_e——受荷板接缝边缘处的弯沉值（0.01mm）。

2) 用贝克曼弯沉仪和落锤式弯沉仪测定横向接缝两侧板边的弯沉时，宜用平均弯沉值按式（11-37）评价水泥混凝土板的承载能力，并区分不同情形对水泥混凝土板进行处治。

$$\overline{D} = \frac{D_u + D_e}{2} \tag{11-37}$$

式中　$\overline{D}$——平均弯沉值（0.01mm）。

(3) 原水泥混凝土路面处理方法。根据破损调查和承载能力测试资料，原水泥混凝土路面加铺层设计可按表11-25进行处理。若路面结构承载能力不满足现有交通要求，应采取补强措施，提高承载能力。

表11-25　　　　　　　　　原水泥混凝土路面处理方法

原路面状况	评价等级	平均弯沉值（0.01mm）	修 补 方 法
路面破损状况	优和良	20～45	局部处理：更换破碎板、修补开裂板块、脱空板灌浆，使处治后的路段代表弯沉值低于20（0.01mm），然后加铺沥青层
	中等及中等以下	>45	采取打裂或各种破碎技术将混凝土板打碎、压实，然后加铺补强层
接缝传荷能力不足		$\Delta_D \geqslant 6$	压浆填封，或增加传力杆，或采取打裂工艺消除垂直、水平方向变形，然后加铺沥青层
板底脱空			灌浆或打成发裂工艺，压实，消除垂直、水平方向变形，使路面稳定，然后加铺沥青层

（4）加铺层设计。沥青加铺层可设单层或双层沥青面层，视具体情况增加调平层或补强层等。加铺层设计应根据公路等级和使用要求、交通量、环境条件和纵、横向调坡设计，在处理破损原水泥混凝土板使其稳定的基础上，综合考虑防止反射裂缝措施，结合已有经验确定。

1）在稳定的原水泥混凝土板上加铺沥青层时，对高速公路、一级公路（或中等及中等以上交通）厚度不宜小于 100mm，其他公路不宜小于 70mm。

2）在原水泥混凝土路面上加铺沥青层时，宜用热沥青或改性乳化沥青、改性沥青做粘层。为防止渗水、减缓反射裂缝及加强层间结合，宜设置 20～25mm 厚的聚合物改性沥青应力吸收层、应力吸收膜，或铺设长纤维无纺聚酯类土工织物等。

3）按规范有关规定增加或完善路面结构排水系统和防水措施。

（5）破碎板的沥青面层补强设计。

1）当原路面板接缝或裂缝处平均弯沉大于 45（0.01mm）以上时，宜采取打裂措施，消除原水泥混凝土板脱空，使其与基层紧密结合、稳定后，再加铺结构层。

2）当原路面板接缝或裂缝处平均弯沉大于 70（0.01mm）或水泥混凝土板较破碎时，可将原路面板破碎成小块或碎石，作为下基层或底基层用。采用贝克曼弯沉仪或落锤式弯沉仪测定其当量回弹模量，按规范规定设计补强层和沥青层。

4. 桥面铺装

对特大桥、重要大桥等的桥面铺装应进行专项设计。特大桥、重要大桥可选择浇注式沥青混凝土、沥青玛碲脂、涂膜等防水层，下面层可用浇注式沥青混凝土、沥青玛碲脂碎石组成防水体系。应检验桥面铺装各结构层间的抗剪强度和抗拔强度。

（1）桥面板技术要求。水泥混凝土桥面采用沥青面层铺装时，桥面板应满足以下技术要求：

1）水泥混凝土桥面板应平整粗糙，干燥整洁，不得有浮浆、尘土、水迹、杂物或油污等。对高速公路、一级公路的桥面宜进行打毛处理。特大桥、重要大桥桥面宜进行表面喷砂处理。

2）当混凝土桥面板需要设置调平层时，混凝土调平层厚度不宜小于 80mm，且应按要求设置钢筋网；纤维混凝土调平层厚度不宜小于 60mm；调平层混凝土强度等级应与梁体一致，并应与桥面板结合紧密。当调平层厚度较薄时，可用沥青混合料或通过加厚下面层进行调平。

（2）铺装结构组成。桥面沥青铺装结构，可由防水层和下面层、表面层组成。防水层和下面层共同组成防水体系，应重视下面层的密水性和热稳定性。

1）应根据桥梁类型、设计安全等级，并考虑工程环境条件等因素（如冰冻地区或海洋地区，有工业酸雾、雨影响等）确定防水层和下面层。防水层主要包括：涂膜、卷材等专用防水材料；沥青砂、沥青玛碲脂、热融沥青碎石、稀浆封层等聚合物改性沥青类防水材料；环氧树脂下封层等反应性树脂类防水材料。

当下面层采用浇注式沥青混凝土时可视为防水层，但在动荷载作用下可能出现负弯矩的位置宜采取一定的防裂措施。

2）对特大桥、重要大桥，宜在混凝土桥面板顶面设下封层。

（3）铺装厚度。高速公路、一级公路的桥面铺装厚度宜为 70～100mm，二级、三级公路桥面铺装厚度宜为 50～90mm。表面层厚度不小于 30mm。若桥面铺装为单层时，厚度不宜小于 50mm。

1）当路面与桥面连续施工时，高速公路、一级公路的大、中、小桥的面层结构与厚度宜与两端路线的表面层、中面层相同。

2）各级公路的大、中、小桥可用沥青砂、热融沥青碎石封层、稀浆封层、涂膜、卷材等做防水层、并视具体情况设置专门的底涂层加强联结作用。下面层可选用密级配沥青混凝土、沥青玛琋脂碎石等组成防水体系。应严格控制沥青混合料的现场空隙率。

3）表面层必须用密实型沥青混合料，在多雨潮湿地区、纵坡大于 3.5%或设计车速大于50km/h 的桥面上应铺设抗滑表面层。

11.6 沥青路面施工技术

沥青类路面一般都要求在温暖干燥的气候条件下施工，所用沥青材料在施工时具有较大的流动性，便于路面摊铺和压实成型，并应在气温较高（不低于 15℃）的时期施工。热拌热铺类的沥青碎石或沥青混凝土面层，气候对其影响较小，仅要求在晴朗天气和气温不低于 5℃时施工。若施工气温较低，则应选用热拌冷铺法施工较为适宜。

沥青类路面一般不宜铺筑在纵坡大于 6%的路段上。纵坡大于 3%的路段，考虑抗滑的要求，宜采用粗粒式的沥青碎石或粗面式的沥青表面处治。

11.6.1 热拌沥青混合料路面施工

热拌沥青混合料适用于各种等级道路的沥青面层。高速公路、一级公路和城市快速路、主干路的沥青面层的表面层、中面层及下面层应采用沥青混凝土混合料铺筑，沥青碎石混合料仅适用于过渡层及整平层。其他等级道路的沥青面层的上面层宜采用沥青混凝土混合料铺筑。热拌沥青混合料材料种类应根据具体条件和技术规范合理选用。应满足耐久性、抗车辙、抗裂、抗水损害能力、抗滑性能等多方面要求，同时还需考虑施工机械、工程造价等实际情况。

1. 混合料的拌制

沥青混合料必须在沥青拌和厂（场、站）采用拌和机械拌制。拌和厂的设置必须符合国家有关环境保护、消防、安全等规定。拌和厂与工地现场距离应充分考虑交通堵塞的可能，确保混合料的温度下降不超过要求，且不致因颠簸造成混合料离析。拌和厂应具有完备的排水设施。各种集料必须分隔贮存，细集料应设防雨顶棚，料场及场内道路应作硬化处理，严禁泥土污染集料。

沥青混合料可采用间歇式拌和机或连续式拌和机拌制。高速公路和一级公路宜采用间歇式拌和机拌和。连续式拌和机使用的集料必须稳定不变，一个工程从多处进料、料源或质量不稳定时，不得采用连续式拌和机。沥青混合料拌和设备的各种传感器必须定期检定，周期不少于每年一次。冷料供料装置需经标定得出集料供料曲线。

为使沥青混合料拌和均匀，在拌制时，需要控制矿料和沥青的加热温度与拌和温度。各类沥青混合料的拌制温度和运输及施工温度应满足要求。经过拌和后的混合料应均匀一致，无细料和粗料分离及花白、结成团块的现象。

沥青混合料的生产温度应符合要求。烘干集料的残余含水量不得大于 1%。每天开始几盘集料应提高加热温度，并干拌几锅集料废弃，再正式加沥青拌和混合料。

集料与沥青混合料取样应符合现行试验规程的要求。从沥青混合料运料车上取样时必须在设置取样台分几处采集一定深度下的样品。

拌和机的矿粉仓应配备振动装置以防止矿粉起拱。添加消石灰、水泥等外掺剂时，宜增加粉料仓，也可由专用管线和螺旋升送器直接加入拌和锅，若与矿粉混合使用时应注意防止两者因密度不同发生离析。

拌和机必须有二级除尘装置，经一级除尘部分可直接回收使用，二级除尘部分可进入回收粉仓使用（或废弃）。对因除尘造成的粉料损失应补充等量的新矿粉。

沥青混合料拌和时间根据具体情况经试拌确定，以沥青均匀裹覆集料为度。间歇式拌和机每盘的生产周期不宜少于 45s（其中干拌时间不少于 5~10s）。改性沥青和 SMA 混合料的拌和时间应适当延长。

生产添加纤维的沥青混合料时，纤维必须在混合料中充分分散，拌和均匀。拌和机应配备同步添加投料装置，松散的絮状纤维可在喷入沥青的同时或稍后采用风送设备喷入拌和锅，拌和时间宜延长 5s 以上。颗粒纤维可在粗集料投入的同时自动加入，经 5~10s 的干拌后，再投入矿粉。工程量很小时也可分装成塑料小包或由人工量取直接投入拌和锅。

使用改性沥青时应随时检查沥青泵、管道、计量器是否受堵，堵塞时应及时清洗。沥青混合料出厂时应逐车检测沥青混合料的重量和温度，记录出厂时间，签发运料单。

2. 混合料的运输

热拌沥青混合料宜采用较大吨位的运料车运输，但不得超载运输，或急刹车、急弯掉头使透层、封层造成损伤。运料车的运力应稍有富余，施工过程中摊铺机前方应有运料车等候。对高速公路、一级公路，宜待等候的运料车多于 5 辆后开始摊铺。

运料车每次使用前后必须清扫干净，在车厢板上涂一薄层防止沥青粘结的隔离剂或防粘剂，但不得有余液积聚在车厢底部。从拌和机向运料车上装料时，应多次挪动汽车位置，平衡装料，以减少混合料离析。运料车运输混合料宜用苫布覆盖保温、防雨、防污染。

运料车进入摊铺现场时，轮胎上不得沾有泥土等可能污染路面的脏物，否则宜设水池洗净轮胎后进入工程现场。沥青混合料在摊铺地点凭运料单接收，若混合料不符合施工温度要求，或已经结成团块、已遭雨淋的不得铺筑。

摊铺过程中运料车应在摊铺机前 100~300mm 处停住，空挡等候，由摊铺机推动前进开始缓缓卸料，避免撞击摊铺机。在有条件时，运料车可将混合料卸入转运车经二次拌和后向摊铺机连续均匀的供料。运料车每次卸料必须倒净，尤其是对改性沥青或 SMA 混合料，如有剩余，应及时清除，防止硬结。

SMA 及 OGFC 混合料在运输、等候过程中，如发现有沥青结合料沿车厢板滴漏时，应采取措施予以避免。

3. 混合料的摊铺

沥青混合料可用机械或人工摊铺，高等级公路沥青路面应采用机械摊铺。

（1）机械摊铺。热拌沥青混合料应采用沥青摊铺机摊铺，在喷洒有粘层油的路面上铺筑改性沥青混合料或 SMA 时，宜使用履带式摊铺机。摊铺机的受料斗应涂刷薄层隔离剂或防粘结剂。

铺筑高速公路、一级公路沥青混合料时，一台摊铺机的铺筑宽度不宜超过 6（双车道）~7.5m（3 车道以上），通常宜采用两台或更多台数的摊铺机前后错开 10~20m 成梯队方式同步摊铺，两幅之间应有 30～60mm 宽度的搭接，并躲开车道轮迹带，上下层的搭接位置宜错开 200mm 以上。

摊铺机开工前应提前 0.5～1h 预热熨平板不低于 100℃。铺筑过程中应选择熨平板的振捣或夯锤压实装置具有适宜的振动频率和振幅，以提高路面的初始压实度。熨平板加宽连接应仔细调节至摊铺的混合料没有明显的离析痕迹。

摊铺机必须缓慢、均匀、连续不间断地摊铺，不得随意变换速度或中途停顿，以提高平整度，减少混合料的离析。摊铺速度宜控制在 2～6m/min 的范围内。对改性沥青混合料及 SMA 混合料宜放慢至 1～3m/min。当发现混合料出现明显的离析、波浪、裂缝、拖痕时，应分析原因，予以消除。

摊铺机应采用自动找平方式，下面层或基层宜采用钢丝绳引导的高程控制方式，上面层宜采用平衡梁或雪橇式摊铺厚度控制方式，中面层根据情况选用找平方式。直接接触式平衡梁的轮子不得粘附沥青。铺筑改性沥青或 SMA 路面时宜采用非接触式平衡梁。

寒冷季节遇大风降温，不能保证迅速压实时不得铺筑沥青混合料。热拌沥青混合料的最低摊铺温度根据铺筑层厚度、气温、风速及下卧层表面温度确定，且不得低于表 11-26 的要求。每天施工开始阶段宜采用较高温度的混合料。

表 11-26 沥青混合料的最低摊铺温度

| 下卧层的表面温度（℃） | 相应于下列不同摊铺层厚度的最低摊铺温度（℃） | | | | | |
| | 普通沥青混合料 | | | 改性沥青混合料或 SMA 沥青混合料 | | |
	<50mm	50～80mm	>80mm	<50mm	50～80mm	>80mm
<5	不允许	不允许	140	不允许	不允许	不允许
5～10	不允许	140	135	不允许	不允许	不允许
10～15	145	138	132	165	155	150
15～20	140	135	130	158	150	145
20～25	138	132	128	153	147	143
25～30	132	130	126	147	145	141
>30	130	125	124	145	140	139

沥青混合料的松铺系数应根据混合料类型由试铺试压确定。摊铺过程中应随时检查摊铺层厚度及路拱、横坡，并由使用的混合料总量与面积校验平均厚度。

摊铺机的螺旋布料器应相应于摊铺速度调整到保持一个稳定的速度均衡地转动，两侧应保持有不少于送料器 2/3 高度的混合料，以减少在摊铺过程中混合料的离析。

用机械摊铺的混合料，不宜用人工反复修整。当不得不由人工作局部找补或更换混合料时，需仔细进行，特别严重的缺陷应整层铲除。

（2）人工摊铺。在路面狭窄部分、平曲线半径过小的匝道或加宽部分，以及小规模工程不能采用摊铺机铺筑时可用人工摊铺混合料。

沥青混合料宜卸在铁板上，摊铺时应扣锹布料，不得扬锹远甩。铁锹等工具宜沾防粘结剂或加热使用。边摊铺边用刮板整平，刮平时应轻重一致，控制次数，严防集料离析。摊铺不得中途停顿，并加快碾压。如因故不能及时碾压时，应立即停止摊铺，并对已卸下的沥青混合料覆盖苫布保温。低温施工时，每次卸下的混合料应覆盖苫布保温。在雨季铺筑沥青路面时，应加强气象联系，已摊铺的沥青层因遇雨未行压实的应予铲除。

沥青混合料摊铺厚度为沥青路面设计厚度乘以压实系数。压实系数随混合料的种类和施工方法而异，用人工摊铺时，沥青混凝土混合料为 1.25～1.50，沥青碎石为 1.20～1.45。

沥青混合料的摊铺顺序，应从进料方向由远而近逐步后退进行。应尽可能在全幅路面上摊铺，以避免产生纵向接缝。如路面较宽不能全幅摊铺，可按车道宽度分成两幅或数幅分别摊铺，但接缝必须平行路中心线，纵缝搭接要密切，以免产生凹槽。半幅施工时，路中一侧宜事先设置挡板。操作过程应满足施工规范的要求。

4. 沥青路面的压实及成型

沥青混合料摊铺平整之后，应趁热及时进行碾压。压实成型的沥青路面应符合压实度及平整度的要求。沥青混凝土的压实层最大厚度不宜大于 100mm，沥青稳定碎石混合料的压实层厚度不宜大于 120mm，但当采用大功率压路机且经试验证明能达到压实度时允许增大到 150mm。

沥青路面施工应配备足够数量的压路机，选择合理的压路机组合方式及初压、复压、终压（包括成型）的碾压步骤，以达到最佳碾压效果。高速公路铺筑双车道沥青路面的压路机数量不宜少于 5 台。施工气温低、风大、碾压层薄时，压路机数量应适当增加。

压路机应以慢而均匀的速度碾压，压路机的碾压速度应符合表 11-27 的规定。压路机的碾压路线及碾压方向不应突然改变而导致混合料推移。碾压区的长度应大体稳定，两端的折返位置应随摊铺机前进而推进，横向不得在相同的断面上。

表 11-27　　　　　　　　　压 路 机 碾 压 速 度　　　　　　　　（单位：km/h）

压路机类型	初　压		复　压		终　压	
	适宜	最大	适宜	最大	适宜	最大
钢筒式压路机	2～3	4	3～5	6	3～6	6
轮胎压路机	2～3	4	3～5	6	4～6	8
振动压路机	2～3 （静压或振动）	3 （静压或振动）	3～4.5 （振动）	5 （振动）	3～6 （静压）	6 （静压）

压路机的碾压温度应符合规范的要求，并根据混合料种类、压路机、气温、层厚等情况经试压确定。在不产生严重推移和裂缝的前提下，初压、复压、终压都应在尽可能高的温度下进行。同时不得在低温状况下作反复碾压，使石料棱角磨损、压碎，破坏集料嵌挤。

碾压轮在碾压过程中应保持清洁，若有混合料附着应立即清除。对钢轮可涂刷隔离剂或防粘结剂，但严禁刷柴油。当采用向碾压轮喷水（可添加少量表面活性剂）的方式时，必须严格控制喷水量且成雾状，不得漫流，以防混合料降温过快。轮胎压路机开始碾压阶段，可适当烘烤、涂刷少量隔离剂或防粘结剂，也可少量喷水，先到高温区碾压使轮胎尽快升温，之后停止洒水。轮胎压路机轮胎外围宜加设围裙保温。

OGFC 宜采用小于 12t 的钢筒式压路机碾压。

SMA 路面宜采用振动压路机或钢筒式压路机碾压。除沥青用量较低，经试验证明采用轮胎压路机碾压有良好效果外，不宜采用轮胎压路机碾压，以防将沥青结合料搓揉挤压上浮。

振动压路机应遵循"紧跟、慢压、高频、低幅"的原则，即紧跟在摊铺机后面，采取高频率、低振幅的方式慢速碾压。如发现 SMA 混合料高温碾压有推拥现象，应复查其级配是否合适。

压路机不得在未碾压成型路段上转向、调头、加水或停留。在当天成型的路面上，不得停放各种机械设备或车辆，不得散落矿料、油料等杂物。

5. 接缝

沥青路面的施工必须接缝紧密、连接平顺，不得产生明显的接缝离析。上下层的纵缝应错开 150mm（热接缝）或 300～400mm（冷接缝）以上。相邻两幅及上下层的横向接缝均应错位 1m 以上。接缝施工应用 3m 直尺检查，确保平整度符合要求。

纵向接缝部位的施工应符合下列要求：

（1）摊铺时采用梯队作业的纵缝应采用热接缝，将已铺部分留下 100～200mm 宽暂不碾压，作为后续部分的基准面，然后作跨缝碾压以消除缝迹。

（2）当半幅施工或因特殊原因而产生纵向冷接缝时，宜加设挡板或加设切刀切齐，也可在混合料尚未完全冷却前用镐刨除边缘留下毛茬的方式，但不宜在冷却后采用切割机作纵向切缝。加铺另半幅前应涂洒少量沥青，重叠在已铺层上 50～100mm，再铲走铺在前半幅上面的混合料，碾压时由边向中碾压留下 100～150mm，再跨缝挤紧压实。或者先在已压实路面上行走碾压新铺层 150mm 左右，然后压实新铺部分。

高速公路和一级公路的表面层横向接缝应采用垂直的平接缝，以下各层可采用自然碾压的斜接缝，沥青层较厚时也可作阶梯形接缝（图 11-12）。其他等级公路的各层均可采用斜接缝。

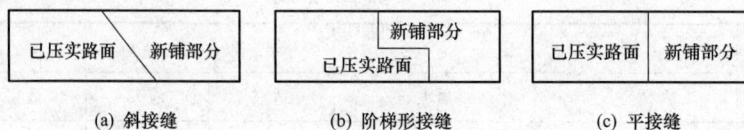

图 11-12 横向接缝的几种形式

斜接缝的搭接长度与层厚有关，宜为 0.4～0.8m。搭接处应洒少量沥青，混合料中的粗集料颗粒应予剔除，并补上细料，搭接平整，充分压实。阶梯形接缝的台阶经铣刨而成，并洒粘层沥青，搭接长度不宜小于 3m。

平接缝宜趁尚未冷透时用凿岩机或人工垂直刨除端部层厚不足的部分，使工作缝成直角连接。当采用切割机制作平接缝时，宜在铺设当天混合料冷却但尚未结硬时进行。刨除或切割不得损伤下层路面。切割时留下的泥水必须冲洗干净，待干燥后涂刷粘层油。铺筑新混合料接头应使接茬软化，压路机先进行横向碾压，再纵向碾压成为一体，充分压实，连接平顺。

11.6.2 沥青表面处治与封层施工

沥青表面处治适用于三级及三级以下公路的沥青面层。各种封层适用于加铺薄层罩面、磨耗层、水泥混凝土路面上的应力缓冲层、各种防水和密水层、预防性养护罩面层。沥青表面处治与封层宜选择在干燥和较热的季节施工，并在最高温度低于 15℃到来以前半个月及雨季前结束。

1. 层铺法沥青表面处治

沥青表面处治施工应确保各工序紧密衔接，每个作业段长度应根据施工能力确定，并在当天完成。人工撒布集料时应等距离划分段落备料。

沥青表面处治可采用道路石油沥青、乳化沥青、煤沥青铺筑，沥青标号应按规范相关规定选用。沥青表面处治的集料最大粒径应与处治层的厚度相等，其规格和用量宜按表 11-28 选用；沥青表面处治施工后，应在路侧另备 S12（5～10mm）碎石或 S14（3～5mm）石屑、粗砂或小砾石 2～3m³/1000m² 作为初期养护用料。

表 11-28　　　　　　　　　　沥青表面处治材料规格和用量

沥青种类	类型	厚度(mm)	集料（m³/1000m²）			沥青或乳液用量（kg/m²）			
			第一层 规格　用量	第二层 规格　用量	第三层 规格　用量	第一次	第二次	第三次	合计用量
石油沥青	单层	1.0	S12 7～9			1.0～1.2			1.0～1.2
		1.5	S10 12～14			1.4～1.6			1.4～1.6
	双层	1.5	S10 12～14	S12 7～8		1.4～1.6	1.0～1.2		2.4～2.8
		2.0	S9 16～18	S12 7～8		1.6～1.8	1.0～1.2		2.6～3.0
		2.5	S8 18～20	S12 7～8		1.8～2.0	1.0～1.2		2.8～3.2
	三层	2.5	S8 18～20	S12 12～14	S12 7～8	1.6～1.8	1.2～1.4	1.0～1.2	3.8～4.4
		3.0	S6 20～22	S12 12～14	S12 7～8	1.8～2.0	1.2～1.4	1.0～1.2	4.0～4.6
乳化沥青	单层	0.5	S14 7～9			0.9～1.0			0.9～1.0
	双层	1.0	S12 9～11	S14 4～6		1.8～2.0	1.0～1.2		2.8～3.2
	三层	3.0	S6 20～22	S10 9～11	S12 4～6 S14 3.5～4.5	2.0～22	1.8～2.0	1.0～1.2	4.8～5.4

注：1. 煤沥青表面处治的沥青用量可比石油沥青用量增加 15%～20%。

　　2. 乳液用量按乳化沥青的蒸发残留物含量 60% 计算，如沥青含量不同应予折算。

　　3. 在高寒地区及干旱风沙大的地区，可超出高限 5%～10%。

在清扫干净的碎（砾）石路面上铺筑沥青表面处治时，应喷洒透层油。在旧沥青路面、水泥混凝土路面、块石路面上铺筑沥青表面处治路面时，可在第一层沥青用量中增加 10%～20%，不再另洒透层油或粘层油。

层铺法沥青表面处治路面宜采用沥青洒布车及集料撒布机联合作业。沥青洒布车喷洒沥青时应保持稳定速度和喷洒量，并保持整个洒布宽度喷洒均匀。小规模工程可采用机动或手摇的手工沥青洒布机洒布沥青。洒布设备的喷嘴应适用于沥青的稠度，确保能成雾状，与洒油管成 15°～25°的夹角，洒油管的高度应使同一地点接受 2～3 个喷油嘴喷洒的沥青，不得出现花白条。

除乳化沥青表面处治应待破乳、水分蒸发并基本成型后方可通车外，沥青表面处治在碾压结束后即可开放交通，并通过开放交通补充压实，成型稳定。在通车初期应设专人指挥交通或设置障碍物控制行车，限制行车速度不超过 20km/h，严禁畜力车及铁轮车行驶，使路面全部宽度均匀压实。

沥青表面处治应注意初期养护。当发现有泛油时，应在泛油处补撒与最后一层石料规格相同的嵌缝料并扫匀，过多的浮料应扫出路外。

2. 上封层

根据情况可选择乳化沥青稀浆封层、微表处、改性沥青集料封层、薄层磨耗层或其他适宜的材料。铺设上封层的下卧层必须彻底清扫干净，对车辙、坑槽、裂缝进行处理或挖补。

上封层的类型根据使用目的、路面的破损程度选用。裂缝较细、较密的可采用涂洒类密封剂、软化再生剂等涂刷罩面；对二级及二级以下公路的旧沥青路面可以采用普通的乳化沥青稀浆封层，也可在喷洒道路石油沥青后撒布石屑（砂）后碾压作封层；对高速公路、一级公路有轻微损坏的宜铺筑微表处；对用于改善抗滑性能的上封层可采用稀浆封层、微表处或改性沥青集料封层。

3. 下封层

多雨潮湿地区的高速公路、一级公路的沥青面层空隙率较大，有严重渗水可能，或铺筑基层不能及时铺筑沥青面层而需通行车辆时，宜在喷洒透层油后铺筑下封层。

下封层宜采用层铺法表面处治或稀浆封层法施工。稀浆封层可采用乳化沥青或改性乳化沥青作结合料。下封层的厚度不宜小于 6mm，且做到完全密水。

以层铺法沥青表面处治铺筑下封层时，通常采用单层式，矿料用量宜为 $5\sim8m^3/1000m^2$，沥青用量可采用要求范围的中高限。

4. 稀浆封层和微表处

微表处主要用于高速公路及一级公路的预防性养护以及填补轻度车辙，也适用于新建公路的抗滑磨耗层。稀浆封层一般用于二级及二级以下公路的预防性养护，也适用于新建公路的下封层。稀浆封层和微表处必须使用专用的摊铺机进行摊铺。单层微表处适用于旧路面车辙深度不大于 15mm 的情况，超过 15mm 的必须分两层铺筑，或先用 V 字形车辙摊铺箱摊铺，深度大于 40mm 时不适宜微表处处理。

稀浆封层和微表处应选择坚硬、粗糙、耐磨、洁净的集料。其中微表处用通过 4.75mm 筛的合成矿料的砂当量不得低于 65%，稀浆封层用通过 4.75mm 筛的合成矿料的砂当量不得低于 50%。当用于抗滑表层时，还应符合有关磨光值的要求。细集料宜采用碱性石料生产的机制砂或洁净的石屑。对集料中的超粒径颗粒必须筛除。根据铺筑厚度、处治目的、公路等级等条件，按照表 11-29 选用合适的矿料级配。

表 11-29　　　　　　　　稀浆封层和微表处的矿料级配

筛孔尺寸 （mm）	不同类型通过各筛孔的百分率（%）				
	微表处		稀浆封层		
	MS-2 型	MS-3 型	ES-1 型	ES-2 型	ES-3 型
9.5	100	100		100	100
4.75	95～100	70～90	100	95～100	70～90
2.36	65～90	45～70	90～100	65～90	45～70
1.18	45～70	28～50	60～90	45～70	28～50
0.6	30～50	19～34	40～65	30～50	19～34
0.3	18～30	12～25	25～42	18～30	12～25
0.15	10～21	7～18	15～30	10～21	7～18
0.075	5～15	5～15	10～20	5～15	5～15
一层的适宜厚度（mm）	4～7	8～10	2.5～3	4～7	8～10

微表处必须采用改性乳化沥青，稀浆封层可采用普通乳化沥青或改性乳化沥青。稀浆封层和微表处的混合料中乳化沥青及改性乳化沥青的用量应通过配合比设计确定。混合料的质量应符合表 11-30 的技术要求。

表 11-30 　　　　　　　　　　　　　稀浆封层和微表处混合料技术要求

项　　目	单位	微表处	稀浆封层	试验方法
可拌和时间	s		>120	手工拌和
稠度	cm	—	2～3	T 0751
黏聚力试验 30min（初凝时间） 60min（开放交通时间）	N.m N.m	≥1.2 ≥2.0	（仅适用于快开放交通的稀浆封层） ≥1.2 ≥2.0	T 0754
负荷轮碾压试验（LWT） 粘附砂量 轮迹宽度变化率^①	g/m² %	<450 <5	（仅适用于重交通道路表层时） <450	T 0755
湿轮磨耗试验的磨耗值（WTAT） 浸水 1h 浸水 6d	g/m² g/m²	<540 <800	<800	T 0752

① 负荷轮碾压试验（LWT）的宽度变化率适用于需要修补车辙的情况。

稀浆封层和微表处施工前，应彻底清除原路面的泥土、杂物，修补坑槽、凹陷，较宽的裂缝宜清理灌缝。在水泥混凝土路面上铺筑微表处时宜洒布粘层油，过于光滑的表面需拉毛处理。稀浆封层和微表处的最低施工温度不得低于 10℃，严禁在雨天施工，摊铺后尚未成型混合料遇雨时应予铲除。稀浆封层和微表处两幅纵缝搭接的宽度不宜超过 80mm，横向接缝宜做成对接缝。分两层摊铺时，第一层摊铺后至少应开放交通 24h 后方可进行第二层摊铺。

稀浆封层和微表处铺筑后的表面不得有超粒径料拖拉的严重划痕，横向接缝和纵向接缝处不得出现余料堆积或缺料现象，用 3m 直尺测量接缝处的不平整度不得大于 6mm。对微表处不得有横向波浪和深度超过 6mm 的纵向条纹。经养生和初期交通碾压稳定的稀浆封层和微表处，在行车作用下应不飞散且完全密水。

11.6.3 沥青贯入式路面施工

沥青贯入式路面适用于三级及三级以下公路，也可作为沥青路面的联结层或基层。沥青贯入式路面的厚度宜为 40～80mm，但乳化沥青贯入式路面的厚度不宜超过 50mm。当贯入层上部加铺拌和的沥青混合料面层成为上拌下贯式路面时，拌和层的厚度宜不小于 15mm。沥青贯入式路面的最上层应撒布封层料或加铺拌和层。沥青贯入层作为联结层使用时，可不撒表面封层料。沥青贯入式路面宜选择在干燥和较热的季节施工，并宜在日最高温度降低至 15℃以前半个月结束，使贯入式结构层通过开放交通碾压成型。

（1）沥青贯入式路面的施工应按下列步骤进行：

1）采用碎石摊铺机、平地机或人工摊铺主层集料，铺筑后严禁车辆通行。

2）碾压主层集料。撒布后应采用 6～8t 的轻型钢筒式压路机自路两侧向路中心碾压，碾压速度宜为 2km/h，每次轮迹重叠约 300mm，碾压一遍后检验路拱和纵向坡度，当不符合要求时，应调整找平后再压。然后用重型的钢轮压路机碾压，每次轮迹重叠 1/2 左右，宜碾压 4～6 遍，直至主层集料嵌挤稳定，无显著轮迹为止。

3）浇洒第一层沥青。浇洒方法应按三层式沥青表面处治的施工工艺进行。采用乳化沥青贯入时，为防止乳液下漏过多，可在主层集料碾压稳定后，先撒布一部分上一层嵌缝料，再浇洒主层沥青。

4）采用集料撒布机或人工撒布第一层嵌缝料。撒布后尽量扫匀，不足处应找补。当使用乳化沥青时，石料撒布必须在乳液破乳前完成。

5）立即用 8～12t 钢筒式压路机碾压嵌缝料，轮迹重叠轮宽的 1/2 左右，宜碾压 4～6 遍，直至稳定为止。碾压时随压随扫，使嵌缝料均匀嵌入。因气温较高使碾压过程中发生较大推移现象时，应立即停止碾压，待气温稍低时再继续碾压。

6）按上述方法浇洒第二层沥青、撒布第二层嵌缝料，然后碾压，再浇洒第三层沥青。

7）按撒布嵌缝料方法撒布封层料。

8）采用 6～8t 压路机作最后碾压，宜碾压 2～4 遍，然后开放交通。

（2）铺筑上拌下贯式路面时，贯入层不撒布封层料，拌和层应紧跟贯入层施工，使上下成为一整体。贯入部分采用乳化沥青时应待其破乳、水分蒸发且成型稳定后方可铺筑拌和层，当拌和层与贯入部分不能连续施工，且要在短期内通行施工车辆时，贯入层部分的第二遍嵌缝料应增加用量 2～3m³/1000m²，在摊铺拌和层沥青混合料前，应作补充碾压，并浇洒粘层沥青。

11.6.4　冷拌沥青混合料路面施工

冷拌沥青混合料适用于三级及三级以下的公路的沥青面层、二级公路的罩面层施工以及各级公路沥青路面的基层、连接层或整平层。冷拌改性沥青混合料可用于沥青路面的坑槽冷补。冷拌沥青混合料宜采用乳化沥青或液体沥青拌制，也可采用改性乳化沥青。冷拌沥青混合料宜采用密级配沥青混合料，当采用半开级配的冷拌沥青碎石混合料路面时应铺筑上封层。

乳化沥青碎石混合料的乳液用量应根据当地实践经验以及交通量、气候、集料情况、沥青标号、施工机械等条件确定，也可按热拌沥青混合料的沥青用量折算，实际的沥青残留物数量可较同规格热拌沥青混合料的沥青用量减少 10%～20%。

冷拌沥青混合料宜采用拌和厂机械拌和及沥青摊铺机摊铺的方式。缺乏厂拌条件时也可采用现场路拌及人工摊铺方式。冷拌沥青混合料施工应注意防止混合料离析。

当采用阳离子乳化沥青拌和时，宜先用水使集料湿润，若湿润后仍难于与乳液拌和均匀时，应改用破乳速度更慢的乳液，或用 1%～3%浓度的氯化钙水溶液代替水润湿集料表面。

混合料适宜的拌和时间应根据实际情况调节并通过试拌确定，矿料中加进乳液后的机械拌和时间不宜超过 30s，人工拌和时间不宜超过 60s。

已拌好的混合料应立即运至现场进行摊铺，并在乳液破乳前结束。在拌和与摊铺过程中已破乳的混合料，应予废弃。冷拌沥青混合料施工遇雨应立即停止铺筑，以防雨水将乳液冲走。

乳化沥青冷拌混合料摊铺后宜采用 6t 左右的轻型压路机初压 1～2 遍，使混合料初步稳定，再用轮胎压路机或钢筒式压路机碾压 1～2 遍。当乳化沥青开始破乳、混合料由褐色转变成黑色时，改用 12～15t 轮胎压路机碾压，将水分挤出，复压 2～3 遍后停止，待晾晒一段时间，水分基本蒸发后继续复压至密实为止。当压实过程中有推移现象时应停止碾压，待稳定后再碾压。当天不能完全压实时，可在较高气温状态下补充碾压。当缺乏轮胎压路机时，也可采用钢筒式压路机或较轻的振动压路机碾压。

乳化沥青混合料路面的上封层应在压实成型、路面水分完全蒸发后加铺。

乳化沥青混合料路面施工结束后宜封闭交通 2～6h，并注意做好早期养护。开放交通初期，应设专人指挥，车速不得超过 20km/h，不得刹车或掉头。

11.6.5 透层及粘层施工

1. 透层

沥青路面各类基层都必须喷洒透层油，沥青层必须在透层油完全渗透入基层后方可铺筑。基层上设置下封层时，透层油不宜省略。气温低于 10℃或大风、即将降雨时不得喷洒透层油。

根据基层类型选择渗透性好的液体沥青、乳化沥青、煤沥青作透层油，喷洒后通过钻孔或挖掘确认透层油渗透入基层的深度宜不小于 5mm（无机结合料稳定集料基层）～10mm（无结合料基层），并能与基层联结成为一体。

透层油的黏度通过调节稀释剂的用量或乳化沥青的浓度得到适宜的黏度，基质沥青的针入度通常宜不小于 100。透层用乳化沥青的蒸发残留物含量允许根据渗透情况适当调整，当使用成品乳化沥青时可通过稀释得到要求的黏度。透层用液体沥青的黏度通过调节煤油或轻柴油等稀释剂的品种和掺量经试验确定。

用于半刚性基层的透层油宜紧接在基层碾压成型后表面稍变干燥、但尚未硬化的情况下喷洒。在无结合料粒料基层上洒布透层油时，宜在铺筑沥青层前 1～2 天洒布。透层油宜采用沥青洒布车一次喷洒均匀，使用的喷嘴宜根据透层油的种类和黏度选择并保证均匀喷洒，沥青洒布车喷洒不均匀时宜改用手工沥青洒布机喷洒。

喷洒透层油前应清扫路面，遮挡防护路缘石及人工构造物避免污染，透层油必须洒布均匀，有花白遗漏应人工补洒，喷洒过量的立即撒布石屑或砂吸油，必要时作适当碾压。透层油洒布后不得在表面形成能被运料车和摊铺机粘起的油皮，透层油达不到渗透深度要求时，应更换透层油稠度或品种。

透层油洒布后的养生时间随透层油的品种和气候条件由试验确定，确保液体沥青中的稀释剂全部挥发，乳化沥青渗透且水分蒸发，然后尽早铺筑沥青面层，防止工程车辆损坏透层。

2. 粘层

符合下列情况之一时，必须喷洒粘层油。双层式或三层式热拌热铺沥青混合料路面的沥青层之间。水泥混凝土路面、沥青稳定碎石基层或旧沥青路面层上加铺沥青层。路缘石、雨水口、检查井等构造物与新铺沥青混合料接触的侧面。

粘层油宜采用快裂或中裂乳化沥青、改性乳化沥青，也可采用快、中凝液体石油沥青，其规格和质量应符合本规范的要求，所使用的基质沥青标号宜与主层沥青混合料相同。

粘层油品种和用量，应根据下卧层的类型通过试洒确定，并符合规范的要求。当粘层油上铺筑薄层大空隙排水路面时，粘层油的用量宜增加到 0.6～1.0L/m²。在沥青层之间兼作封层而喷洒的粘层油宜采用改性沥青或改性乳化沥青，其用量宜不少于 1.0L/m²。

粘层油宜采用沥青洒布车喷洒，并选择适宜的喷嘴，洒布速度和喷洒量保持稳定。当采用机动或手摇的手工沥青洒布机喷洒时，必须由熟练的技术工人操作，均匀洒布。气温低于10℃时不得喷洒粘层油，寒冷季节施工不得不喷洒时可以分成两次喷洒。路面潮湿时不得喷洒粘层油，用水洗刷后需待表面干燥后喷洒。

喷洒的粘层油必须成均匀雾状，在路面全宽度内均匀分布成一薄层，不得有洒花漏空或成条状，也不得有堆积。喷洒不足的要补洒，喷洒过量处应予刮除。喷洒粘层油后，严禁运料车外的其他车辆和行人通过。

粘层油宜在当天洒布，待乳化沥青破乳、水分蒸发完成，或稀释沥青中的稀释剂基本挥发完成后，紧跟着铺筑沥青层，确保粘层不受污染。

11.6.6　其他沥青铺装工程施工

在特殊场合铺筑沥青铺装层时，应根据其使用部位及功能要求采取相应的措施。

1. 行人及非机动车道路

人行道、非机动车道、园林公路、行人广场等主要供行人、非机动车使用的沥青层应平顺、舒适、排水良好。

行人道路宜选择针入度较大的石油沥青或乳化沥青，沥青混合料的沥青用量宜比车行道用量增加 0.3%左右。行人道路的表面层应采用细型的细粒式或砂粒式密级配沥青混凝土混合料。在无机动车通行的道路上也可铺筑透水路面。

行人道路设置路缘石、井孔盖座、消防栓、电杆等公路附属设施时应预先安装，喷洒沥青或铺筑混合料前应采取措施防止污染，并避免因压路机碾压受到损坏。对使用大型压路机有困难的部位，可采用小型振动压路机、振动夯板、夯锤压实。

2. 重型车停车场、公共汽车站

高速公路服务区、停车场、公共汽车站等的沥青层应满足较长时间停驻重型车辆及承受反复启动制动水平力的功能要求。沥青混合料应有较高的抗永久性流动变形的能力。

沥青混合料宜选择集料最大粒径较粗、嵌挤性能好的矿料级配，适当增加 4.75mm 以上的粗集料部分，减少天然砂用量。沥青结合料宜采用低针入度沥青或者改性沥青，沥青用量比标准配合比设计用量宜减少 0.3%～0.5%。

在大面积行人广场上铺筑沥青层时，应充分注意平整度、坡度及排水符合设计要求，施工时宜设置间距不大于 5m 方格形样桩，随时用 3m 直尺检查，不符要求的及时趁热整修。

3. 水泥混凝土桥面的沥青铺装层

大中型水泥混凝土桥桥面铺筑的沥青铺装层，应满足与混凝土桥面的粘结、防止渗水、抗滑及有较高抵抗振动变形的能力等功能性要求，并设置有效的桥面排水系统。

铺装沥青层的下卧层必须符合平整、粗糙、整洁的要求，桥面纵横坡符合要求。水泥混凝土桥面板表面应作铣刨拉毛处理，清除浮浆，除去过高的突出部位。铺设桥面铺装必须确保混凝土完全干燥，严禁在潮湿条件下铺设防水粘结层及摊铺沥青混合料，防止混凝土中的水分在施工或使用过程中遇热变成水汽使防水粘结层产生鼓包。

喷洒沥青或改性沥青类桥面防水粘结层的施工应符合要求：① 整个铺筑过程直至铺设石屑保护层前严禁包括行人在内的一切交通。② 不洒粘层油，直接分 2～3 层喷洒或人工涂刷热沥青、热融或溶剂稀释的改性沥青、改性乳化沥青的防水粘结层，必须均匀一致，且达到要求的厚度。③ 喷洒防水层粘结后应立即撒布一层洁净的尺寸为 3～5mm 的石屑作保护层，并用 6～8t 轻型压路机以较慢的速度碾压。

防水卷材防水层的铺筑应符合要求。其一，防水卷材应符合相关质量要求，无破洞、不漏水，内部有金属或聚合物纤维，表面有均匀的石屑撒布层。铺筑的防水粘结层不得有漏铺、破漏、脱开、翘起、皱折等现象。其二，铺设前应喷洒粘层油和涂刷粘结剂，铺筑时边加热边滚压，粘结后必须检查确认任何部位都不能被人工或铁锹撕揭开。其三，铺设卷材后不得通行任何车辆或堆放杂物，防止卷材污染。其四，防水卷材防水层不得在摊铺机或运料车作用下遭到损坏。

桥面铺装的复压宜采用轮胎压路机或钢筒式压路机进行，经试验或经验证明不致损坏桥梁结构时，也可采用振动压路机碾压。

4. 钢桥面铺装

钢桥面铺装结构通常由防锈层、防水粘结层、沥青面层等组成。涂刷防水层前应对钢板焊缝和吊钩残留物仔细平整，彻底除锈，清扫干燥。钢桥面铺装的防水粘结层必须紧跟防锈层后涂刷，防水粘结层宜采用高黏度的改性沥青、环氧沥青、防水卷材。当采用浇注式沥青混凝土铺筑桥面铺装时，可不设防水粘结层。

钢桥面铺装层必须具有以下功能性要求：其一，能与钢板紧密结合成为整体，变形协调一致；其二，防水性能良好，防止钢桥面生锈；其三，具有足够的耐久性和有较小的温度敏感性，满足使用条件下的高温抗流动变形能力、低温抗裂性能、水稳定性、抗疲劳性能、表面抗滑的要求；其四，与钢板粘结良好，具有足够的抗水平剪切重复荷载及蠕变变形的能力。

钢桥面铺装使用的改性沥青，宜单独提出相应的技术要求。沥青面层可采用聚合物或天然沥青改性沥青混凝土、环氧沥青混凝土、浇注式沥青混凝土、SMA 等作合理的组合。沥青层的压实设备和压实工艺，应通过力学验算并经试验验证，防止钢桥面主体受损。

铺设过程中必须保持桥面整洁，不得堆放与施工无关的材料、机械、杂物。钢桥面铺装宜在无雨少雾季节、干燥状态下施工。

5. 公路隧道沥青路面

在隧道内铺筑沥青路面时应充分考虑隧道沥青路面施工和维修养护工作困难，隧道内外光线变化显著，隧道有可能漏水、冒水，隧道防火安全等特点选择适宜的材料与结构。对隧道底部的地下水应采取疏导方式，设置完善的排水系统。施工过程中需确保通风良好，采取防火措施，制订有切实可行的消防和疏散预案。各种施工机械应符合隧道净空的要求，选用宽度较窄的摊铺机铺筑，运料车应能完全卸料，具有足够的行车通道。

6. 路缘石与拦水带

沥青路面外侧边缘宜设置深度深入基层的纵向渗水沟，并留置横向的排水孔，渗水沟可采用多孔水泥混凝土或单粒径碎石，表面层铺筑沥青混凝土。

路缘石应有足够的强度和耐久性、表面平整，与路线线形一致。行车道与中央分隔带之间设置埋置式路缘石时，应防止中央分隔带的雨水进入路面结构层。

沥青混凝土拦水带应采用专用设备连续铺设，沥青用量宜在正常试验的基础上增加 0.5%～1.0%，双面击实 50 次的设计空隙率宜为 1%～3%。基底需洒布用量为 0.25～0.5kg/m² 的粘层油。

埋置式路缘石宜在沥青层施工全部结束后安装，严禁在两层沥青层施工间隙中因开挖、埋设路缘石导致沥青层污染。

11.6.7 施工质量管理与检查验收

沥青路面施工应根据全面质量管理的要求，建立健全有效的质量保证体系，对施工各工序的质量进行检查评定，达到规定的质量标准，确保施工质量的稳定性。高速公路、一级公路沥青路面应加强施工过程质量控制，实行动态质量管理。所有与工程建设有关的原始记录、试验检测及计算数据、汇总表格，必须如实记录和保存。对已经采取措施进行返工和补救的项目，可在原记录和数据上注明，但不得销毁。

1. 施工前的材料与设备检查

施工前必须检查各种材料的来源和质量。对经招标程序购进的沥青、集料等重要材料，供货单位必须提交最新检测的正式试验报告。从国外进口的材料应提供该批材料的船运单。对首次使用的集料，应检查生产单位的生产条件、加工机械、覆盖层的清理情况。所有材料都应按规定取样检测，经质量认可后方可订货。各种材料都必须在施工前以"批"为单位进行检查，不符合规范技术要求的材料不得进场。使用成品改性沥青的工程，应要求供应商提供所使用的改性剂型号、基质沥青的质量检测报告。使用现场改性沥青的工程，应对试生产的改性沥青进行检测，质量不合格的不可使用。

施工前应对沥青拌和楼、摊铺机、压路机等各种施工机械和设备进行调试，对机械设备的配套情况、技术性能、传感器计量精度等进行认真检查、标定，并得到监理的认可。

正式开工前，各种原材料的试验结果，及据此进行的目标配合比设计和生产配合比设计结果，应在规定的期限内向业主及监理提出正式报告，待取得正式认可后，方可使用。

2. 铺筑试验路段

高速公路和一级公路的沥青路面在施工前应铺筑试验段。其他等级公路在缺乏施工经验或初次使用重大设备时，也应铺筑试验段。当同一施工单位在材料、机械设备及施工方法与其他工程完全相同时，也可利用其他工程的结果，不再铺筑新的试验路段。

试验段的长度应根据试验目的确定，通常宜为100～200m，宜选在正线上铺筑。热拌热铺沥青混合料路面试验段铺筑分试拌及试铺两个阶段，应包括下列试验内容：

（1）根据沥青路面各种施工机械相匹配的原则，确定合理的施工机械、机械数量及组合方式。

（2）通过试拌确定拌和机的上料速度、拌和数量与时间、拌和温度等操作工艺。

（3）通过试铺确定：透层沥青的标号与用量、喷洒方式、喷洒温度；摊铺机的摊铺温度、摊铺速度、摊铺宽度、自动找平方式等操作工艺；压路机的压实顺序、碾压温度、碾压速度及遍数等压实工艺；以及确定松铺系数、接缝方法等。

（4）验证沥青混合料配合比设计结果，提出生产用的矿料配比和沥青用量。

（5）建立用钻孔法及核子密度仪法测定密度的对比关系。确定粗粒式沥青混凝土和沥青碎石面层的压实标准密度。

（6）确定施工产量及作业段长度，制订施工进度计划。

（7）全面检查材料及施工质量。

（8）确定施工组织及管理体系、人员、通信联络及指挥方式。

试验段铺筑应由有关各方共同参加，及时商定有关事项，明确试验结论。铺筑结束后，施工单位应就各项试验内容提出完整的试验路施工、检测报告，取得业主或监理的批复。

3. 施工过程中的质量管理与检查

施工过程中工程质量检查结果达不到规定的要求时，应追加检测数量，查找原因，作出处理。混合料铺筑现场必须对混合料质量及施工温度进行观测，随时检查厚度、压实度和平整度，并逐个断面测定成型尺寸。为保证高速公路和一级公路沥青路面的施工质量，对其施工质量的管理最好采用计算机实行动态管理。

沥青面层施工必须在得到开工令后方可开工。施工单位在施工过程中应随时对施工质量进行自检。监理应按规定要求自主地进行试验，并对承包商的试验结果进行认定，如实评定质量，计算合格率。当发现有质量低劣等异常情况时，应立即追加检查。施工过程中无论是否已经返工补救，所有数据均必须如实记录，不得丢弃。

沥青混合料生产过程中，必须按规定的检查项目与频度，对各种原材料进行抽样试验，其质量应符合规范规定的技术要求。每个检查项目的平行试验次数或一次试验的试样数必须按相关试验规程的规定执行，并以平均值评价是否合格。未列入表中的材料的检查项目和频度按材料质量要求确定。

沥青拌和厂必须对沥青混合料生产过程进行质量控制，并按规定的项目和频度检查沥青混合料产品的质量，如实计算产品的合格率。单点检验评价方法应符合相关试验规程的试样平行试验的要求。沥青路面铺筑过程中必须随时对铺筑质量进行评定，质量检查的内容、频度、允许差应符合规定。公路施工的关键工序或重要部位宜拍摄照片或进行录像，作为实态记录及保存资料的一部分。

4. 交工验收阶段的工程质量检查与验收

工程完工后，施工单位应将全线以 1～3km 作为一个评定路段，按规定频度，随机选取测点，对沥青面层进行全线自检，将单个测定值与表中的质量要求或允许偏差进行比较，计算合格率，然后计算一个评定路段的平均值、极差、标准差及变异系数。施工单位应在规定时间内提交全线检测结果及施工总结报告，申请交工验收。

沥青路面交工时应检查验收沥青面层的各项质量指标，包括路面的厚度、压实度、平整度、渗水系数、构造深度、摩擦系数。工程交工时应对全线宽度、纵断面高程、横坡度、中线偏位等进行实测，以每个桩号的测定结果评定合格率，最后提出实际的竣工图。

行人道路沥青面层的质量检查及验收与车行道相同，大、中型桥梁桥面沥青铺装的质量检查与验收，以 100m 作为一个评定路段。路缘石和止水带的质量检查及验收与车行道相同。

5. 工程施工总结及质量保证期管理

工程结束后，施工企业应根据国家竣工文件编制的规定，提出施工总结报告及若干个专项报告，连同竣工图表，形成完整的施工资料档案。

施工总结报告应包括工程概况（包括设计及变更情况）、工程基础资料、材料、施工组织、机械及人员配备、施工方法、施工进度、试验研究、工程质量评价、工程决算、工程使用服务计划等。

施工管理与质量检查报告应包括施工管理体制、质量保证体系、施工质量目标、试验段铺筑报告、施工前及施工中材料质量检查结果（测试报告）、施工过程中工程质量检查结果（测试报告）、工程交工验收质量自检结果（测试报告）、工程质量评价以及原始记录、相册、录像等各种附件。

施工企业在质保期内，应进行路面使用情况观测、局部损坏的原因分析和维修保养等。

质量保证的期限根据国家规定或招标文件等要求确定。

复习思考题

1. 什么是沥青路面？有哪些组成部分？

2. 沥青路面分几类？分类的依据是什么？

3. 沥青路面的稳定性与耐久性包括哪些方面？

4. 沥青混合料的结构形态有哪几种？

5. 沥青路面的设计工作内容及应遵循的原则是什么？

6. 沥青路面结构破坏状态有哪些？相应的设计指标是什么？

7. 标准轴载是什么意思？我国的标准轴载是如何规定的？

8. 如何进行轴载换算和累计当量轴次计算？

9. 如何进行新建沥青路面的结构设计？

10. 某新建二级公路位于Ⅱ区，黏质土路基，填土平均高度 0.7m，地下水位深 1.45m，最大冻深 1.8m，近期交通量为 2500 辆/d，其中黄河 JN162 占 23%，东风 EQ140 占 37%，交通 SH141 占 19%，菲亚特 650E 占 11%，小汽车占 10%；交通量增长率为 8%，沿线有各种筑路材料，路面面层拟采用中粒式沥青混凝土。其他未知参数可参考规范取值。请进行路面结构设计。

11. 热拌沥青混合料施工的主要工序有哪些？

第12章

水泥混凝土路面

12.1 水泥混凝土路面的主要特点

水泥混凝土路面是指以水泥混凝土板作为面层，下设基层、垫层所组成的路面结构，又称刚性路面。

水泥混凝土路面与沥青类路面、石料类路面相比，具有以下特点：

1. 优点

（1）强度高、刚度大，具有较高的承载能力和扩散载荷的能力。

（2）稳定性好，受气候条件等自然因素影响小，不易出现沥青路面的某些因稳定性不足而产生的损坏如变软、拥包、车辙、波浪等情况，也不存在沥青路面易出现的老化、龟裂等损坏现象。

（3）耐久性好，抗磨耗能力强，而且能通行包括履带式车辆在内的各种运输机械。

（4）水泥混凝土对油和大多数化学物质不敏感，有较强的抗侵蚀能力。

（5）表面较粗糙，抗滑性和附着性好，从而提高车辆行驶的稳定性。

（6）水泥路面色泽鲜明，反光能力强，对夜间行车安全有利。

2. 缺点

（1）对水泥和水的需要量大。例如修筑 0.2m 厚、7m 宽的混凝土路面，每 1000m 要耗费水泥 400~500t 和水 250t，尚不包括养生用水在内，这对水泥供应量不足和缺水地区修筑混凝土路面带来极大困难。

（2）有接缝，一般混凝土路面要设置许多接缝，这些接缝不但增加施工和养护的复杂性，而且容易引起行车跳动，影响行车的舒适性，并且接缝处又是路面的薄弱点，如处理不当，将导致路面板边和板角处破坏。

（3）开放交通较迟，一般混凝土路面完工后，要经过 28 天的潮湿养生才能开放交通，如需提前开放交通则需采取特殊措施。

（4）修复困难，混凝土路面损坏后，不仅开挖困难、修补工作量大，而且影响交通。

12.2 水泥混凝土路面的分类

水泥混凝土路面根据面板的不同类型，可分为

（1）素混凝土路面：除接缝区和局部范围（边缘或角隅）外不配置钢筋的水泥混凝土路面，亦称素混凝土路面。

（2）钢筋混凝土路面：面层内配置纵、横向钢筋或钢筋网并设接缝的水泥混凝土路面。

（3）连续配筋混凝土路面：面层内配置纵向连续钢筋和横向钢筋，横向不设缩缝的水泥混凝土路面。

（4）钢纤维混凝土路面：在混凝土面层中掺入钢纤维的水泥混凝土路面。

（5）复合式路面：面层由两层不同类型和力学性质的结构层复合而成的路面。

（6）水泥混凝土预制块路面：面层由水泥混凝土预制块铺砌成的路面。

（7）碾压混凝土：采用碾压法施工工艺施工的水泥混凝土路面称为碾压式混凝土路面。

12.3　水泥混凝土路面对材料的要求

水泥混凝土路面的结构层建造在路基上，由水泥混凝土面板、基层、垫层等组成。

1. 垫层

遇有下述情况时，需在基层下设置垫层：

（1）季节性冰冻地区，路面总厚度小于最小防冻厚度要求时，其差值应以垫层厚度补足；

（2）水文地质条件不良的土质路堑，路床土湿度较大时，宜设置排水垫层；

（3）路基可能产生不均匀沉降或不均匀变形时，可加设半刚性垫层。

垫层的宽应与路基同宽，其最小厚度为 150mm。

垫层采用的主要材料：

防冻垫层和排水垫层宜采用砂、砂砾等颗粒材料。半刚性垫层可采用低剂量无机结合料稳定粒料或土。防冻垫层所用的材料中，小于 0.075mm 的细粒含量不宜大于 5%。

2. 基层

（1）混凝土面层下设基层的主要目的。

1）防唧泥——混凝土面层直接铺筑在路基上，会由于路基土塑性变形量大，细料含量多和抗冲刷能力低而极易产生唧泥现象，铺设基层后，可减轻以致消除唧泥的产生。但未经处治的砂砾基层，其细料含量和塑性指数不能太高，否则仍会产生唧泥。

2）防冻胀——在季节性冰冻地区，用对冰冻不敏感的粒状多孔材料铺筑基层，可以减少路基的冰冻深度，从而减少冰冻的危害作用。

3）减小路基顶面的压应力，并缓和路基不均匀变形对面层的影响。

4）防水——在湿软土基上，铺筑开级配粒料基层，可以排除从路表面渗入面层板下的水分以及隔断地下毛细水上升。

5）为面层施工（如立侧模，运送混凝土混合料等）提供方便。

6）提高路面结构的承载能力，延长路面的使用寿命。

（2）基层采用的材料。

1）基层采用的主要材料要求具有较高的弹性模量，如贫混凝土、沥青混凝土、水泥稳定碎石、石灰粉煤灰稳定碎石、级配碎石等半刚性基层不仅强度高、稳定性好、整体性好，也便于就地取材，降低造价。而且可以确保混凝土路面良好的使用特性和延长路面的使用寿命。因此，无机结合料稳定类基层成为混凝土路面（特别是交通繁重的路段）最适用的基层类型。

2）砂砾基层目前不宜采用，因为砂不易压实且易受扰动，与面板不易结合成整体，在浇筑混凝土时，砂粒易混入混凝土中，影响混凝土的强度；特别是当缝中进入水后，砂易被带走，使缝处的混凝土板处于悬空状态，改变板体的受力状态，在大交通量重复荷载作用下易损坏。同时，砂砾基层在荷载重复作用后的累积变形量大，原始压实度越低，变形累积量越大。如因条件限制，必须采用砂砾基层，必须控制细料含量并保证压实要求，或采取一定的处治措施，如加入 4%水泥对砂砾基层进行稳定。

（3）除非土基本身就是有良好级配的砂砾类土，而且是良好排水条件的轻交通道路之外，都应设置基层。基层材料的技术要求必须符合《公路路面基层施工技术细则》（JTG/T F20—2015）的要求。基层应具有足够的强度和稳定性，且断面正确，表面平整。

基层的宽度一般要比水泥混凝土面板每侧宽 20～25cm，以安装模板或水泥混凝土摊铺机轨道，便于施工。同时，也可以保证混凝土板边缘的强度和稳定性。

3. 面层

路面面层是直接通行车和大气相接触的层位，承受行车荷载较大的竖向力、水平力和冲击力的作用，同时又受降水的侵蚀作用和温度变化的影响。因此路面面层具有较高的结构强度、刚度、耐磨、不透水和高低温稳定性，并且其表面层还具有良好的平整度和粗糙度。

面板直接承受行驶汽车车轮的荷载作用，轮载作用于板中部，板产生的最大应力约为轮载作用于板边部时的 2/3。因此，面层板的横断面应采取中间薄两边厚的形式（图 12-1），以适应荷载应力的变化，一般边部厚度较中部约大 25%，是从路面最外两侧板的边部，在0.6～1.0m 宽度范围内从里向边缘逐渐加厚。但是厚边式路面对土基和基层的施工带来不便；而且使用经验也表明，在厚度变化转折处，易引起板的折裂。因此，目前国内外常采用等厚式断面。

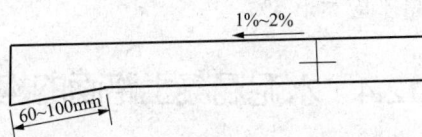

图 12-1　混凝土路面横断面示意

水泥混凝土路面的路拱采用直线型，横坡度一般采用 1%～2%。

面层一般采用设接缝的普通混凝土；面层板的平面尺寸较大或形状不规则，路面结构下埋有地下设施，高填方、软土地基、填挖交界段的路等有可能产生不均匀沉降时，应采用设置接缝的钢筋混凝土面层。其他面层类型可根据适用条件按表 12-1 选用。

表 12-1　　　　　　　　　其 他 同 层 类 型 选 择

面 层 类 型		适 用 条 件
连续配筋混凝土面层		高速公路
复合式面层	密级配沥青混合料上面层	极重、特重交通荷载的高速公路
	连续配筋混凝土下面层设传力杆普通混凝土下面层	
碾压混凝土面层		二级及二级以下公路
钢纤维混凝土面层		高程受限制路段、混凝土加铺层
混凝土预制块面层		二级及二级以下公路桥头引道沉降未稳定段、服务区停车场

　　水泥混凝土面板材料的要求：

　　（1）面板混凝土混合料必须具有较高的抗弯拉强度，良好的抗冻性和耐磨性和施工和易性。面板混凝土强度应当满足设计强度要求。

　　（2）水泥混凝土集料公称最大粒径不应大于 26.5mm。砂的细度模数不宜小于 2.5；高速公路面层的用砂，其硅质砂或石英砂的含量不宜低于 25%。水泥用量不得小于 300kg/m³（非冰冻地区）或 320kg/m³（冰冻地区）。冰冻地区的混凝土中必须掺加引气剂。采用硅酸盐水泥或普通硅酸盐水泥，强度不低于 32.5MPa 号。

　　（3）厚度大于 300mm 的普通混凝土面层，分上下两层连续铺筑时，上层一般为总厚度的1/3，可采用高强、耐磨的混凝土材料，碎石集料公称最大粒径为 19mm。

　　（4）钢纤维混凝土集料公称最大粒径宜为钢纤维长度的 1/2～2/3，并不宜大于 16mm。钢纤维的抗拉强度标准值不宜小于 600 级（600～1000MPa）。水泥用量不得低于 360kg/m³（非冰冻地区）或 380kg/m³（冰冻地区）。

　　（5）碾压混凝土面层混凝土的集料公称最大粒径不宜大于 19.0mm，水泥用量不得少于280kg/m³（非冰冻地区）或 310kg/m³（冰冻地区）。

　　（6）混凝土预制块的抗压强度不宜低于 50MPa（非冰冻地区）或 60MPa（冰冻地区）。砂垫层宜选用细度模数为 2.3～3.0 的天然砂，4.75mm 筛孔的累计筛余量不应大于 5%，含泥量不应大于 5%。

12.4　水泥混凝土路面的构造

　　1. 接缝的构造与处理

　　水泥混凝土路面设置接缝的目的是防止水泥混凝土在施工凝结过程产生收缩，使用过程温度升高引起膨胀，而导致板的应力过大，导致路面板的破坏。

　　（1）按照几何位置分类。混凝土面板的接缝按照其几何位置可分为纵缝和横缝。纵缝是指平行于道路中线（行车方向）而设置的接缝。横缝通常垂直于纵缝（图 12-2）。

　　普通水泥混凝土、钢筋混凝土、碾压混凝土和钢纤维混凝土面层板的平面布局宜采用矩形分块，其纵向和横向接缝应垂直相交，纵缝两侧的横缝不得相互错位。纵向接缝的间距（即板宽）宜在 3.0～4.5m 范围内选用。横向接缝的间距（即板长）应按面层类型和厚度选定：

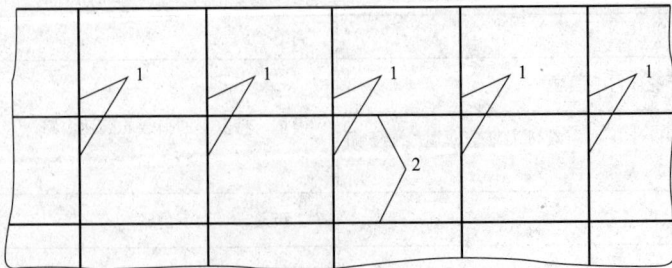

图 12-2　路面接缝设置

1—横缝；2—纵缝

1）普通水泥混凝土面层宜为 4～6m，面层板的长宽比不宜超过 1.35，平面面积不宜大于 25m²。

2）碾压混凝土和钢纤维混凝土面层宜为 6～10m。

3）钢筋混凝土面层宜为 6～15m，面层板的长宽比不宜超过 2.5，平面面积不宜大于 45m²。

（2）按照接缝的用途分类。按照接缝的用途可以分为缩缝、胀缝和施工缝。

1）缩缝。缩缝是为防止面板在温度或湿度降低、混凝土施工收缩，引起产生不规则的横向裂缝。一次铺筑宽度大于 4.5m 时，应设置纵向缩缝。纵向缩缝应采用设置拉杆假缝形式，即只在板的上部设置缝隙，当板收缩时将沿此最薄弱断面有规则地自行断裂，缝宽一般为 3～8mm。当采用粒料基层时，槽口深度应为板厚的 1/3；采用半刚性基层时，槽口深度应为板厚的 2/5 [图 12-3（a）]。假缝缝隙内应浇注填缝料，以防地面水下渗及砂石等杂物进入缝内。设传力杆假缝是在假缝内设置不妨碍混凝土板收缩位移的传力杆（圆钢筋），依靠传力杆传递荷载。这两种假缝形式多用于横向缩缝，在特重和重交通道路上，应采用设传力杆假缝，以减少唧泥和错台病害的出现。设拉杆假缝为在假缝内设置拉杆（螺纹钢筋），以防止两侧混凝土板被拉开。这种形式多用于纵向缩缝 [图 12-3（b）]。碾压混凝土面层一次铺筑宽度大于 7.5m 时，应设置同图 12-2（b）的纵向缩缝；钢纤维混凝土面层在摊铺宽度小于 7.5m 时，可不设置纵向缩缝。

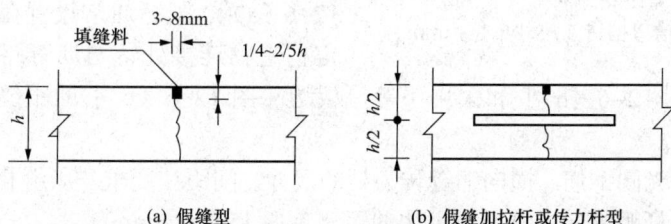

图 12-3　缩缝构造

横向缩缝可等间距或变间距布置，应采用假缝形式。极重、特重和重交通荷载公路的横向缩缝，中等和轻交通荷载公路邻近胀缝或自由端部的 3 条横向缩缝，收费广场的横向缩缝，应采用设传力杆假缝形式，其构造如图 12-4（a）所示。其他情况可采用不设传力杆假缝形式，其构造如图 12-4（b）所示。传力杆的设置不应妨碍相邻混凝土板的自由伸缩，钢筋表面应做防锈处理。

横向缩缝顶部应锯切槽口，设置传力杆时槽口深度宜为面层厚度的 1/4～1/3，不设置传

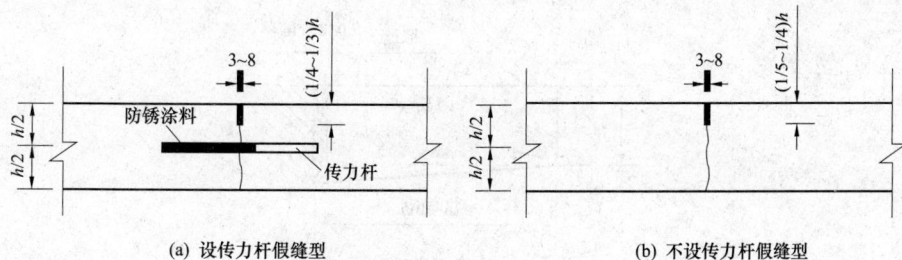

图 12-4　横向缩缝构造

力杆时槽口深度宜为面层厚度的 1/5～1/4。槽口宽度应根据施工条件、填缝料性能等因素而定，宽度宜为 3～8mm，槽内应填填缝料。二级及二级以下公路的槽口可一次锯切成型。高速和一级公路槽口宜二次锯切成型，在第一次锯切缝的上部宜增设宽 7～10mm 的浅槽口，槽口下部应设置背衬垫条，上部应用填缝料灌填，其构造如图 12-5 所示。

2）胀缝。胀缝是为防止面板在温度升高时膨胀，在接缝处挤压拱起，导致面板折断破坏而设置的。缝宽较大，一般为 20～25mm。胀缝应采用滑动传力杆，能有效地传递荷载，防止错台。传力杆一般采用长 40～60cm，直径 20～25mm 的光圆钢筋，每隔 30～50cm 设一根。杆的半段固定在混凝土内，另半段涂以沥青、套上长 8～10cm 铁皮或塑料套筒，筒底与杆端之间留出宽 3～4cm 空隙，并用木屑与弹性材料填充，以利板的自由伸缩［图 12-6（a）］。胀缝通常设置在与桥涵或其他固定构造物连接处、与沥青路面的连接处等，

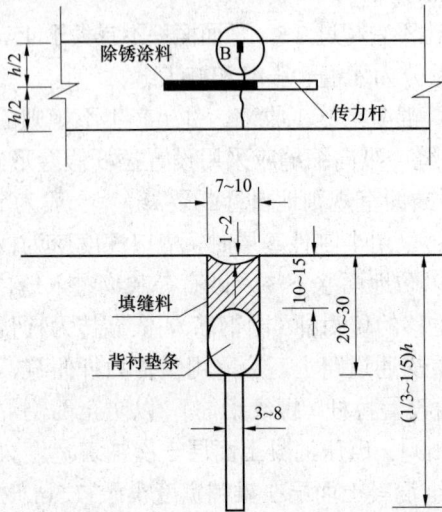

图 12-5 二次锯切槽口构造（尺寸单位：mm）

边缘配置钢筋［图 12-6（b）］和采用不等厚板边［图 12-6（c）］的胀缝构造形式应不设置传力杆。

传力杆应采用光圆钢筋。横向缩缝传力杆的尺寸、间距和要求与胀缝相同，可按表 12-2 选用。最外侧传力杆距纵向接缝或自由边的距离宜为 150～250mm。

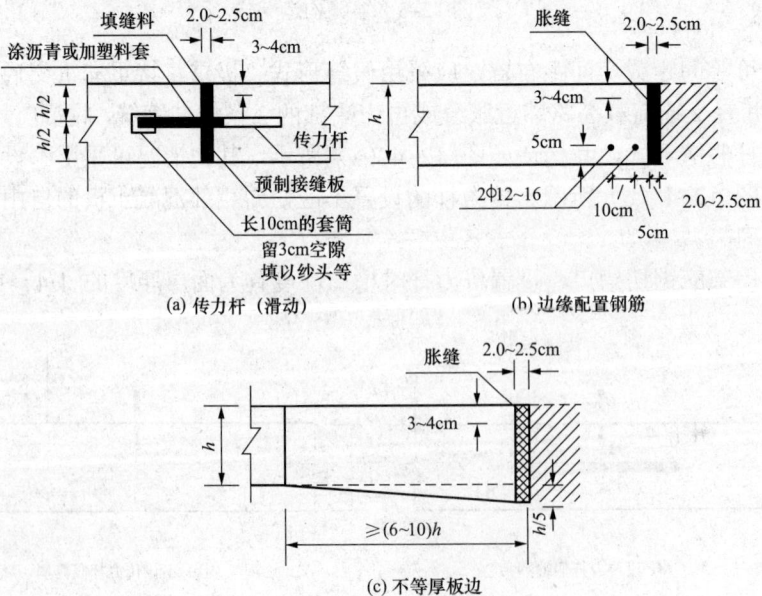

(a) 传力杆（滑动）

(b) 边缘配置钢筋

(c) 不等厚板边

图 12-6 胀缝构造

表 12-2		传力杆的尺寸和间距	（单位：mm）
面层厚度	传力杆直径	传力杆最小长度	传力杆最大间距
220	28	400	300
240	30	400	300
260	32	450	300
280	32～34	450	300
≥300	34～36	500	300

胀缝的类型有传力杆式、枕垫式和基层枕垫式三种。

3）施工缝。分为横、纵施工缝两种。每天工作结束或因临时原因而中断施工时，需设置横向施工缝。混凝土一次铺筑宽度小于路面宽度时，需设置纵向施工缝。横向施工缝应尽可能设置在缩缝处，做成设传力杆的平缝形式［图 12-7（a）］。如有困难而必须设在缩缝之间时，施工缝采用设拉杆的企口形式，以保证缝隙不张开［图 12-7（b）］。纵向施工缝（图 12-8）采用设拉杆的平缝或设拉杆的企口缝形式。传力杆和拉杆的尺寸和间距，与前述缩缝和胀缝的传力杆和拉杆相同。

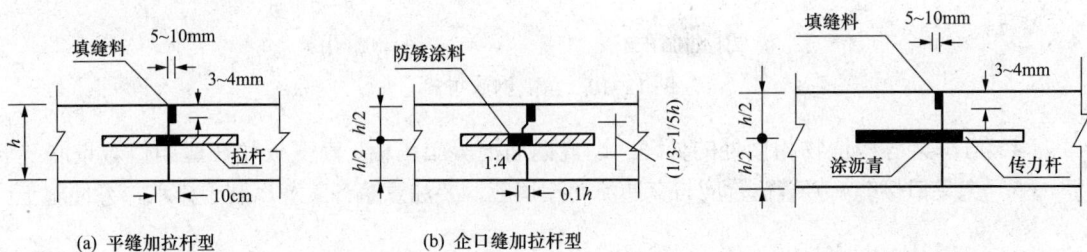

(a) 平缝加拉杆型　　　　(b) 企口缝加拉杆型

图 12-7　横向施工缝构造　　　　图 12-8　纵向施工缝构造

4）接缝的材料要求。接缝槽口的填缝（封）料应具有弹性好，与缝壁混凝土表面粘结力强，温度敏感性小和耐久性好的性质。常用的填缝料有热灌的橡胶沥青类、常温施工的聚氨酯焦油类或有机硅树脂以及预制压缩性嵌条等类型。

2. 水泥混凝土路面特殊部位的处理

（1）面板板边补强。混凝土面板边缘补强的措施主要是在板边缘和角隅处设置一定数量的补强钢筋，或加强基础。沿混凝土板纵、横向自由边配置的边缘钢筋，一般选用两根直径为 12～16mm 的螺纹钢筋或光圆钢筋，布设在板的下部，两端应向上弯起，如图 12-9 所示。钢筋保护层的最小厚度不应小于 5cm。边缘钢筋一般不穿过缩缝，以免妨碍板的翘曲；当必要时亦可将其穿过缩缝，但不得穿过胀缝。

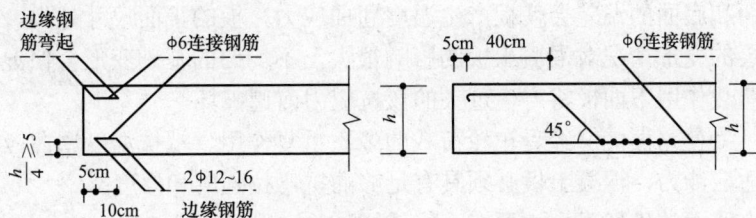

图 12-9　边缘钢筋布置（图中长度单位：cm）

（2）面板角隅补强。混凝土面板角隅补强是在板的角隅处设置角隅钢筋。角隅钢筋常设在胀缝两侧板的角隅处及板的锐角处，可选用 2 根直径 12～16mm 的螺纹钢筋弯成发针形[图12-10（a）]，布置在板的上部，距板顶不应小于 5cm。板呈锐角形时，亦可采用双层钢筋网补强 [图 12-10（b）]，布置在板的上、下部，距板顶和板底以 5～10cm 为宜。

（3）与沥青路段相接处的处理。

1）在沥青路面面层下埋设混凝土板。

2）采用平接型接缝、混凝土预制块过渡。

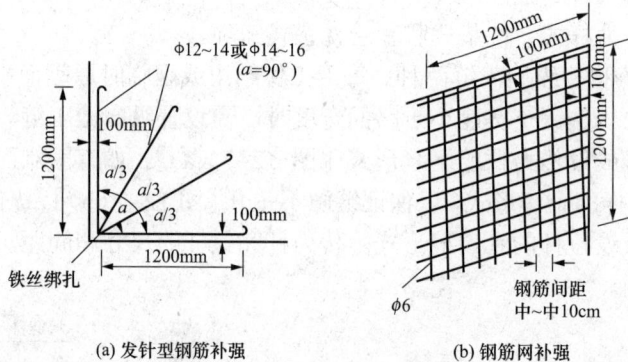

图 12-10　角隅钢筋布置

（4）与桥梁等构造物相接处的处理。设置钢筋混凝土搭板、渐变板和在适当位置设胀缝。

（5）交叉口接缝。接缝位置应与交通流向相适应，要注意整齐美观，利于排水，方便施工。

12.5　水泥混凝土路面结构设计

12.5.1　新建水泥混凝土路面设计

1. 水泥混凝土路面结构特征

水泥混凝土路面作为刚性路面，同柔性路面相比，有其自身的特点。首先，混凝土路面板的弹性模量及力学强度大大高于基层和土基的相应模量和强度；其次，混凝土的抗弯拉强度远小于抗压强度，为其 1/7～1/6，因此取水泥混凝土板的抗弯拉强度指标作为设计指标；又由于混凝土板与基层或土基之间的摩阻力一般不大，所以从力学模型考虑，可把水泥混凝土路面结构看作是弹性地基板，用弹性地基板理论进行分析计算。

在车轮荷载的重复作用下，由于疲劳效应混凝土板会在低于其极限抗弯拉强度时出现破坏。由于板顶面和底面的温差会使板产生温度翘曲应力，板的平面尺寸越大，翘曲应力也越大。土基和基层的变形情况对混凝土板的影响很大，不均匀的基础变形会使混凝土板与基层脱空。在车轮荷载作用下面板将产生过大的弯拉应力而遭破坏。

基于上述，为使路面能够经受车轮荷载的多次重复作用、抵抗温度翘曲应力、并对地基变形有较强的适应能力，混凝土板必须具有足够的抗弯拉强度和厚度。

水泥混凝土路面的破坏类型主要有：① 断裂；② 唧泥；③ 错台；④ 拱起；⑤ 接缝挤碎等。由此可以看出，影响混凝土路面使用性能的因素是多方面的，如轮载、温度、水分、基层、接缝构造、材料以及施工和养护情况等。从保证路面结构承载能力的角度，混凝土路面结构设计应以防止面层板断裂为主要设计标准；从保证汽车行驶性能的角度，应严格控制接缝两侧的错台量。

混凝土路面在经受到车轮荷载重复作用的同时，还受大气温度周期性变化的影响。因此，路面板为防止两种因素综合作用产生的疲劳开裂，必须使荷载疲劳应力与温度疲劳翘曲应力之和不超过混凝土的抗弯拉强度。

2. 混凝土路面结构设计内容

（1）路面结构层组合设计。水泥混凝土路面结构层的组合设计，应根据该路的交通繁重程度，结合当地环境条件和材料供应情况，选择安排混凝土路面的结构层层次，包括土基、垫层、基层和面层的结构层位，及各层的路面结构类型、弹性模量和厚度。技术先进、工程经济合理的路面结构组合设计方案，应能保证混凝土面板在设计使用期内能承受预期交通的作用，提供良好的路用品质，其设计过程与柔性路面结构组合设计相仿。有关基层、垫层的设置和抗冻的要求均应符合现行有关规范的规定。

（2）混凝土面板厚度设计。混凝土面层板厚度的设计，应按照设计标准的要求，确定满足设计年限内使用要求所需的混凝土面层的厚度。

（3）混凝土面板的平面尺寸及接缝设计。根据混凝土面层板内产生的荷载应力和温度应力进行板的平面尺寸设计，确定接缝的位置，设计接缝的构造，并采取有效措施提高接缝的传荷能力。

（4）路肩设计。高速公路和一级公路中间带和路肩路缘带的结构应与行车道的混凝土路面相同，并与行车道部分的混凝土板浇筑成整体。路肩可采用水泥混凝土面层或沥青混合料面层，其基（垫）层结构应满足行车道路面结构和排水的要求。

（5）混凝土路面的钢筋配筋设计。包括连续配筋与钢筋混凝土路面的配筋设计，当混凝土路面板较长或交通量较大时、地基有不均匀沉降或板的形状不规则时，可沿板的纵向加设钢筋，在角隅处加设角隅钢筋或钢筋网，以阻止可能出现的裂缝。

3. 设计理论与设计方法

目前，世界各国刚性路面设计方法所依据的力学理论主要是弹性地基板理论，其基本假定如下：

（1）板为具有弹性模量 E 和泊松比 μ 的等厚体。

（2）作用于板上的荷载，其施压面的宽度和长度均大于板厚，此时可用薄板弯曲理论进行计算，当施压面积很小时，需按厚板理论对它进行修正。

（3）地基对板仅有竖向反力，即地基和板之间无摩阻力，同时地基与面板存在着完全的接触，即使在反力为负值（向下）时也是如此。

（4）地基顶面挠度同反力之间的关系，有着两种不同的假说：

1）温克勒地基假说；

2）半空间（半无限）地基假说。

半空间地基假说要比温克勒地基假说更符合地基实际的工作情况，但在荷载作用于板边或板角隅处，对有限尺寸的矩形板，运用半无限地基板理论的计算方法无法解决不同的荷载组合作用于板上任何位置等问题，因此，在实际计算中常采用近似的数值计算方法——有限元法。

根据我国的生产实践和科研成果，我国现行规范亦是采用弹性地基板理论，而地基模型则采用以弹性模量和泊松比表征的弹性半无限体地基假说。

路面厚度的设计方法有经验法和解析法两大类：经验法是以足尺试验路为基础，经过长期的观测建立起标准轴载作用次数、路面结构厚度和使用性能之间的经验公式，如美国的 AASHO 法；解析法则是以结构分析为基础，利用弹性地基板理论来计算荷载应力，并以疲劳开裂作为路面破坏临界状态，如美国的 PCA 法。

我国目前仍采用解析法。板厚的确定，与混凝土的弹性模量、抗弯拉强度、土基、基层的力学性质、路面设计使用年限、交通量组成及其增长率、温度等众多因素有关。设计板厚的方法有多种，而设计标准可以概括为两种：

1）以混凝土面板的使用特性在使用期末下降到行车所不允许的程度为标准；

2）以使用年限期末混凝土面板出现疲劳开裂为临界状态做标准，我国现在就是采用这种标准。

4. 交通分析

（1）轴载调查。根据《公路工程技术标准》（JTG B01—2014）规定，路面结构设计标准轴载为双轮组单轴 100kN，轮胎压力 0.7MPa。重载交通路段可根据实际调查的轴载谱采用分向、分道方式进行路面结构设计。可通过实地设立站点进行各类车辆的轴型调查和轴重测定，或者利用该地区或相似类型公路已有称重站的车型、轴型和轴重测定统计资料，获取设计公路的车辆类型、轴型和轴重组成数据，以及最重轴载和货车中占主要份额特重车型轴载。

（2）轴载换算。各类车辆按轴型称重和统计时，可采用以轴型为基础的轴载当量换算系数法计算分析设计车道使用初期的设计轴载日作用次数。随机统计 3000 辆 2 轴 6 轮及以上车辆中单轴、双联轴和三联轴等不同轴型出现的单轴次数，并分别称取其单轴轴重。可按单轴轴重级位统计整理后得到轴载谱，并按式（12-1）计算确定不同轴重级位的设计轴载当量换算系数。

$$k_{p,i} = \left(\frac{P_i}{P_s} \right)^{16} \tag{12-1}$$

式中　$k_{p,i}$ ——不同单轴轴重级位 i 的设计轴载当量换算系数；

　　　P_i ——单轴级位 i 的轴重（kN）；

　　　P_s ——设计轴载的轴重（kN）。

依据单轴轴载谱和相应的设计轴载当量换算系数，可按式（12-2）计算得到设计车道使用初期的设计轴载日作用次数。

$$N_s = ADTT \frac{n}{3000} \sum_i (k_{p,i} \times P_i) \tag{12-2}$$

式中　N_s ——设计车道的设计轴载日作用次数 [轴次/（车道·日）]；

　　$ADTT$ ——设计车道的年平均日货车交通量 [辆/（车道·日）]；

　　　n ——随机调查 3000 辆 2 轴 6 轮及以上车辆中出现的单轴总轴数；

　　　P_i ——单轴轴重级位 i 的频率（以分数计）。

以车辆类型为基础进行各种轴型的轴载称重和统计时，可采用车辆当量轴载系数法计算分析设计车道使用初期的设计轴载日作用次数。可将 2 轴 6 轮及以上车辆分为整车、半挂和多挂 3 大类，每类车再按轴数细分，分别按车型称重后得到单轴轴载谱。可由式（12-1）与（12-3）计算得到各类车辆的设计轴载当量换算系数。

$$k_{p,k} = \sum_i k_{p,i} p_i \qquad (12-3)$$

式中　$k_{p,k}$——k 类车辆的设计轴载当量换算系数；

　　　p_i——k 类车辆单轴轴重级位 i 的频率（以分数计）。

依据调查所得的车辆类型组成数据，可按式（12-4）计算确定设计车道使用初期的设计轴载日作用次数。

$$N_s = ADTT \times \sum_k (k_{p,k} \times p_k) \qquad (12-4)$$

式中　p_k——k 类车辆的组成比例（以分数计）。

（3）交通荷载分级。按设计基准期内设计车道临界荷位处所承受的设计轴载累计作用次数分为 5 级，分级范围见表 12-3。

表 12-3　　　　　　　　　　交 通 荷 载 分 级

交通荷载等级	极重	特重	重	中等	轻
设计基准期内设计车道承受设计轴载（100kN）累计作用次数 N_e(10^4)	>1×10^6	1×10^6~2000	2000~100	100~3	<3

（4）累计作用次数。设计基准期内水泥混凝土路面设计车道临界荷位处所承受的设计轴载累计作用次数，应按式（12-5）计算。

$$N_e = \frac{N_s \times \left[(1+g_r)^t - 1\right]}{g_r} \times 365 \times \eta \qquad (12-5)$$

式中　N_e——设计基准期内设计车道所承受的设计轴载累计次数（轴次/车道）；

　　　t——设计基准期（a）；

　　　g_r——基准期内货车交通量的年平均增长率（以分数计）；

　　　η——临界荷位处的车辆轮迹横向分布系数，按表 12-4 选用。

表 12-4　　　　　　　　　　车辆轮迹横向分布系数

公路等级		纵缝边缘处
高速公路、一级公路、收费站		0.17~0.22
二级及二级以下公路	行车道宽>7m	0.34~0.39
	行车道宽≤7m	0.54~0.62

注：车道、行车道较宽或者交通量较大时，取高值；反之，取低值。

5. 临界荷位的确定

混凝土路面设计是以荷载应力和温度应力产生的综合疲劳损坏作为设计标准的，因而选用使路面板产生最大综合疲劳损坏的位置作为临界荷位。根据大量的计算结果，对于考虑荷

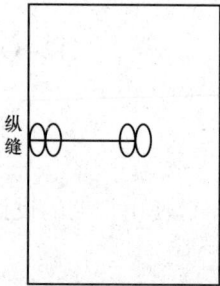

载应力疲劳和温度应力综合疲劳作用的情况，只有在纵缝具有较大传荷能力的启口缝加拉杆和横缝不考虑传荷能力的假缝（当做自由边处理）时，临界荷位出现在横缝边缘中部；其余情况均应选取纵缝边缘中部为临界荷位。由于前一种出现的可能性很小。因此，《公路水泥混凝土路面设计规范》（JTG D40—2011）规定，选取纵缝边缘中部作为临界荷位，如图 12-11 所示。

图 12-11 临界荷位

6. 弹性地基单层板荷载应力

轴载作用于纵缝边缘中部时，板内产生的最大应力可应用有限元法进行计算。应力大小同轴载大小、面板厚度、混凝土弹性模量和基层顶面回弹模量等因素有关。《公路水泥混凝土路面设计规范》JTG D40—2011 规定，设计轴载在临界荷位处产生的荷载疲劳应力可由式（12-6）确定：

$$\sigma_{pr} = k_r k_f k_c \sigma_{ps} \tag{12-6}$$

式中　σ_{pr}——设计轴载在面层板临界荷位处产生的荷载疲劳应力（MPa）；

　　　σ_{ps}——设计轴载在四边自由板临界荷位处产生的荷载应力（MPa）；

　　　k_f——考虑设计基准期内荷载应力累计疲劳作用的疲劳应力系数；

　　　k_c——考虑计算理论与实际差异以及动载等因素影响的综合系数，按公路等级查表12-5。

表 12-5　　　　　　　综 合 系 数 k_c

公路等级	高速公路	一级公路	二级公路	三、四级公路
k_c	1.15	1.10	1.05	1.00

（1）σ_{ps}的计算。设计轴载在四边自由板临界荷位处产生的荷载应力 σ_{ps} 应按式（12-6a）～式（12-6c）计算。

$$\sigma_{ps} = 1.47 \times 10^{-3} r^{0.70} h_c^{-2} P_s^{0.94} \tag{12-6a}$$

$$r = 1.21 (D_c / E_t)^{1/3} \tag{12-6b}$$

$$D_c = \frac{E_c h_c^3}{12(1 - v_c^2)} \tag{12-6c}$$

式中　　　p_s——设计轴载的单轴重（kN）；

h_c、E_c、v_c——混凝土面层板的厚度（m）、弯拉弹性模量（MPa）和泊松比；

　　　r——混凝土面层板的相对刚度半径（m）；

　　　D_c——混凝土面层板的截面弯曲刚度（MN·m）；

　　　E_t——板底地基当量回弹模量（MPa）；新建公路按式（12-7a）～式（12-7d）计算；旧柔性路面上加铺混凝土面层按式（12-8a）～式（12-8c）计算。

1）新建公路的板底地基当量回弹模量 E_t 应按式（12-7a）～式（12-7d）计算。

$$E_t = \left(\frac{E_x}{E_0}\right)^{\alpha} E_0 \qquad (12\text{-}7a)$$

$$\alpha = 0.86 + 0.26\ln h_x \qquad (12\text{-}7b)$$

$$E_x = \sum_{i=1}^{n}(h_i^2 E_i) / \sum_{i=1}^{n} h_i^2 \qquad (12\text{-}7c)$$

$$h_x = \sum_{i=1}^{n} h_i \qquad (12\text{-}7d)$$

式中　E_0——路床顶综合回弹模量（MPa）；

　　　α——与粒料层总厚度 h_x 有关的回归系数；

　　　E_x——粒料层的当量回弹模量（MPa）；

　　　h_x——粒粒层的总厚度（m）；

　　　n——粒料层的层数；

　　E_i、h_i——第 i 结构层的回弹模量（MPa）与厚度（m）；

　　2）在旧沥青混凝土路面上铺筑水泥混凝土面层时，原沥青混凝土路面顶面的地基综合当量回弹模量 E_t 可根据落锤式弯沉仪（荷载 50kN、承载板半径 150mm）的中心点弯沉的测定结果应按式（12-8a），或根据贝克曼梁（后轴重 100kN 的车辆）的弯沉测定结果，按式（12-8b）计算确定。

$$E_t = 18\,621 / w_0 \qquad (12\text{-}8a)$$

$$E_t = 13\,739 w_0^{-1.04} \qquad (12\text{-}8b)$$

$$w_0 = \bar{w} + 1.04 S_w \qquad (12\text{-}8c)$$

式中　w_0——路段代表弯沉值（0.01mm），按式（12-9c）计算；

　　　$\bar{w}$——路段弯沉平均值（0.01mm）；

　　　S_w——路段弯沉的标准差（0.01mm）。

（2）设计基准期内的荷载疲劳应力系数 k_f 应按式（12-9a）计算。

$$k_f = N_e^{\lambda} \qquad (12\text{-}9a)$$

$$\lambda = 0.053 - 0.017\rho_f \frac{l_f}{d_f} \qquad (12\text{-}9b)$$

式中　N_e——设计基准期内设计轴载累计作用次数，按式（12-5）计算。

　　　λ——材料疲劳指数，普通混凝土、钢筋混凝土、连续配筋混凝土，$\lambda = 0.057$；碾压混凝土和贫混凝土，$\lambda = 0.065$；钢纤维混凝土，按式（12-9b）。

　　　ρ_f——钢纤维的体积率（%）。

　　　l_f——钢纤维的长度（mm）。

　　　d_f——钢纤维的直径（mm）。

7. 弹性地基单层板温度应力

（1）温度疲劳应力。在面层板临界荷位处产生的温度疲劳应力应按式（12-10）计算。

$$\sigma_{tr} = k_t \sigma_{t,max} \qquad (12\text{-}10)$$

式中　σ_{tr}——面层板临界荷位处的温度疲劳应力（MPa）；

$\sigma_{t,\max}$ ——最大温度梯度时面层板产生的最大温度应力（MPa）；

k_t ——考虑温度应力累计疲劳作用的温度疲劳应力系数按式（12-13）计算。

（2）最大温度应力。最大温度梯度时混凝土面层板最大温度应力 $\sigma_{t,\max}$ 应按式（12-11）

$$\sigma_{t,\max} = \frac{\alpha_c E_c h_c T_g}{2} B_L \qquad (12-11)$$

式中 α_c ——混凝土的线膨胀系数，根据粗集料的岩性按表 12-6 确定。

T_g ——公路所在地 50 年一遇的最大温度梯度，查表 12-7 确定。

B_L ——综合温度翘曲应力和内应力的温度应力系数，按式（12-12a）～式（12-12c）计算。

表 12-6　水泥混凝土线膨胀系数经验参考值

粗集料类型	石英岩	砂岩	砾石	花岗岩	玄武岩	石灰岩
水泥混凝土线膨胀系数（10^{-6}/℃）	12	12	11	10	9	7

表 12-7　最大温度梯度标准值 T_g

公路自然区划	II、V	III	IV、VI	VII
最大温度梯度（℃/m）	83～88	90～95	86～92	93～98

注：海拔高时，取高值；湿度大时，取低值。

（3）温度应力系数。综合温度翘曲应力和内应力的温度应力系数 B_L 应按式（12-12a）～式（12-12c）

$$B_L = 1.77 e^{-4.48h_c} C_L - 0.131(1 - C_L) \qquad (12-12a)$$

$$C_L = 1 - \frac{\sin ht \cos t + \cos ht \sin t}{\cos t \sin t + \sin ht \cos ht} \qquad (12-12b)$$

$$t = \frac{L}{3r} \qquad (12-12c)$$

式中 C_L ——混凝土面层板的温度翘曲应力系数，按式（12-12b）计算；

L ——面层板的横缝间距，即板长（m）；

r ——面层板的相对刚度半径（m）；

（4）温度疲劳应力系数。温度疲劳应力系数 k_t 应按式（12-13）计算。

$$k_t = \frac{f_r}{\sigma_{t,\max}}\left[a_t\left(\frac{\sigma_{t,\max}}{f_r}\right)^{b_t} - c_t\right] \qquad (12-13)$$

式中 a_t、b_t 和 c_t ——回归系数，按所在地区的公路自然区划查表 12-8 确定。

表 12-8　回归系数 a_t、b_t 和 c_t

系数	公路自然区划					
	II	III	IV	V	VI	VIII
a_t	0.828	0.855	0.841	0.871	0.837	0.834

系数	公路自然区划					
	II	III	IV	V	VI	VIII
b_t	1.323	1.355	1.323	1.287	1.382	1.270
c_t	0.041	0.041	0.058	0.071	0.038	0.052

12.5.2 改建水泥混凝土路面设计

1. 旧水泥混凝土路面的技术调查与强度评定

为了确定旧水泥混凝土路面对预期交通荷载的承载能力,并分析确定其剩余使用寿命。必须对旧混凝土路面进行技术调查和测定。

(1)原有混凝土路面的技术调查。在进行旧混凝土路面加铺层设计之前,应调查下列内容:

1)公路修建和养护技术资料:路面结构和材料组成、接缝构造及养护历史等。

2)路面损坏状况:损坏类型、轻重程度、范围及修补措施等。

3)路面结构强度:路表弯沉、接缝荷能力、板底脱空状况、面层厚度和混凝土强度等。

4)已承受的交通荷载及预计的交通需求:交通量、轴载组成及增长率等。

5)环境条件:沿线气候条件、地下水位以及路基和路面的排水状况等。

加铺层应根据使用要求及旧混凝土路面的状况,选用分离式或结合式水泥混凝土加铺结构,或沥青混凝土加铺结构,经技术经济比较后选定。

地表或地下排水不良路段,应采取措施改善或增设地表或地下排水设施;旧混凝土路面结构排水不良路段,应增设路面边缘排水系统。

加铺层设计应包括施工期间维持通车的设计方案。

旧混凝土面层损坏状况等级为差时,宜将混凝土板破碎成小于 400mm 的小块,用做新建路面的底基层或垫层,并应按新建混凝土路面或沥青路面类型进行设计。

(2)路面损坏状况调查评定。旧混凝土路面的损坏状况采用断板率和平均错台量两项指标评定。断板率的调查和计算可按《公路水泥混凝土路面养护技术规范》(JTJ 073.1—2001)的规定进行;错台调查可采用错台仪或其他方法量测接缝两侧板边的高程差,量测点的位置在错台严重车道右侧边缘内 300mm 处,以调查路段内各条接缝高程差的平均值表示该路段的平均错台量。

路面损坏状况分为 4 个等级,各个等级的断板率和平均错台量的分级标准见表 12-9。

表 12-9 　　　　　　　　　路面损坏状况分级标准

等　级	优良	中	次	差
断板率(%)	≤5	5~10	10~20	>20
平均错台量(mm)	≤3	3~7	7~12	>12

(3)接缝传荷能力和板底脱空状况调查评定。旧混凝土面层板的接缝传荷能力和板底脱空状况采用弯沉测试法调查评定。弯沉测试宜采用落锤式弯沉仪,也可采用梁式弯沉仪,其支点不得落在弯沉盆内。

测定接缝传荷能力的试验荷载应接近与标准轴载的一侧轮载（50kN）。将荷载施加在邻近接缝的路面表面，实测接缝两侧边缘的弯沉值。按式（12-14）计算接缝的传荷系数：

$$k_j = \frac{w_u}{w_l} \times 100(\%) \tag{12-14}$$

式中 k_j——接缝传荷系数（%）；

　　　　w_u——未受荷板接缝边缘处的弯沉值（0.01mm）；

　　　　w_l——受荷板接缝边缘处的弯沉值（0.01mm）。

旧混凝土面层的接缝传荷能力分为4个等级，分级标准见表12-10。

表 12-10　　　　　　　　　　　　　接缝传荷能力分级标准

等　　级	优　良	中	次	差
接缝传荷系数 k_j（%）	≥80	60～80	40～60	<40

板底脱空可根据面层板角隅处的多级荷载弯沉测试结果，并综合考虑唧泥和错台发展程度以及接缝传荷能力进行判别。

2. 改建水泥混凝土路面加铺层设计

加铺层材料可采用普通混凝土或钢纤维混凝土。旧混凝土路面板上加铺层有结合式，分离式和直接式三种型式。采用何种加铺方式，应根据旧路面的损坏状况、接缝类型与布置以及原有路面的路拱坡度等条件来选择。当原有路面结构完整或虽有破损但已经修复，新、旧路面的路拱坡度基本一致时，可采用结合式或直接式加铺层；当原有路面损坏严重，路面板裂缝多，不易修复，或原有路面接缝不合理，新、旧路面的路拱坡度不一致时，应采用分离式加铺层。

（1）分离式混凝土加铺层结构设计。

1）当旧混凝土路面的损坏状况和接缝传荷能力评定等级为中或次，或者新旧混凝土板的平面尺寸不同、接缝形式或位置不对应或路拱横坡不一致时，应采用分离式混凝土加铺层。加铺层铺筑前应更换破碎板，修补裂缝，磨平错台，压浆填封板底脱空，清除夹缝中失效的填缝料和杂物，并重新封缝。

2）在旧混凝土面层与加铺层之间应设置隔离层。隔离层材料可选用沥青混凝土、沥青砂或油毡等，不宜选用砂砾或碎石等松散粒料。沥青混合料隔离层的厚度不宜小于25mm。分离式混凝土加铺层的接缝形式和位置，应按新建混凝土面层的要求布置。

3）加铺层可采用普通混凝土、钢纤维混凝土、钢筋混凝土和连续配筋混凝土。普通混凝土、钢筋混凝土和连续配筋混凝土加铺层的厚度不宜小于180mm；钢纤维混凝土加铺层的厚度不宜小于140mm。

4）加铺层和旧混凝土面层应力分析，按分离式双层板进行，计算方法详见《公路水泥混凝土路面设计规范》（JTG D40—2011）。旧混凝土板的厚度、混凝土的弯拉强度和弹性模量标准值以及基层顶面当量回弹模量标准值，采用旧混凝土路面的实测值，按规范规定的方法确定。加铺层的设计厚度，按加铺层和旧混凝土板的应力分别满足行车荷载和温度梯度综合作用产生的疲劳断裂作为设计的极限状态的要求。

（2）结合式混凝土加铺层结构设计。

1）当旧混凝土路面的损坏状况和接缝传荷能力评定等级为优良，面层板的平面尺寸及接缝布置合理，路拱横坡符合要求时，可采用结合式混凝土加铺层。清除接缝中失效的填缝料和杂物，并重新封缝。

2）采用铣刨、喷射高压水或钢珠、酸蚀等方法，打毛清理旧混凝土面层表面，并在清理后的表面涂敷粘结剂，使加铺层与旧混凝土面层结合成整体。

3）加铺层的接缝形式和位置应与旧混凝土面层的接缝完全对齐，加铺层内可不设拉杆或传力杆。加铺层厚度不宜小于 80mm。

12.6　水泥混凝土路面施工

12.6.1　施工前的准备

（1）熟悉设计文件，确定合理施工方案，编制施工组织设计。

（2）施工前应解决水电供应，交通道路，搅拌和堆料场地，办公生活用房、工棚仓库和消防等设施。

（3）有碍施工的建筑物、灌溉渠道和地下管线等，均应在施工前拆迁完毕。

（4）施工前必须对混凝土路面原材料进行取样试验分析，并应提供混凝土配合比试验数据。

（5）施工单位应根据设计文件，复测平面和高程控制桩，据此定出路面中心、路面宽度和纵横高程等样桩。控制桩测量的精度，应符合国家有关标准、规范的规定。

12.6.2　施工过程

混凝土面层浇筑施工的主要程序包括基层检查、清理修整，立模板，安放传力杆，混凝土配料与拌制，混凝土运输、摊铺、振捣、抹面、拉毛、湿养，拆模，切缝与填缝等工序。

基层的检查与整修：基层的宽度、路拱与标高、表面平整度和压实度，均应检查是否符合要求。在混凝土摊铺前，基层表面应洒水湿润，以免混凝土底部的水被干燥的基层吸去，变得疏松以致产生细裂缝，有时也在基层和混凝土之间铺设薄沥青混合料或塑料薄膜。

1. 基层与垫层施工

（1）混凝土路面的路基，应符合下列要求：

1）路基的高度、宽度、纵横坡度和边坡等均应符合设计要求；

2）路基应有良好的排水系统；

3）路基应坚实、稳定，压实度和平整度应符合设计要求；

4）对现有路基加宽，应使新旧路基结合良好，压实度应符合要求。

（2）混凝土路面的基层，宜采用板体性好、强度高的石灰稳定土、工业废渣类、级配碎（砾）石掺灰和水泥稳定砂砾（包括砾石土）等半刚性基层，及泥灰结碎（砾）石基层。

（3）混凝土路面基层的强度应满足设计要求。基层施工应符合下列要求：

1）石灰稳定土基层，应做到土块粉碎，石灰合格，配料准确，拌和均匀，控制最佳含水量，碾压密实。石灰含量宜占土的 8%～12%。当日平均气温低于 5℃时，应停止施工，并应保证在冻结前达到规定强度，石灰稳定土基层不宜在雨天施工；

2）对煤渣、粉煤灰、冶金矿渣等工业废渣类基层，应按其化学成分和颗粒组成，掺入一定数量石灰土或石渣组成混合料，加水拌和压实，洒水养护。当日平均气温低于 5℃时，不应施工，并应保证在冻结前达到规定强度；

3）泥灰结碎（砾）石基层，应严格控制泥灰的含量。泥灰的总含量不宜大于总混合料的 20%，石灰含量宜占土的 8%～12%，土的塑性指数宜为 10～14。施工可采用灌浆法或拌和法，采用拌和法时，应先拌匀灰土；

4）级配碎（砾）石掺石灰基层的碎（砾）石颗粒应符合级配要求。细料含量宜为 20%～30%，石灰含量宜占细料的 8%～12%；

5）水泥稳定砂砾（包括砾石土）基层的砂砾应有一定的级配，最大粒径不应超过 5cm，水泥含量不宜超过混合料总重的 6%，压实工作必须在水泥终凝前完成。

（4）基层完成后，应加强养护，控制行车，不使出现车槽。如有损坏应在浇筑混凝土板前采用相同材料修补压实，严禁用松散粒料填补。对加宽的基层，新旧部分的强度应一致。

（5）设置垫层时，垫层施工应符合下列要求：

1）宜选用当地的砂砾或炉渣等材料；

2）垫层施工前，应处理好路基病害，并完成排水设施；

3）垫层铺筑应碾压密实、均匀；

4）冰冻地区采用灰土垫层时，当日平均气温低于 5℃时，不应施工，并应保证在冰冻前达到规定强度。

（6）混凝土路面施工，应按设计要求，及时完成路肩、排水及人行道等工程。

2. 混凝土面板的施工

（1）混凝土配合比。混凝土配合比，应保证混凝土的设计强度、耐磨、耐久和混凝土拌和物和易性的要求。在冰冻地区还应符合抗冻性的要求。

混凝土配合比，应根据水灰比与强度关系曲线进行计算和试配确定。并应按抗压强度作配合比设计，以抗折强度检验。

（2）原材料的选择。

1）水泥：进场应有产品合格证及化验单，不合格的水泥产品坚决杜绝进场。水泥进场后，应堆放整齐，不同标号水泥应分别堆放并标识，不得混合堆放。在运输及保管过程中，应注意防水、防潮，超过保质期（一般为三个月）或受潮水泥，必须经过试验决定其是否可用或降低标准使用，结块水泥不得使用。

2）砂：应采用符合规定级配、细度模数在 2.5 以上的中粗砂，且要求坚韧耐磨、表面粗糙有棱角、清洁、有害杂质含量低；当无法取得粗、中砂时，经配合比试验可行，亦可采用泥土杂质含量小于 3%的细砂，注意合理选用砂率。

3）碎石：应选用质地坚硬、耐久、洁净、级配符合规范要求，最大粒径不超过 40mm；碎石的粒形以接近正立方体为佳，不宜含有较多针状颗粒和片状颗粒。

4）外加剂：在必要情况下选用外加剂如减水剂、硫化剂等，均能提高新拌混凝土的工作性，提高强度及耐久性。

5）水：洁净、无杂质。饮用水可直接使用。

（3）路面施工。

1）测量放样。根据设计图纸放出路线中心线及路面边线；在路线两旁布设临时水准点，以便施工时就近对路面进行标高复核。混凝土摊铺过程中，要做到勤测、勤校、及时纠偏。

2）支立模板。在处理好的基层或做好的调平层上，清扫杂物及浮土，然后再支立模板，模板高度与路面高度相齐平。

模板按预定位置安放在基层上，两侧用铁钎打入基层以固定位置，模板顶面用水准仪核查其标高，不符合时予以调整，施工时应经常校验，严格控制模板标高和平面位置。

支立好的模板要与基层紧贴，并且牢固，经得起振动梁的振动而不走样，如果模板底部与基层间有空隙，应把模板垫衬起，把间隙填塞，以免混凝土振捣时漏浆。

支立好模板后，应再检查一次模板高度和板间宽度是否正确。为便于拆模，立好的模板在浇捣混凝土之前，其内侧应涂隔离剂或铺上一层农用塑料薄膜，铺薄膜可防止漏水、漏浆，使混凝土板侧更加平整美观，无蜂窝，保证了水泥混凝土板边和板角的强度、密实度。

3）混凝土混合料的制备。拌制混凝土时要准确掌握配合比，进入拌和机的砂、石料及散装水泥须准确过秤，特别要严格控制用水量，每天拌制前，要根据天气变化情况，测量砂、石材料的含水量，调整拌制时的实际用水量。每拌所用材料均应过秤，并应按照碎石、水泥、砂或砂、水泥、碎石的装料顺序装料，再加减水剂，进料后边搅拌边加水。混凝土每盘的搅拌时间应根据搅拌机的性能和拌和物的和易性确定，时间不宜过长也不宜太短。并且搅拌第一盘混凝土拌和物时，应先用适量的混凝土拌和物或砂浆搅拌后排弃，然后再按规定的配合比进行搅拌。

4）混合料运输。混凝土运输用手推车、翻斗车或自卸汽车，运距较远时，宜采用搅拌运输车运输。运送时，车厢底板及四周应密封，以免漏浆，并应防止离析。装载混凝土不要过满，天热时为防止混凝土中水分蒸发，车厢上可加盖帐布，运输时间通常夏季不宜超过 30min，冬季不宜超过 60～90min，必要时采取保温措施。出料及铺筑时的卸料高度不应大于 1.5m，每天工作结束后，装载用的各种车辆要及时用水冲洗干净。

5）摊铺混凝土。运至浇筑现场的混合料，一般直接倾倒向安装好的侧模的路槽内，并用人工找补均匀，有明显离析时应重新拌匀。摊铺时应用大铁耙子把混合料耙散，然后用铲子、刮子把料耙散、铺平，在模板附近，需采用方铲用扣铲法撒铺混合料并插入捣几次，使砂浆捣出，以免发生空洞蜂窝现象。摊铺时的松散混凝土应略高过模板顶面设计高度的 10%左右。

施工间歇时间不得过长，一般不应超过 1h，因故停工在 1h 以内，可将已捣实的混凝土表面用麻袋覆盖，恢复工作时将此混凝土耙松，再继续铺筑；如停工 1h 以上时，应作施工缝处理。

施工时应搭好事先备好的活动雨棚架，如在中途遇雨时，一面停止铺筑，设置施工缝，一面操作人员可继续在棚下进行抹面等工作。

6）混凝土振捣。对于厚度不大于 22cm 的混凝土板，靠边角先用插入式振捣棒振捣，再用功率不小于 2.2kW 的平板振捣器纵横交错全面振捣，且振捣时应重叠 10～20cm，然后用振动梁振捣拖平，有钢筋的部位，振捣时防止钢筋变位。

振捣器在第一位置振捣的持续时间应以拌和物停止下沉、不再冒气泡并泛出水泥砂浆为止，不宜过振，也不宜少振，用平板式振捣器振捣时，不宜少于 30s，插入式不宜小于 20s。

当混凝土板较厚时，先插入振捣，再用平板振捣，以免出现蜂窝现象。分二次摊铺时，振捣上层混凝土拌和物时，插入式振捣器应插入下层混凝土 5cm，上层混凝土拌和物的振捣必须在下层混凝土初凝前完成，插入式振捣器的移动间距不宜大于其使用半径的 0.5 倍，并应避免碰撞模板和钢筋。

振捣时应辅以人工找平，并应及时检查模板，如有下沉、变形或松动应及时纠正。对混凝土拌和物整平时，填补板面选用碎（砾）石较细的混凝土拌和物，严禁用纯砂浆。没有路拱时，应使用路拱成型板整平。用振捣梁振捣时，其两端应搁在两侧纵向模板上或搁在已浇好的水泥板上，作为控制路线标高的依据，振捣梁一般要在混凝土面上来回各振捣一次。在振捣过程中，多余的混凝土应随着振捣梁的行走前进而刮去，低陷处应补足振实。为了使混凝土表面更加平整密实，用铁滚筒再进一步整平，效果更好，并能起到收水抹面的效果。

7）接缝施工。

① 纵向施工缝。纵向施工缝需设置拉杆，模板上预留了圆孔以便穿过拉杆，先把拉杆长度对半大致稳住，混凝土浇筑振捣完后，校正拉杆位置。需要注意的是拉杆位置一定要安放准确。

② 横向缩缝。横向缩缝采用切缝法，合适的切缝时间应控制在混凝土获得足够的强度而收缩应力未超出其强度的范围内时进行，它随混凝土的组成和性质、施工时的气候条件等因素而变化，施工人员须根据经验进行试切后决定。

③ 胀缝。先浇筑胀缝一侧混凝土，取走胀缝模板后，再浇另一侧混凝土，钢筋支架浇在混凝土内。压缝板条使用前应涂废机油或其他润滑油，在混凝土振捣后，先抽动一下，而后最迟在终凝前将压缝板条抽出，抽出时，用木板条压住两侧混凝土，然后轻轻抽出压缝板条，再用铁模板将两侧混凝土抹平整。

④ 横向施工缝。每日施工终了必须设置横向施工缝，其位置宜设在胀缝和缩缝处，设在胀缝处，其构造采用胀缝构造。

⑤ 填缝。一般在养护期满后要及时填封接缝，以防止泥砂等杂物进入缝内，填缝前须将缝内杂物清扫干净，并在干燥状态下进行，最好在浇灌填料前先用多孔柔性材料填塞缝底，然后再加填料，其高度夏天与板平齐，冬天稍低于板面。

8）收水抹面及表面拉毛。水泥混凝土路面收水抹面及拉毛操作的好坏，可直接影响到平整度、粗糙度和抗磨性能，混凝土终凝前必须收水抹面。

抹面前，先清边整缝，清除粘浆，修实掉边、缺角。

抹面一般用小型电动磨面机，先装上圆盘进行粗光，再装上细抹叶片精光。操作时来回抹平，操作人员来回抹面重叠一部分，初步抹面需在混凝土整平后 10min 进行，冬季施工还应延长时间。抹面机抹平后，有时再用拖光带横向轻轻拖拉几次。

抹面后，当用食指稍微加压按下能出现 2mm 左右深度的凹痕时，即为最佳拉毛时间，拉毛深度 1～2mm。

拉毛时，拉纹器靠住模板，顺横坡方向进行，一次进行中，中途不得停留，这样拉毛纹理顺畅美观且形成沟通的沟槽而利于排水。

9）养生。当混凝土表面有相当硬度时，一般用手指轻压无痕迹，就可用湿草垫或湿麻袋覆盖，洒水养生时应注意水不能直接浇在混凝土表面上，当遇到大雨或大风时，要及时覆盖润湿草垫。每天用洒水车勤洒水养生，保持草垫或麻袋湿润。加入减水剂的混凝土强度 5d 可达 80%以上，此时可撤掉草垫或湿麻袋，放行通车后，仍需洒水养生 2～3d。

10）拆模。拆模时先取下模板支撑、铁钎等，然后用扁头铁撬棍棒插入模板与混凝土之间，慢慢向外撬动，切勿损伤混凝土板边，拆下的模板应及时清理保养并放平堆好，防止变形，以便转移他处使用。

11）夏季施工。夏季施工时为防止水分过早的蒸发，一般应采取以下措施：

根据运距、气温、日照的大小决定，一般在 30℃气温下，要保持气温 20℃的坍落度，则需增加单位用水量 4～7kg。摊铺、振捣、收水抹面与养护各道工序应衔接紧凑，尽可能缩短施工时间。在已摊铺好的路面上，应尽量搭设凉棚，避免表面烈日暴晒。在收水抹面时，因表面过分干燥而无法操作的情况下允许洒水少量于表面进行收抹面。遇雨停止施工，并对终凝前的混凝土面层采取防雨保护措施。

12）冬季施工。混凝土强度的增长主要依靠水泥的水化作用，温度高，水化作用迅速完成，强度增长快；温度低，水化作用慢，强度增长慢，并且严重受冻的混凝土可以形成一堆互相作用的混合物。因此，尽可能在气温高于 5℃时进行施工，并且掺加早强剂。气温低于 5℃时但非施工不可时，可采用高标号快凝水泥，或加热水；混凝土表面覆盖蓄热保温材料等措施。

复习思考题

1. 什么是水泥混凝土路面？
2. 简述水泥混凝土路面的特点。
3. 水泥混凝土面层的力学特性有哪些？
4. 水泥混凝土路面接缝的构造与处理措施有哪些？
5. 如何进行弹性地基单层板荷载应力计算？

第13章

新 型 路 面

13.1 融雪化冰路面

为了避免冰雪对现代化交通的影响，世界上很多国家相继研究开发了各种除冰雪技术。但是，目前广泛采用的融雪化冰方法对于道路路面及环境的破坏比较严重，同时造成了严重的经济损失，因此对环保型、经济型除冰雪技术的研究应当给予充分的重视，寻求易于推广的融雪化冰技术具有非常重要的现实意义。

13.1.1 太阳能—土壤蓄热融雪化冰路面

太阳能—土壤蓄热融雪化冰系统，在夏季利用换热介质（水），从高温热源（太阳）吸热，向低温热源（土壤）放热，并利用土壤进行蓄热；冬季通过换热介质（水），从温度较高的高温热源（土壤）吸热，向温度较低的低温热源（地表）放热的循环过程。吸、放热过程完全是利用换热介质（水）和自然环境间的温度差进行，除消耗一定的循环水泵功外，不消耗其他形式的能量，是一种高效、环保的太阳能利用方式。

1. 太阳能—土壤蓄热法融雪化冰系统

太阳能—土壤蓄热融雪系统工作机理。地球本身是一个巨大的热平衡体，距地 15m以下的土壤温度几乎保持常年恒定，受地面温度波动影响不大。因此夏季地下土壤的温度低于地面温度，而在冬季，地下土壤温度却远高出地面温度。太阳能—土壤蓄热融雪系统通过换热介质分别在夏、冬两季由地面吸热和向地面放热，以达到夏季储热、冬季融雪的目的。

（1）夏季蓄热。夏季气候炎热，没有植被的高速公路路面在强烈的太阳辐射下，更是变得高温炙热。太阳辐射热以导热的方式传至路面以下的管道，管道内流体经循环泵流向地下深处土壤处，吸热后温度升高的传热介质通过管壁向周围土壤放热，此热量通过土壤存储，放热后的冷却介质温度降低，通过循环系统流向地上。在融雪系统水平埋管内的循环水通过流动，不断吸收路面下的土壤热量，使水温升高，随后通过循环水泵回到更深的地下埋管，如此连续循环，便可将地面的热量源源不断的输送到地下，从而达到蓄热的目的。

（2）冬季融雪。冬季天气寒冷，地面温度较低，路面积雪和冻冰严重影响路面行车。这时，系统埋管中的循环介质从地下垂直埋管附近的土壤吸收夏季储存热量，温度升高，在循环泵的作用下到达水平埋管，与低温地面换热，释放热量从而起到融雪的作用，放热后循环

介质温度降低，经循环泵流入温度较高的垂直
埋管区域吸热后，继续回到水平埋管附近向路
表放热。如此循环往复，热量不断从地下输送
到地面，保持路面温度在 0℃以上，从而改善
了路面的状况，保证了行车安全。系统如图 13-1
所示。

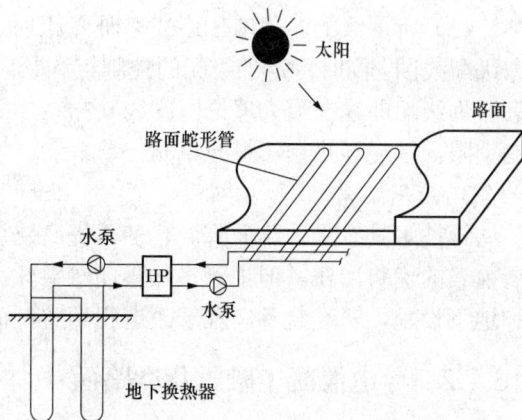

图 13-1　太阳能—土壤融雪系统示意

可以看出，太阳能—土壤蓄热融雪系统吸、
放热过程完全是利用换热介质（例如：水）和
自然环境间的温度差进行的，除消耗一定的循
环水泵功外，不消耗其他形式的功，是一种高
效、环保、节能和安全的太阳能利用方式。另
外，该系统还可以与地源热泵以及利用工业废
水的换热器联合使用，在冬季时供给路面能量，方便控制。

2. 导热混凝土配制

（1）原材料。原材料主要包括粗集料、细集料、矿粉、沥青以及导热相填料。

1）沥青。沥青是形成沥青混合料黏弹特性的重要组成部分，对路面的使用性能有很
大影响。目前，沥青在我国的使用情况大致为：南方炎热多雨地区选择较硬的 50 号或 70
号沥青，长江流域采用 70 号沥青，黄河流域采用 90 号沥青，东北地区则用 90 号或 110
号沥青。

2）集料及矿粉。集料是岩石经过人工破碎成为粒径大小不一的碎石材料，其占有沥
青混合料的 90%以上，对沥青混合料的路用性能起决定作用。按照粒径大小可分为粗集料
和细集料。集料作为路面材料应清洁、干燥、无风化、无杂质，同时具有一定的强度和耐
磨性。

矿粉与沥青形成胶浆，对沥青混合料路用性能有很大的影响。矿粉一般由碱性石料如石
灰岩磨细的粉料。矿粉对沥青混合料起到加劲作用，降低沥青的流动性，增加其黏度，其对
混合料的稳定性和抗车辙能力有很大的关系。矿粉的比表面积最大，对沥青的吸收量很大，
用量过多会使混合料变硬。因此限制了矿粉的用量，粉胶比一般为 0.8～1.2。

3）导热相填料。沥青混凝土为热的不良导体，通过掺入导热相填料，可改善其导热性能，
目前常用的导热相填料包括金属填料和非金属填料。金属填料由于耐腐蚀性能较差，对有防
腐性能要求的导热材料，往往选用具有耐腐蚀性能的非金属填料，如石墨、碳纤维等。石墨
具有热导率高，耐腐蚀性能好，与沥青相容性强等优点，而且石墨为片状结构，石墨之间容
易桥接，当石墨体积含量大于某一范围时，易形成导热网络，有利于材料导热系数的提高。
片状结构的石墨具有润滑作用，有利于在沥青混合料中分散，石墨填料具有较高的耐热性能，
在沥青混合料的制备过程中不会因拌和温度高而变色。

在沥青混凝土中掺入过多的石墨，易削弱其力学性能。所以最好选用碳纤维作为导热沥
青混凝土的增强剂。碳纤维是一种由有机纤维经固相反应转变而成的纤维状聚合碳，具有一
般碳素材料耐高温、耐摩擦、耐腐蚀、化学稳定以及导热、导电等特性，而且碳纤维对沥青
混凝土既具有良好的加筋增强作用。

（2）所用级配。美国公路战略研究计划（SHRP）改进级配设计方法，采用 0.45 次方最大级配线图，同时特定了级配的控制点和禁区。控制点为级配曲线必须通过的几个特定尺寸，禁区为级配曲线在最大理论密度线 0.3～2.36mm 附近不希望通过的区域，为集料间留有一定的空隙，以便导热相填料的填充。

3. 应用前景

该技术具有夏季路面降温、冬季提高路温和融雪化冰的多重作用，这也是该技术极具发展前景的优势所在。但由于集热蓄能融雪化冰过程是一个较复杂过程，涉及桥梁、道路路面和地下设施，一经装备，难于改造和调整，而且系统本身和安装的价格非常昂贵。

13.1.2　导电混凝土融雪化冰路面

导电混凝土融雪化冰法是在普通混凝土中添加适当种类和含量的导电组分材料，使混凝土变成具有良好导电性能的导电体。目前，常用的导电组分有 3 类：聚合物类、碳类和金属类，如钢纤维、石墨、碳纤维、炭黑、钢渣等。通电后导电混凝土产生热量，路面温度升高使冰雪自动融化成水蒸发、流走，使路面无积雪、不结冰，从而保障道路畅通和行车安全。

早在 20 世纪 30 年代初，国外就开始研究导电混凝土的性能，在这一方面，前苏联的研究比较全面。近年来，中国、美国、英国、加拿大等国家开展了关于导电混凝土及在桥梁路面融雪化冰应用方面的试验研究。

美国 Nebraska 公路局在 Roca 的一座公路桥上进行了掺加 1.5%钢纤维和 25%石墨产品的导电混凝土桥面除冰方面的应用，将 36m 长，8.5m 宽的导电混凝土敷设在桥面上，并安装有温度和电流传感器进行监控。

1. 导电混凝土融雪化冰法的原理

导电混凝土及其电热效应。导电混凝土是在普通混凝土中添加一定含量的导电组分材料制成的一种新型水泥基复合材料。普通混凝土的电阻率一般在 $10^6 \sim 10^9 \Omega/cm$ 范围内，既不属于绝缘体，也不属于良导体。在混凝土中添加一定含量的导电组分，可使其导电性大大改善，从而成为具有良好导电性能的导电体。利用导电混凝土融雪化冰，就是利用导电混凝土良好的导电性，通过外加交流或直流电场后所产生的热量将冰雪融化。

为尽量减少热量损失，提高融雪化冰效果，可在导电混凝土与普通混凝土之间设置一绝热层，以阻止热量向下传导（图 13-2）。这样，导电混凝土通电所产生的热量，主要被路面上的冰雪吸收，从而低能耗、高效率的融雪化冰。这一路面结构模型不但适用于新建机场、公路混凝土路面，对已有的旧混凝土路面仍然适用。

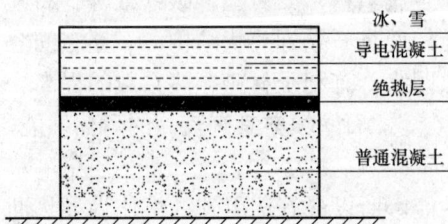

图 13-2　导电混凝土电热层的设置

2. 导电混凝土配制

（1）原材料。

1）沥青。沥青在沥青混合料中一般只占有很小的一部分，但是它为混合料提供黏性和弹性，起着长久胶结的作用。沥青属于黏弹性材料，具有黏弹性的特点，其性能主要受温度、荷载和承载率的影响。同时沥青路面在高温、氧气、水及紫外线作用下，会出现脆变、黏性降低、逐渐硬化等老化现象。沥青的电阻率为 $10^{12} \sim 10^{14} \Omega/cm$，要改善其电学性能，需加入高掺量的导电相材料。

2）集料。按照粒径大小可分为粗集料和细集料。粒径大于 2.36mm 的集料为粗集料，主要提供骨架作用；小于 2.36mm 的集料为细集料，主要锁紧和减少空隙的作用。集料作为路面材料应清洁、干燥、无风化、无杂质，同时具有一定的强度和耐磨性。

3）矿粉。在沥青混合料中，矿粉与沥青形成胶浆，对沥青混合料路用性能有很大的影响。

4）导电相材料。导电相材料按形状可分为纤维状或颗粒状。若按物理性质可分为金属类，如铜、银、铝、镍等，非金属类，如碳基材料（炭黑、石墨、碳纤维）等。考虑到金属的易氧化性和与沥青的相容性，可选取碳基材料为导电相材料。

① 炭黑。炭黑是一种黑色粉末状的无定形碳，是由平均直径为 2～3nm 的球状或链状粒子聚积而成的，内部是含有直径 3～500nm 的微结晶结构，可以和各种游离基反应。炭黑的比重为 1.8～1.9，颗粒状炭黑的堆比重为 0.35～0.4，粉末状炭黑的堆比重为 0.04～0.08。适宜用于导电填充剂的只是其中一部分，须具备一些基本特性，如比表面积大、捕捉电子的杂质少、结晶度比较好等。炭黑的结构性是以炭黑粒子间聚成链状或葡萄状的程度来表示。由凝聚体的尺寸、形态和每一凝聚体中的粒子数量构成的凝聚体组成的炭黑称为高结构炭黑。目前常用吸油值表示结构性，吸油值越大，炭黑结构性越高，容易形成空间网络通道，而且不易破坏。高结构炭黑颗粒细，网状链堆积紧密，比表面积大，单位质量颗粒多，有利于在聚合物中形成链式导电结构，在众多炭黑品种中以乙炔炭黑为最佳。

② 石墨。石墨是由碳原子的六角网络结构的层重叠而成。层内碳—碳距离为 1.42 埃，由 Sp2 杂化轨道组成的键和由轨道形成的键结合成键。石墨层间具有典型的分子相互作用，只是此分子的间距略小于范氏间距（3.354 埃）。电导率就高于一般的晶体而达到 $10\Omega/cm$，是半导体。石墨具有耐高温、导电、导热、润滑、化学稳定、可塑等特性。

③ 碳纤维。碳纤维主要是由碳元素组成的一种特种纤维，其含碳量随种类不同而异，一般在 90% 以上，是由含碳量较高，在热处理过程中不熔融的人造化学纤维，经热稳定氧化处理、碳化处理及石墨化等工艺制成。

（2）材料组成设计。导电沥青混凝土材料组成设计的主要任务是确定粗集料、细集料、矿粉、导电相材料及沥青材料相互配合的最佳组成比例，使之既能满足沥青混合料的技术要求又具有良好的电学性能。

1）配合比与矿料级配。美国公路战略研究计划（SHRP）改进级配设计方法，采用 0.45 次方最大级配线图，同时特定了级配的控制点和禁区。控制点为级配曲线必须通过的几个特定尺寸。禁区为级配曲线在最大理论密度线 0.3～2.36mm 附近不希望通过的区域，为集料间留有一定的空隙，充分发挥集料的骨架作用。在导电沥青混凝土材料组成设计中，导电粉末（导电炉黑、乙炔炭黑和石墨粉）粒径小于 0.075mm，可作为一部分填料。但导电粉末的密度（$1.8～2.3g/m^3$）比矿粉的密度（$2.83g/m^3$）小，若两者按等质量掺入沥青混合料中，导电粉末的体积将大于矿粉，为保证填料的体积分数一致而不影响其体积性能，须将导电粉末折算成当量矿粉质量来计算。

在配合比设计时，合成曲线尽可能远离限制区，确保有足够的矿料间隙填充导电相材料。填料（矿粉和导电相粉末）总用量为 5%。

2）沥青用量。沥青在导电沥青混凝土中充当两个角色，即粘结料和绝缘材料。沥青混合料需要有足够的沥青裹附才能提供良好的粘结强度，同时导电相材料由于导电粒子间沥青膜的阻隔难以形成导电通路而不能改善沥青混凝土的导电性能。如何设计合理的沥青用量，确保沥青混凝土的体积性能指标，如空隙率、矿料间隙率、沥青饱和度等符合技术指标，又能获得良好的电学性能是材料组成设计中的难点之一。

3）导电相材料掺量。导电复合材料研究结果表明其电学性能与导电相材料掺量有很大的依赖性。因此为了分析导电相材料掺量与电阻率的关系和确定最佳的导电材料掺量范围，对不同的导电相材料均设计不同的掺量，在 0%～5%（当量矿粉质量）。

3. 应用前景及存在问题

碳纤维混凝土具有良好的导电性，通电后其发热功率十分稳定，可用来对混凝土路面、桥面和机场跑道等结构进行融雪化冰。导电混凝土电热层的布置不同，对混凝土路面融雪化冰效果的影响不同。采用导电混凝土覆层的形式设置电热层，即导电混凝土设置在路面的表层，其下为普通混凝土结构层，并在导电混凝土与普通混凝土之间设一绝热层，以阻止热量向下传导。这样，导电混凝土通电所产生的热量，主要被路面上的冰雪吸收，从而低能耗、高效率地融雪化冰。

但是，目前导电混凝土的研究还主要集中在理论分析和小型板块的试验，对于导电混凝土在实际工程的应用并没有太多研究，而且导电混凝土的电阻率会随着时间而变大，导电性能也会随之下降，同时导电混凝土价格较贵，如碳纤维导电混凝土的价格约为普通混凝土的5～6 倍，因此难以实现大规模的工程应用。

13.1.3 添加盐化物类融雪化冰路面

在沥青混合料中添加氯化钠和氯化钙等，用盐化物来降低冰点，从而达到防冻的目的。化学类抗冻路面起源于 20 世纪 60 年代的欧洲，在瑞士、德国等国家应用较多。日本从 20 世纪 70 年代末期开始引进该种路面形式。最近 10 多年伴随着化学类抗冻路面研究逐渐深入，在日本的大部分地区都进行了成功推广。主要包括以下几种类型：

（1）盐分以水泥固化成粒状、圆球状物体，置换混合料中的粗、细集料，添加量约 8%；铺筑后混合物中的盐分慢慢溶出，发挥融雪化冰的作用。

（2）盐化物以颗粒形式表面裹油后置换混合料中的细集料，添加量约 5%，代表产品：V–260。

（3）盐化物以粉体形式置换混合料中的石粉，添加量为 6%～8%，代表产品：Mafilon（简称 MFL）。掺加 MFL 的抗冻路面在使用期限内每年冬季都会起到融冰雪的作用，可以铺筑在陡坡路段、隧道的出入口处、桥面上以及山区公路的背阴处等，有效防止路面积雪结冰。另外，在城市道路的十字交叉口、公铁交叉口也可以铺筑盐化物沥青路面，防止车辆在路面上刹车打滑。

2008 年 10 月 26 日，沪陕高速公路西安蓝田至陕豫界高速公路全线通车。该路段首次在国内引进日本的盐化物融雪剂，在秦岭两侧长大下坡路段铺筑了融雪路面，确保特殊环境下的行车安全，见图 13–3。

图 13-3　西安蓝田至陕豫界高速公路融雪路面试验段

融冰雪原理为氯化钠经 MFL 的多孔结构析出，降低了路表积雪结冰的冰点，冰雪转化为液态水或水蒸气排出路面，达到融化冰雪的效果。添加盐化物类技术对环境的破坏远低于撒布盐化物融雪。但是，这种技术的难点在于为保证沥青路面本身的性能，所添加盐化物的数量有限，路表面起融雪作用的盐化物更加稀少，所以有可能融雪化冰的作用不会很明显，盐化物处对路面的耐久性影响问题尚待解决。

13.1.4　添加橡胶颗粒类融雪化冰路面

橡胶颗粒填充的沥青混合料是将废旧橡胶轮胎破碎成一定形状和粒径的颗粒，以骨料的形式直接添加于沥青混合料中，用以代替部分集料而形成的新型沥青混合料。

废旧轮胎橡胶在路面铺装中的应用比较广泛，主要有两种方式：一种是橡胶粉改性沥青技术，即采用一定细度的橡胶粉直接掺于沥青中，其主要目的在于改善沥青性能。另一种是橡胶颗粒路面的应用，即将废旧的橡胶轮胎破碎成具有一定形状和粒径的颗粒，并代替部分集料，以骨料的形式直接掺于沥青混合料中形成橡胶颗粒沥青混合料铺筑而成的路面。橡胶颗粒沥青混合料的结构如图 13-4 所示。

2008 年 10 月 26 日建成通车的沪陕高速公路西安蓝田至陕豫界高速公路不仅采用了盐化物融冰雪沥青路面，还在相邻的位置（有 400m 路段）采用了物理融雪手段，也就是添加橡胶颗粒，由于橡胶颗粒具有弹性，当车轮碾压时，路面会有轻微变形，这种微小变形破坏了冰雪整体结构，从而破裂融化。

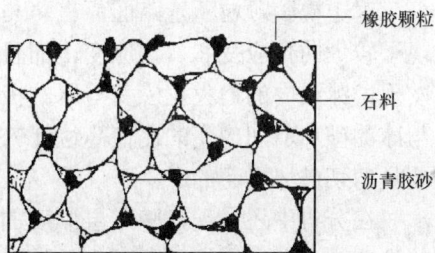

图 13-4　橡胶颗粒沥青混合料结构示意

1. 添加橡胶颗粒类融雪法的机理

（1）冰的物理力学性能。冰是由许多水分子汇聚而成的六方晶体。冰的力学性质受分子中氢键的脆弱程度、晶格的几何特性和外界条件等的影响，在一定向力的作用下，冰呈现弹性、塑性或脆性状态。温度越低，冰晶空间格子的原子变位越困难，晶格也越坚固，冰的弹性、脆性性能越突出，反之，温度越高，冰的塑性性能越显著。在外力作用下，冰结构的变形是不可逆的。这是由于外力作用于冰晶体所消耗的功，一部分转化为温度升高产生的热融解能，另一部分转化为晶体的自由能。

在外荷载作用下，冰体与其他物体一样呈现变形特性，其变形一般可分为弹性变形、塑性变形和脆性变形。冰的变形特性与冰的介质、温度、加荷速率、加荷方向及加荷时间等因素相关。在集中或均布荷载作用下，当垂直力比较小时，冰首先出现瞬时弹性变形，然后出现塑性变形。若垂直力或弯矩较大，等于或大于冰晶间的结合力或冰的极限强度后，冰则迅速发生塑性或脆性破坏。

有研究认为，在冰的脆性破坏过程中，裂纹一旦出现即发生失稳扩展，并同时达到强度极限，其破坏主要是由于冰的局部失稳造成的，在破坏过程中变形很小。冰的最终断裂是由于单个裂纹的灾变性扩展引起的，裂纹形核的方向成束状分布在主应力轴的周围。

路面表面的积冰厚度较小，且在结冰过程中受外界条件的干扰，如行车荷载的作用、灰尘等杂质的掺入等，其强度必然会低于纯净状态下冰的强度。在车辆荷载的作用下，路面表面的冰层瞬间承受较大的外力作用，冰层内部产生较大的变形，当该变形值超过冰的极限破坏应变时，冰即会发生脆性破坏。

（2）橡胶颗粒沥青路面除冰机理。由于路面表面的积冰是以脆性形式破坏的，在这种条件下，冰可以作为脆性材料处理。对于脆性材料，W.Weibull 提出了脆性破坏强度理论，该理论以链条强度作为模型，认为链条的强度取决于它的最弱环强度。对于冰而言，在荷载作用下，当其内部某点产生的应力或应变超过其极限强度或极限破坏应变时，冰即产生裂纹，裂纹会随荷载的继续作用而迅速扩展，引起冰的脆性破坏。数据显示，有橡胶颗粒存在的路面表面的冰层内的拉应变和剪应变均大于冰的极限破坏应变，根据脆性破坏强度理论，可以认为，其具有破冰的效果，能够抑制路面结冰。

但是，通过对普通沥青路面+橡胶颗粒和橡胶颗粒路面+橡胶颗粒两种情况下路面表面冰层内应变分布情况的对比分析发现，普通沥青路面+橡胶颗粒的冰层内拉应变和剪应变均相对较小，这说明面层的整体柔韧性对除冰效果是有影响的，面层的模量越低，柔性越大，冰层内产生的应变越大，其破冰效果越好。

对于橡胶颗粒沥青路面而言，与普通沥青路面相比，在荷载作用下，其表面冰层内均出现了较大的拉应变和剪切应变，而且两者均大于相应的破坏拉应变和破坏剪切应变。但分析发现，冰层内的最大拉应变与冰的极限破坏拉应变的比值仅为 1.27；而冰层内的最大剪应变与冰的破坏剪切应变的比值高达 1.75，由此可见，在有橡胶颗粒存在的条件下，冰的破碎主要是剪切破坏引起的。

在分析中还发现，随冰层厚度的增加，普通沥青路面和橡胶颗粒沥青路面表面的冰层内的拉应变和剪应变均呈现减小的趋势，且橡胶颗粒沥青路面表面冰层内的拉应变和剪应变仍明显大于普通沥青路面的；但是，当冰层厚度达到 20mm 时，橡胶颗粒沥青路面表面冰层内的拉应变和剪应变均小于冰的极限破坏应变，此时，已不足以破除路面积冰。

综合分析认为，橡胶颗粒的存在使路面具有抑制结冰的性能；橡胶颗粒沥青路面表面冰层的破坏是弯拉破坏和剪切破坏共同作用的结果，但剪切破坏是主要控制因素；随面层整体柔性的增加，橡胶颗粒沥青路面的抑制结冰效果增强；随冰层厚度的增加，橡胶颗粒沥青路面的抑制结冰效果减弱。

（3）橡胶颗粒沥青路面抑制积雪的机理分析。雪是由无数微小的冰晶体构成的六方晶体，其密度较低、硬度小、晶体结构相对较为疏松。最新的研究成果认为，温度在−20℃以上时，冰晶体的表面覆盖着一层薄薄的水膜。因此，实际上积雪与路面表面的接触面上存在着一层水膜，这层水膜改变了雪与路面表面接触的界面状态，在积雪与路面之间起到润滑剂的作用。

另外，由于雪是一种结构疏松、融点低的特殊物质，它的物理性质决定了它对温度变化的反应尤为敏感。随着温度的升高，雪的黏聚性增加，在外荷载作用下极易成层分布，同时雪与其他介质的表面粘结性能下降，致使雪与其他介质的粘结强度降低。而橡胶属高分子材料，在受到动荷载作用时，由于其内部分子链之间的缠绕、摩擦，可对振动能起到耗散作用，其内部所产生的热量也随荷载作用次数的增加而同时加大。由于橡胶属散热不良的材料，当生成的热量大于散发的热量时，橡胶材料的温度会上升。分布在路面表面的橡胶颗粒在车辆荷载的重复作用下，内部累积的热量不断增加，其表面温度升高，使得与其接触的积雪的表面温度上升，降低了两者间的粘结强度，使得积雪较容易从路面表面剥落。

对于橡胶颗粒沥青路面而言，由于路面材料和结构本身的弹性特性，使其在荷载作用下具有较大的变形能力，而且，由于橡胶颗粒与石料间的巨大的模量差的存在，使得路表积雪在外荷载作用下的变形不协调，加之冰晶体表面水膜的润滑作用和由于接触面温度上升造成的黏度下降，使得雪与路面之间极易发生相对滑动，从而抑制了积雪与路面表面的粘结。

2. 橡胶颗粒沥青混凝土

（1）原材料。

1）橡胶颗粒的生产工艺。橡胶颗粒的生产工艺可分为常温粉碎和低温粉碎两种。

常温粉碎法一般是指在常温或略高于常温的温度下通过机械作用粉碎橡胶轮胎制成橡胶颗粒的一种粉碎方法。粉碎原理是通过机械剪切力的作用对橡胶进行挤压、辗磨、剪切和撕拉从而将其切断和压碎。生产工艺：废橡胶轮胎经过预加工后进行常温粉碎的工序主要为粗碎与细碎，一般分为三个阶段：首先将大块轮胎废橡胶破碎成 50mm 大小的胶块；然后在粗碎机上将上述胶块再粉碎成 20mm 的胶粒，将粗胶粒送入金属分离机中分离出钢丝杂质，再送入风选机中除去废纤维；最后是用细碎机将上述胶粒进一步磨碎后，经筛选分级，最后得到各种粒级的橡胶颗粒。

低温粉碎法是通过制冷介质使橡胶冷冻到玻璃化温度以下，在低温下采用机械进行粉碎而制备橡胶颗粒的一种方法。生产工艺：废橡胶经过预加工后，利用液氮为制冷介质，使废橡胶冷冻至玻璃化温度以下，然后用锤式粉碎机或辊筒粉碎机进行低温粉碎。

在橡胶颗粒沥青混合料中，橡胶颗粒在热和机械力作用下，会与沥青发生一定的物质交换，产生溶胀反应，使得橡胶颗粒表面黏性增加，有利于橡胶颗粒与沥青间的粘结和混合料稳定结构形成。

2）橡胶颗粒的形状特性。橡胶颗粒的形状越接近立方状，棱角越多，橡胶颗粒在混合料中与石料的接触状况越好，经压实后，橡胶颗粒与石料之间能形成良好的齿合嵌锁，混合料的结构更稳定，内摩阻力更高，成型后形成的强度和稳定性也越高。细长扁平状橡胶颗粒添加入沥青混合料后，受颗粒形状的影响，其与石料间的嵌锁作用较弱，压实过程中较难充分就位，使混合料的压实困难；即使在较大的外力作用下碾压成型，在外力去除后，由于橡胶颗粒的弹性回复，也极易造成混合料的骨架被撑开，从而造成混合料内部的损伤和缺陷。因此，为了保证橡胶颗粒沥青混合料的性能，应尽可能选择颗粒形状接近立方状的橡胶颗粒，其细长扁平颗粒含量应控制在 10% 以内。

3）橡胶颗粒的表面特性。破碎方式不同，生产出来的橡胶颗粒的表面状况差异较大。无论哪一种生产工艺，橡胶颗粒的表面均有"蜂窝状"的粒子存在。但常温法生产的橡胶颗粒的表面还有棱角状的粒子存在，颗粒表面的"蜂窝"较疏松，表面多毛刺，呈撕裂状，撕裂棱为长条形，扫描电子显微镜下观察到的大量突起即长条形撕裂棱；而冷冻法生产的橡胶颗粒表面的"蜂窝"较紧密，表面规则，呈层叠状，颗粒边缘无明显棱角，近似圆形。

由于常温粉碎法生产的橡胶颗粒表面粗糙，多毛刺，比表面积相对较大，在高温和机械力作用下粒子之间极易产生摩擦而产生大量的热量促进橡胶颗粒的降解，凸凹不平的表面和孔洞的存在也有利于橡胶颗粒吸收沥青中的轻组分而溶胀，使其与沥青及石料间的粘结性能增强，因此，其抗飞散性能相对较好；但由于常温法生产的橡胶颗粒形状不规则，使得其与石料间的嵌锁作用相对较弱，形成的混合料结构不稳定，因此，成型后试件的稳定性相对较差，回弹较大，空隙率相对较大。另外，由于沥青混合料中的橡胶颗粒的粒径相对较大，且所占比例较小，因此其表面性状的差异对混合料性能产生的影响并不显著。

4）橡胶颗粒的力学特性。橡胶颗粒的力学性能对混合料的性能影响较大；随橡胶颗粒硬度的增加和弹性模量的增大，橡胶颗粒沥青混合料的压实性能和耐久性能提高，但弹性变形能力降低；当橡胶颗粒的硬度低于55时，混合料的性能明显劣化，因此，为了保证橡胶颗粒沥青混合料的使用性能，应选择硬度不小于55的橡胶颗粒。

（2）橡胶颗粒沥青混合料成型工艺。

随拌和温度的升高，橡胶颗粒沥青混合料的空隙率先减小后增大，拌和温度为160℃左右的条件下，空隙率达到最小值；混合料的回弹率亦随温度的升高而呈现先减小后增大趋势。

随着拌和温度的升高，橡胶颗粒与沥青间的反应程度加深，橡胶颗粒表面的炭化增强，橡胶颗粒与沥青及石料间的粘结性能增强，混合料成型容易，成型后结构稳定，密实度增大；在某一温度处效果最佳；随着温度的继续升高，橡胶网络变得更硬，且沥青老化变硬，使得沥青与橡胶颗粒及石料间的粘结减弱，混合料的性能变差。

与沥青相互作用后，橡胶颗粒表面纹理发生较大的变化，颗粒表面更粗糙，但撕裂棱边缘的毛刺状突起减少，且颗粒表面有炭化现象；不同温度条件下，橡胶颗粒表面的炭化程度不同；在反应时间一定的条件下，橡胶颗粒表面的炭化程度随温度的升高而增加。

上述研究结果表明，将橡胶颗粒与石料首先进行干拌，橡胶颗粒的分散更为均匀，成型后橡胶颗粒沥青混合料的压实性能和稳定性较好；随原材料加热温度、拌和温度的提高及拌和时间的延长，混合料拌和的均匀程度增加，沥青裹覆更为均匀，沥青与橡胶颗粒间的粘结性能增强，成型后试件的稳定性增强；但温度过高或拌和时间过长时，橡胶颗粒沥青混合料的拌和质量和成型后的稳定性降低。

需要说明的是，在拌和过程中，由于橡胶颗粒采用人工投放方式，即拌和前将橡胶颗粒预先称好，放于低熔点的塑料袋中，然后通过预先加工好的投料口进行人工投放，所以经过反复试拌后，将干拌时间延长了5s，以保证橡胶颗粒能够均匀分散。橡胶颗粒也可以采用机械自动投放或利用传送带投放，或增加一个料仓直接进行计量投放。根据橡胶颗粒加入方式的不同，混合料的拌和时间亦有所变化，一般干拌时间为20～25s，总的拌和时间控制在70～80s即可保证拌和的质量要求。

由于橡胶颗粒的存在，混合料的散热性能差，降温速度有所下降，橡胶颗粒沥青混合料的储存、运输和摊铺过程中的稳定性比普通沥青或改性沥青混合料要好。析漏试验结果表明，加入橡胶颗粒后粘附量大大降低，而且当沥青用量增加时，析漏率的增加速度也相对降低，混合料在储存运输过程中发生粘车斗和离析的可能性都大大降低。

另外，由于橡胶颗粒在高温时接触石油馏出物时黏性会增加，因此不能用传统的柴油乳剂对料车车斗进行防粘处理，而需改用石灰水、肥皂水或聚硅树脂等代替。

3. 应用前景分析

橡胶颗粒具有较大的弹性变形能力，可以有效提高路面的变形能力，改善冰雪与路面的粘结状态，在车辆荷载作用下通过自应力可以有效抑制路面积雪结冰。具有高弹特性的橡胶颗粒使路面的柔韧性增强，使低温抗裂性能和高温抗车辙性能提高，使行车舒适性得到改善。路面对噪声的吸收能力提高，交通噪声明显降低。与普通沥青路面相比，掺加橡胶颗粒的沥青路面摩擦系数和构造深度均较大，在抗滑方面具有明显的优势。这是一种非常有效的废旧轮胎的回收利用方式，对环境保护具有十分重要的意义。

13.2 低噪声路面

道路交通噪声是环境噪声污染的最主要来源，随着交通量的增长，越来越严重的交通噪声对人们工作、生活以及生理和心理健康的不利影响，成为公众日益关注的问题。试验表明，长时间的受噪声影响，往往使人们烦躁不安、紧张失眠、工效降低，而且易引起工作失误及交通事故等。在强噪声条件下生活一定时间后，可能使人的听力系统永久性破坏。研究表明，日常起居室的噪声应小于 40dB，当大于 55dB 时会引起普遍不适；睡眠时室内噪声水平应小于 30dB，若大于 40dB 则一半以上的人会感到受干扰；噪声白天达 65dB 时，将对人体产生伤害。

世界各国，尤其是在人口密度较高的欧洲和日本等，对道路交通的环境越来越重视，对交通噪声的限制越来越严格。交通噪声来源于以车辆发动机为主的动力系统以及轮胎与路面之间的滚动接触作用。降低噪声应从汽车、轮胎和路面表面三方面着手。因此，轮胎与路面表面噪声产生的机理以及降低噪声的技术措施，便成为道路技术人员积极研究的课题。

13.2.1 交通噪声产生机理

路面交通噪声产生过程非常复杂，但主要是在轮胎和路面的相互作用过程中产生的。如图 13-5 所示，主要的表现形式为空气泵吸效应、轮框振动等几种。

（1）空气泵吸效应。因为轮胎上有花纹，接触地面的花纹与路面之间形成空腔，当轮胎接触地面时，轮胎发生变形，空腔中的气体受到压缩，并突然向大气中喷出；当轮胎离开地面时，受压轮胎上的花纹舒展，使空腔的容积增大，而形成一定的真空，大气中的空气被吸入。这两个过程称为轮胎的空气泵吸效应。在轮胎滚动时，空气的泵吸效应周期性发生，使空气形成疏密波，从而形成单极子噪声源。这种噪声源所产生的噪声的频率可达 8000Hz 左右，属于高频噪声。

图 13-5 路面噪声产生机理

（2）轮框振动。轮框振动噪声主要是指轮胎在凹凸路面上滚动时产生振动所激发的噪声。研究发现，路面的表面构造，即粗糙度、纹理深度等几何特性，对轮胎与路面的接触噪声有明显影响。同时，路面的不平整度，也影响路面噪声。如果路面的不平整度的波长为 80mm 左右，其他条件不变时，则轮胎噪声也增加。

（3）轮胎被压缩的表面与地面之间摩擦而产生噪声。

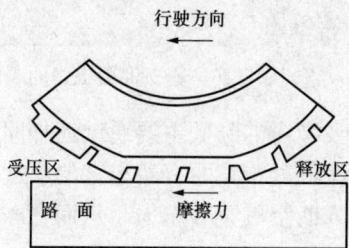

（4）遇到路面上有积水时，轮胎突然碾压使外胎花纹沟槽内的积水形成高压水流喷出，产生高频噪声。

（5）空气动力性噪声。除非车辆以相当高的速度行驶，否则空气动力性噪声一般是不严重的，可以不予特别注意。

13.2.2 低噪声水泥混凝土路面

由于传统水泥混凝土路面的噪声比普通沥青路面略高，所以很多国家对新建道路已经明确规定，禁止使用水泥混凝土路面，如英国于1992年7月就公开宣布在所有的日交通量大于75000辆的公路上禁止使用水泥混凝土路面。在我国，虽然没有明文规定要禁止使用水泥混凝土路面，但是它的噪声对环境造成很大的影响，特别是对居住在道路两边的居民影响更大，所以我国很多城市也开始尽量使用沥青路面。

但是，水泥混凝土路面与沥青混凝土路面相比具有以下优点：抗压强度和抗弯拉强度高，使用寿命长；温度稳定性好，不易产生塑性变形；养护费用低；空气污染小等。因此，人们还在不断寻求新的方法来解决水泥混凝土路面噪声大这一问题。道路的表面特征是影响路面噪声的主要因素，所以通过改善水泥混凝土路面结构的方法降低路面噪声是一种有效的方法。

1. 露石混凝土路面

露石混凝土路面是一种将面层混凝土中的粗集料外露，形成非光滑表面的路面。当轮胎与路面接触时，由于路面非光滑，在外胎花纹沟槽内的空气和水可以通过不光滑的孔洞迅速地排除而不受到高压，从而降低噪声。

图13-6 露石混凝土路面表面

2. 露石水泥混凝土路面降噪机理分析

露石水泥混凝土路面从路面表面特征出发，形成传统水泥混凝土路面不曾具有的丰富的表面微观和宏观构造，见图13-6，这些丰富的表面构造使水泥混凝土路面使用性能得到很大的改善。

路面噪声是路面的另一个表面特性，路面噪声单指路面与轮胎相互作用而产生的滚动噪声，在车速较高时是交通噪声的主要部分。这种路面噪声主要由路面与轮胎相互作用时的空气泵吸作用而产生，空气泵吸噪声的降低主要通过增加路面与轮胎间空气流通面积，降低空气泵吸压力来达到。露石水泥混凝土路面有着丰富的宏观构造，能够在路面与轮胎间形成较丰富的气流通路，能够有效降低空气泵吸压力，从而在一定程度上降低路面与轮胎间的空气泵吸噪声，达到降低路面噪声的目的。

3. 综合效果分析

（1）环境方面。降低车辆行驶噪声。采用低噪声水泥混凝土路面，由于它与轮胎受压面间有空隙，这就有利于花纹（或路面空穴）中受压空气的喷排，限制了轮胎与路面相互作用时单级子声源的产生。在雨天由于它具有高透水性，路面上不易形成积水，从而降低了积水高压喷射噪声。该路面的主要承载体为强度较大的粗集料，它与其他的表面处理比较，其磨耗量小，产生的粉尘少，特别适于在隧道等空气流通欠畅的地方。

（2）行车方面。采用低噪声水泥混凝土路面，在白天阳光较强时，反射的光线由于路面的不光滑性而形成漫反射，消除和减缓镜面反射，防止阳光耀眼；在夜间，当车灯照在路面上时，同样不会产生像镜面那样的反射光，使车辆在夜间行驶更加安全。

较好的抗滑性能。低噪声水泥混凝土路面表面粗糙，摩擦系数大，提高了抗滑性能。此外，由于该路面减少了路表水的沉积，这就使高速行车最危险的"水面飞行"（水漂）现象，即因水膜使轮胎与路面的摩擦系数减小到几乎为零，方向盘失控的现象得以消除，使交通安全得到保障。

（3）经济方面。低噪声水泥混凝土路面具有良好的透水性，使路面不易积水，雨水可以就地渗入，降低排水设施的使用压力，可以少设雨水沟渠和蓄水设施，相应地减少了该部分的投资。

在我国山区的很多城市，矿物和石料供应充分，水泥产量高，而沥青不能自给，必须从外地采购而带来不便。低噪声水泥混凝土路面扩展了水泥混凝土路面的使用范围，使得即使在噪声敏感地区也可以修筑水泥混凝土路面，这有利于推动当地地方工业的发展，提高经济效益，又能起到降低噪声的效果。虽然它在工艺上特殊，低噪声水泥混凝土路面的造价比一般混凝土路面的造价要高，但比修建声屏障、优化发动机性能、研究轮胎花纹构造等降噪措施要经济得多。

（4）技术方面。从路面的施工方法上来看，低噪声水泥混凝土路面的施工工艺比普通水泥混凝土路面略微复杂，在我国完全可以实现。

4. 施工关键技术

露石混凝土施工的关键技术，是在面层混凝土铺筑完后，通过露石剂对混凝土表面进行化学处理，延缓表面 2～2.5mm 厚砂浆的凝结但不影响主体混凝土的正常凝结硬化，当主体混凝土强度达到一定强度后，再进行表面除浆，露出粗集料。

（1）露石剂的选择。露石剂的选择要综合考虑多方面的因素，如撒布或喷洒方式，易操作性、均匀性、有效性等。主要考虑以下两种露石剂：粉末状露石剂和液态露石剂。

（2）露石剂用量的选择。露石剂在混凝土表面的渗透深度是露石工艺关键之一，如果渗透深度过大，石料在混凝土表面的稳定性将受到影响；如果渗透深度过浅，得不到理想的抗滑、减噪效果。为了使露石剂在混凝土表面达到最佳渗透深度，需控制露石剂用量。其次，露石剂的用量还影响喷洒的均匀程度、喷洒所需时间。经过大量试验，综合考虑各种因素，确定最佳用量选定在 $200～250g/m^2$ 之间。

（3）待喷洒时间的确定。露石水泥混凝土路面经过正常的摊铺、振捣、抹面等施工工序后，下一道工序便是喷洒露石剂，但这道工序并不是立刻进行的，而是要间歇一段时间，从抹面结束至开始喷洒露石剂所等待的时间就是待喷洒时间。大量试验表明：气温为25℃以下时，待喷洒时间一般为 40～60min；气温在 25～35℃时喷洒时间一般为 10～40min。具体实施时还要考虑阳光、风速、气温等因素。原则上，在表面水干燥后即可喷洒露石剂，但若气温较低时，表面水干燥后，等待 20min 左右，再喷洒露石剂。

（4）待冲洗时间的确定。混凝土待冲洗时间，是从混凝土抹面结束到进行表面冲洗操作所等待的时间。冲洗得太早，会造成表面集料的剥落，形成坑槽，使路表面平整度下降，导致路面施工质量和使用品质大幅下降；冲洗的太晚，混凝土水泥浆的硬化会增加冲洗难度，或露不出集料，不能形成良好的表面纹理，达不到应有的降噪效果。

在喷洒露石剂、间隔一定时间覆盖塑料膜进行养生后，当主体混凝土已达到一定的强度，而混凝土表面 1.5～2.5mm 厚度内的砂浆未硬化，可用手指划痕判定，同时混凝土表面在冲洗时，石料不脱落，最佳集料外露高度不大于 1.5mm。如果超过了露石混凝土的可冲洗时间，即喷洒露石剂后超过一定的时间，则露石剂作用消失，混凝土表面亦凝结硬化，露石工艺则不可能完成。

（5）冲洗工艺。在露石混凝土的施工过程中，喷洒露石剂并进行养生后，达到露石混凝土适宜的待冲洗时间，即要除去混凝土表面的砂浆，把集料露出来，这就是露石混凝土的冲洗工艺。在进行大面积冲洗之前，首先进行小面积试试验，确保冲洗深度不大于 2.5mm，即最佳露石高度不大于 1.5mm，且冲洗表面的砂浆后，下面的砂浆是硬化的。冲洗可采用人工冲洗法或机械冲洗法。

（6）养生工艺。露石混凝土的养生工艺分为两个阶段。第一阶段的养生，起于露石剂喷洒结束后，止于冲洗前。覆盖塑料膜进行养生，养生时间取决于待冲洗时间的长短。养生的作用是防止混凝土水分与露石剂的蒸发损失。此阶段养生的关键是混凝土周边要覆盖严密。第二阶段的养生，起于露石混凝土的冲洗完成后。养生的目的是保持混凝土湿润，并尽可能使之接近饱和，为混凝土进一步凝结硬化提供足够的水分，同时防止混凝土中水分蒸发或风干过快而产生缩裂。充分养生对保证混凝土的质量十分必要，它不仅影响混凝土的强度，也影响混凝土的耐久性。施工中做好及时有效的养生工作，对提高所露出石料与主体混凝土之间的粘结力、保证露石混凝土路面的质量非常重要。

13.2.3　低噪声沥青混凝土路面

1. 低噪声沥青混凝土路面降噪机理

一般沥青混凝土路面构造是一种随机构造，但研究者将沿车道方向的表面构造断面形状看作一种波谱，进而可简化为正弦或余弦波。德国研究者认为随着构造波长的减小和波幅的增加，声学效果会改善。因为这种构造可减小轮胎的振动并形成有吸收噪声或反射噪声效果的多孔表面。根据这个原理，低噪声路面结构应该是粒径小、构造深度大、空隙多的沥青混凝土表面。

具体来说，车辆在高速行驶过程中，驱使轮胎与路面极快地接触和分离，在轮胎花纹与路面表面形成了局部不稳定的空气体积流，空气体积流的快速脉冲运动产生了单极子噪声。路表面波幅的增加，使这种空气体积流运动的空间增加，特别是空隙率较大时，有利于噪声的吸收。路表面波长的减小，使每个波长内产生的空气体积流减少，噪声降低，同时，由于多个噪声源的噪声在传播过程中相互作用，使得实际产生的噪声较低。

从声学角度讲，轮胎与路面摩擦产生噪声后，为减少噪声的等级，一方面通过路面的构造深度和空隙吸收噪声；另一方面，通过路表面的纹理（单位面积内表面的构造数量）反射噪声，消耗噪声的能量，这也正是多空隙沥青混凝土路面和超薄沥青混凝土路面能够减少噪声的主要机理，特别是超薄沥青混凝土路面，由于颗粒小，相同面积表面的纹理多，降噪效果十分明显。

多孔隙沥青混合料，材料内部具有很多的孔隙，孔隙间彼此连通，且通过表面与外界相通，当声波入射到材料表面时，一部分在材料表面反射，一部分则透入到材料内部向前传播。在传播过程中，引起孔隙中的空气运动，与孔隙内壁发生摩擦，由于黏滞性和热传导效应，将声能转换成热能消耗掉。这样材料就通过内部的连通孔隙吸收了声能。由此可见，只有材料的孔隙对表面开孔，孔隙连通，且孔隙深入材料内部，才能有效吸收声能。

2. 低噪声多孔隙沥青路面降噪性能

从声学角度来讲，判断一种材料的降噪效果的好坏主要应从该种材料的结构特性以及由该种结构所产生的吸声效果的角度来分析。实验和研究表明多孔隙沥青路面的吸声系数与沥青混合料的以下特性有关。

（1）沥青混合料孔隙率的影响。沥青混合料的孔隙率包括连通孔隙、半封闭孔隙和全封闭孔隙。前两个孔隙对降噪起作用，故称为有效孔隙，以下所提到的孔隙率均指有效孔隙率，用 V_e 表示。对具有不同孔隙率的沥青混合料试样在实验室内进行驻波法测量，测得试样的垂直入射吸声系数。

研究表明，垂直入射吸声系数 α 的峰值与孔隙率 V_e 之间存在线性关系，孔隙率越大吸声系数也越大。这表明增加沥青混合料的连通孔隙率有助于提高路面的吸声功能。实验研究表明，对于厚度为 60mm 的沥青混合料试样，两者之间存在以下拟合关系：$\alpha = 0.042V_e - 0.053$。

同时试验研究还表明，对不同孔隙率的等厚沥青混合料试样，采用不同频率的入射声能，孔隙率较大的多孔沥青混合料的吸声系数在全频谱上要比孔隙率小的普通沥青混合料大。这说明多孔沥青混合料确实具有较好的吸声功能。

（2）空气流阻的影响。上面提到材料孔隙率是影响材料吸声特性的因素之一，空气流阻也是影响材料吸声性的另一个因素。

空气流阻是指在稳定气流状态下，吸声材料中压力梯度与气流线速度之比。它反映了空气通过多孔材料时阻力的大小。单位厚度材料的流阻称为比流阻。当材料厚度越大时，比流阻越大，说明空气穿透量越小，吸声性能下降；但是若比流阻太小，声能因摩擦力、黏滞力的降低而损耗的效率也就低，吸声性能也会下降，所以多孔材料存在一个最佳流阻。

（3）沥青路面厚度的影响。理论分析表明，在孔隙率不变的情况下，增加路面的厚度，材料的垂直吸声系数将增大，当达到一定厚度时，路面的吸声性已趋于稳定。这时孔隙的作用成为主导。而且此时吸声系数的峰值也固定在某一频率左右。当厚度再增加时，这个峰值将向频率偏低的方向移动。汽车行驶时轮胎与路面相互作用形成噪声，峰值频率对于小汽车为 800～1200Hz，对于载重汽车为 600～800Hz，所以从降低噪声的角度考虑，多孔隙降噪沥青路面的厚度在噪声频率为 600～1200Hz 范围内应有一个最佳值，实验研究表明该值应选在 40mm 左右为宜。

（4）多孔隙沥青混凝土降噪效果。多孔隙降噪沥青路面比普通沥青混凝土路面有明显的降噪效果，平均降噪量可达 5～9dB。

沥青路面孔隙率增大，其吸音降噪效果变好。速度为 48～50km/h，孔隙率由 3% 增到 10% 时，干燥路面货车的路面噪声降低 1.5～2.5dB，小车噪声降低 1～2dB。潮湿路面由于路面孔隙的吸水、排水和吸音效果，货车噪声降低 2～3dB，小车噪声降低 1.5～2.5dB。

从室内外路面噪声的测试结果看来，多孔沥青路面可以取得良好的吸音降噪效果。但若多孔沥青路面的孔隙率较大（如 12%～20%），造成结构强度降低，使用寿命减少到 3～8 年。使用时还要经常用水冲洗路面孔隙中的积尘，增加养护工作的麻烦。由于车辆压实和灰尘堆塞，路面孔隙会逐渐减小，从而降低了吸音降噪效果。

干燥路面比潮湿路面的噪声小。路面潮湿时积水湿滑，由于轮胎滑移摩擦、水飘和飞溅的水花，造成路面噪声比干燥时增大 1～3dB。

合理利用路面孔隙的吸音降噪特性，进一步开展多孔沥青混凝土的力学和声学特性的研究，其成果必将对交通环保质量的提高产生积极的作用。

13.3 彩色沥青路面

彩色沥青是近年来业内科研部门和企业大力开发、试用的一种高科技路面材料，由彩色乳化改性沥青、低分子量聚合物、颜料、分散剂和遮盖剂组成，该沥青不仅带有色彩，而且提高了沥青的性能，如软化点、耐寒、耐磨等性能。由彩色沥青可配制得彩色沥青混凝土，配制工艺与一般沥青配制混凝土相同。因其特有的铺面性能，美化道路空间环境效果明显，提升道路交通安全功能，逐步被应用于标志性城市新建道路、广场、高等级公路的交通诱导路段等区域。它还具有几大性能优点：

（1）具有美化城市、改善道路环境，展示城市风格的效果，具体应用于城市街道、广场、风景区、公园和旅游景观道等地，可以与道路周围的建筑艺术更好地协调，从而体现一个城市的特色和风格，提高城市的艺术品位，提升整个城市的形象和功能，显示出现代化都市的气派和魅力。在和周围建筑和谐的基础上，将城市的路面披上安静谦逊的绿色、永恒纯洁的蓝色、欢快活泼的橙色及热烈奔放的红色等漂亮的外衣，一个五彩缤纷、个性十足的城市就摆在了人们面前。

（2）具有诱导车流，使交通管理直观化的作用，具体应用于区分不同功能的路段和车道，以提高驾驶员的识别效果，增加道路的通行能力和交通安全。铺筑不同色彩的路面在某种程度上比垂直的交通标志更好，它可以自然地给驾驶员以信号。例如：在交通事故多发地段，可以铺筑红色或黄色路面，直观提醒驾驶员小心谨慎。通过中小学校区的道路上铺筑铁红色路面，使车辆减速慢行，避免危险的发生。在高速公路弯道、下坡道、隧道入口及出口段，按一定宽度分组横向设置彩色防滑减速带，用以防滑减速，采用不同色彩路面，使之清新醒目，增强行车的安全性。实践证明，彩色路面丰富的色彩能刺激驾驶员大脑，缓解驾车疲劳程度、保持良好情绪、降低事故隐患。

（3）具有较强的吸声功能。汽车轮胎在彩色路面上高速滚动时，不会因空气压缩产生强大噪声，同时还能吸收来自外界的其他噪声。

（4）有良好的弹性和柔性，脚感好，最适合老年人散步，比普通沥青路面摩擦系数高，冬天还能防滑，再加上色彩主要来自石料自身颜色，彩色沥青的轻质馏分挥发极少，因而大大减少污染。也不会对周围环境造成大的危害。而且能够缓解疲劳，提高出行舒适性。

（5）提高路面亮度。采用亮色铺装提高隧道内路面的亮度，提高行车安全性。

13.3.1 彩色沥青路面的类型及应用

1. 彩色沥青路面的类型

根据选用的材料和施工工艺不同，可以分为以下几种：

（1）掺入彩色颜料。该法是直接将颜料作为矿粉加入沥青混合料中拌和，用以铺筑路面，但由于沥青黑色屏遮作用，颜料的色彩显示不出来，仅红色颜料可以做到被接受的暗红色，而对于黄色、绿色等浅色则更无法显示。配制成的彩色沥青面层色度低、色质暗。为了得到良好的景观效果，使用时最好通过缘石或绿化栽植的色彩形成对比。

（2）在铺设路面期间把彩色碎石压入面层中。热压式沥青混凝土可以在碾压时将装饰性彩色碎石嵌压在表面。热压式沥青混凝土路面是英国广泛使用的一种沥青路面结构，是一种以悬浮式沥青混合料为表层，热铺后与其上散布、碾压、嵌入沥青预裹覆单一粒径石料的施工方法。热压式沥青混凝土重要特性之一是它的级配为间断级配，也就是说，粒径 2.36～9.5mm 集料含量很少，它是由砂、细的矿质填料和沥青组成的结合料中掺入 14～16mm 中粒径的彩色集料。使用彩色骨料的热碾式沥青混合料彩色铺装不要求形成强烈的色度，最适合于机动车道和大面积铺装。

（3）彩色表面处理。这种方法又有三种情况：① 彩色稀浆封层技术是近年来在欧洲应用的一种彩色路面施工新技术，它采用改性乳化树脂作为粘结料，集料采用彩色碎石，配以颜料及添加剂，使用专门摊铺机进行施工，摊铺厚度一般为 4～6mm，由于该技术属于薄层罩面，可以直接在原有路面进行施工，而不需对原有路面进行铣刨等前期处理；② 彩色油漆涂层是在一般的沥青路面或水泥混凝土路面上喷涂彩色油漆涂层或其他相关产品，其缺点是易磨损；③ 彩色表面处治是在沥青路面或混凝土路面上撒布粘结力强的树脂，再撒布有色骨料使其粘结。这种人工染色的石料基本上为单一粒径，具有较好的抗滑性能；同时采用树脂作为结合料，具有较好的耐久性。日本某公司将这种技术应用于隧道路面铺装，并采用人工烧制陶瓷作为骨料以获得白色路面，这样可提高路面的照度，有利于改善驾驶员的视觉效果，减少照明能耗。彩色表面处理最适合于广场和较大的建筑物周围地坪。

（4）采用一般的沥青与彩色集料混合。当使用一般的沥青和彩色集料拌和时，它所获得的颜色深度有赖于：集料本身的颜色，集料上粘结料膜的厚度以及暴露在道路表面的粘结料被交通磨耗速率。一般在普通及繁忙的道路上集料本身的颜色很快就会显露出来，但在轻交通地区集料本身的颜色要在较长时间才能暴露出来。

（5）使用浅色结合料的沥青混合料，也就是人们所说的彩色沥青路面。浅色结合料是一种新型的铺路材料，它与传统的筑路材料沥青有着相似的性质，因此人们也常将其称为彩色沥青。浅色结合料在用于铺筑路面时可以任意配成不同的色彩，色泽鲜明而且非常牢固。在石料选用方面也比较随意，选用与颜料颜色相近的彩色石料可铺出纯色彩的彩色路面，选用一般石料或色彩与颜料反差较大的石料，铺出的路面开始为纯色，经过一段时间的磨耗，可成为斑点相间的彩色路面。因此现在大多数彩色路面是采用这种工艺制作的，其具有很好的应用前景。

（6）彩色水泥灌浆沥青路面。彩色水泥灌浆沥青混凝土路面是半柔性路面的一种，施工时在浸透性水泥胶浆中掺入颜料进行着色，然后将水泥胶浆灌入到开级配沥青混合料的空隙中，经过养生后，即形成彩色水泥灌浆沥青路面，其突出的优点是：强度很高，高温抗变形能力很强，抗渗性好，耐久且抗油蚀性好，价格低廉。这种路面材料可提高沥青混合料的高温稳定性及低温抗裂性，延长了路面的使用寿命。

综上所述可知，彩色沥青混合料和彩色水泥灌浆混合料使用效果最佳。

2. 彩色沥青路面的应用

彩色沥青路面可用于城市道路、广场、公园、步行街、景观区、学校操场、球场、居民区的通道和慢车道、公园游览以及一些特殊的道路等，能改变路面的单一色调，美化环境；亦可用于人行横道、十字路口、道路施工、高速公路标志线、减速标志线及事故多发地段或医院、小学校门前，用以规范道路类别，方便运行管理，维护交通安全；也可用于面层防水、灌缝等。同时，使用彩色沥青混凝土可以改变由于大量铺筑沥青路面而产生的"热岛"效应，减少环境污染。此外彩色防滑路面在隧道入口及隧道内和连续下坡路段都有很好的应用。

彩色沥青混凝土路面在国内应用最典型的有：厦门市大道约 4km 两侧非机动车道和环岛路旅游观景道，它是我国第一条较长的彩色沥青路面；北京市长安街延线、沈阳植物园彩色游览路、植物园彩色游览路、沈阳市北京街、北陵大街彩色景观路；上海市肇家浜路和太原路的慢车道、成都市的提督街、烟台市滨海中路彩色观景路、广州黄埔大道与车陂路口到广园东快速干线宝蓝色的立交人行道、辽宁大厦彩色广场和南京升州路人行道等。

13.3.2　彩色沥青路面施工

1. 彩色沥青制备

浅色结合料由于用于彩色沥青路面中，人们也就习惯上称为彩色结合料或彩色沥青。彩色结合料是由聚合物、树脂、软化剂和其他外加剂所聚合而成的。在彩色结合料的研制中，首先是原材料的选择，之外，加工工艺也非常重要。加工工艺直接影响到彩色结合料的力学性能、贮存稳定性以及耐老化性。

获得彩色沥青有两种方法：① 用适当的溶剂将石油沥青中的黑色沥青质脱去，留下颜色较浅的其他成分并配以改性材料，加入一定色泽的特殊材料使沥青按需要变成所需的不同颜色，但生产工艺复杂，需投入大量资金与设备且污染严重。② 利用石油化工产品，人工调出与沥青性能相当的浅色胶结料。此技术生产的浅色胶结料黏弹性、弹性和韧性指标优于普通沥青。将其与具有一定级配的浅色集料拌和，加以一定色泽的颜料，再经摊铺、碾压形成具有一定强度的沥青路面。

2. 施工准备

（1）材料准备。根据建设单位意见，采购原材料，并进行配合比设计。

（2）设备人员准备。调试施工设备，使之处于完好状态。人员到位。

（3）其他准备。下承层满足规范要求，并清扫干净，按规定喷洒黏层油，做好施工放样工作；彩色沥青易被污染，凡与沥青接触的设备均需清洗干净，或者采用新的，包括沥青脱桶设备，搅拌站的拌和缸、沥青输送管道、运输车、摊铺设备等；为使生产配合比能最大限度地接近设计配合比，原材料要稳定；由于色粉比重大，在混合料中具有着色、分散、吸附、稳定、增黏的作用，添加时需考虑其对环境的影响，生产前应根据目标配合比计算出每盘混合料色粉用量，用聚乙烯塑料袋装好，拌和中人工辅助加入。

3. 施工过程

彩色沥青混合料与普通沥青混合料施工基本相同，分为以下几个过程。

（1）铺筑试验段。选取 200m 范围内铺筑试验段，其目的是验证生产配合比，确定拌和时间、出料温度、摊铺温度、摊铺速度、碾压温度、运输及碾压机械组合、压实遍数、松铺系数等。

（2）混合料拌和。彩色沥青混合料与普通沥青混合料拌和基本相似，拌和时严格按设计配合比进行控制，拌和时，先干拌集料，待拌和均匀后，加入与生产厂家订制并包装好的颜料，延长干拌时间 5~10s 后再喷胶结料进行湿拌。严格控制好级配和温度，在石料加热时温度应控制在 155~160℃，结合料加热温度控制在 135℃左右，出料温度在 140℃左右，彩色沥青混合料应比普通沥青温度稍低一些，防止结合料老化。AC-10 沥青混合料配合比设计拌和温度控制在170～190℃，出料应及时检查粒料和颜色是否均匀。

（3）运输。宜采用大吨位洁净运料车，车辆底部及两侧清扫干净，涂油水混合液（柴油:水=1:3），并清除车箱底部多余的混合液，同时注意保温，运至施工现场的温度降低不超过10℃。不能喷涂乳化沥青隔离油，而应采用食用油或彩色沥青结合料配制的乳化沥青、稀释沥青。运输车辆可采用10t的自卸汽车，运输过程中需加盖篷布，既能保温防雨又能防止污染。另外车辆的运输能力应大于拌和能力及摊铺能力，混合料到场后进行质量检查。

（4）混合料摊铺。在铺设彩色沥青混合料前应仔细检查下基层的质量，确保坚实、平整、洁净，同时应对摊铺、压实机械的工作状态进行检查，避免因准备不充分而导致施工中的停工现象；彩色沥青混凝土搅拌均匀后可开始摊铺，在摊铺过程中如有严重污染、离析、色彩差异较大的混合料应清除；在碾压过程中应控制好碾压速度，避免急刹车；为提高界面粘结力和减少雨水渗到路面结构，摊铺前基层应清扫干净，喷洒乳化沥青，其用量为0.3～0.5kg/m³；开始摊铺时，严格按照松铺标高用垫块将熨平板垫好，确保起始摊铺厚度满足要求，考虑到混合料的生产、运输、摊铺和碾压能力，将摊铺机的工作速度严格控制在2.0～2.5m/min，确保摊铺连续；并做到全幅摊铺不间断一次性成型，以保持色泽一致，粒料均匀、美观；摊铺温度应比普通沥青混合料低5～10℃，实际控制在125～130℃。

（5）混合料压实成型。压实工艺与普通沥青混凝土基本相同，不同的是压实温度比普通沥青混凝土路面低5～10℃。初压用8t钢轮压路机静压2遍，复压用15t胶轮压路机压4遍，终压用8t钢轮压路机压2遍。碾压过程见图13-7。

图13-7 彩色沥青路面的施工过程

总之，彩色沥青路面是近几年才兴起的一种新型路面结构，在我国的应用才刚刚起步。在选用材料时，一定要根据当地的气候、地理、环境、财力等条件，因地制宜地选择合适的材料，同时需积极地研究新型的彩色铺装材料及施工设备，严格控制施工质量。

13.3.3 彩色沥青路面的评价

1. 技术评价及优缺点

彩色沥青混凝土路面的优缺点：

（1）彩色沥青混凝土路面具有普通沥青混凝土路面的良好性能，如足够的力学强度、一定的弹性和塑性变形能力、不扬尘易清扫和冲洗、维护方便等。

（2）彩色沥青混凝土路面改善了普通沥青混凝土路面黑色的单调性，可与周围的景观相互搭配、协调。

（3）彩色沥青混合料可以多元搭配使用，既可以维持既有道路或广场的特殊功能，又可发挥多色彩的分区功能。

（4）施工前期准备工作时间长，颜色石料来源有限，成本高、投资费用大。

（5）不耐脏，不易维护清洁，尤其淡色沥青路面。这主要由于：一是各种施工引起的扬尘污染路面；二是机动车过往太多，黑色轮胎（尤其在急刹车情况下）"涂黑"了路面；三是环卫保洁力量不足，保养不够。因此，目前国内外许多城市市政道路大多采用深颜色的沥青路面。

2. 经济和社会效益评价

广泛推广彩色沥青混凝土路面应用技术，会给社会和经济带来以下好处：

（1）可以美化环境、美化城市，给人良好的心理感受；

（2）具有现代化都市气息，与国际接轨，有利于招商引资；

（3）路面彩化，符合城市建设"彩化、绿化、亮化和快化"的要求；

（4）可促进技术进步，有利于国内先进技术成果与国际接轨；

（5）公园、广场和住宅小区等应用，可形成新的旅游景观，有利于吸引更多的游客。同时，也有利于提高小区综合竞争能力，促进房地产业的发展；

（6）道路交通管理，有利于更好地引导交通，减少行车安全事故的发生。

13.3.4 发展现状及存在问题

1. 发展现状

纵观世界彩色沥青混凝土路面应用技术的研究及其发展状况，可以看到，在国内外，彩色沥青混凝土路面已经达到相当成熟的程度。目前国内的研究具体有以下几个方面：

（1）彩胶结料（彩色沥青）生产途径从传统沥青减压脱质向利用现代工业石油化工产品调配出与沥青性能相当的聚合物浅色胶结料（彩色沥青）发展，并研制开发了红、黄、蓝、绿、驼色为主色的系列彩色沥青，其色彩、性能更加优良，使用寿命更长。

（2）彩色沥青混凝土路面技术也从原有的单一色彩向多元化色彩发展。随着技术和设备的不断发展，彩色沥青混凝土的生产和施工工艺也得到了不断改进，取得了很大的成就，已先后铺设和开发了红、黄、蓝、绿等10多种彩色沥青混凝土路面和生产技术及路面施工工艺流程，形成了一套完整的彩色沥青混凝土路面应用技术。

（3）在彩色沥青混凝土材料里掺入夜间能发光的材料如玻璃珠。使道路在夜间更醒目，发光效果更好，在易于发生交通事故的路段使用，具有很高的实用价值。

（4）彩色沥青的另一种技术是彩色慢裂快凝乳化沥青稀浆封层。它是将彩色沥青与稀浆封层技术结合在一起的彩色稀浆封层铺设，用于薄层罩面，无需对原有路面进行铣刨等前期处理。这样可以降低彩色沥青路面成本，施工方便，更适合在城市施工中应用，也填补了国内空白（图13-8）。

2. 存在问题

（1）成本。彩色沥青路面造价昂贵。过高的成本在一定程度抑制了彩色沥青路面的大面积推广，因此，如何进一步降低成本是研究者和工程技术人员面临的问题。

（2）标准和规范。现行沥青技术标准是否完全适用于彩色沥青铺面胶结料还有待工程实践进一步证明，应逐步建立和完善彩色沥青胶结料产品标准和性能评价指标，尽快制定和编写彩色沥青路面设计与施工规范。

（3）彩色铺面的色彩主要是由集料和颜料确定的。如何选择与颜料同色且性能合格的集料，如何选择色泽鲜艳耐久、价格适中的颜料，还需要进行大量的试验和摸索。

（4）由于彩色沥青路面的耐脏性差，容易受到污染，如何采取有效的防护措施尚待研究。

图 13-8　彩色沥青路面效果

复习思考题

1. 简述融雪化冰路面的类型及基本原理。
2. 简述交通噪声产生的机理。
3. 简述路面的降噪机理。
4. 简述彩色沥青路面的施工。

第 14 章

路 面 排 水

14.1 水对路面的损坏

路面的强度与稳定性同水的关系十分密切，水对路面的危害主要表现在：

（1）水泥混凝土板缝处进水，在车辆荷载的作用下产生唧泥（图 14-1、图 14-2）；板底受高压水冲刷后形成脱空，造成路面基层承载能力下降，使路面因支撑不足而产生裂缝或断板（图 14-3），水泥混凝土路面的板角处产生 D 型开裂（图 14-4）；水渗入结构层，造成水泥混凝土路面传力杆锈蚀（图 14-5）。

图 14-1 水泥混凝土路面唧泥

图 14-2 路面接缝处泥浆喷出

图 14-3 路面开裂处再次错台

图14-4 水泥混凝土路面的板角开裂

图14-5 水泥混凝土路面传力杆锈蚀

（2）水能降低路面材料的强度，加快路面材料损坏。对于沥青路面，水使沥青从石料表面剥落造成病害（图14-6），渗入基层后造成局部承载能力下降，从而形成沉陷性坑洞（图14-7）。

图14-6 沥青从矿料表面剥落

图14-7 沥青路面局部沉陷性坑洞

此外，在冻胀地区，融冻季节水会引起路面承载能力的普遍下降；层间粘结性能下降。可见，水的作用是造成路面病害的主要因素之一，因此在路面设计、施工、养护中，必须十分重视路面排水工程。

14.2 路面表面排水

路面地表排水又称路界地表排水，其目的是把降落在路界范围内表面水有效地汇集并迅速排除出路界，同时把路界外可能流入的地表水拦截在路界范围外，以减少地表水对路基和路面的危害以及对行车安全的不利。通常地表排水可以划分为路面表面排水（图14-8）、中央分隔带排水（图14-9）、坡面排水（图14-10）三部分。中央分隔带排水，视其宽度和表面横向坡度倾向，可以包括中央分隔带和左侧路缘带，或者仅为中央分隔带，而在设超高路段，它还包括上侧半幅路面的表面水。坡面排水包括路堤坡面、路堑坡面、倾向路界的自然坡面的排水。

图 14-8　路面表面排水

图 14-9　中央分隔带排水

14.2.1　路面表面排水的基本原则

　　路面表面排水的主要任务是迅速把降落在路面和路肩表面的降水排走，以免造成路面积水而影响行车安全。路面表面排水设计应遵循以下原则：

　　（1）降落在路面上的雨水，应通过路面横向坡度向两侧排走，避免行车道路面范围内出现积水。

　　（2）在路线纵坡平缓、汇水量不大、路堤较低且边坡坡面不会受到冲刷的情况下，应采用在路堤边坡上横向漫坡的方式排除路面表面水。

图 14-10　坡面排水

　　（3）在路堤较高、边坡坡面未做防护而易遭受路面表面水流冲刷，或者坡面虽已采取防护措施但仍有可能受到冲刷时，应沿路肩外侧边缘设置拦水带，汇集路面表面水，然后通过泄水口和急流槽排离路堤。

　　（4）设置拦水带汇集路面表面水时，拦水带过水断面内的水面，在高速公路及一级公路上不得漫过右侧车道外边缘，在二级及二级以下公路上不得漫过右侧车道中心线。

14.2.2　路面表面排水设计

　　当路基横断面为路堑时，横向排流的表面水汇集于边沟内。当路基横断面为路堤时，可采用两种方式排除路面表面水：一种是让路面表面水以横向漫流形式向路堤坡面分散排放（图 14-11）；另一种方式是在路肩外侧边缘放置拦水带，将路面表面水汇集在拦水带同路肩铺面（或者路肩和部分路面铺面）组成的浅三角形过水断面内（图 14-12），然后通过相隔一定间距设置的泄水口和急流槽集中排放至路堤坡脚外。两种排水方式的选择，主要依据表面水是否对路堤坡面造成冲刷危害。在汇水量不大、路堤不高、路线纵坡平缓、坡面耐冲刷能力强的情况下，应优先采用横向漫流分散排放的方式；而在表面水有可能冲刷路堤坡面的情况下，则采用将路面表面水汇集在拦水带内，通过泄水口和急流槽集中排放的方式。由于修筑拦水带和急流槽需增加工程投资，因而须对投资的经济性进行分析和比较，是采用有效的坡面防护措施而不设拦水带和急流槽经济、还是修筑拦水带和急流槽而降低对坡面防护工程的要求合算。

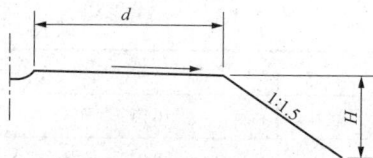

图 14-11 漫流分散排水

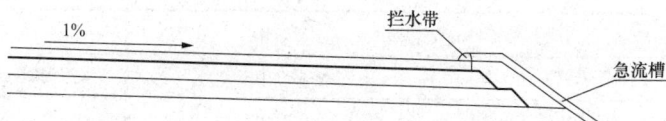

图 14-12 拦水带集中排水

拦水带材料有沥青混凝土、水泥混凝土（图 14-13）等，既可预制，亦可现浇。采用水泥混凝土预制块拦水带（图 14-14）时，应避免预制块影响路面内部水的排泄。拦水带的横断面尺寸可参考图 14-15。拦水带的顶面应略高于过水断面的设计水面高（水深），按设计流量式（14-1）计算确定：

图 14-13 现浇水泥混凝土拦水带

图 14-14 水泥混凝土预制块拦水带

$$Q_c = 0.377 \frac{1}{i_h} \frac{1}{n} h^{\frac{8}{3}} I^{\frac{1}{2}} \qquad (14-1)$$

式中 Q_c——沟或过水断面的泄水能力（m^2/s）；

h——沟或过水断面的水深（m）；

i_h——沟或过水断面的横向坡度；

n——沟壁或管壁的粗糙系数，按表 14-1 选用；

I——水力坡度，要取用的沟或管的坡度。

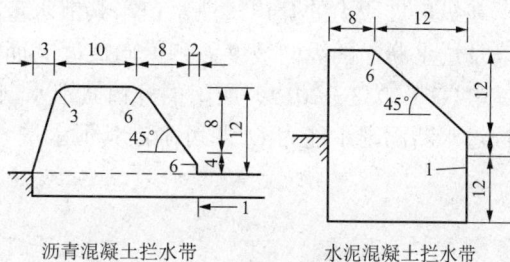

图 14-15 拦水带横断面参考尺寸
（尺寸单位：cm）

表 14-1　　　　　　　　　　沟壁或管壁的粗糙系数

沟或管类别	n	沟或管类别	n
塑料管（聚氯乙烯）	0.010	岩石质明沟	0.035
石棉水泥管	0.012	植草皮明沟（流速 0.6m/s）	0.035～0.050
水泥混凝土管	0.013	植坡明沟（流速 0.8m/s）	0.050～0.090
陶土管	0.013	浆砌石明沟	0.025
铸铁管	0.015	干砌石明沟	0.032
波纹管	0.027	水泥混凝土明沟（镘抹面）	0.015

沟或管类别	n	沟或管类别	n
沥青路面（光滑）	0.013	水泥混凝土明沟（预制）	0.012
沥青路面（粗糙）	0.016	土质明沟	0.022
水泥混凝土路面（镘抹面）	0.014	带杂草土质明沟	0.027
水泥混凝土路面（拉毛）	0.016	砂砾质明沟	0.025

拦水带的泄水口可设置成开口（喇叭口）式。设在纵坡坡段上的泄水口为提高泄水能力宜做成不对称的喇叭口，并在硬路肩边缘的外侧设置逐渐变宽的低凹区。其平面布置可参照图 14-16。泄水口的泄水量以及开口长度、低凹区宽度和下凹深度等尺寸应按泄水口水力计算确定。

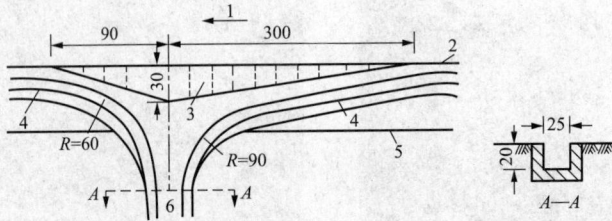

图 14-16　纵坡坡段上拦水带不对称泄水口的平面布置（尺寸单位：cm）

1—水流流向；2—硬路肩边缘；3—低凹区；4—拦水带顶；5—路堤边坡顶；6—急流槽

在纵坡坡段上的开口式泄水口，其泄水量随开口长度 L_i、低凹区的宽度 B_w 和下凹深度 h_a 以及过水断面的纵向坡度 i_z 和横向坡度 i_h 而变化（图 14-17）。通过查阅《公路排水设计规范》（JTG/T D33—2012）所附的开口式泄水口截流率计算诺谟图，可查得截流率（Q_0/Q_c），根据过水断面泄水能力 Q_c 即可确定其泄水量 Q_0。

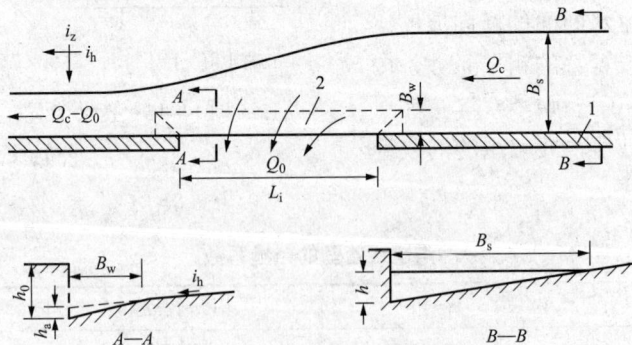

图 14-17　开口式泄水口周围的水流状况

1—拦水带或缘石；2—低凹区

在凹形竖曲线底部的开口式泄水口，按泄水口处的水深和泄水的尺寸确定其泄水量。

（1）如开口处设有低凹区，当开口处的净高 h_0 不小于由图 14-18 确定的满足堰流要求的最小高度 h_m 时，可利用图 14-19 确定开口的泄水量或最大水深 h_i。

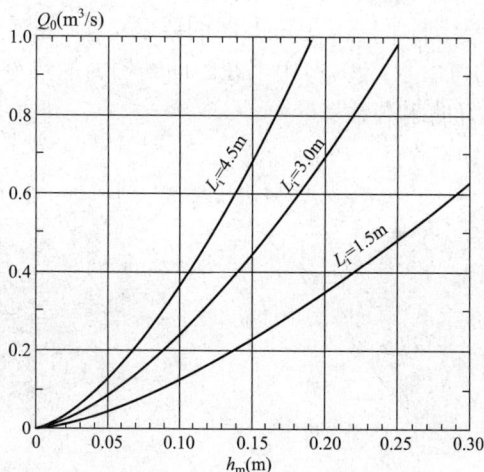

图 14-18 开口式泄水口满足堰流的最小开口高度 h_m 计算图

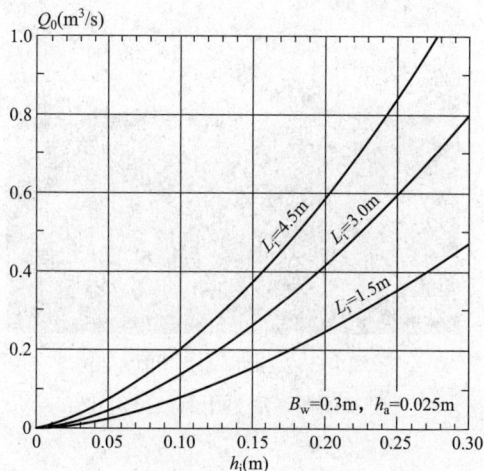

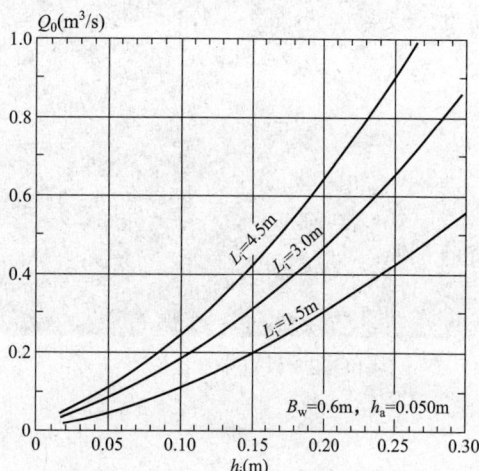

图 14-19 开口处净高 $h_0 \geqslant h_m$ 时开口的泄水量 Q_0 或最大水深 h_i 计算图

（2）如不设低凹区，可按式（14-2）确定其泄水量：

$$Q_0 = 1.66 L_i h_i^{1.5} \tag{14-2}$$

（3）当开口处水深 h_i 超过净高 h_0 的 1.4 倍时，按式（14-3）确定其泄水量：

$$Q_0 = 13.14 h_0 L_i (h_i - 0.5 h_0) \tag{14-3}$$

14.3 路面内部排水

路面工程的实践证明了路面内部排水的重要性。新建的刚性路面需设置各种接缝，而路面在使用期间又会出现各种裂缝、松散、坑槽等病害。降落在路面表面的雨水，会通过路面接缝或裂缝及松散等病害处或者沥青路面面层空隙下渗入路面结构内部（图 14-20 和图 14-21）。此外，道路两侧有滞水时，水分也可能从侧向渗入路面结构内部。

路面内部排水的内容包括下封层及路肩部的排水盲沟（图 14-22）、排水基层、排水垫层（图 14-23）等。

路面内部排水系统的设计通常需满足三方面的要求：① 各项设施应具有足够的泄水能力，排出渗入路面结构内的自由水；② 自由水在路面结构内的渗流时间和渗流路径都不能太长；③ 排水设施应具有较好的耐久性。

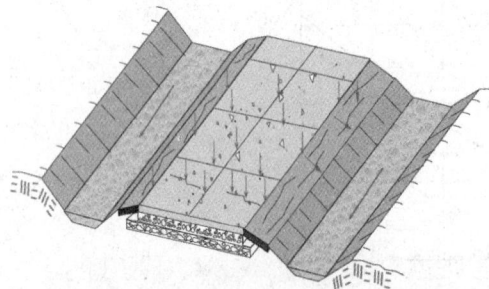

图 14-20　水泥混凝土路面表面水的渗入

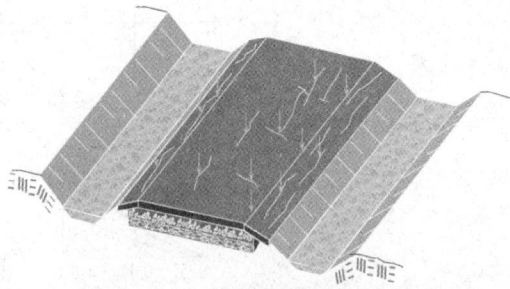

图 14-21　沥青路面表面水的渗入

图 14-22　设置排水盲沟

图 14-23　排水面层（前）与密实面层（后）雨后效果对比

14.3.1　路面结构内部水的危害

水可以通过路面接缝、裂缝、路面表面和路肩渗入路面，或是由高水位地下水、截断的含水层和当地泉水进入路面结构，被围封在路面结构内的水分产生的有害影响可归纳如下：

（1）浸湿各结构层材料和路基土，易造成无粘结粒状材料和路基土的强度降低；

（2）使混凝土路面产生唧泥，随之出现错台、开裂和整个路肩破坏（图 14-24）；

图 14-24　水泥混凝土路面的错台

（3）进入空隙的自由水在行车荷载的作用下，会形成高孔隙水压力和高流速的水流，引起路面基层的细颗粒产生唧泥，导致路面失去支撑；

（4）在冰冻深度大于路面厚度的地方，高地下水位会造成冻胀，并在冻融期间降低承载能力；

（5）水使冻胀土产生不均匀冻胀；

（6）与水经常接触将使沥青混合料松散剥落，影响沥青混凝土耐久性。

表 14-2 为纵向每延米双车道路面（宽 7.5m）

下各种路基土排除 0.1m³ 路面结构内自由水所需时间的计算结果（表中，H 为路面结构底面到地下水位的距离，H_0 为结构底面到不透水层的距离）。由表列数值可知，当路基土为低透水性时（渗透系数不大于 10^{-5}cm/s），排除 0.1m³ 路面结构内自由水约需 1d 以上时间；而当路基土的渗透系数不大于 10^{-7}cm/s 时，排除这些水分所需时间达数个月，实际上是不透水的。当路基土为低透水性（渗透系数不大于 10^{-5}cm/s），而两侧路肩外也由这种土填筑时，路面结构便类似于被安置在封闭的槽式"浴盆"内，进入路面结构内的水分，无法向下或向两侧迅速渗出，而被长时间积滞在路面结构内部。特别是位于凹形竖曲线底部、低洼河谷地、曲线超高断面内侧，以及立体交叉的下穿路段的路面结构，由于地表径流或地下水汇集，进入结构内的自由水不仅数量大，而且停滞时间久。

表 14–2 不同渗透性路基土排除 0.1m³ 路面结构内自由水所需的渗流时间

渗透系数（cm/s）	10^{-3}	10^{-4}	10^{-5}	10^{-6}	10^{-7}
渗流时间单位 H/H_0	min	h	d	7d	30d
0.2	111	18.52	7.72	11.02	25.72
0.4	56	9.62	3.86	5.51	12.86
0.6	37	6.17	2.57	3.67	8.57
0.8	28	4.63	1.93	2.75	6.43
1.0	22	3.71	1.54	2.20	5.14

14.3.2 路面结构内部排水设置条件与设置要求

大量的路面损坏状况调查和路面使用经验表明，进入路面结构内的自由水是造成或加速路面损坏的重要原因。国外的一些对比分析和试验段观察结果表明，设有排水基层的路面，其使用寿命要比未设的提高 30%（沥青混凝土路面）和 50%（水泥混凝土路面）左右。因而，采用内部排水设施所增加的资金投入，可以很快从路面使用性能的提高、使用寿命的增加和养护工作的减少中得到补偿。

美国在 20 世纪 60 年代末和 70 年代初通过调查和经验总结，认识到了路面内部排水的重要性，在 1973 年便由联邦公路局组织制订了路面结构内部排水系统设计指南，以引导和推动公路部门采用路面内部排水措施。到 1996 年，经过 20 余年的使用经验和研究成果的积累，又进一步在 AASHTO 路面结构设计指南中，把排除渗入路面结构内水分所需的时间和一年内路面结构处于水饱和状态的时间比例作为指标，在路面设计中作为一项设计因素予以考虑。目前，在美国，路面内部排水系统已成为一项常用的措施，一些州的路面通用结构断面中也做了相应的规定。

我国《公路排水设计规范》（JTG/T D33—2012）建议遇有下列情况时，应设置路面内部排水系统：

（1）年降水量为 600mm 以上的湿润和多雨地区，路床由透水性差的细粒土（渗透系数不大于 10^{-4}mm/s）组成的高速公路和一级公路或重要的二级公路。

（2）路基两侧有滞水，可能渗入路面结构内。

（3）重冰冻地区，路床为粉性土的潮湿路段。

（4）现有路面改建或改善工程，需排除积滞在路面结构内的水分。

同时规定，路面内部排水系统设计应符合下列要求：

（1）路面内部排水系统中各项排水设施的泄水能力均应大于渗入路面结构内的水量，且下游排水设施的泄水能力应超过上游排水设施的泄水能力。

（2）渗入水在路面结构内的最大渗流时间，冰冻地区不应超过1h，其他地区不应超过2h。

（3）各项排水设施不应被渗流从路面结构、路基或路肩中带来的细料堵塞，以保证系统的排水能力不随时间推移而很快丧失。

行车道路表面水渗入路面结构的量，可按路面类型分别由下列公式计算确定：

水泥混凝土路面
$$Q_p = K_c \left(n_z + n_h \frac{B}{L_c} \right) \tag{14-4}$$

沥青路面
$$Q_p = K_a B \tag{14-5}$$

式中　Q_p——纵向每延米行车道路面表面水渗入量 [m³/（d·m）]；

K_c——每延米水泥混凝土路面接缝或裂缝的表面水设计渗入率 [m³/（d·m）]，可取 0.36m³/（d·m）；

K_a——每平方米沥青路面的表面水设计渗入率 [m³/（d·m²）]，可取为 0.15m³/（d·m²）；

B——单向坡度路面的宽度（m）；

L_c——水泥混凝土路面的横缝间距（即板长）（m）；

n_z——B 范围内纵向接缝的条数（包括路面与路肩之间的接缝）；对不设置中央分隔带的双向横坡路段，公路路脊处的接缝（全幅中间接缝）按 0.5 条计；对设置中央分隔带的非超高路段，路面与中央分隔带间的接缝按 1 条计；

n_h——L_c 范围内横向接缝和裂缝的条数。

排水基层厚度 H_b 应根据所需排放的水量和基层材料的渗透系数，通过式（14-6）计算确定，并满足最小厚度的要求。采用沥青处治碎石时，最小厚度不得小于 60mm；采用水泥处治碎石时，最小厚度不得小于 80mm；采用级配碎石时，最小厚度不得小于 120mm。排水基层的宽度应根据面层施工需要确定，宜超出面层宽度 300～900mm。

$$H_b \geq \frac{Q_{cb}}{k_b i_h} \tag{14-6}$$

式中　Q_{cb}——纵向每延米排水基层的泄水能力 [m³/（d·m）]；

k_b——排水基层设计渗透系数（m/d）；

i_h——基层横坡。

渗入水在排水基层内的渗流时间可按式（14-7）、式（14-8）计算。

$$T \approx 0.69 \frac{n_e L_t}{k_b J_0} \tag{14-7}$$

$$L_t = B \sqrt{1 + \frac{i_z^2}{i_h^2}} \tag{14-8}$$

式中　T——渗流时间（h）；

n_e——排水基层的有效空隙率；

L_t——渗流路径长（m）；

k_b——排水基层的渗透系数（m/s）；

J_0——路面合成坡度；

i_z——基层纵坡；

14.4 中央分隔带排水系统

中央分隔带排水是高速公路及一级公路地表排水的重要内容，应根据分隔带宽度、绿化和交通安全设施形式、分隔带表面处理方式等因素选择不同的排水方式。我国《公路排水设计规范》（JTG/T D33—2012）将中央分隔带排水划分为三种类型。

1. 宽度小于3m且表面采用铺面封闭的中央分隔带排水

该类排水是将降落在分隔带上的表面水排向两侧行车道，其坡度与路面的横坡度相同；在超高路段上，可在分隔带上侧边缘处设置缘石或泄水口、或者在分隔带内设置缝隙式圆形集水管或碟形混凝土浅沟和泄水口（图 14-25），以拦截和排泄上侧半幅路面的表面水（图 14-26）。缘石过水断面的泄水口可采用开口式、格栅式或组合式；碟形混凝土浅沟的泄水口采用格栅式。格栅铁条应平行于水流方向，孔口的净泄水面积应占格栅面积的一半以上，泄水口间距和截流量计算以及断面尺寸等可通过计算选取。

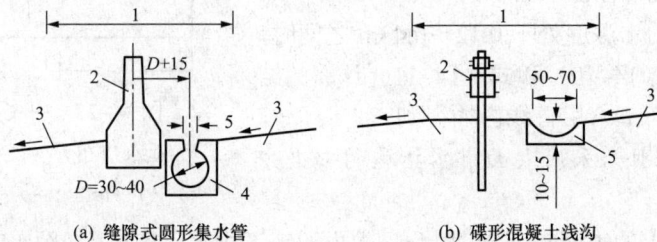

图 14-25 超高路段上设置缝隙式圆形集水管或碟形混凝土浅沟（尺寸单位：cm）

1—中央分隔带；2—护栏；3—铺面；4—缝隙式圆形集水管；5—碟形混凝土浅沟

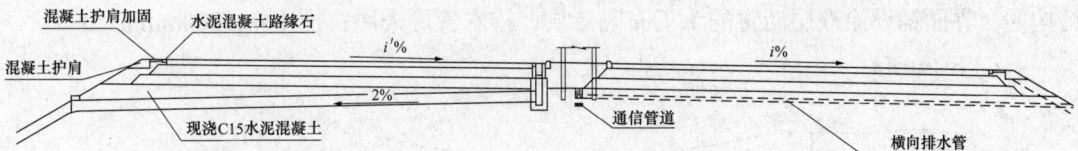

图 14-26 超高路段排水

在纵坡坡段上的格栅式泄水口，其泄水量为过水断面中格栅宽度 B_g 所截流的部分，可利用式（14-1）确定。格栅孔口所需的最小净长度按式（14-9）确定：

$$L_g = 0.91 v_g (h_i + d)^{0.5} \qquad (14-9)$$

式中 L_g——格栅孔口的最小净长度（m）；

v_g——格栅宽度范围内水流的平均流速（m/s）；

d——格栅栅条的厚度（m）；

h_i——格栅上面的水深（m）。

2. 宽度大于3m且表面未采用铺面封闭的中央分隔带排水

该类排水是将降落在分隔带上的表面水汇集在分隔带中央的低洼处，并通过纵坡排流到泄水口或横穿路界的桥涵水道中。分隔带的横向坡度不得陡于1:6；分隔带的纵向排水坡度，在过水断面无铺面时不得小于0.25%，有铺面时不得小于0.12%。当水流速度超过地面土的最大允许流速时，应在过水断面宽度范围内对地面土进行防冲刷处理，做成三角形或U形断面的水沟。防冲刷层可采用石灰或水泥稳定土，或者采用浆砌片石铺砌，层厚10~15cm。当中央分隔带内的水流流量过大或流速超过允许范围处、或者在分隔带低凹区的流水汇集处，应设置格栅或泄水口，并通过排水管引排到桥涵或路界外。格栅可以同周围地面齐平，也可适当降低，并在其周围一定宽度范围内做成低凹区（图14-27），以增加泄水能力。泄水口的泄水量在纵坡坡段上可按式（14-1）计算。在凹形竖曲线底部的格栅式泄水口，其泄水量按式（14-10）和式（14-11）计算。

（1）当格栅上面的水深 h_i 小于0.12m时：

$$Q_0 = 1.66 p_g h_i^{1.5} \qquad (14-10)$$

式中　p_g——格栅的有效周边长，为格栅进水周边边长之和的一半（m）。

（2）当格栅上面的水深 h_i 大于0.43m时：

$$Q_0 = 2.96 A_i h_i^{0.5} \qquad (14-11)$$

式中　A_i——格栅孔口净泄水面积的一半（m²）。

（3）当格栅上的水深度处于0.12~0.43m之间时，其泄水量介于按式（14-10）和式（14-11）计算的结果之间，可通过水深 h_i，用直线内插得到。

3. 表面无铺面且未采用表面排水措施的中央分隔带排水

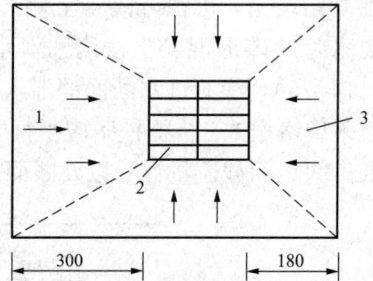

图14-27　中央分隔带格栅式泄水口布置（尺寸单位：cm）

1—上游；2—隔栅；3—低凹区

降落在分隔带上的表面水下渗，由分隔带内的地下排水设施排除（图14-28和图14-29）。常用的纵向排水渗沟见图14-30，应隔一定间距通过横向排水管将渗沟内的水排出路界。渗沟周围包裹反滤织物（土工布），以免渗入水携带的细粒将渗沟堵塞。渗沟上的回填料与路面结构的交界面铺设涂双层沥青的土工布隔渗层。排水管可采用直径100~200mm的塑料管。

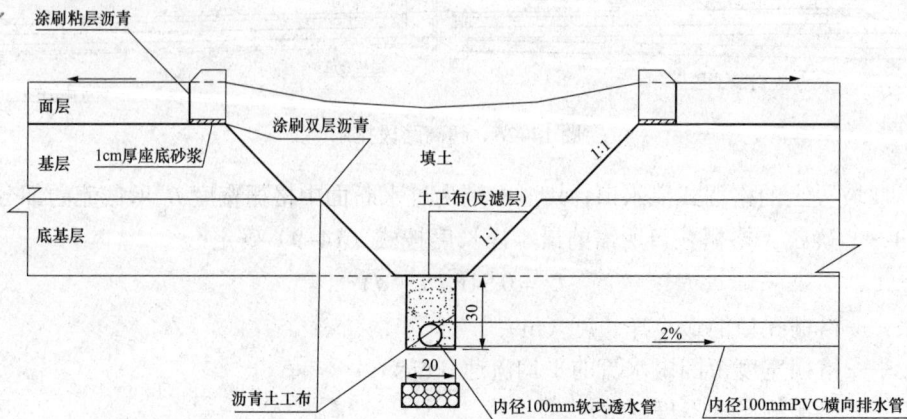

图14-28　一般路段中央分隔带排水

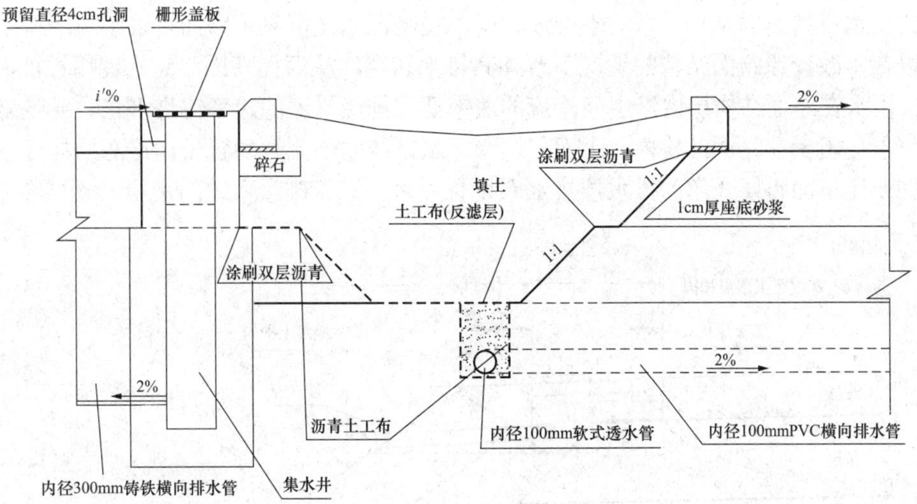

图 14-29 超高路段中央分隔带排水

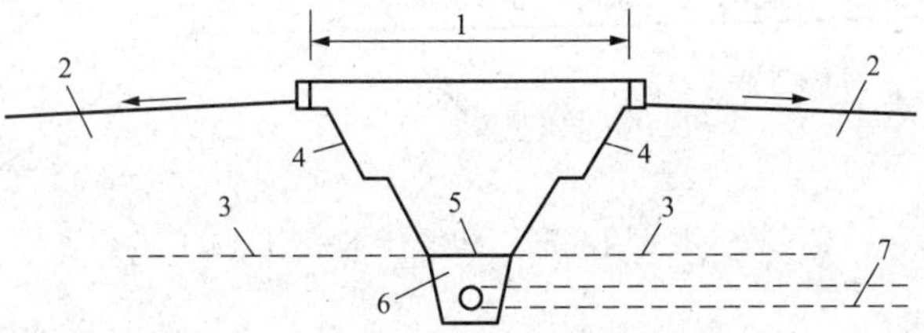

图 14-30 中央分隔带下设排水沟示意

1—中央分隔带；2—路面；3—路床顶面；4—隔渗层；5—反滤织物；6—渗沟；7—横向排水管

在我国，通常采用较窄的中央分隔带，仅在中间设预留车道时才采用宽的中央分隔带。各地在选用排水设施类型时，并未拘泥于以分隔带宽度限值作为唯一的依据，而是结合地区和工程需要确定，形式是多样的。因而，上述分类中的宽度标准并不是绝对的。

14.5 边缘排水系统

边缘排水系统是由沿路面边缘设置的透水性填料集水沟、纵向排水沟、横向出水管和过滤织物组成的边缘排水系统。该系统将渗入路面结构内的自由水，先沿路面结构层间空隙或某一透水层次横向流入纵向集水沟和排水管，再由横向出水管排引出路基（图 14-31 和图 14-32）。这种方案常用于基层透水性小的水泥混凝土路面，特别是用于改善排水状况不良的旧水泥混凝土路面。水泥混凝土面层板的边缘和角隅处，由于温度和湿度梯度引起的翘曲变形作用以及地基的沉降变形，常出现板底面同基层顶面的脱空。下渗的路表水易积聚在这些脱空内，促使唧泥和错台等损坏的出现。设置边缘排水系统，便于将面层–基层–路肩界面处

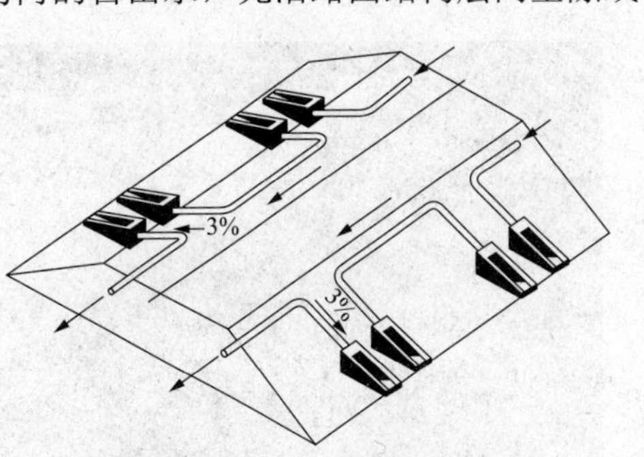

图 14-31 边缘排水示意

积滞的自由水排离路面结构。而对于排水状况不良的旧水泥混凝土路面，采用边缘排水设施方案，可以在不改变原路面结构的情况下改善其排水状况，从而提高原路面的使用性能和寿命。然而，自由水在路面结构层内沿层间渗流的速率要比向下渗流的速率慢许多倍，并且部分自由水仍有可能被阻封在路面结构内，因而，边缘排水系统的渗流时间较长，路面结构处于潮湿状态的时间要比下面将要介绍的排水层排水系统长许多。边缘排水系统的常用形式见图14-33。

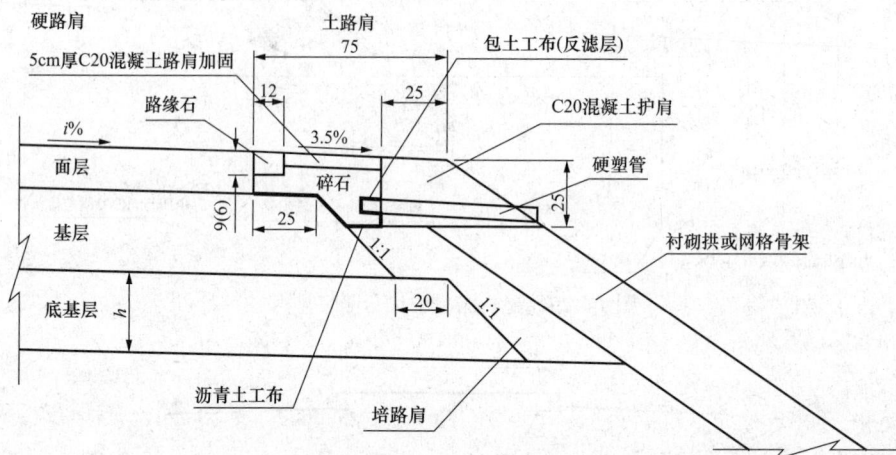

图 14-32　边缘排水结构

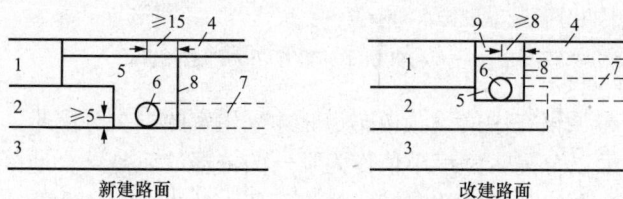

图 14-33　边缘排水系统（尺寸单位：cm）

1—面层；2—基层；3—垫层；4—路肩面层；5—集水沟；
6—排水管；7—出水管；8—反滤织物；9—回填路肩面层

纵向排水管通常选用聚氯乙烯（PVC）或聚乙烯（PE）塑料管。排水管设三排槽口或孔口，其开口总面积不小于 $42cm^2$/延米。管径按设计流量由水力计算确定，通常在 $70\sim150mm$ 范围内选用。排水管的埋设深度，应保证不被车辆或施工机械压裂，并应超过当地的冰冻深度，在非冰冻地区，新建路面时，排水管管底通常与基层底面齐平；改建路面时，管中心应低于基层顶面。排水管的纵向坡度宜与路线纵坡相同，但不得小于 0.25%。图 14-34 和图 14-35 为边缘排水设施纵向排水管施工照片。

图 14-34　边缘排水设施纵向排水管铺设

图 14-35　边缘排水设施透水性填料回填

横向出水管选用不带槽或孔的聚氯乙烯塑料管，管径与排水管相同。其间距和安全位置由水力计算并考虑邻近地面高程和公路纵横断面情况确定，一般在 50～100m 范围内选用。出水管的横向坡度不宜小于 5%。埋设出水管所开挖的沟，须用低透水材料回填。出水管的外露端头用镀锌铁丝网或格栅罩住。出水口的下方应铺设水泥混凝土防冲刷垫板或者对泄水道的坡面进行浆砌片石防护，以防止水流冲刷路基边坡和影响植物生长。出水水流应尽可能排引至排水沟或涵洞内。

透水性填料由水泥处治开级配粗集料组成，其孔隙率为 15%～20%。粗集料最大粒径不大于 31.5mm，粒径 4.75mm 以下的细粒含量不应超过 16%，2.36mm 以下的细粒含量不应超过 6%。为避免带孔排水管被堵塞，透水性填料中通过率为 85% 的粒径应比排水管槽口宽或孔口直径大 1.0～1.2 倍。水泥处治集料的配合比，应按透水性要求和施工的要求，通过试配确定。

集水沟底面的最小宽度，对新建路面，不应小于 30cm；对改建路面，应能保证排水管两侧各有至少 10cm 宽的透水填料。透水填料的底面和外侧围以反滤织物（土工布），以防垫层、基层和路肩内的细粒侵入而堵塞填料空隙或管孔。反滤织物可选用由聚酯类、尼龙或聚丙烯材料制成的无纺织物，能透水，但细粒土不能随水透过。图 14-36～图 14-42 为边缘排水系统集水沟施工照片。

图 14-36　集水沟开挖

图 14-37　反滤织物铺设

图 14-38　排水管铺设

图 14-39　透水填料回填

图 14-40　排水管与透水填料

图 14-41　透水填料压实

14.6　排水基层的排水系统

基层排水系统是直接在面层下设置透水性排水基层，在其边缘设置纵向集水沟和排水管以及横向出水管等，组成排水基层排水系统（图 14-43），采用透水性材料做基层（图 14-44），使渗入路面结构内的水分，先通过竖向渗流进入排水层，然后横向渗流进入纵向集水和排水管，再由横向出水管排引出路基。图 14-45～图 14-49 分别为沥青路面

图 14-42　反滤织物围覆

与水泥混凝土路面排水基层的设计方案。这种排水系统，由于自由水进入排水层的渗流路径短，在透水性材料中渗流的速率快，其排水效果要比边缘排水系统好得多。一般在新建路面时采用此方案。排水基层设在面层下，作为路面结构的基层或基层的一部分，共同承受车辆荷载的作用。

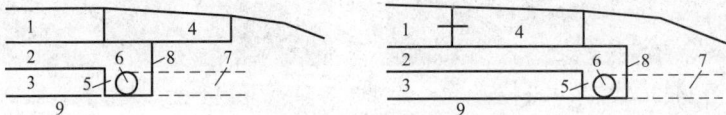

图 14-43　排水基层排水系统

1—面层；2—排水基层；3—不透水垫层；4—路肩面层或水泥混凝土路肩面层；

5—集水沟；6—排水管；7—出水管；8—反滤织物；9—路基

图 14-44　排水基层的透水材料

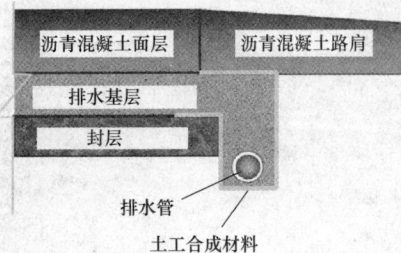

图 14-45　普通沥青（AC）路面的排水基层

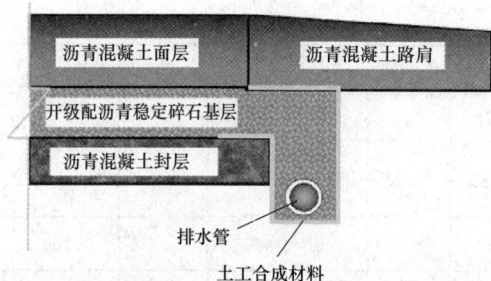

图 14-46 全厚式沥青（AC）路面的排水基层

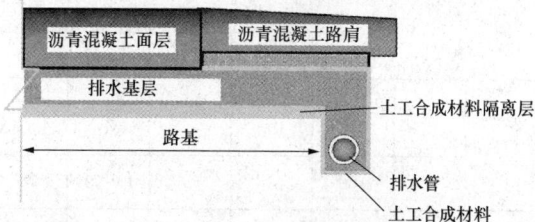

图 14-47 沥青（AC）路面的排水基层

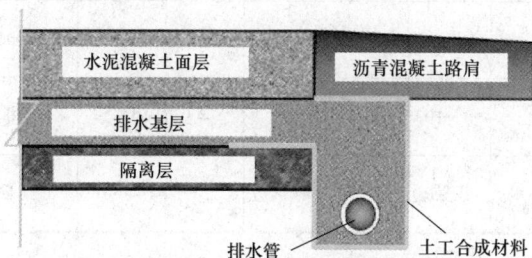

图 14-48 水泥混凝土路面的排水基层

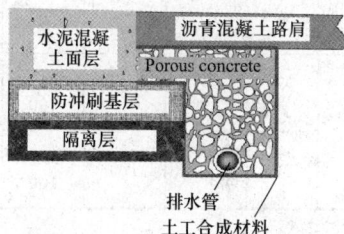

图 14-49 水泥混凝土路面的耐腐蚀基层

　　排水层也可采用横贯路基整个宽度的形式，不设纵向集水沟和排水管以及横向出水管。渗入排水层内的自由水，横向渗流，直接排泄到路基坡面外。这种形式便于施工，但其主要缺点是，排水层在坡面出口处易生长杂草或被其他杂物堵塞，从而在使用几年后便不再能排泄渗入水，而集中积滞在排水层内的自由水反而使路面结构，特别是路肩部分，更易出现损坏。

　　在一些特殊地段，如连续长纵坡坡段、曲线超高过渡段和凹形竖曲线段等，排水层内渗流的自由水有可能被堵封或者渗流路径超过 45～60m。在这些地段，应增设横向排水管以拦截水流，缩短渗流长度。

　　排水层的透水性材料可以采用经水泥或沥青处治、或者未经处治的开级配碎石集料。未经水泥或沥青处治的碎石集料，在施工摊铺时易出现离析，在碾压时不易压实稳定，并且易在施工机械行驶下出现推移变形，因而一般情况下不建议采用作为排水基层。用作水泥混凝土面层的排水基层时，宜采用水泥处治开级配碎石集料，其最大粒径可选用 25mm；而用作沥青混凝土面层的排水基层时，则宜采用沥青处治碎石集料，最大粒径宜为 20mm。材料的透水性同集料的颗粒组成情况有关，空隙率大的组成材料，其渗透系数也大，需通过透水试验确定。表 14-3 列示了国外一些未处治和水泥或沥青处治集料排水基层的集料级配情况及相应的渗透系数。

表 14-3　　　　未处治和水泥或沥青处治集料排水基层的集料级配与渗透系数

材料类型		通过下列方筛孔（mm）百分率（%）										渗透系数（m/d）
		37.5	25	19	12.5	9.5	4.75	2.36	1.18	0.3	0.075	
未处治集料	①	100	95～100	—	25～60	—	0～10	0～5	—		0～2	6000
	②		100	90～100	—	20～55	0～10	0～5				5400

续表

材料类型		通过下列方筛孔（mm）百分率（%）										渗透系数（m/d）
		37.5	25	19	12.5	9.5	4.75	2.36	1.18	0.3	0.075	
未处治集料	③	100	95~100	—	60~80	—	40~55	5~25	0~8	0~5		600
	④	100	—	—	0~90	—	0~8					300
水泥处治	①	100	88~100	52~85	15~38		0~16	0~6				1200
	②	100	95~100		25~60		0~10	0~5			0~2	6000
沥青处治	①		100	90~100	35~65	20~45	0~10	0~5			0~2	4500
	②		100	50~100	15~85		0~5					

　　纵向集水沟布置在路面横坡的下方。行车道路面采用双向坡路拱时，在路面两侧都设置纵向集水沟。集水沟的内侧边缘可设在行车道面层边缘处，但有时为了避免排水管被面层施工机械压裂、或者避免路肩铺面受集水沟沉降变形的影响，将集水沟向外侧移出60~90cm。路肩采用水泥混凝土铺面时，集水沟内侧边缘可外移到路肩面层边缘处。

　　排水基层下必须设置不透水垫层或反滤层，以防止表面水向下渗入垫层，浸湿垫层和路基；同时防止垫层或路基土中的细粒进入排水基层而造成堵塞。

　　排水垫层按路基全宽设在其顶面。过湿路基中的自由水上移到排水垫层内后，向两侧横向渗流。路基为路堤时，水向路基坡面外排流；路基为路堑或半路堑时，挖方坡脚处须设置纵向集水沟、排水管和横向排水管。排水垫层一方面要能渗水，另一方面要防止渗流带来的细粒堵塞透水材料。

14.7　排水面层的排水系统

　　1. 排水面层及其优点

　　根据传统设计理论，公路与城市道路面层多用密实的沥青混合料、水泥混凝土等铺筑而成，故具有不透水性，当雨量较大或排水管道堵塞时会因排水速度不够而导致路面积水。近年来我国新近应用的排水面层透水路面属新型路面形式，它改变了传统不透水路面易积水的缺点，两者排水路径对比见图14-50。

　　透水性路面多采用透水沥青混合料、透水水泥混凝土、透水路面砖等多孔材料来铺筑面层，因而较之传统密实面层具有下述优点：① 雨天迅速排除路表积水，确保车轮与路面有效接触、避免夜间反光，提高行车安全，其透水效果见图14-51；② 路面具有图14-52所示的多孔隙结构，路表凹凸增加了路面摩擦系数与抗滑构造深度，如盐通高速透水路面的构造深度达2.5~3.0mm，对行车安全有利；③ 路面连通孔隙与路表凹凸可降低行车噪声，创造安静交通环境，据国外统计城市道路透水路面可降低噪音2~5dB；④ 雨水渗入地下，补充地下水，有利生态，据英国统计透水路面每年为该国提供 $1.1t/m^2$ 地下水；⑤ 路面孔隙能积蓄热量和水分，调节地表温、湿度，缓解城市热岛。

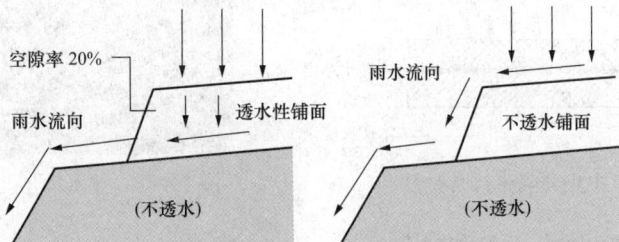

图 14-50　透水性路面（图左）与不透水路面（图右）的排水路径

图 14-51　排水面层的透水效果

图 14-52　透水沥青混合料面层的多孔隙结构

　　正因为透水性路面具有上述诸多优点，欧美等发达国家很早便开始对其研究。1960 年美国首先应用透水沥青路面；比利时于 1979 年将透水沥青混合料用于高速公路面层；美国在 Florida 地区建设了 53 座透水混凝土停车场；日本自 1997 年起所有高速公路无论新建或维修均采用透水性面层。我国是从 20 世纪 90 年代后期才开始研究透水路面的，研究、应用水平较国外有很大差距；但在绿色建设等理念的指引下，近年来我国透水路面工程量急速增加，北京 2008 奥林匹克公园、上海 2010 世博会公园等均采用透水路面。

　　2. 排水面层的排水设计

　　当降水沿着排水面层下渗后，其端部排水处理将是关键。目前排水面层的端部处理主要有 L 形沟排水处理（图 14-53）、U 形沟排水处理（图 14-54）、中央分隔带排水处理（图 14-55 和图 14-56）三种方式。

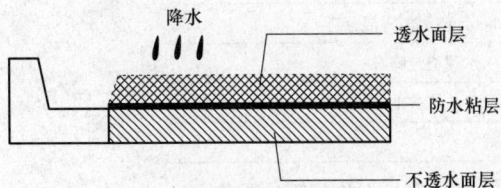

图 14-53　L 形沟排水处理

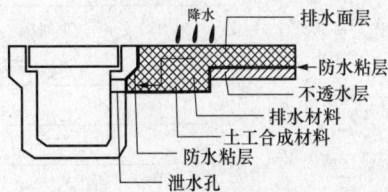

图 14-54　U 形沟排水处理

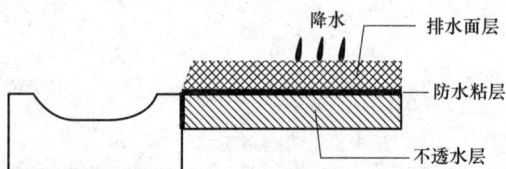

图 14-55　中央分隔带排水处理

图 14-56　排水面层与中央分隔带排水

3. 排水面层的铺面材料与结构组合

（1）透水沥青混合料。透水沥青混合料常用于路表磨耗层，兼具磨耗与排水功能，所用级配为空隙率较高的开级配，故常称开级配磨耗层沥青混合料（OGFC）。所用粗集料为单一粒级、且用量较大，细集料与填料用量很少，故形成骨架–空隙结构。其排水、降噪等功能发挥的关键在于空隙率，据日本经验目标空隙率宜为 17%～20%。

图 14-57 为江苏省盐通高速 K89 +800～K106+675.5 处排水型透水沥青路面的结构。其上面层的透水沥青混合料所用粗集料为 10～15mm、5～10mm 玄武岩碎石，细集料为机制砂，采用石灰岩矿粉，矿料配比为"10～15mm 碎石:5～10mm 碎石:机制砂:矿粉=55:30:10:5"，矿料级配见表 14-4；沥青胶结料采用 TPS 改性高黏度沥青（60℃动力黏度高达 14 万 Pa•s，为普通沥青的近千倍），并应用了"92%SBS 改性沥青+8%TPS 改性剂"、"84%70 号基质沥青+16%TPS 改性剂"两种技术方案，其中前者为主方案，沥青 60℃动力黏度高达 14 万 Pa•s，现场最佳油石比为 4.4%；为提高透水沥青混合料抗车辙、抗水损、抗析漏等性能，参照美国、西欧等经验掺入了少量消石灰与矿物纤维。经现场测定，盐通高速透水路面的孔隙率为 20～21%、渗透系数大于 1200mL/15s，较好地满足了技术要求。

表 14-4　　　　　　　　盐通高速透水沥青混合料矿料级配范围与合成级配

	各筛孔（mm）累计筛余百分率									
	16	13.2	9.5	4.75	2.36	1.18	0.6	0.3	0.15	0.075
级配范围（%）	100	90～100	40～71	10～30	9～20	7～17	6～14	5～12	4～9	3～7
合成级配（%）	100	90	51.6	16.3	16.1	11.6	9	7.2	6.2	4.9

上面层　　4cm　　OGFC-13排水性沥青混合料

SBS改性乳化沥青防水粘结层

中面层　　6cm　　Superpave-20沥青混合料（SBS改性沥青）

下面层　　8cm　　Superpave-25沥青混合料

基层　38cm　　水泥稳定碎石

底基层　20cm　　二灰土

路基

图 14-57　盐通高速排水型透水路面结构

除铺筑公路透水路面外，透水沥青混合料在城市道路透水路面建设中亦有很好的应用。杭州在"一纵三横"道路整治工程中将透水沥青混合料用于铺筑机动车道面层，修筑了总宽14～16m 的单幅排水型透水路面。该透水路面空隙率为 20%，上面层为 4cm 厚的 OGFC–13 透水沥青混合料，所用矿料及配比为碎石粗集料:河砂细集料:32.5 普通水泥=89:7:4，最佳油石比为 4.9%，所用胶结料为日照岚山加德士沥青有限公司生产的高黏度沥青，其针入度（25℃，100g，5s）为 50（0.1mm）。

（2）透水水泥混凝土。透水水泥混凝土属大孔混凝土，它采用单一粒级的粗集料，同时严格控制水泥浆用量，使其恰好包裹粗集料表面、但不致流淌填充其间空隙，这样便在粗集料颗粒间形成可透水的较大空隙。透水水泥混凝土通常不加砂，但也可加入少量砂以增加强度。

透水水泥混凝土可用于城市道路机动车道、非机动车道、停车场等的透水铺装，北京在南北长街城市道路工程中便采用了透水混凝土铺面。该透水水泥混凝土每立方的原材料及用量如下：42.5 普通硅酸盐水泥 300kg；10～20mm、5～10mm 单一粒级碎石 1400kg，并严格控制针片状颗粒含量，不掺加细集料；用水量 67kg；此外掺入一定比例的粉体黏结剂与冬季施工防冻剂。经测定，该工程透水水泥混凝土 28d 抗压强度 15.3MPa、抗折强度 3.0MPa、孔隙率 21.5%、透水系数 1.9cm/s，兼具较高的强度与较好的透水效果。

（3）透水路面砖。目前我国透水路面砖品种较繁杂，常见的有混凝土透水路面砖、自然砂透水路面砖、陶瓷透水路面砖等，近年来多孔混凝土透水路面砖在工程中的用量亦增多。传统混凝土透水路面砖与多孔混凝土透水路面砖透水孔隙的形成方法不同——前者是在制砖坯时预留通道孔；后者是在原料中加入发气剂，在制砖过程因体积膨胀而形成孔径较小、分布均匀的连续孔隙。

北京 2008 奥林匹克公园内的轻型车道、非机动车道、人行道、广场等均采用环保型风积砂透水路面砖铺筑面层，其路面结构见图 14–58。该透水路面不设沥青防水黏结层，为全透水型，即雨水流经透水路面砖面层后，会沿着风积沙基层和级配碎石垫层一路下渗，最后直接渗入土基中补给地下水。为确保路面平整，风积砂基层主要起找平作用，在施工时须用机械夯实。

面层		风积砂透水路面砖
基层	5~8cm	风积砂
垫层	30cm	级配碎石

土基

图 14–58　北京奥林匹克公园
透水路面结构

复习思考题

1. 地表排水包括哪几部分？
2. 路面边缘设置拦水埂进行路表水的汇集集中排除有何优缺点？请讨论其适用情况，并思考改善措施。
3. 路面水漫流排除有何好处？其对边坡有何要求？
4. 何种情况下要设置路面内部排水系统？
5. 如何进行路面边缘排水系统设置？
6. 何为排水基层？何为排水面层？请对比两者的技术优点和缺点。

第15章

路面使用性能评价

15.1 路面数据采集

15.1.1 调查内容

1. 沥青路面调查内容

路面调查主要包括路面破损状况、路面结构强度、路面平整度、路面抗滑能力等四项内容。同时还需进行交通量观测，并根据需要增加对桥头、通道两侧以及涵洞的不均匀沉降观测。

（1）破损状况调查。路面在使用过程中会随着行车荷载和环境等因素的作用及路面龄期的增长而出现各种损坏。这些损坏会不同程度影响路面的使用性能。因此，对路面损坏状况的调查，是确定养护方法的重要依据。

破损状况调查的指标为综合破损率（DR），其调查的主要内容有损坏类型、轻重程度、范围，重点调查破损情况包括裂缝率、车辙深度、修补面积等。

（2）强度调查。路面强度也即路面结构承载力，它是路面结构抵抗外部荷载及环境因素作用，保持自身状况完好的能力。通常可描述为路面在到达预定的损坏状况之前，还能承受的行车荷载作用次数，或为还能使用的年数。

路面的结构承载能力是路面服务能力的基础，与损坏状况有着内在的联系。因此，需要对路面强度进行调查，其调查指标为路面弯沉值。

（3）平整度调查。路面平整度可定义为路面表面诱使行驶车辆出现振动的高程变化。路面平整度好坏不仅影响到行车舒适性、行驶安全、路面损坏和车辆损坏等方面，而且直接关系到养护工程量的大小和路面使用的耐久性，是路面养护的一个重要方面。

路面平整度的调查指标为国际平整度指数，各种方法的测定结果应建立与国际平整度指数之间的对应关系。

（4）抗滑能力调查。随着车轮的不断磨损，路表面的抗滑能力因集料被磨光而逐渐下降。当表面的抗滑能力下降到不安全或不可接受的水平时，需采取措施（如铺设抗滑磨耗层）以恢复其抗滑能力，否则将会影响车辆行驶安全。

路面抗滑能力的调查指标为横向力系数（SFC）和摆值（BPN）。

（5）交通量观测。交通量的主要调查内容有年平均双向日交通量、交通组成、实测轴谱，并调查分析交通量增长率等。

当调查与评价路段有交通量观测数据时应直接采用，如交通量观测数据不满足要求时，可按规范规定的方法进行补测。

此外，还应调查路面环境条件，包括沿线气候条件、地下水位以及路基和路面的排水状况等。收集旧路面设计、施工、养护的有关资料，包括调查路床范围内路基土的压实度、分层含水量与土质类型等，分析路基的稳定性、强度以及路基路面范围内排水状况等，为路面养护提供充分的信息资料。

2. 水泥路面调查内容

（1）路面破损状况调查。水泥路面破损状况以病害类型、轻重程度和出现的范围或密度三项属性表征。各种病害和轻重程度出现的范围或密度，以调查路段（或子路段）内出现该种病害和轻重程度等级的混凝土板块数占该路段（或子路段）板块总数的百分率计。同一板块内存在多种病害或轻重等级时，以最显著的种类或最重的程度计入系数。

调查主要内容有损坏类型、轻重程度、范围及修补措施等，由断板率和接缝错台两个指标表征。

（2）结构承载力调查。考虑路面破损严重或路面需承受比原设计标准轴载数大得多的车辆荷载而进行设计，应进行现有路面的结构承载能力调查和测定。

调查的指标主要有弯沉值、强度和模量等。

（3）行驶质量调查。行驶质量调查主要指标为平整度，以国际平整度指数（*IRI*）表征。其他测定方法得出的指标应统一换算成国际平整度指数。

平整度测定沿调查路段的各个车道逐公里进行。在路面使用初期，进行一次全线平整度测定，而后视交通量大小每隔 2~4 年进行一次测定，或者根据需要对平整度差的路段进行测定。

（4）抗滑能力调查。抗滑能力调查包括路面表面摩阻系数和构造深度测定两项。以路表面抗滑值（*SRV*）、侧向力系数（*SF*）、滑移指数（*SN*）或路表面构造深度表征。

在路面使用初期，对各路段进行一次全面测定。按路段内各个车道路表面的构造情况，分为若干个均匀段落，分别选择代表性测定地点，而后每隔 2~4 年进行一次测定，或根据需要对抗滑性能差或行车安全有疑问的路段进行测定。

（5）其他。除了上述四项主要的调查内容，还应调查交通状况（车辆组成和轴载），路基和路面排水状况以及路面修建和养护历史等内容。

3. 复合式路面调查

水泥混凝土与沥青混凝土复合式路面是一种"刚柔相济"的新型路面结构形式。它既有刚性路面耐久性的优点，又有柔性路面行车舒适的优点。作为高速公路和一级公路的路面，具有良好的发展前景。

复合式路面状况调查应包含功能性状况调查（平整度、抗滑、车辙、裂缝率）、结构性状况调查、交通状况（车辆组成和轴载）、路基和路面排水状况、路面修建和养护历史。结构性状况调查可采用落锤式弯沉仪（FWD）进行路面弯沉值及弯沉盆的测定。测定时以承载板板中为标准荷载位置，弯沉测点沿行车道的纵向中线布置，测点间距 50m，每千米测定 20 点。为了便于计算，每千米可取最接近平均弯沉值的弯沉点。功能性状况调查可参照《公路沥青路面养护技术规范》。

15.1.2 现行规范路面数据采集方法

1. 沥青路面数据采集方法

（1）路面破损数据的采集。路面破损状况的调查主要是直尺等直观的调查设备，其具体采集方法为：

1）应仔细查看路面上存在的损坏状况，正确区分病害类型和严重程度，丈量其损坏面积，按病害类型及其严重程度，计入沥青路面损坏情况调查表，准确至平方米，不规则形状的损坏面积计算时先按当量面积计算，然后再根据破损程度乘上系数确定；评价段次按 100m 设定，每张表为一个路段的实测记录。

2）对于各种单条裂缝，其损坏面积按裂缝长度乘以 0.2m 计算。

3）车辙的损坏面积按车辙的长度乘以 0.4m 计算。对于车辙、拥包、波浪、坑槽、沉陷等类损坏，可用三米直尺测其最大垂直变形，以确定其严重程度。

4）调查结果应按路段汇总，填入沥青路面损坏总表。路段长度宜采用 1000m，以整公里桩号为起终点，并考虑以公路交叉及行政区分界为分段点。

5）对调查路段按 5%～10%的比例进行抽查数据校核，偏差范围在±10%以内为合格，不合格时应重新进行调查。

（2）路面结构强度数据采集。规范中规定的路面结构强度数据采集设备主要是贝克曼梁弯沉仪及弯沉车。弯沉值的测定方法较多，目前应用最多的是贝克曼梁法，但由于其测试速度等因素的限制，各国都对快速连续或动态测定进行了研究，主要有法国的洛克鲁瓦式自动弯沉仪、丹麦等国家发明的并几经改进形成的落锤式弯沉仪（FWD）、美国的振动弯沉仪等。这些在我国均有引进，现将几种方法各自的特点作简单比较，见表 15-1。

表 15-1 弯沉检测方法的比较

方 法	特 点
贝克曼梁法	属传统方法，速度慢，静态测试，但技术比较成熟，目前属于标准方法
自动弯沉仪法	利用贝克曼梁原理快速连续测试，属于静态测试，但测定的是总弯沉，因此使用时应用贝克曼梁进行标定换算
落锤式弯沉仪法	属于动态弯沉，并能反算路面的回弹模量，测试连续快速，使用时应用贝克曼梁进行标定换算

贝克曼梁法是我国目前广泛使用的一种弯沉检测方法。该方法操作简单，但整个测试过程全是人工操作，工作强度大，测试结果受人为因素的影响较大，而且测试慢并且只能测试单点静态弯沉，无法描述路面结构各层性能。实际中，路面结构受到高速行驶的汽车的作用，而贝克曼梁由于其仪器本身的局限性，并不能模拟汽车荷载对路面机构的动态冲击作用，同时贝克曼梁测试弯沉数据变异性大，准确度低，用其作为路基、路面验收测试检验存在数值偏低、测试误差难以消除的困难。

自动弯沉仪是测定路面弯沉值的高效自动化设备，整个测定是在测定车连续行驶的情况下进行的。自动弯沉仪测试的结果仍属于静态弯沉，难以模拟实际作用在路面上的瞬时冲击荷载，因此测试结果不能直接用于任何路面设计的力学方法。同贝克曼梁一样，测试时很难得到一个固定不动的基准点，因此在刚度较大的路面上使用，其可靠性值得怀疑。

激光弯沉测定仪是专门用来测定路面微小弯沉用的。这种微小弯沉一般在微米数量级。

例如，冬季气候条件下的沥青混凝土路面，用一般贝克曼梁弯沉仪已无法测量。由于机械之间摩擦所产生的误差已将微变弯沉覆盖，因此只有用激光衍射办法才能测出它的微小弯沉值。激光弯沉测定仪具有操作简易、精度高、读数稳定、体积小、质量特轻等特点。

落锤式弯沉仪（FWD）是目前国际上最先进的路面强度无损检测设备之一，具有测量精确、信息量大、使用方便、快速、安全、节省人力的特点。

（3）路面平整度数据采集。平整度的测试设备分为断面类和反应类两大类。断面类实际上是测定路表凹凸情况，如最常用的 3m 直尺及连续式平整度仪，还可用精确测定高程得到；反应类测定凹凸引起车辆振动的颠簸情况。反映类指标是司机和乘客直接感受到的平整度指标，因此它实际上是舒适性指标，最常用的测试设备是车载式颠簸累积仪。常见平整度测试方法见表 15-2。

表 15-2   平整度测试方法比较

方 法	特 点
3m 直尺法	设备简单，结果直观，间断测试，工作效率低，反应凹凸程度
颠簸累积仪	设备复杂，工作效率高，连续测试，反应舒适性
连续式平整度仪法	设备复杂，连续测试，工作效率高，反应凹凸程度

直尺法是最原始的检测平整度方法，设备简单，结果直观，但是由于测试精度低、工作效率低下、工作量大等缺点而应用逐渐减少。该方法只适合于在建道路施工过程中的质量控制，不适合于高等级公路的竣工验收及日后运营中的检验评定。

连续式平整度仪在实际应用中，灵活性较大，既可人拖，也可车拉，但其测试速度慢，机械配置庞大而笨重，测量精度较差，尤其是再现性差，已逐渐无法满足高等级公路平整度检测的需要。

车载式颠簸累积仪设备复杂，工作效率高，可以连续测试，但标定后对车速、车辆的减振效果都有明确的要求，通常不易掌握，时间稳定性差，转换性差，不能给出路面的真实断面。

近年来，激光路面平整度测定仪在我国已逐渐得到应用，是目前最先进的平整度检测设备。激光路面平整度仪是一种与路面无接触的测量仪器，测试过程由程序自动完成，操作简便、测速高、测试精度高、代表性强、设备标定方法简单，采样频率极高，同时不受测试速度影响，最适合在高速公路上使用。同时还可以进行路面纵断面、横坡、车辙等测量。

（4）路面抗滑能力测定。目前路面抗滑性能一般通过实测道路表面摩擦系数进行评价，其测试方法主要有：制动距离法、摆式仪法、构造深度测试法（手工铺砂法、电动铺砂法、激光构造深度仪法）和偏转轮拖车法。各种方法的特点比较见表 15-3。

表 15-3   路面抗滑性能测试方法比较

测试方法	特点及适用范围
摆式仪法	定点测量，原理简单，不仅可以用于室内，而且可以用于野外测试路面的抗滑值
制动距离法	测试速度快，必须中断交通
手工铺砂法 电动铺砂法	定点测量，原理简单，便于携带，结果直观。适用于测定路面表面构造深度，用于评定路面表面的宏观粗糙度、排水性能及抗滑性

续表

测试方法	特点及适用范围
激光构造深度测试法	测试速度快，适用于测定沥青路面干燥表面的构造深度，用于评定路面抗滑及排水能力，但不适用于坑槽较多、显著不平整或裂缝较多的路段
摩擦系数测定车测定路面横向力系数	测试速度快，用于以标准的摩擦系数测试车测定路面的横向力系数，结果可作为竣工验收或使用期评定路面抗滑能力使用

铺砂法定点测量，原理简单，便于携带，结果直观，适用于测定路面表面构造深度，用以评定路面表面的宏观粗糙度、排水性能及抗滑性。但测速极低，测时劳动强度大，且安全性也较差。

激光构造深度仪法适用于测定沥青路面干燥表面的构造深度，用以评价路面抗滑及排水能力，但不适用于较多坑槽、显著不平整或裂缝过多的路段。我国公路路面构造深度以铺砂法为标准测试方法，利用激光构造深度仪测出的构造深度与铺砂法测试结果不同，但它与铺砂法有良好的相关关系，且速度快、精度高。

几年前，我国公路路面抗滑检测的主要手段为摆式仪。该方法定点测量，原理简单，不仅可以用于室内，而且可以用于野外测试，但从近年实际效果来看，摆式仪已经越来越不适应我国高等级公路建设的需要，一方面该测试方法对正常交通的影响相对较大，存在不安全因素；另一方面它不能较好地反映路面的宏观纹理构造对摩擦系数的影响，而宏观纹理构造是高速公路路面抗滑能力的重要因素。同时由于是静态单点抽样检测，其测试效率、检测频率和可靠性均无法满足高等级公路管理、养护的现实需要。

横向力系数检测车充分体现了高效检测设备的优势，其检测效率远比其他几种方式要高得多，这样对于路网的检测评价是十分有利的。横向力系数检测车能在正常的交通流中测得真实、有效的摩擦系数数据，不但能够保证操作人员、检测设备和其他车辆行驶安全、消除道路交通事故隐患，而且其测试采集不利条件下（路面潮湿、积水等）的动态摩擦系数值更能真实反映路面的实际抗滑能力。

路面抗滑不单是解决纵向摩擦系数的问题，有时车辆侧滑引起的交通事故也占相当大的比例，所以抗滑测量结果应能全面反映路面的抗滑能力。横向力系数检测车的测量结果既有纵向分量又有横向分量，这样更符合路面抗滑性能的实际情况。

（5）路面车辙深度测定。车辙是在道路横断面上由于车辆轮胎重复行驶久而久之产生的一种路面沉陷现象。通常用车辙深度来反映路面车辙病害的严重程度。在车辙检测方面，人工检测方法检测速度慢、效率低、精度差，并只能随机抽样检测路面车辙深度，数据样本不足，可靠性差，导致检测结果及评价指标与高等级公路的发展和实际状况不符。激光路面车辙检测技术检测速度快，精度高，能很好地满足我国高速公路养护质量检测的需求。

现行沥青路面养护规范规定的沥青路面数据采集方法汇总见表 15-4。

表 15-4　　　　　　　　　　规范中沥青路面数据采集方法

调查内容	测定设备
路面破损状况	人工目测、直尺等直观调查设备
路面结构强度	贝克曼梁弯沉仪及弯沉车
路面平整度	3m 直尺、路面平整度仪

续表

调查内容	测定设备
路面抗滑能力	摩擦系数仪
路面车辙深度	路面车辙测试仪

2. 水泥混凝土路面数据采集方法

（1）路面破损状况数据采集。水泥路面破损状况数据采集通常采用目测和仪具量测方法。主要采集的数据有裂缝、破碎板块、错台量、沉陷、胀起、唧泥等。目前主要采用人工目测或有条件时采用摄像车进行调查测定。

（2）结构承载力测定。水泥路面结构承载力调查测定采用无破损试验和破损试验二者结合的方式进行。无破损试验主要采用承载板、静态弯沉仪（长杆）等仪器，测定试验荷载作用下的路表挠度曲线，评定接缝传荷能力，判断板底脱空情况。破损试验为钻取各结构层的试样，量取其厚度，并在室内进行强度和模量测定。

（3）平整度测定。水泥路面行驶质量调查采用平整度值作为表征指标，其测定可采用反应类仪器或断面类仪器，包括 3m 直尺和连续平整度仪，但最后测试指标应统一换算成国际平整度指数（IRI）。

（4）抗滑能力数据采集。抗滑能力主要通过路面表面摩阻系数和构造深度两项指标来反映。摩阻系数可采用摆式仪测定路表面抗滑值（SRV），或者采用偏转轮拖车测定侧向力系数（SF），或者采用锁轮拖车测定滑移指数（SN）得到。路表面构造深度采用砂容量法测定。

现行水泥路面养护规范规定的水泥路面数据采集方法汇总见表 15-5。

表 15-5　　　　　　　　　　规范中水泥路面数据采集方法

调查内容	测定设备
路面破损状况	人工目测、直尺等直观设备
路面结构强度	承载板、静态弯沉仪（长杆）
路面平整度	3m 直尺、连续平整度仪
路面抗滑能力	摆式仪、偏转轮拖车、锁轮拖车、砂容量法

15.1.3　路面数据采集新方法

1. 落锤式弯沉仪（FWD）

落锤式弯沉仪（FWD）是目前应用较为广泛的弯沉检测设备，代表了弯沉检测的发展方向，见图 15-1 和图 15-2。它的基本原理是通过液压系统提升和释放荷载块对路面施加冲击荷载，荷载大小由落锤质量和起落高度控制，荷载时程和动态弯沉盆均由相应的传感器测定。

研究表明，FWD 的冲击荷载与时速 60~80km 的车辆对路面的荷载相似，可以较好地模拟行车荷载作用，并且测速快，精度高，因此自 20 世纪 80 年代初以来，FWD 在国际上得到日益广泛的应用，至今已有 50 多个国家和地区引进了 FWD。美国联邦公路局经过对比分析，确认 FWD 是较理想的路面承载能力评定设备，并选为实施 SHRP 计划中路面承载能力评定部分的重要设备；壳牌石油公司也已正式将 FWD 的应用纳入壳牌路面设计手册。

图 15-1　落锤式弯沉仪

图 15-2　轻便拖车式落锤式弯沉仪

2. 路面雷达

路面雷达是利用电磁波在路面结构层和路基中的传播和反射，根据回波的传播时间、波幅与波形，确定目标体的空间位置或结构，见图 15-3 和图 15-4。

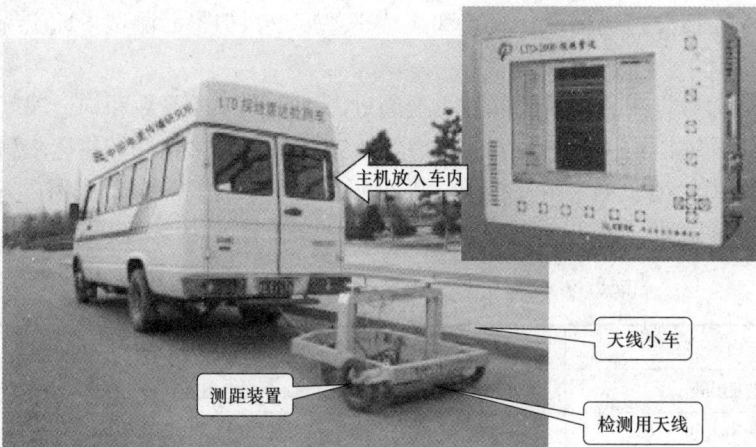

主机放入车内

天线小车

测距装置

检测用天线

图 15-3　中国电波所 LTD 探地雷达

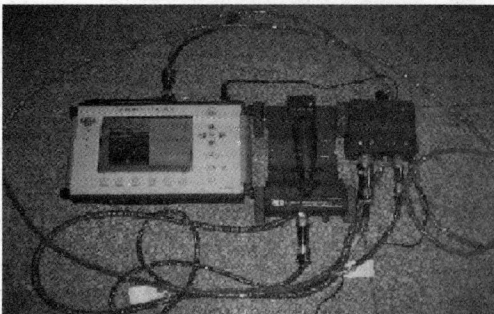

图 15-4　美国 GSII 公司 SIR 系列雷达

目前的路面雷达在沥青混凝土面层厚度检测上的精度约为 3%，在水泥混凝土面层厚度检测上的精度约为 5%。

3. 激光路面平整度仪

激光路面平整度仪的基本原理是：通过对应于轮迹位置的激光传感器测得距离路面的高度，随着车辆的行驶可以得到路面纵向断面，即可计算纵向平整度，其中车辆振动带来的影响通过加速度传感器（对应左右轮迹各一个）记录数据的两次积分来扣除。惯性运动传感器（1个）可以反映水平纵向、水平横向和竖向的角度。

激光路面平整度测定仪是一种与路面无接触的测定仪器，测试速度快，精度高，收集数据准确，工作效率高，自动化程度高，见图 15-5 和图 15-6。20 世纪 60 年代激光技术发展以来，激光平整度仪发展迅速，如英国 TRRL 激光平整度仪、瑞典的 RST、澳大利亚的 RRDAS、丹麦的 DYNATESTRSP 等。

图 15-5 LP-300S 激光平整度仪

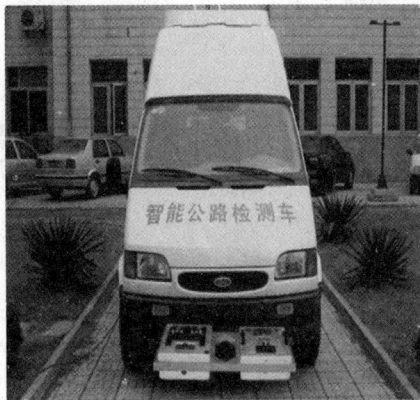

图 15-6 LIPRES 激光惯性高速平整度仪

4. JG-1 型激光三维路面状况智能检测车

JG-1 型激光三维路面状况智能检测车是新一代集智能化、多功能、全内置、全车道的激光三维路面状况检测设备，见图 15-7。它是按照国际公路检测标准和中国交通部最新行业标准规程要求，创新提出激光三维路面构形成像技术，通过信息处理，能实时快速检测路面 11 类 21 种路面破损状况并给出数值报表和图表，与目前世界先进的高速公路检测设备相比，在多项关键技术性能方面有重大技术创新，并已取得多项国家发明专利，其检测技术属国际首创，拥有多项国际首创的专利成果。

图 15-7 JG-1 型激光三维路面状况智能检测车

该检测车具有如下特点：

（1）可实现对高速公路的平整度、车辙、路形、裂纹等路面状况参数的质量评价和检测。

（2）平整度高程测量精度：0.1mm；车辙深度测量精度：1mm；坑槽尺度检测精度：5mm；裂纹检测精度：2mm；路面错台检测精度：5mm。

（3）检测时速：80km/h；工作环境温度：-35～+40℃；路况拍摄速度：5～25 幅/s。

（4）检测仪表全内置、不占用车道、不破坏车的外观结构。

（5）确保全车道检测，操作简单（只需 1 人）GPS+里程计（100km 误差 5m），实时给出国家新标准样的平整度检测报表，快速给出国家新标准样的路面破损状况调查统计表。

（6）检测系统采用模块式结构设计，便于自检、维护、升级；检测车整车设计人性化、功能齐全、配置先进。

5. 多探头激光路面车辙检测

多探头激光路面车辙检测技术，采用的探头数量从早期的 3 个、7 个、9 个，到近年来的 17 个、23 个等，见图 15-8。目前，为了比较真实地获得路面横断面曲线，客观准确的得到路面车辙的大小和分布情况，提高路面车辙检测的可信度，在激光路面检测系统增加横断面方面的激光探头数量，同时加大行驶方向的采样密度是非常必要的。在横断面方向安装布设 30 个以上的激光探头，可以比较准确地绘出横断面曲线，进而计算路面的左右车辙。

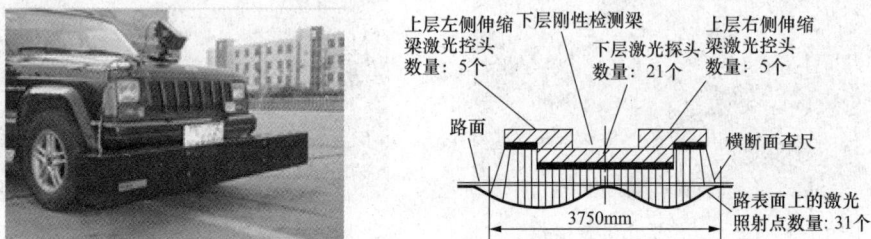

图 15-8　APRES 路面车辙自动测定仪-亚普勒斯车辙仪及检测原理

6. 车载多功能路面检测系统

车载多功能路面检测系统，见图 15-9，主要由以下部分组成。

（1）5R2T 激光系统。通过一台高性能计算机，控制车前的激光横梁上安装的 5 个激光器及 2 个加速度器来采集数据。经专用的数据分析工具处理后，可以快速得到国际平整度指数（IRI）、路面构造深度（TD）和车辙的数据，并可以自动输出道路行驶质量指数（RQI）值。

（2）4I2C 数字成像系统。通过两台高性能计算机，控制车顶行李架上安装的 4 台高清晰摄像机，其中有 3 台彩色摄像机，采集路面前方及侧向的信息（包括前方路段的大致路况、中央隔离带、防撞护栏、标志标牌的状况），一台黑白摄像机向下俯视，对地面实施连续拍摄，拍摄宽度为 3.3m。采集范围涵盖了车道上容易发生病害的所有区域。专业人员通过专用的分析软件，可以在室内工作站判读、记录病害种类和面积，计算路面综合破损率（DR）和路面状况指数（PCI）。

车载多功能路面检测系统是快速高效的路面检测设备。正常采集的时候，视天气情况最大采集速度能达到 80km/h，基本不影响高速公路正常通车。国际平整度指数（IRI）、道路行驶质量指数（RQI）、路面宏观构造（DR）和车辙值（RUT）可以立即输出结果，路面状况指数（PCI）也能够在较短时间提供给客户。

图 15-9　车载多功能路面检测系统

15.2 路面使用性能单项评价指标与标准

15.2.1 沥青路面使用性能评价

沥青路面使用性能主要从损坏状况、结构承载能力、行驶质量和路面抗滑能力四个方面进行评价。

1. 路面损坏状况评价

依照以往路面状况调查的经验，对于高速公路沥青路面而言，开裂和车辙作为两类主要的损坏类型，通常占全部损坏量的 80% 以上，而其他类型如坑槽、拥包、波浪、局部沉陷、泛油等所占比例一般小于 20%。此外，由于修补损坏是因破损或病害而采取修复措施的结果，因此修补面积的大小也可以间接的反映道路状况。鉴于此，可将路面开裂、车辙状况和修补损坏面积的评价作为高速公路沥青路面破损状况评价的主要内容，主要评价指标有裂缝率、车辙深度和路面状况指数 *PCI*。

（1）开裂状况评价。目前，车载式摄像以及计算机辨识处理裂缝测定方法尚未得到推广应用，一般仍采用人工实地测量的方法。对于块状或网状裂缝直接量测其面积（m²），按平行于道路中线的外接矩形面积计算；对于单根裂缝，测量实际长度（m）后取其计算宽度为 0.2m 折算成面积。

对测试路段开裂状况的度量和评价一般以裂缝率（*CR*）为指标。裂缝率的计算公式为

$$CR=(CA+L\times0.2)/A \tag{15-1}$$

式中 *CR* ——沥青路面总裂缝率（m²/1000m²）；

  CA ——龟裂及块裂的总面积（m²）；

   L ——单根裂缝的总长度（m）；

   A ——测试路段路面面积，以 km² 计。

建立沥青路面开裂状况的评价标准主要从经验角度出发，在此采用 Delphi 法，对若干不同破损状态的沥青路面实测其裂缝率，并组织工程师和养护专家按经验判断法对破损水平进行打分。将主客观两方面认识归纳后，建立裂缝率为指标的沥青路面开裂状况评价标准，见表 15-6。

表 15-6 开 裂 状 况 评 价 标 准

评价指标	优	良	中	次	差
裂缝率 *CR*（%）	≤1	1～8	8～15	15～23	>23

（2）车辙状况评价。目前，我国养护规范将车辙作为路面破损的一种归入路况指数计算，没有单独列为使用性能指标，《公路技术状况评定标准》（JTG H20—2007）将高速公路、一级公路车辙深度作为独立检测指标。

国外许多国家在进行沥青路面设计和制订养护策略时将车辙作为重要的控制指标，如美国沥青协会路面设计方法中规定了路面允许车辙深度为 13mm。AASHTO 设计方法对主要干道要求 *PSI*>2.5，而对北美大量道路的调查表明，当 *PSI*=2.5 时，路面车辙深度达 15mm。Shell

路面设计方法规定，对于高速公路容许平均车辙深度为 10mm，对普通道路容许车辙深度为 30mm。英国 Nottingham 大学的研究将行车道出现深度为 10mm 的车辙作为路面临界破坏状态，当车辙深度达到 20mm 时，认为路面已完全破坏。

在我国，同济大学曾采用 Delphi 法，对道路工程和汽车工程界的部分专家开展咨询，并按当时的公路等级提出了容许车辙深度的建议值。对于高速公路，容许车辙深度取 10～15mm；对于其他等级公路，非交叉口路段容许车辙深度取 15～20mm，交叉口路段容许车辙深度取 25～30mm。

根据以上的分析研究，以车辙深度 DR 为指标制订沥青路面的车辙评价标准见表 15-7。

表 15-7　车辙状况评价标准

评价标准	优	良	中	次	差
车辙深度 DR（mm）	≤5	5～10	10～15	15～20	>20

（3）修补损坏面积评价。修补损坏即补丁，系指原有路面因破损或病害挖除后，换之以相同的或不同的材料修补的一块路面，路表外观上已修补的部分与未修补的部分明显不同。车辆荷载、材料或施工质量不好，均可造成补丁。修补本身并非损坏现象，但它反映了路面曾经破坏并已采取过修理措施的面积，同时，修补也影响行驶平稳和路容美观。

对修补破损面积的量测仍采用人工实地测量的方法，直接量测其面积（m²），按平行于道路中心线的外接矩形面积计算。

对补丁严重程度的评价标准见表 15-8。

表 15-8　修补损坏面积评价标准

评价标准	补丁严重程度
轻	补丁状况良好或有轻微损坏，对行车无影响或有轻微影响
中	补丁有中等或严重损坏，对行车有较大影响
重	补丁受到严重损坏，需要更换

（4）路面破损状况评价。沥青路面的各种破损类型对路面的影响各不相同，且每个路段的路面可能出现各种不同类型、严重程度和范围的破坏。为了使各路段的破损状况（或程度）可以进行定量比较，需要有一个综合指标把这三个方面损坏类型的状况和影响综合起来，选择一个损坏状况的度量指标，以百分制计，对不同的损坏类型、严重程度和范围规定不同的扣分值，按路段的损坏状况累计扣分后，以剩余的数值表征路面的完好程度。以《公路沥青路面养护规范》（JTJ 073.2—2001）中有关规定为准，采用路面状况指数（PCI）来定义路面损坏状况的综合评价。

通常，对于沥青路面，破损状况的评价指标为沥青路面破损率（DR）、路面状况指数（PCI），PCI 指数范围为 0～100，其值越大越好，根据路面破损状况，可将路面质量分为优、良、中、次、差五个等级，其评价标准见表 15-9。

表 15–9　　　　　　　　　路面破损状况评价标准

评价等级	优	良	中	次	差
路面状况指数 PCI	≥85	70～85	55～70	40～55	<40

2. 路面结构承载能力评价指标与标准

（1）规范路面结构承载力评价。《公路沥青路面养护技术规范》（JTJ 073.2—2001）提出了强度评价指标 *SSI*，其目的是确定路面的剩余寿命，由剩余寿命的长短，可以判断路面结构的完好程度及其破损发展的速率。

当 *SSI*<1 时，说明结构承载力不足以承担现有交通荷载；

当 *SSI*＝1 时，说明结构承载力没有富余，即处于临界状态；

当 *SSI*>1 时，说明路面结构强度有储备。

这里采用沥青路面当年最不利季节容许弯沉值计算路面结构强度指数，可以克服原有评价指标的计算仅考虑使用期末路面设计容许弯沉值的局限性。

路面强度评价标准应符合下表 15–10 的规定。

表 15–10　　　　　　　　　路面强度的评价标准

标准／公路等级／评价指标	优	良	中	次	差
	高速公路、一级公路	高速公路、一级公路	高速公路、一级公路	高速公路、一级公路	高速公路、一级公路
强度指标（*SSI*）	≥1.0	0.83～1.0	0.66～0.83	0.5～0.66	<0.5

根据路面强度评定与等级路面强度指数计算公式：*SSI*＝路面设计弯沉值/路段代表弯沉值，从而可计算出路段代表弯沉值所在评定等级范围，见表 15–11。

表 15–11　　　　　　　　路段代表弯沉值所在评定等级范围

标准／公路等级／评价指标	优	良	中	次	差
	高速公路、一级公路	高速公路、一级公路	高速公路、一级公路	高速公路、一级公路	高速公路、一级公路
路段代表弯沉值（0.01mm）	$<l_T$	l_T～$1.20l_T$	$1.20l_T$～$1.50l_T$	$1.50l_T$～$2l_T$	$>2l_T$

注：l_T 为设计弯沉值，0.01mm。

（2）基于 FWD 弯沉参数的沥青路面结构承载力评价方法。路表面在荷载作用下的弯沉值，可以反映路面的结构承载能力。路面的结构破坏可能是由于过量的变形所造成，这可以采用最大弯沉值表征结构的承载能力；也可能是由于某一结构层的断裂破坏所造成，这可采用路面在荷载作用下弯沉盆表征结构的承载能力。传统的沥青路面结构承载力采用贝克曼梁弯沉仪测定的弯沉值和钻芯强度试验来评价，有了落锤式弯沉仪，则可利用测得的最大弯沉值和弯沉盆，通过对路面各层结构模量的反算，应用理论解分析评定路面的结构承载能力。

FWD（落锤式弯沉仪）应用前，由于模量很难获知，以应变为基础的无破损评价是无法实现的，而 FWD 应用后，建立在弯沉盆特性基础上的路面结构反算方法，使以应变为基础的无破损评价得以实现。

3. 路面平整度评价指标与标准

我国公路养护规范中规定的国际平整度指数与各种设备的测试结果之间有如下回归关系：

$$IRI = a + b \times BI \tag{15-2}$$

式中　a，b——标定系数；

　　　　BI——平整度测定设备的测试结果。

a，b 的具体取值要根据不同的试验设备进行试验标定才能确定。北京市公路管理系统采用颠簸仪测定平整度，标定结果为：$a=2.6$，$b=0.56$。

行使质量指数（RQI）与国际平整度指数（IRI）的关系为

$$RQI = 11.5 - 0.75 \times IRI \tag{15-3}$$

式中　RQI——行使质量指数，数值范围为 0~10。如出现负值，则 RQI 值取 0；如计算结果大于 10，RQI 取值 10。

由于国际平整度指数 IRI 与均方差 σ 之间有如下的换算关系：$\sigma = 0.61 \times IRI$，并根据行使质量指数（RQI）与国际平整度指数（IRI）的关系，制定了路面平整度各指标的评价标准，如表 15-12 所示。

表 15-12　　　　　　　　　　　　路面平整度评价标准

评价指标	优	良	中	次	差
IRI（m/km）	≤2.5	2.5~5.0	5.0~7.5	7.5~10	>10
RQI（m/km）	≥8.5	8.5~7.0	7.0~5.5	5.5~4.0	<4.0
σ（mm）	≤1.5	1.5~3.0	3.0~4.5	4.5~6.0	>6.0

4. 路面抗滑性能评价指标与标准

目前尚未建立较好的路面抗滑性能统一评价指标，根据测试指标的不同，可以将摆值 BPN、横向力系数 SFC 和纵向摩擦系数 PFC 等直接作为评价指标，不同的指标之间可通过相关性分析进行转换。交通部公路科学研究院曾对摆式仪的摆值 BPN 与 $SCRIM$ 测试车测试结果进行了对比分析，建立了横向力系数 SFC 与摆值 BPN 之间的关系：

$$SFC = 1.98 \times BPN - 34 \quad (R = 0.94n) \tag{15-4}$$

长安大学以试验路为依托，分别采用摆式仪和 Safe gate 摩擦测试车测定相应的摆值和纵向摩擦系数，最终采集得到 66 组有效数据。通过回归分析，建立了两种测定值的相关关系式：

$$BPN = 95.93 \times PFC + 5.245 \quad (R = 0.952\ 7) \tag{15-5}$$

式中　BPN——摆值；

　　　　PFC——纵向摩擦系数。

由于道路表面构造是抗滑性能的决定性因素，为保证行驶安全，应该将反映路面表面构造的要素作为抗滑控制指标。对于宏观构造，一般由构造深度 TD 表征，采用铺砂法测定，面层表面的构造深度 TD 决定车辆高速行驶时摩擦系数的降低百分率。TD 愈大，摩擦系数的降低百分率愈小，反之，愈大。微观构造难于野外实测，一般认为面层石料磨光值 PSV 代表了抗滑耐久性的优劣。因此，为了评价更科学、合理，应将 TD 和 PSV 也作为路面抗滑性能的控制指标。

综合以上分析，可将各种路面抗滑性能实测的指标数据之间进行相互换算，统一到评价指标 BPN 或 SFC 或 PFC，参照现行规范建立的评价标准见表 15-13。

表 15-13 沥青路面抗滑性能评价标准

评价等级 评价指标	优	良	中	次	差
横向力系数 SFC	≥50	40~50	30~40	20~30	<20
摆值 BPN	≥42	37~42	32~37	27~32	<27
纵向摩擦系数 PFC	≥0.38	0.33~0.38	0.28~0.33	0.23~0.28	<0.23

对于路面宏观构造 TD 的标准，参考国外构造深度的规定，并考虑到我国路面宏观构造的现有水平，建议采用激光构造深度仪测定，其评价标准为：高速公路和一级公路使用标准 TD>0.4，竣工验收值为 TD>0.55。因此，高等级公路当 TD=0.4 时必须进行维修，并要达到 TD=0.55 的水平。路表微观构造的衰变情况主要受到表层石料抗磨光能力的影响，根据国外使用经验：PSV 低于 35 的石料，一般不能用于修筑磨耗层；对于线形和交通条件不利的路段（如：弯道、交叉口等）磨耗层应采用磨光值 PSV>45 的石料。对于高等级沥青路面，建议磨耗层石料磨光值 PSV≥43。

15.2.2 水泥路面使用性能评价

1. 路面破损状况

采用路面状况指数（PCI）和断板率（DBL）两项指标评定水泥路面破损状况。

依据路段破损状况调查得到的病害类型、轻重程度和密度数据，按下列式子确定该路段的路面状况指数，以百分制表示。

$$PCI = 100 - \sum_{i=1}^{n}\sum_{j=1}^{m_j} DP_{ij}W_{ij} \qquad (15-6)$$

$$DP_{ij} = A_{ij}D_{ij}B_{ij} \qquad (15-7)$$

$$W_{ij} = \begin{cases} 2.5R_{ij} & R_{ij} < 0.2 \\ 0.5 + 0.686(R_{ij} - 0.2) & 0.2 \leqslant R_{ij} < 0.55 \\ 0.74 + 0.28(R_{ij} - 0.55) & 0.55 \leqslant R_{ij} < 0.8 \\ 0.81 + 0.95(R_{ij} - 0.8) & R_{ij} \geqslant 0.8 \end{cases} \qquad (15-8)$$

$$R_{ij} = \frac{DP_{ij}}{\sum_{i=1}^{n}\sum_{j=1}^{m_j} DP_{ij}} \qquad (15-9)$$

式中 i 和 j ——病害种类和轻重程度；

n ——病害种类总数；

m_j ——种病害的轻重程度等级数；

DP_{ij} ——i 种病害和 j 种轻重程度的单项扣分值，它是破损密度 D_{ij} 的函数；

D_{ij} ——i 种病害和 j 种轻重程度的板块数占调查路段板块总数的比例；

A_{ij} 和 B_{ij} ——系数，可参照表 15-14 所示确定；

W_{ij} ——同时出现多种破损时，i 种病害和 j 种轻重程度扣分值的修正系数；

R_{ij} ——各单项扣分值占总扣分值的比值。

表 15-14　　　　　　　计算单项扣分值的系数 A_{ij} 和 B_{ij}

轻重程度系数\病害	A_{ij}			B_{ij}		
	轻	中	重	轻	中	重
纵、横、斜向裂缝	30	65	93	0.55	0.52	0.54
角隅断裂	49	73	95	0.76	0.64	0.61
交叉裂缝、断裂板	70	88	103	0.60	0.50	0.42
沉陷、胀起	49	65	92	0.76	0.64	0.52
唧泥	25	—	65	0.90	—	0.80
错台	30	60	92	0.70	0.61	0.53
接缝碎裂	23	30	51	0.81	0.61	0.71
拱起	49	65	92	0.76	0.64	0.52
纵缝张开	30	—	70	0.90	—	0.70
填缝料损坏	10	35	60	0.95	0.90	0.80
纹裂或网裂和起皮	22	60	90	0.70	0.60	0.50
磨损和露骨	20	—	60	0.70	—	0.50
坑洞	—	30	—	—	0.60	—
活性集料反应	25	47	70	0.90	0.80	0.70
修补损坏	10	60	90	0.95	0.60	0.54

按照《公路水泥混凝土路面设计规范》（JTG D40—2011）规定把路面损坏状况分为 4 个等级，各个等级的断板率和平均错台量的分级标准见表 15-15。

表 15-15　　　　　　　路面损坏状况分级标准

等级	优良	中	次	差
断板率（%）	≤5	5～10	10～20	>20
平均错台量（mm）	≤3	3～7	7～12	>12

计算方法：依据路段破损状况调查得到的断裂类病害的板块数，按断裂种类和严重程度的不同，采用不同的权重系数进行修正后，由下式确定该路段的断板率（DBI），以百分数表示。

$$DBI = \left(\sum_{i=1}^{n} \sum_{j=1}^{m_i} DB_{ij} \times W'_{ij} \right) \Big/ BS \qquad (15-10)$$

式中　DB_{ij} ——i 种类裂缝病害 j 种轻重程度的板块数；

W'_{ij} ——i 种类裂缝病害 j 种轻重程度的修正权系数按表 15–16 确定；

BS ——评定路段内的板块总数。

表 15–16　　　　　　　　　　　计算断板率的权系数 W'_{ij}

裂缝类型	交叉裂缝			角隅断裂			纵、横、斜向裂缝		
轻重程度	轻	中	重	轻	中	重	轻	中	重
权重系数 W'_{ij}	0.60	1.00	1.50	0.20	0.70	1.00	0.20	0.60	1.00

断板率的计算主要根据四类水泥混凝土面层的断裂裂缝：纵向裂缝、横向或斜向裂缝、角隅断裂、交叉裂缝和断裂板。

纵向、横向或斜向裂缝和角隅断裂病害，按裂缝缝隙边缘碎裂程度和缝隙宽度，可分为三个轻重程度。

（1）轻微——缝隙边缘无碎裂或错台的细裂缝，缝隙宽度小于 3mm；或者，填封良好、边缘无碎裂或错台的裂缝。

（2）中等——缝隙边缘中等裂缝或错台小于 10mm 的裂缝，且缝隙宽度小于 15mm。

（3）严重——缝隙边缘严重碎裂或错台大于 10mm，且缝隙宽度大于 15mm。

交叉裂缝和断裂板病害，按裂缝等级和板断裂的块数可分为下列三个轻重等级。

（1）轻微——板被轻微裂缝分割为 2～3 块。

（2）中等——板被中等裂缝分割为 3～4 块，或被轻微裂缝分割成 5 块以上。

（3）严重——板被严重裂缝分割成 4～5 块，或被中等裂缝分割成 5 块以上。

2. 路面结构承载能力

水泥路面结构承载能力评价指标有：接缝传荷系数、脱空度、平均弯沉值与弯沉差、基顶回弹模量等。

（1）接缝传荷系数。按式（15–11）计算：

$$k_j = \frac{w_u}{w_l} \times 100 \qquad\qquad (15\text{–}11)$$

式中　k_j ——接缝传荷系数（%）；

w_u ——未受荷板接缝边缘处的弯沉值（0.01mm）；

w_l ——受荷板接缝边缘处的弯沉值（0.01mm）。

旧混凝土面层的接缝传荷能力分为 4 个等级，分级标准见表 15–17。

表 15–17　　　　　　　　　　　接缝传荷能力分级标准

等级	优良	中	次	差
接缝传荷系数 k_j（%）	≥80	60～80	40～60	<40

（2）脱空度。板底脱空状况的评定是很复杂的，目前国内外还没有一个公认的方法。《公路水泥混凝土路面设计规范》（JTG D40—2011）建议在板角隅处采用 FWD 进行多级荷载作用下的弯沉测试，利用测定结果，可点绘出荷载-弯沉关系曲线。当关系曲线的后延线与坐标线的相截点偏离坐标原点时，板底便可能存在脱空。这种评定板底脱空状况的方法，虽已在

部分实体工程中得到了良好的作用，但也仅是近似的估计。

因此，根据国内外已有的工程实践及专家经验，在实际评定时，根据上述方法，以弯沉值>0.2mm 为标准判定是否存在板底脱空，同时结合雨后观察唧泥现象、边缘和角隅处锤击听音等经验方法加以综合判断。

（3）弯沉值。采用落锤式弯沉仪（标准荷载 100kN、承载板半径 150mm）量测板中荷载作用下的弯沉曲线，基顶回弹模量按式（15–12）、式（15–13）确定：

$$E_t = 100e^{(3.60+24.03w_0^{-0.057}-15.63SI^{0.222})} \quad (15-12)$$

$$SI = \frac{w_0 + w_{300} + w_{600} + w_{900}}{w_0} \quad (15-13)$$

式中 w_{300}、w_{600}、w_{900}——距离荷载中心 300mm、600mm 和 900mm 处的弯沉值（μm）；

E_t——基层顶面的当量回弹模量标准值（MPa）；

SI——路面结构的荷载扩散系数；

w_0——荷载中心处弯沉值（μm）。

当采用落锤式弯沉仪的条件受到限制时，才可选择在清除断裂混凝土板后的基层顶面进行梁式弯沉测量后按下式反算或根据基层钻芯的材料组成及性能情况依经验确定：

$$E_t = 13\,739W_0^{-1.04} \quad (15-14)$$

式中 W_0——以后轴重 100kN 的车辆进行弯沉测定，经统计整理后得到的原路面计算回弹弯沉值（0.01mm）。

（4）弯沉差。接裂缝两边弯沉差计算

$$\Delta_d = w_u - w_l \quad (15-15)$$

式中 w_u——未受荷板接缝边缘处的弯沉值；

w_l——受荷板接缝边缘处的弯沉值，要求补强后的接缝弯沉差 Δ_d<0.06。

（5）承载能力。旧水泥混凝土板承载能力计算

$$\overline{D} = \frac{w_u + w_l}{2} \quad (15-16)$$

分级：$\overline{D}$<0.42mm，板承载力满足要求，对板不处理；

0.42mm≤$\overline{D}$≤0.5mm，板承载力不满足要求，对板维修加强；

$\overline{D}$>0.5mm，板承载能力不足，换板或采用破碎板处理。

3. 行驶质量

以行驶质量指数（RQI）作为评定指标，以十分制表示。可参照式（15–17）确定行驶质量指数：

$$RQI = 10.5 - 0.75 \times IRI \quad (15-17)$$

行驶质量分为五个等级。各个等级的行驶质量标准，见表 15–18。

表 15–18　　　　　　　　　　　　行驶质量等级评定标准

评定等级	优	良	中	次	差
行驶质量指数	≥8.5	8.4～7.0	6.9～4.5	4.4～2.0	<2.0

4. 路面表面抗滑能力

采用侧向力系数 SFC 或抗滑值 SRV 和构造深度作为评价指标。

路面抗滑能力分为五个等级。各个等级的评定标准见表 15–19。

表 15–19　　　　　　　　　　　　路面抗滑能力等级评定标准

评价等级	优	良	中	次	差
构造深度（mm）	≥0.8	0.7～0.6	0.5～0.4	0.3～0.2	<0.2
抗滑值 SRV	≥65	64～55	54～45	44～35	<35
横向力系数 SFC	≥0.55	0.54～0.45	0.44～0.38	0.37～0.30	<0.3

注：评定时，需要把检测数据按规则进行数值修约后再根据本表评定。

15.2.3　复合式路面使用性能评价

（1）平整度采用国际平整度指数 IRI 评价，其评价标准分为五个等级。各个等级的评价标准见表 15–20。

表 15–20　　　　　　　　　　　平 整 度 的 评 价 标 准

等级	优	良	中	次	差
标准 IRI	≤4	4～6	6～8	8～10	>10

（2）路面的抗滑性能采用抗滑系数作为评价指标，抗滑系数以横向力系数（SFC）或摆式仪的摆值（BPN）来表示。评价标准应符合《公路沥青路面养护技术规范》（JTJ 073.2—2001）中的规定。

（3）裂缝采用裂缝率作为评价指标，其评价标准分为五个等级，各个等级的评价标准见表 15–21。

表 15–21　　　　　　　　　　　裂 缝 的 评 价 标 准

等级	优	良	中	次	差
裂缝率 CR（%）	≤4	4～7	7～10	11～13	>13

（4）车辙的评价标准分为五个等级，各个等级的评价标准见表 15–22。

表 15–22　　　　　　　　　　　车 辙 的 评 价 标 准

等级	优	良	中	次	差
标准 RD	≤10	10～15	15～20	20～25	>25

（5）对于结构性评价，可通过落锤式弯沉仪测定沥青层上的弯沉值，按照沥青层上的压缩量，算出水泥混凝土板上的弯沉，然后按照设计规范对水泥混凝土板进行评价。

15.3　常用路面使用性能综合评价

从目前国内外路面使用性能评价方法来看，比较成熟的主要有四类，即基于回归模型法的路面使用性能评价方法，基于系统分析法的路面使用性能评价方法，基于灰色理论的路面使用性能的评价方法和其他的一些路面使用性能评价方法如集对分析法、属性理论法等。

15.3.1　基于回归模型法的路面使用性能评价方法

（1）优点。回归模型是在分析了路况综合评价指标与各影响因素之间的相互关系的基础上，对大量的统计数据进行分析，建立它们之间的函数关系模型。其以实测数据为基础，有一定的科学性。

（2）缺点。首先，路面本身是一种复杂体系，存在着复杂性、随机性、模糊性，数据的偶然性大且存在着误差，在路面作用性能评价中又有主观与客观相联系的关系，单纯的回归分析难以准确表达原因与结果、客观与主观等复杂的对应关系，导致评价结果与实测数据的相关性不太理想。其次，正是因为评价模型是建立在特定的统计数据之上，所以使用时会受到地域条件的限制。最后一般回归分析采用的是最小二乘估计，计算复杂、不易程序化。

15.3.2　基于系统分析法的路面使用性能评价方法

（1）优点。该评价方法主要以层次分析法和模糊数学方法为代表。层次分析法将复杂问题中的各种因素通过划分为相互联系的有序层次，条理清楚；模糊数学的方法则避免了部分的含混与模糊性。

（2）缺点。这两种方法中，都要用到专家调查评分，由于人们对各种影响在看法和认识上的不同，造成了判断结果的差异，时常出现不同的人对相同路段评价结果完全不同的现象，人为因素影响较重，客观性不强，难以得出客观公正的路况评价。

15.3.3　基于灰色理论的路面使用性能评价方法

（1）优点。灰色理论的引入与应用较好地解决了路面使用性能评价中评价指标复杂、模糊的问题，是一种较为先进、科学、客观的评价方法。

（2）缺点。该方法中权函数仍然要由各指标的经验范围来确定，其评价结果是各个指标聚类分析的总和，存在着各个指标对评价结果的影响平均化的嫌疑，而且当各个聚类相差不大时，难以取舍。

15.3.4　其他的路面使用性能评价方法

虽然目前有人将集对分析、遗传算法、神经网络等方法引入到公路工程，但其重点在于路面结构的优化、路面使用性能的预测等方面；而且这些理论本身也存在着不足，还需要更加深入的研究与改善。同时这些方法与思想也只是刚刚引入，研究还处于起步阶段，成果十分不完善，尚未达到推广的地步，还需要更进一步的研究，才能取得理想的效果。

通过上述分析总结，可以看出，目前较成熟的四类路面使用性能综合评价方法均有不同的优缺点，因此，应针对不同的公路实际情况，选择合适的路面使用性能评价体系，为养护决策提供合理准确的数据信息。

15.4　路段合理划分

15.4.1　路段划分方法的分类

（1）定长划分法。又称为固定长度分段法，是指将路面划分成等长的段落（如 500m，1000m），作为系统的最小管理单元。通常划分时不考虑路面的状况和性能，将路段的定长长度取为 1km，且以里程桩为界。这种方法在我国公路行业中多年得到了普遍使用，为广大使用者所接纳和熟悉。

（2）变长划分法。变长划分法主要是指根据道路的属性，分别取不同的路面段落长度，作为系统的最小管理单元。这种方法在划分时将路面状况及性能相近的道路合并处理，可大大减少数据冗余，节省计算机的存储资源。

（3）静态划分法。静态划分法是根据某路面属性的相对值，将道路划分为一定的长度（定长或变长），划分结果在一定时间内保持相对稳定；在应用一段时间后，若管理者认为必要，再重新划分，做出慎重改变。

（4）动态划分法。动态划分法是基于路网不同时刻的状况自动划分的一种方法。例如，设定某一指标的允许变化范围，路面状况数据采集后，当某些实测值超过规定的变化范围时，自动生成新的管理路段。该法立足于真实的路面状况，反映了更丰富、适用的养护信息，但在路面状况改变较大时，路段的划分会有明显变化，要求系统具有较高的管理水平。

15.4.2　路段 1km 定长划分方法

考察以各 1km 定长路段单位给出的各项路况指标，只需对指标的测定过程、计算方法稍加分析 [《公路路基路面现场测试规程》（JTG E60—2008）]，易见：各路段的诸项指标，其实质是在所测定 1km 的长度上，若干个不同测点、测定区间或测定断面实测数据经简单处理后的一个代表值。

对于每个 1km 的评价路段，按照各种使用性能评价指标的划分方法分述如下：

（1）路面结构分段。路面通车以后，由于各种原因造成了路面早期破坏，针对路面破坏的情况对个别部位进行了挖补或重铺，从而使得路面各个路段的结构不一。

为全面掌握路面结构情况，按照路面类型、建筑历史（包括修复和主要的养护）、路面横断面（路面结构层材料类型、厚度）、路基（基础）等因素的不同路面结构进行分段。

（2）路面弯沉分段。结合现行《公路沥青路面养护技术规范》，路面强度评价标准应符合表 15–10 的规定。

根据路面强度评定与等级路面强度指数计算公式：SSI=路面设计弯沉值/路段代表弯沉值，从而可计算出路段代表弯沉值所在评定等级范围，见表 15–11。

测定所要评价路段的代表弯沉值，根据以上评价标准，对路面进行分段。

（3）路面病害分段。弯沉的分段等级并不能决定路面的修补方案，强度好的路面结构表面和内部未必没有病害，因此采用雷达检测路面厚度，用路面摄像系统 CCD 和先进的公路路面 GIS 道路破损状况检测系统结合人工实地调查对路面破损状况进行检测，依次对路面病害进行分段。

15.4.3 基于累积差分法的均匀路段划分

1. 累积差分方法数学原理

（1）基本原理。在公路长度范围内，不同间距内（x_1-0；x_2-x_1；x_3-x_2），初始假定是连续的和不变的属性值（r_i），这张图内整个项目有三个唯一的单元，有三个不同的大小属性值（r_1、r_2 和 r_3），见图 15-10。由于函数在一个单元内是连续和不变的，在任何 x 点累积面积可以简单地用积分方法获得

$$A=\int_0^{x_1} r_1 dx + \int_{x_1}^{x} r_2 dx \tag{15-18}$$

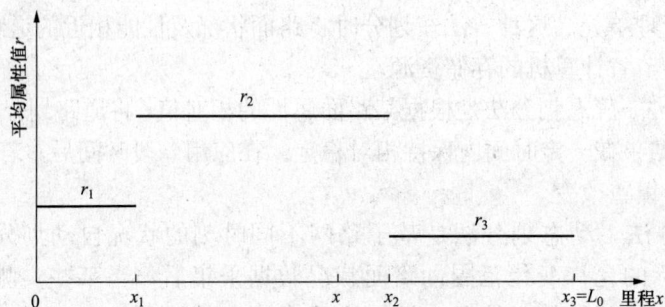

图 15-10 路面属性值随里程变化

在相应的间距中每个积分是连续的：（$0 \leqslant x \leqslant x_1$）和（$x_1 \leqslant x \leqslant x_2$）

在图 15-11 中虚线代表总的项目平均属性值的累积面积，当考虑整个项目长度，虚线是全部平均属性值的斜率时，每个累积面积的曲线斜率就是每个单元（r_1、r_2 和 r_3）的平均属性值。

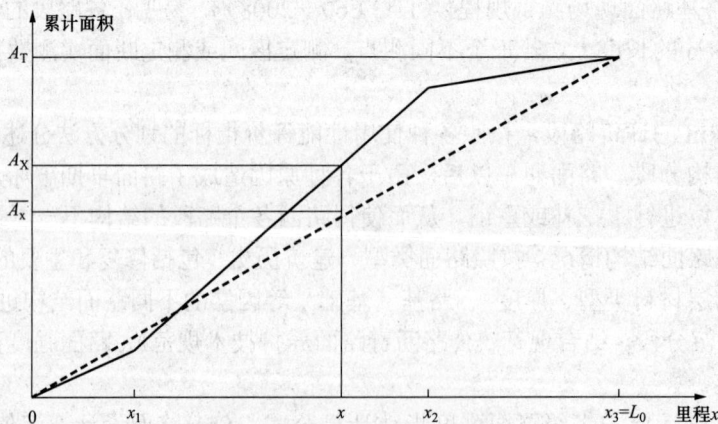

图 15-11 累计面积随里程变化

在任何距离 x 项目的实际累积面积是

$$A_x=\int_0^x r dx \tag{15-19}$$

全部平均属性值的斜率为 $\qquad \bar{r} = \dfrac{\int_0^{x_1} r_1 \mathrm{d}x + \int_{x_1}^{x_2} r_2 \mathrm{d}x + \int_{x_2}^{x_3} r_3 \mathrm{d}x}{L_\mathrm{p}} = \dfrac{A_\mathrm{T}}{L_\mathrm{p}}$ （15–20）

因此，点 x 的累积面积平均值为 $\qquad \bar{A}_x = x\,\bar{r}$ （15–21）

已知 A_x 和 A_x 平均值，从式（15–26）确定累积差数变量 Z_x：$Z_x = A_x - \bar{A}_x$ （15–22）

如图 15–12 所知，Z_x 是项目已知点 x 的累积面积实际和平均值之间的差。图 15–12 是 Z_x 与距离的关系图。检验这个图可以看到，单元边界点的位置总是在 Z_x 函数代数符号改变的位置上（也就是从负的到正的，或反过来也同样）。这个基本概念就是最终用于分析确定任何分析单元边界位置的基础。

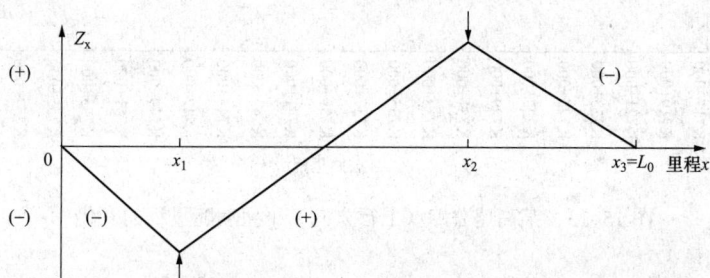

图 15–12　Z_x 与距离的关系

（2）应用于不连续变量的原理。图 15–10 是一个明显可以判断的示例图，实践中测量通常是不连续的（点的测量），即使在一个单元内常常也是不相等的间距而且不可能不变。为了将上述原理来处理这些情况，必须使用数值差分方法。Z_x 函数的形式为

$$Z_x = \sum_{i=1}^{n} a_i - \frac{\displaystyle\sum_{i=1}^{n} a_i}{L_\mathrm{p}} \sum_{i=1}^{n} x_i \qquad（15–23）$$

且 $\qquad a_i = \dfrac{(r_{i-1} + r_i)x_i}{2} = \bar{r}_i x_i$

式中　n ——第 n 次路面反应测量；

　　　r_i ——第 i 次测量的路面反应值；

　　　a_i ——第（i–1）和 i 次试验之间路面反应值的平均值；

　　　L_p ——总的项目长度。

2. 表解法次序

表 15–27 是说明不等间距分析如何求解过程和必要的计算步骤，表和输入是很清楚的。可由 Excel 编程进行计算。

3. 示例分析

下面以某高速公路（上行方向）为例，根据其平整度检测数据进行路段划分。

根据图 15–13 数据和表 15–23 的累积差值计算方法，可计算出累积差值随公路里程变化的趋势，见图 15–14。

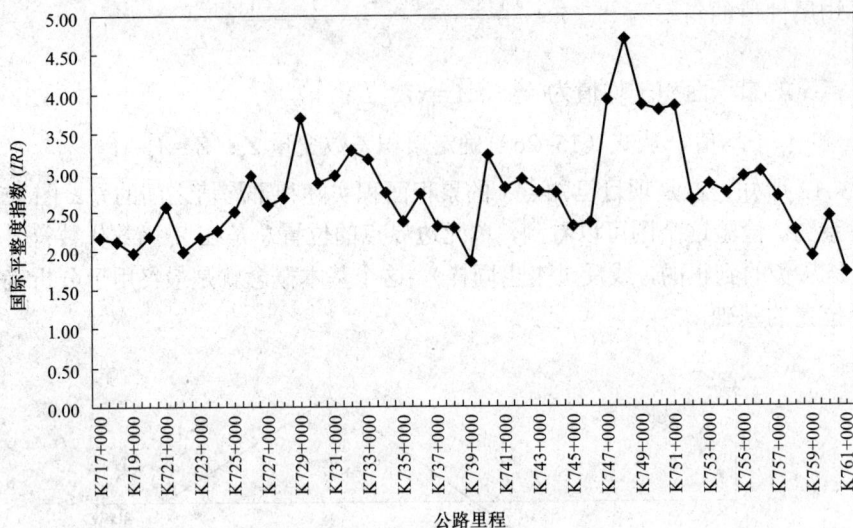

图 15-13　某高速公路（上行方向）平整度随里程的变化

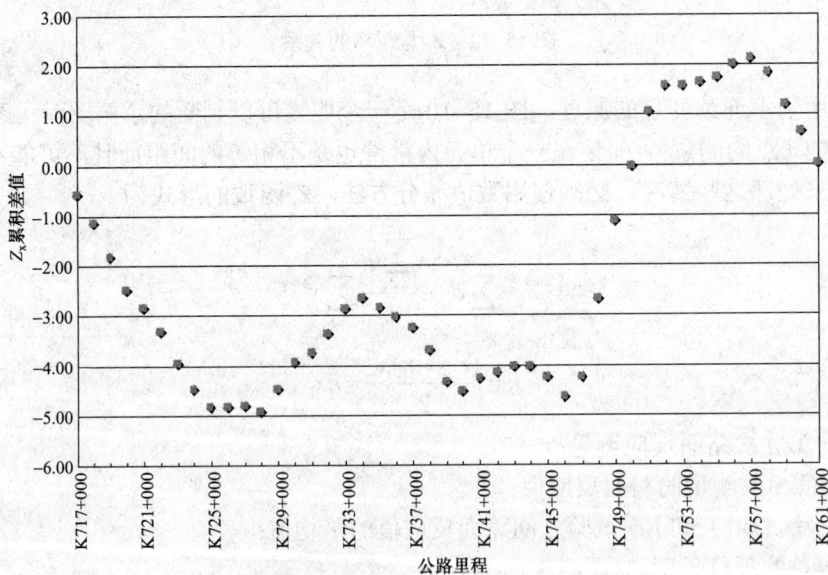

图 15-14　某高速公路（上行方向）平整度累积差值随里程的变化

　　根据图 15-14 累积差值的变化趋势，可以很直观的划分路段：K717＋000～K728＋000、K728＋000～K734＋000、K734＋000～K739＋000、K739＋000～K744＋000、K744＋000～K746＋000、K746＋000～K757＋000、K757＋000～K764＋000，并可确定每个路段的平均值，详见图 15-15。然后工程师必须根据实际施工的可操作性和经济因素来评价每一个分析路段的长度，确定是否将两个或多个路段进行合并。如果每个路段的属性变量平均值对未来修复设计的性能比较敏感就应该合并路段。

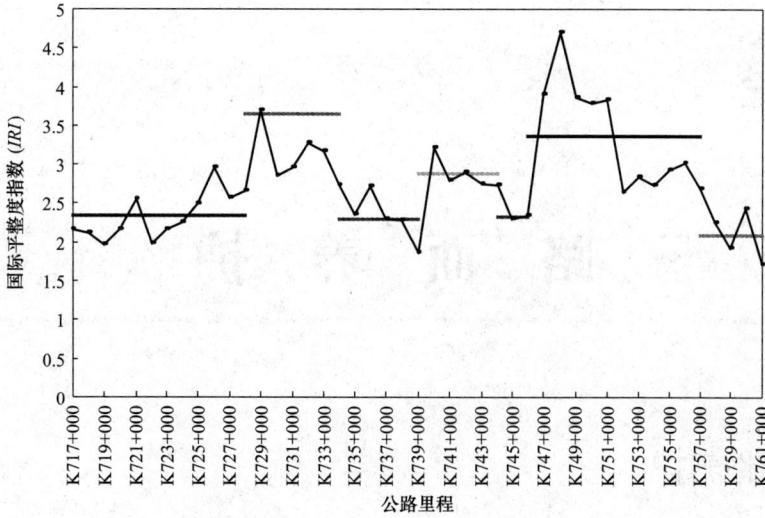

图 15-15　某高速公路（上行方向）平整度随里程变化路段划分

表 15-23　　　　　　　　　　　　表格解次序——累积差分方法

(1) 测站 (距离)	(2) 路面反应值 (r_i)	(3) 间隔数 (n)	(4) 间隔距离 (Δx_i)	(5) 累积间隔距离 ($\sum \Delta x_i$)	(6) 平均间隔反应 ($\overline{r}_i$)	(7) 实际间隔面积 (a_i)	(8) 累积面积 ($\sum a_i$)	(9) Z_x 值 $Z_x=(8)-F^*(5)$
		1	Δx_1	Δx_1	$\overline{r}_1 = r_1$	$a_1 = \overline{r}_1 \Delta x_1$	a_1	$Z_{x1} = a_1 - F^* \Delta x_1$
1	r_1							
		2	Δx_2	$(\Delta x_1 + \Delta x_2)$	$\overline{r}_2 = \dfrac{r_1 + r_2}{2}$	$a_2 = \overline{r}_2 \Delta x_2$	$a_1 + a_2$	$Z_{x2} = (a_1 + a_2) - F^*(\Delta x_1 + \Delta x_2)$
2	r_2							
		3	Δx_3	$(\Delta x_1 + \Delta x_2 + \Delta x_3)$	$\overline{r}_3 = \dfrac{r_2 + r_3}{2}$	$a_3 = \overline{r}_3 \Delta x_3$	$a_1 + a_2 + a_3$	
3	r_3							
		N_t	Δx_{nt}	$(\Delta x_1 + \cdots + \Delta x_{nt})$	$\overline{r}_{nt} = \dfrac{r_{n-1} + r_n}{2}$	$a_{nt} = \overline{r}_{nt} \Delta x_{nt}$	$a_1 + \cdots + a_{nt}$	$Z_{xnt} = (a_1 + \cdots + a_{nt})$ $-F^*(\Delta x_1 + \cdots \Delta x_{nt})$
L_p	r_n							

$$A_t = \sum_{i=1}^{nt} a_i \qquad F^* = \frac{A_t}{L_p}$$

复习思考题

1. 简述沥青路面数据采集的内容与方法。
2. 简述水泥路面数据采集的内容与方法。
3. 论述沥青路面、水泥路面及复合式路面的评价指标。
4. 试分析目前路面使用性能综合评价方法及其优缺点。
5. 简述目前设计单位较为常用的路段划分方法，你认为如何更加合理。

第16章

路 面 养 护

16.1 预防性养护

我国的沥青路面预防性养护的定义就是通过定期的路况调查，及时发现路面轻微破损与病害迹象，分析研究其产生原因，对症采取保护性养护措施，以防止微小病害进一步扩大，减缓路面使用性能的恶化速度，使路面始终保持良好的服务状态的一种养护方法、养护理念。预防性养护可以延长路面的使用寿命，提高路面的服务效能，节约养护维修资金，是一项费用-效益比非常可观的养护技术方法，通常用于尚未发生损坏或只有轻微病害的路面。

16.1.1 预防性养护方法

1. 裂缝填封类

裂缝是沥青路面常见的一种病害。从养护工艺的角度来看，裂缝可按其缝宽分为微裂缝或发裂（2mm 以下）、微小裂缝（2～6mm）、小裂缝（6～12.7mm）、中裂缝（12.7～25mm）、大裂缝（>25mm）。对于发裂一般不需作处理，除非在单位面积内的发裂十分多，则可以在其上作表面封层的处理；6mm 以下的微小裂缝由于尚未发生结构性损坏，除日常养护通常不对裂缝作特殊的处理，或在表面上作贴封式的封面，防止雨水、冰雪通过裂缝渗入而导致裂缝扩大，属于预防性养护的范畴；宽度在 6～12.7mm 的尚未造成严重的结构性破坏的小裂缝，通常需要进行扩缝处理，归入修复性养护的范畴；中、大裂缝的出现表明路面已发生较严重的局部损坏，而且往往带有严重的剥落，对它们的修补类似于坑槽的修补，属于修复性养护的范畴。

对沥青混凝土路面裂缝的开槽贴缝处理，由于为被填补的材料开出一个小的、新的接触面，去除了裂缝边缘老化的沥青材料以确保填封材料与接触面长久的粘合。它可以防止雨雪渗入裂缝，避免水分侵入混合料发生冻胀或沥青剥落而导致病害的进一步扩大。养护工程表明：对微小裂缝特别是低温裂缝，在裂缝形成初期，使用高黏度的密封胶作贴封式处理是非常有效的。但为了避免对沥青路面过多的开槽导致路面的破坏，规定对于缝宽不小于 4mm 的裂缝才进行开槽贴缝处理，而缝宽<4mm 的微小裂缝则直接对其贴缝处理。

2. 表面涂刷（喷洒）型

雾封层和还原剂封层从施工角度来看，主要是采用喷洒（涂刷）的施工方法，在沥青路面表面增加一个薄薄的养护层来达到防水、封缝、抗老化等预防性养护的目的。这里将采用这种工艺的材料统称为表面涂刷（喷洒）型预防性养护材料，相应的技术方法就称为表面涂刷（喷洒）封层技术。

这种表面涂刷（喷洒）型预防性养护材料目前在市场上有很多产品，比如美国的沥青面层养护再生剂，简称沥再生；TL-2000 聚合路面强化剂；深圳魁道公司的魁道沥青复原剂 CAP；常州东泰交通公司代理的 ERA-C 沥青再生剂；上海敬诚公司代理的美国 STAR-SEAL 公司生产的 SUPREME 牌路面封涂层（又称美国一号）、沥青再生剂 PDC、沥青路面养护剂 PS 等，这类产品具有一些共同特点：抗老化、防渗水、耐油污与抗滑耐磨耗性能等。

（1）雾封层。简单地说，雾封层就是利用专用雾封层洒布车在沥青面层上喷洒一层薄薄的、高渗透性乳化沥青或改性乳化沥青，以形成一层严密的防水层将路面封闭，起到隔水、防渗、保护路面功能的作用，能够最大限度地减少路面的水损坏造成的不利影响，加大沥青路面骨料间的粘结力，由此达到延长路面使用寿命和节约养护资金的目的。雾封层采用沥青撒布车一次性施工，为一超薄喷洒层，要求喷洒层与下面层接触紧密、均匀，并具有良好的抗磨耗能力。雾封层一般用于轻度到中度细料损失或松散的道路，对于开级配混合料出现松散时，雾封层可有效解决，无论低交通量道路还是高交通量道路均可使用雾封层。

雾封层技术主要用来处理沥青路面的渗水问题，沥青路面的绝大多数病害都是由于水的原因造成的，有效的预防路面进水是非常必需的，而路面雾封层技术是一种很直接、有效和经济的预防性养护措施。当沥青路面产生较密集的细微裂纹时，可选用 G21 型或 G22 型乳液喷洒，使乳液填充裂纹缝隙，以增强路面的防水性。经雾封层处理后，由于所用材料流动性比较大，可通过空隙或者裂缝渗入到混合料中去，对路面进行"输血"，从而恢复路表沥青粘附力，填补微小裂缝和空隙，防止路表水下渗，更新和保护旧氧化沥青路面，使低温下的路面免受损害；加深沥青路面的颜色；加大沥青路面与标线的对比度；防止开级配路面的松散。将路面性能维持 2~3 年时间，推迟造价更高的养护工程，提高了道路的经济效益。

（2）还原剂封层。还原剂封层通常应用在沥青路面老化严重的路段上。众所周知，随着沥青路面的使用，路龄在不断增长，面层中的沥青在温度、光照、水、大气等自然因素作用和行车荷载作用下要逐渐发生老化。沥青的老化是一个很复杂的过程，存在有害介质（如大气中的紫外线的照射）和车辆的机械重压的作用，有多种物理和化学反应同时发生，例如：氧化、渗出硬化、物理硬化、挥发物的损失，这些因素导致沥青性能的改变：影响程度较轻时沥青变得无弹性、影响较大时沥青呈现明显的脆性，沥青层的抗低温开裂、抗疲劳破坏、抗松散能力、抗水破坏能力都会逐渐减弱，沥青面层上的破坏现象就会逐渐增多，路面的结构就会逐渐形成坑槽、松散、开裂、剥落、碎裂种种现象，给正常的行车带来极大地不变，严重降低了沥青路面的使用功能。

还原剂封层就是将专门研制的还原剂或再生剂通过一定的技术手段喷洒在已经老化的沥青路面上，其目的是更新和还原表面已经发生老化的沥青膏体，同时保护尚未被老化的那部分沥青，使其维持原有性能，减缓老化的时间。

3. 表面封层类

石屑封层、同步碎石封层、稀浆封层、微表处等作为表面封层类，从施工方法上讲区别于前面所述的表面涂刷型预防性养护材料，是将预先设计好的配合比通过专门的拌和摊铺等机械将砂石粘结材料组成的混合料铺设在原沥青路面上，形成一层沥青磨耗层，一般摊铺厚度不大，主要起到增加沥青路面的抗滑耐磨耗性能、提高平整度、提高路面防渗水性能等作用。这里将同步碎石封层、稀浆封层、微表处封层归纳在一起，统称为封层型预防性养护措施。

（1）石屑封层。单层的石屑封层是最早出现的预防性养护技术，其施工方法是在路面上喷洒一层沥青材料（热沥青、轻制沥青、乳化沥青等），紧接着撒布砂、单粒径或适当级配的集料，并紧跟着进行碾压。石屑封层是一种敷设简单、易行，价格低廉的养护方法。它的缺点是要有较长的初期养护时间，高速行驶时噪声过大，路面上的松散集料还会被高速行驶的车轮带出而撞击、粘附在车身和挡风玻璃上，集料的损失还会导致抗滑能力的衰减，所以一般很少用在大交通流量和高速行驶的道路上。石屑封层的新发展是围绕着减缓抗滑性能的衰减速率所作的努力。这种努力同样表现在从材料和工艺两方面对粘结剂和集料之间粘附性能所取得的改善上。材料方面的改善，主要是更多地采用改性沥青和改性乳化沥青，以及改善它们与集料之间的相容性。在工艺方面的改善，同步碎石封层的出现就是一个典型的例子。

（2）同步碎石封层。同步碎石封层技术作为一种路面养护新技术，已在欧美各国被广泛采用。该技术20世纪80年代起源于法国，20世纪90年代传播到整个欧洲各国及美国。所谓同步碎石封层，就是用专用设备即同步碎石封层车将碎石及粘结材料（改性沥青或改性乳化沥青）同步铺洒在路面上，通过自然行车碾压形成单层沥青碎石磨耗层，主要作为路面表处层使用。同步碎石封层技术的最大优点是同步铺洒粘结材料和石料，实现喷洒到路面上的高温粘结料在不降温的条件下即时与碎石结合的效果，它将粘结剂的喷洒和集料撒布两道工序集中在一台车辆上同步进行。这样做的好处是促使碎石颗粒立即与刚喷洒的粘结剂相接触，由于热沥青或乳化沥青的流动性较好而使石屑能更深地埋入粘结剂内，并更好地渗入到路面的裂缝中。对于热沥青来说，在温度尚未下降之前沥青的黏度较低，而对于乳化沥青来说则在尚未破乳前，喷洒的粘层油具有更厚的铺层，这些都有利于增加石屑埋入的深度和由于毛细管作用而增高石屑颗粒间粘结剂吸附的高度。同时，较好的流动性也有助于粘结剂更好地渗入到原路面的裂缝中而改善它的封水性能。

同步碎石封层技术最主要的特点是：同步碎石封层实质是靠一定厚度的沥青膜粘结的超薄沥青碎石表面处治层，能增加路面抗裂性能、治愈路面龟网裂、减少路面反射裂缝、提高路面防渗水性能，用于道路养护可延长路面使用寿命；同步碎石封层可以大大提高原路面的摩擦系数，即增加路面防滑性能，并使路面平整度得到一定程度的恢复；通过采用局部多层摊铺不同粒径石料的施工方法，同步碎石封层能有效治愈深达10cm以上的车辙、沉陷等病害，这一点是其他养护方法无法比拟的。同步碎石封层技术缩短了粘结剂喷洒与集料撒布之间的间隔，增加了集料颗粒与粘结剂的裹覆面积，更易保证它们之间的稳定的比例关系，提高了作业效率，减少了设备配置，降低了施工成本，可以应用于各种等级的沥青路面上。

（3）乳化沥青稀浆封层。乳化沥青稀浆封层，是以乳化沥青为结合料，加粉料（水泥、石灰、粉煤灰、矿粉等）、添加剂和水按一定的配合比拌和而成的流动状态的沥青混合料，均匀摊铺在路面上而形成的沥青表面处治薄层。我国习惯上将稀浆封层分为普通稀浆封层和慢裂快凝稀浆封层。稀浆封层在水分蒸发干燥硬化成型后，其外观与细粒式沥青混凝土相似，可以使磨损、老化、裂缝、光滑、松散等病害迅速得到修复，具有耐磨、抗滑、防水、平整等技术性能，施工快、造价低、用途广、能耗省，是一种沥青路面养护用的新材料、新工艺、新结构。

稀浆封层技术 20 世纪 40 年代后期兴起于德国，在美国，稀浆封层的应用占全国黑色路面的 60%，其使用范围得到了拓展，对新旧路面的老化、裂缝、光滑、松散、坑槽等病害起到了预防和维修的作用，使路面的防水、抗滑、平整、耐磨性迅速提高。乳化沥青稀浆封层技术在公路养护中主要有以下作用：防水作用、防滑作用、填充作用、耐磨作用、恢复路面外观形象等。

（4）微表处。微表处作为一种预防性养护手段，可以有效防止路表水的下渗，提高路面的抗磨耗性能和抗滑性能并同时完成对车辙的修复，微表处施工后可在 1～2h 内开放交通，最大限度地减少施工对交通的影响。改性乳化沥青稀浆封层在国外亦称为聚合物改性稀浆精细表面处治，简称 PSM，在法国和美国的工程中应用广泛。我国有时也称为微表处封层，它是在乳化沥青稀浆封层的基础上发展起来的，由慢裂快凝的高分子聚合物改性乳化沥青、100%破碎的集料、矿粉、水和添加剂组成的稀浆混合物。微表处封层的厚度可达 10～15mm，抗滑阻力和抗耐久性也比普通的稀浆封层要好并具有某些修复性功能，如可用于修补车辙、轻度松散、泛油等病害的校正等。

4. 薄层罩面类

薄层罩面作为一项预防性养护技术，给原沥青路面提供一个崭新的表面，使原沥青路面的平整度大大增加，减小了行车的振动，减少了行车对路面的激振破坏并增加行车的舒适性；恢复了表面粗糙度，使抗滑能力提高，增加了行车的安全性；使路面原有的许多表面破坏，如坑洞、裂缝、辙槽等都得到了一定程度的治理，并延长了路面使用寿命。

薄层沥青混凝土面层被定义为，用摊铺机摊铺和用压路机碾压的单层沥青混合料，可以认为薄面层是"薄磨耗层"，与"厚表面处治"之间的一种交叉。薄层罩面在国外发达国家早已进行了研究与应用，法国是国际上采用薄层沥青混凝土路面的代表性国家。在法国，薄沥青混凝土面层的定义为：用纯沥青或改性沥青、集料及可能的添加剂（矿质的或有机的）制成的混合料，摊铺厚度在 30～40mm。在美国，一般认为薄层沥青混凝土的厚度应为 15～30mm。在我国养护规范中，薄层罩面适用于路面平整度较差、辙槽深度小于 10mm、路面无结构性破坏的路面，为提高路面表面层服务功能的养护维修措施，也适用于新建公路的磨耗层。薄层罩面的代表厚度是 15～30mm，一般为 20mm 左右，在局部面积上可以铺得较厚，混合料宜选用间断级配、改性沥青或其他添加剂，以提高罩面层的水稳性。罩面层的厚度应根据路面的等级、交通量的大小、道路等级、道路的功能要求等综合确定，用于重点解决路面的轻微网裂、透水时可选用较薄的罩面层；对路面破损、平整度、抗滑三项性能需要改善时，应采用较厚的罩面层；各类型的罩面厚度不应小于最小施工结构层厚度，主要解决抗滑问题时高等级公路的罩面层不得小于 2.5cm 薄层罩面。薄层罩面用于沥青路面的预防性养护，主要优点是：① 服务寿命延长；② 能承受重载交通和高剪应力；③ 表面平整性能好；④ 可被铺成需要的厚度、纵坡度和横坡度；⑤ 中断交通时间短。按照所采取的施工方法不同，可以分为冷薄层罩面、热薄层罩面和温薄层罩面三种。

16.1.2　预防性养护指标

由于路面预防性养护措施对路面的结构性能几乎没有改进作用，所以预防性养护只能在结构性能良好的路面上进行。路面强度指标一般采用强度系数 SSI 来表示，主要用于评价现有路面的承载能力，即用路面允许弯沉值与路段代表弯沉值的比值来表示。公路养护技术规范规定高速公路和一级公路的路面强度系数应大于等于0.8。因此，进行预防性养护的高速、一级公路沥青路面的强度系数一定在0.8之上。当然，沥青路面强度系数究竟为多大才适合预防性养护，这与采取的预防性养护措施及其期望寿命和预防性养护措施采取前后路面结构性能的变化率有关。对于预防性养护来说，首先应保证路面的结构性能良好，这是进行预防性养护的前提。

1. 路面沥青老化

道路一旦建成，路面的老化就开始了。然而，大多数老化在路面使用的头2~4年内发生速度较快，导致路表1cm左右的沥青变脆，从而引起路表的早期裂缝、松散等破坏。由于预防性养护主要针对路面裂缝（防止水分进入基层进一步引起强度问题）、松散、脱落等损坏以及恢复路表功能、延缓路面内部沥青的老化等问题。面层沥青老化往往会加速裂缝等路面损坏的发生，路面的破坏状况（裂缝、松散等）在一定程度上是沥青老化的外在表现形式。沥青路面的使用性能与沥青的老化在某种程度上有着直接的联系，因此可以认为路面的老化与路面的破坏有着某种联系。如果用某种指标来表征沥青的老化，从沥青老化与沥青的路用性能亦即沥青路面正常破坏的角度（非施工、设计和超载因素引起的破坏）对沥青路面的预防性养护老化标准进行研究，建立一定环境下沥青老化和路面破坏的关系，这就是预防性养护时机研究中要建立的基于预防性养护的沥青路面老化指标。对于路面沥青的老化研究，其中关键的环节是如何将老化后的沥青和沥青混合料与其路用性能的关系用合理的指标反映出来。

2. 路面行车安全

（1）路面抗滑性能。经验表明，当路面的抗滑性能低于某一限度时，可通过经济有效的预防性养护措施（微表处等）来恢复路面的抗滑性能。因此，很有必要将路面的抗滑性能作为预防性养护时机的一个指标。

路面抗滑性能是影响行车安全的主要路面因素。抗滑性能可分为路面抗滑能力和出现水面漂滑的可能性两方面。路面抗滑能力是指轮胎受制动时沿路表面滑移所产生的力，主要受路面表面特性的影响。可通过选择集料，调整级配，增加构造深度来增加抗滑能力。一般地，当路面积滞的水深达5mm以上，而行车速度又较高时可出现漂滑现象。由于高速公路行车速度较高，一般路表透水不良，所以雨天极易发生漂滑现象。改善路表排水能力是解决问题的根本出路。值得一提的是：在低速行车条件下，路面抗滑性能与沥青路面的粗纹理（即混合料中石料的边缘轮廓）和细纹理（即石料表面的纹理）均有关；而在高速行车条件下，路面抗滑性能主要与沥青路面的细纹理（即石料表面的纹理）有关。这说明选择优质的石料对沥青路面的抗滑性能有很大的影响，而预防性养护措施中的稀浆封层和微表处等措施都是选用优质的石料，要求强度高、硬度大、耐磨性好的石料作集料。

（2）车辙。车辙是高温时，路面在荷载作用下行车道轮迹处由于沥青层的再压密或剪切变形而逐渐形成的纵向辙槽。随着沥青路面使用年限的增加，沥青老化程度逐渐加深，其复合流动度减小、黏度增加，所以车辙主要发生在路面投入使用的前期。如车辙属路面推移产生的，则其变形部分包括凹陷和凸出的两部分；如属磨耗产生的，则其变形部分只包括凹槽部分。车辙影响行车的方向操作性，同时雨天车辙积水影响交通安全。因此很有必要将车辙作为预防性养护时机的指标之一。作为预防性养护措施来处理的车辙有一定的深度限制。当超过这个界限时，就不宜用预防性养护措施来处理车辙了。

3. *PCI*/*RQI*

PCI 和 *RQI* 能分别反映路面的路况质量和路面所提供的行驶质量。当路面管理系统的利用效率较高时，便很容易得出路段路面的 *PCI* 或 *RQI* 变化情况，根据这个变化情况可以安排路面的维修养护计划。公路养护部门采用不同的预防性养护措施来恢复路面状况和延迟路面的损坏，对于具体的气候条件和交通水平来说，预防性养护后路面的性能不仅取决于采取的预防性养护措施，还取决于采取预防性养护措施时的路况（即时机）。然而，当没有这些历史路况资料时，确定预防性养护措施的最佳时机是一项困难的任务。当有充足的路面数据资料时，我们便可以应用这些资料去确定预防性养护的时机。

4. 影响路面质量的其他因素

（1）原有路面的结构。

（2）道路等级（技术等级和行政等级）。

（3）交通组成。

（4）气候和环境。

（5）养护费用。

（6）预计处治后的使用年限和应达到的服务水平。

诸多影响因素在养护方案中有些是决定条件，有些是约束条件。为了避免使问题复杂而难以处理，应根据当地实际情况及已有经验考虑几种主要因素。

16.1.3 预防性养护最佳时机

路面维护指为了延长路面寿命、提高路面性能、减少行车延误、确保维护措施的效益费用比，对现有道路进行的维护投资和养护活动。路面维护包括预防性养护和小修活动，不包括路面大修和重建。其中预防性养护计划是一种随着时间采用一系列预防性养护措施的系统方法。及时合理的路面预防性养护能增加路面的使用年限，延迟路面大修和重建。预防性养护的效益取决于路面结构特征、破坏类型、程度和范围，以及别的因素如排水、材料等。

1. 选择恰当的路段

要识别适合采用预防性养护的路段，需对所有路面进行调查。路面破坏种类、程度和范围的调查是路面管理系统的一个重要组成部分，同时也是预防性养护计划的必要部分。对预防性养护来说，有必要识别具体的路况且找出需进行预防性养护的早期信号。

2. 选择恰当的措施

选择正确的预防性养护措施主要包括以下四个方面：

（1）可能的技术措施；

（2）对具体路段采用的措施；

（3）路网中需要进行预防性养护路段的优先度；

（4）材料和施工方法的选择。

3. 选择恰当的时机

预防性养护措施必须在路面加速破坏前实施，不能影响路面性能和期望寿命。预防性养护太晚会导致路面性能差，太早应用预防性养护又会引起别的问题和资金浪费。

目前的实际应用中，路面预防性养护时机的确定方法主要有：行驶质量指数和破坏指数法、基于时间或路况的方法、费用效益评估法、排序法、生命周期费用评估法和决策树/决策矩阵等。

（1）行驶质量指数法（RQI）及破坏指数法（DI）。国外有的机构研究用行驶质量指数 RQI 或破坏指数 DI 来确定路面预防性养护的时机。如密歇根州运输部（MDOT）在路网管理中用 DI 和 RQI 来表示路面性能。目前进行路面维修和预防性养护决策的主要根据是 DI。当行驶质量很差时，DI 所达到的界限值才用作路面大修的决策，这种情况下 RQI 的应用是比较消极的。

为了延迟由不平整度和动载引起的路面破坏，MDOT 资助了用 RQI 做为各种路面的预防性养护阈值的研究。如果有了这种新的 RQI 界限，通过采取预防性养护措施就可以提高路面平整度，减小动载影响来增加路面的服务期。为了达到这个目的，密西根州立大学开发了一个采取预防性养护最佳时间的可靠性模式——用新的 RQI 阈值和实际路面的 RQI 增长值来确定平整度阈值。其研究结果表明，提高平整度的预防性养护措施比较适合于刚性路面。

（2）基于时间或路况的方法。预防性养护是为了保持路面的良好功能，使其不致出现功能失效而进行的养护。所以预防性养护理论的研究就必须弄清功能失效的时间，养护应在路面功能还保持一定水平时进行。因此，可以选取基于时间或基于路况作为预防性养护的两种方法。

通常每个路段大致都有一个需要进行预防性养护的时间，各种预防性养护的实际时间随交通水平和环境有所不同。表 16-1 给出了沥青路面需要在不同时间进行的预防性养护措施，管理部门可据此确定所辖路段进行预防性养护的大致时间。

表 16-1　　　　　　　　　　不同预防性养护措施应用的时间

技术措施	雾状封层	裂缝填封	石屑封层	稀浆封层	薄层罩面
预防性养护的时间（年）	1～3	2～4	5～7	5～7	5～10

基于路况的预防性养护就是从路面的实际破坏状况出发，找出进行预防性养护的临界破坏状态。运用 HSRM 评分体系进行预防性养护时机的选取，建议柔性路面预防性养护需在 6 分及以上时进行，刚性路面的预防性养护需在 8 分及以上时进行。

（3）效益费用评估法。效益费用法是用效益与费用的比值来衡量：费用根据单价，效益根据预防性养护后期望延长的路面寿命或根据性能曲线的变化，即性能曲线下增加的面积。性能曲线是由路面数据（诸如路况、荷载、气候和维修养护）来确定的，由于实行了路面预防性养护而导致了路面性能的变化。

每一种策略的费用都根据管理部门费用和用户费用来确定。管理部门费用包括设计费、初期修建费、养护费、改建费和残值，用户费用包括车辆运营费、延误费、行程时间费和事故费。

（4）排序法。预防性养护的各种特征对管理部门是非常重要的，但有些特征不容易定量化。这些特征包括交通分布、当前预防性养护的经验及适合施工的气候条件等。除了效益费用比外，还可对所采取的预防性养护措施进行整体评分排序。

　　排序法通常是先初步安排养护的时间和对策，然后考虑预算的约束和优先次序的要求，决策一年或多年的项目规划。预防性养护时间的安排可以遵循某一事先设定的标准进行，如采用使用性能标准 PCI，当路段路面的 PCI 低于此标准时，该路段即需采取预防性养护措施。此时，进行预防性养护的时机和措施是分别考虑的，通常采用使用性能参数进行各项目的排序。当然也可以采用经济分析参数进行排序，此时预防性养护的时间和措施的确定是同时进行的。

　　(5) 生命周期评估法。生命周期费用分析是在一定的时期内，通过分析某一路段的初建费用和以后的折扣费用来评价其经济价值。生命周期评估法是目前应用比较广泛的一种方法。预防性养护推迟了路面大修活动，但预防性养护要求提前支付养护费用。在不同时期支付同样多的费用有不同的经济价值，所以有必要进行经济分析。分析的方法是将分析期内不同时间支出的费用，按某一预定的贴现率转换为现在的费用（现值）。通过转换成单一的现值，可在等值的基础上比较各种方案。

　　(6) 决策矩阵、决策树法。国外有些公路管理部门用决策矩阵作预防性养护的决策，如密歇根州运输部认为：薄层罩面的目的不是为了提高沥青路面的结构强度，因此将其纳入预防性养护措施中；当路面出现严重的不平整和疲劳裂缝时就不可以用微表处这种预防性养护措施；当路面出现严重的车辙，横、纵向裂缝和少量的疲劳裂缝时，应用微表处措施也并不一定有效。

　　决策树是动态模型研究中常用的一种方法。密西根运输部的标准是以 RQI 和 DI 作为预防性养护的标准而建立的决策树。当 RQI<54, RD<3mm，如 20<DI<25，此时进行单层石屑封层即可；如 25<DI<30，此时需进行双层石屑封层；如 DI>40，预防性养护措施就不适合了，此时就需进行路面大修。

　　(7) 确定预防性养护时机方法的比较。

　　1) 密歇根州采纳 RQI 值用作路面（尤其是刚性路面）预防性养护的阈值，针对不平整度和动载引起的路面破坏有着积极的意义。但是，这种方法没有解决路面预防性养护针对的其他主要路面问题，如裂缝、路面水损坏和抗滑性能等。

　　2) 路面损坏状况用 PCI 值来衡量，PCI 是一个综合值，不能说明路面的使用性能情况。路面上的损坏现象错综复杂，单凭 PCI 值也很难决定采取哪一种养护措施。

　　3) 费用效益法、生命周期评估法以及排序法是从经济角度解决预防性养护时机的好方法，但是这种方法的局限性也比较明显：当用排序法对于优先度高的路段优先养护，容易错过排在后面路段预防性养护的最佳时机。在使用过程中容易受主观以及其他因素的影响，实际应用操作比较困难。因此，这些方法不宜做预防性养护措施和时机选取的主导方法。

　　4) 决策树和决策矩阵充分利用了当前经验，较好地适用于当地条件，适宜作为项目级决策工具，但这种方法很难包括所有重要的因素（如功能种类、剩余寿命等）。决策矩阵很难包括多种路面破坏类型（即决策矩阵通常不能表示实际的破坏状况），不能包括一个综合的含有几种可行的评估手段，不能进行生命周期费用分析，不适合评估网级路面的预防性养护。

　　对于具体项目，需考虑的因素较多，预防性养护措施的选取过程要复杂得多。在选择预防性养护措施时要综合考虑路面类型，路面结构特性，路面破坏类型、范围和严重程度，当地经验，费用效益等。同时，具体项目预防性养护时机的选取通常还需进行实地的现场评估。

16.2 沥青路面养护

16.2.1 沥青路面常见病害处治技术

1. 裂缝处治

沥青路面在使用期内开裂，这是世界各国普遍存在的问题。路面裂缝的危害在于从裂缝中不断进入水使基层甚至路基软化，导致路面承载力下降，产生唧浆、台阶、网裂，加速路面破坏。沥青路面裂缝产生后，选用适宜、经济可行的处治方法及时进行维修，控制裂缝的进一步发展，可以防止路面破坏。

（1）《沥青路面养护技术规范》（JTJ 073.2—2001）中裂缝的处治方法。

1）在高温季节全部或大部分可愈合的轻微裂缝，可不加处理。在高温季节不能愈合的轻微裂缝，可采用以下两种方法进行处治：

① 将有裂缝的路段清扫干净并均匀喷洒少量沥青（在低温、潮湿季节宜喷洒乳化沥青），再匀撒一层 2～5mm 的干燥洁净石屑或粗砂，最后用轻型压路机将矿料碾压。

② 沿裂缝涂刷少量稠度较低的沥青。

2）对于路面的纵向或横向的裂缝，应按裂缝的宽度分别予以处治。

缝宽在 5mm 以内：

① 清除缝中杂物及尘土。

② 将稠度较低的热沥青（缝内潮湿时应采用乳化沥青）灌入缝内，灌入深度约为缝深的 2/3。

③ 填入干净石屑或粗砂，并捣实。

④ 将溢出缝外的沥青及石屑、砂清除。

缝宽在 5mm 以上：

① 除去已松动的裂缝边缘。

② 用热拌沥青混合料填入缝中，捣实。缝内潮湿时，应采用乳化沥青混合料。

3）因沥青性能不好或路面设计使用年限较长、油层老化等原因出现的大面积裂缝（包括网裂），此时如基层强度尚好时，通过技术经济比较，可选用下列维修方法：

① 乳化沥青稀浆封层，封层厚度宜为 3～6mm。

② 加铺沥青混合料上封层，或先铺设土工合成材料后，再在其上加铺沥青混合料上封层。

③ 改性沥青薄层罩面。

④ 单层沥青表处。

4）由于土基、基层强度不足或路基乱浆等引起的严重龟裂，应先处治好基层后再重作面层。

（2）国内外大量工程实例采用的裂缝处治方法。

1）对于表现形式比较简单的裂缝（横裂、纵裂），传统上采取封堵的方法：缝宽在 5mm 以内时，清除缝内的杂物后，将稠度较低的热沥青灌入缝内，填入干净的石屑或粗砂并捣实刮平；缝宽在 5mm 以上时，首先要除去已松动的裂缝边缘，清除缝内的杂物后用热拌沥青混合料填入缝中。

2）形式复杂的裂缝，一般出现的面积比较大，当基层强度尚好时，可以采用稀浆封层、沥青薄层罩面、单层沥青表处等形式进行处治；当基层、土基强度不足时，要首先对基层、土基进行处治，然后再加铺面层。

3）对于基层开裂引起的反射裂缝及沥青混凝土温缩等引起的裂缝，如缝宽较小可不予处理如宽度在 3mm 以上，可将缝隙刷扫干净，并用压缩空气吹净尘土后，采用热沥青或乳化沥青灌缝撒料法封堵。如缝宽在 5mm 以上，可将缝口杂物清除或沿裂缝开槽后用压缩空气吹净，采用砂料式或细粒式热拌沥青混合料填充捣实，并用烙铁封口。

4）对于由土基沉降引起的横向裂缝，如出现错台、啃边、裂缝宽度大于 5mm 以上的，则需沿横缝两侧各 50～100cm 范围开槽，挖除上面层，先将裂缝填实，然后沿横缝加铺土工织物，重新摊铺上面层。

5）对于缝宽小于 5mm 的纵向裂缝，进行裂缝填实。对于纵缝进一步发展，出现啃边、错台且裂缝宽大于 5mm，则需铣刨上面层和中面层（铣刨宽度为裂缝两侧各 1m），并对裂缝先行填实，沿纵缝铺设土工织物，摊铺中面层，然后在中面层上沿纵向每隔 5m 设宽为 1.2m 的土工织物，最后再摊铺上面层。

（3）裂缝处治优化。根据《公路沥青路面养护技术规范》（JTJ 073.2—2001）和国内外工程实例，得出开裂后路面处治措施的选择主要取决于裂缝的密度与开裂程度、产生原因等。按照轻度裂缝、中度裂缝、重度裂缝分别对每种裂缝类型的特征进行分析，根据裂缝的特点提出了不同的裂缝处治标准及处治方法，见表 16–2。

表 16–2　　　　　　　　　　　　　　　裂 缝 处 治 标 准

类型	特　　征		处 治 方 法
轻度裂缝	顺直无支缝，且无法发展趋势	宽度≤5mm	清除缝中杂物及尘土；将稠度较低的热沥青（缝内潮湿时应采用乳化沥青）灌入缝内，灌入深度约为缝深的 2/3；填入干净石屑或粗砂，并捣实；将溢出缝外的沥青及石屑、砂清除
		宽度>5mm	用开槽机进行开槽（开槽宽度根据实际情况确定，不小于 1cm，深度比为 1:1～2:1）；槽壁及槽底涂粘层油，再用细粒式热拌沥青混合料填入缝中，捣实。缝内潮湿时应采用乳化沥青混合料
中度裂缝	缝壁散落、支缝较多的，缝宽>5mm，病害有发展趋势		产生原因位于上、中面层，先铣刨上、中面层，如有细微裂缝，对裂缝进行处理，涂刷下封层并贴土工织物，再加铺新沥青混凝土面层。沥青层之间撒布粘层油
			可以用稀浆封层、薄层罩面或微表处理
重度裂缝	网裂或宽度和深度较大（1.5cm 以上），并伴有唧泥等其他病害现象		产生原因位于基层，铣刨原有路面面层至基层，对基层进行处治。如果铣刨掉至基层，为确保沥青混凝土与基层的衔接，在铣刨沥青混凝土面层时，超铣刨一定厚度的基层。在基层顶面涂刷下封层并贴土工织物，加铺新沥青混凝土面层。沥青层之间撒布粘层油

2. 车辙处治

道路在使用过程中，由于车辆荷载的反复作用，路面将产生压缩和弯曲，沥青混凝土路面因为组成材料本身的粘弹性质不仅产生弹性变形，还将伴随荷载作用时间产生滞后弹性变形和不可塑性变形。在多次加载卸载的过程中，如果压力不超过一定的限度，不可恢复变形逐渐减小，而弹性变形增加，使路面密实程度得到增加而强化，单位压力超过一定限度时，就会发生很大的不可恢复的塑性变形，在多次重复荷载作用下，路面因竖向变形累积而逐渐产生纵向带状凹槽，即车辙。车辙不仅对车辆的运行造成极大影响，加速道路的破坏程度，而且还严重影响道路的使用质量和服务水平。因此，必须采取切实可行的措施尽快维修，保证道路上车辆的正常运行。

（1）《沥青路面养护技术规范》中车辙的处治方法。

1）车道表面因车辆行驶推移而产生的车辙，应将出现车辙的面层切削或铣刨清除，然后重铺沥青面层。在高速公路及一级公路上可采用沥青玛蹄脂碎石混合料（SMA）或 SBS 改性沥青混合料或聚乙烯改性沥青混合料来修补车辙。

2）路面受横向推挤形成的横向波形车辙，如果已经稳定，可将凸出的部分削除，在波谷部分喷洒或涂刷粘结沥青并填补沥青混合料并找平、压实。

3）因面层与基层间有不稳定的夹层而形成的车辙，应将面层挖除，清除夹层后，重作面层。

4）由于基层强度不足、水稳性能不好，使基层局部下沉而造成的车辙，应先处治基层。

（2）国内外大量工程实例采用的车辙处治方法。目前，在欧美等发达国家，对于比较浅的车辙（小于 2.5cm），以及城市黑色化方面，普遍使用的处理方法为微表处填补车辙或 NovaChip 薄层罩面的处理方法。但对于车辙深度较大的路面，简单的加铺或浅层处理显然很难达到良好的效果，必须采取矫正性的养护方式，如传统的铣刨——加铺方法。

另外，车辙处理时应按车辙发展的不同程度制定相应的处治方案，并验证其经济性和有效性。从理论角度分析，如果上、中面层的抗变形能力较强（如采用改性沥青或骨架密实型沥青混合料），不处理软弱的下面层及下封层可能不会导致严重的车辙，但其使用效果会存在很大风险。如要彻底改善路面的抗车辙性能，则必须对部分车辙严重路段沥青路面的上、中、下层进行大规模的"开膛式"处治。

当车辙程度较轻且没有引起基层破坏时可不做处理。重度车辙应将引起车辙的基层或面层彻底铣刨，对基层进行补强，采用密实的、高温稳定性好的热拌沥青混合料或 SMA 混合料进行修补。

对于车辙深度大于 15mm 的路段或车辙严重同时伴有泛油的结构失稳路段，要视其损害程度铣刨掉严重变形的上、中面层。对于出现个别严重变形的底面层也要挖除，总的原则是将产生了永久变形的结构层都铣刨或彻底挖除，不留后患，然后重新铺筑高温稳定性能良好、密水性能强的沥青混合料，以根治病害。

（3）车辙处治优化。根据《公路沥青路面养护技术规范》（JTJ 073.2—2001）和国内外工程实例，得出车辙处治措施的选择主要取决于车辙的长度、深度及行车特征等。按照路面强度等级、车辙特征以及行车特征等对车辙进行分析，并提出了相应的车辙处治标准，见表 16—3。

表 16—3　车 辙 处 治 标 准

路面强度	车辙特征	行车特征	处 治 方 法
路面强度为优或良	连续长度不超过30cm，辙槽深度小于8mm	行车有小摆动感觉	将车辙内及其周围的尘土杂物清除，洒水润湿，然后通过对路面烘烤、耙松，添加适当的与原路面相同的新料拌和填补并碾压密实即可
			可以采用稀浆封层、薄层罩面或单层微表处
路面强度为优、良或中	车辙、推移的连续长度超过30cm，辙槽深度在 8～30mm	行车摆动且跳动感明显或严重颠簸	铣刨路面上面层或中上面层甚至全部面层。如果铣刨全部面层，为确保沥青混凝土与基层的衔接，在铣刨沥青混凝土面层时，超铣刨一定厚度的基层。在基层顶面涂刷下封层并贴土工织物，用与原路面相同的适当新料重新摊铺面层。沥青层之间撒布粘层油

路面强度	车辙特征	行车特征	处 治 方 法
路面强度为优、良或中	车辙、推移的连续长度超过 30cm、辙槽深度在 8～30mm	行车摆动且跳动感明显或严重颠簸	上面层、中面层车辙可采用热再生技术与设备修补
			可以采用微表处理。深度 25mm 以上的车辙必须事先进行微表处车辙填充处理，然后再做微表处罩面
路面强度为次或差	车辙的面积较大、深度较深（大于30mm）	行车很不舒适	铣刨路面面层，如果铣刨掉全部面层，为确保沥青混凝土层与基层的衔接，在铣刨沥青混凝土面层时，超铣刨一定厚度的基层。在基层顶面涂刷下封层并贴土工织物，用与原路面相同的适当新料重新摊铺面层。沥青层之间撒布粘层油。对于因基层引起的车辙，在重新摊铺面层前应先行处理好损坏基层。如果基层损坏严重，细胞掉基层，重新铺筑基层
			车辙深度过大（40mm 以上），建议铣刨并加铺罩面层后再做微表处

3. 坑槽处治

坑槽是沥青路面的常见病害。路面坑槽不仅影响道路的整体景观，更大的危害是影响道路正常交通，使车辆行驶颠簸，影响行车速度和乘客的舒适性，还会使车辆容易出现机械故障和损坏，甚至引发交通事故。因此，对于沥青路面上出现的坑槽应及时加以修补。

（1）《沥青路面养护技术规范》（JTJ 073.2—2001）中坑槽的处治方法。

1）路面基层完好，仅面层有坑槽时的维修。

① 按照"圆洞方补、斜洞正补"的原则，划出所需修补坑槽的轮廓线。

② 所划轮廓线开凿至坑底稳定部分，其深度不得小于原坑槽的最大深度。

③ 清除槽底、槽壁的松动部分及粉尘、杂物，并涂刷粘层沥青。

④ 填入沥青混合料（在潮湿或低温季节，宜采用乳化沥青拌制的混合料）并整平。

⑤ 用小型压实机具或铁制手夯将填补好的部分压（夯）实。新填补的部分应略高于原路面。如果坑槽较深（7cm 以上），应将沥青混合料分两次或多次摊铺和压实。

⑥ 热补法修补。采用热修补养护车，将加热板加热坑槽处路面，翻松被加热软化铺装层，喷洒乳化沥青，加入新的沥青混合料，然后搅拌摊铺，压路机压实成型。

2）若因基层局部强度不足等使基层破坏而形成坑槽，应先处治基层，再修复面层。

（2）国内大量工程实例采用的坑槽处治方法。可根据实际需要来决定处理的深度，在有唧泥的坑槽，需要切除面层和基层，边缘开挖或铣刨成台阶型，台阶纵向宽度 50cm 以上，横向设置两个台阶，在基层上涂刷下封层，然后分两层铺筑基层和面层。

在一般坑槽处，只切除面层，在基层上涂刷下封层，然后分层铺筑面层。

（3）坑槽处治优化。根据《公路沥青路面养护技术规范》（JTJ 073.2—2001）和国内工程实例，得出坑槽处治措施的选择主要取决于坑槽的类型与深度等。按照坑槽类型及特征等对坑槽进行分析，并提出了相应的坑槽处治方法，见表 16-4。

表 16-4　　　　坑 槽 处 治 标 准

类　型	特　征	处 治 方 法
表面层产生坑槽	通常深度在 2～4cm	局部修补
表面层、中面层同时产生坑槽	通常深度在 9～10cm	用铣刨机铣刨路面表面层、中面层，涂刷下封层并贴土工织物，重新铺筑面层，沥青层之间撒布粘层油
底面层和基层产生坑槽	唧浆并伴有网裂、局部变形	用铣刨机铣刨路面面层、部分损坏基层，重新铺筑基层、面层。在基层顶面涂刷下封层并贴土工织物，沥青层之间撒布粘层油

16.2.2　沥青路面再生技术类型及其适应性

1. 沥青路面再生技术类型

旧沥青混凝土路面的再生，是指将不能满足路用要求的旧沥青混凝土路面，通过混合新组分或受热整型等方式，重新铺筑成为新的沥青混凝土路面结构层。按照再生路面组成材料的拌和温度及拌和地点，可将沥青混凝土路面再生方法分为厂拌热再生、现场热再生、厂拌冷再生和现场冷再生等四类。

（1）厂拌热再生。厂拌热再生是将旧沥青混凝土路面面层，经过翻挖、铣刨，回收集中到再生拌和厂，根据需要进行破碎筛分预处理，再掺入一定比例的新骨料、新沥青、再生剂等，用改装的或特制的再生沥青混凝土搅拌设备进行加热拌和后，运至施工现场，热铺成为新的沥青混凝土路面结构层。

（2）现场热再生。现场热再生是将旧沥青混凝土路面上面层，经过表面加热、翻松铣刨，并根据情况掺入一定比例的新沥青、再生剂和新骨料等，利用移动式现场拌和设备进行加热拌和，热铺成为新的沥青混凝土路面面层。

（3）厂拌冷再生。厂拌冷再生是指将旧沥青混凝土路面面层或基层，经过翻挖、回收、破碎、筛分，再掺入一定比例的新粘结剂（乳化沥青、泡沫沥青、水泥等）、新骨料等，利用工厂拌和设备进行冷态拌和，铺筑成为新的沥青混凝土路面结构层。

（4）现场冷再生。现场冷再生是将旧沥青混凝土路面面层或基层，经过冷破碎、翻松，掺入一定比例的新粘结剂（乳化沥青、水泥、泡沫沥青等）、新骨料（当路面的沥青含量太高或是需要改善骨料的级配时），利用现场移动式拌和设备在需要再生的路面上进行冷态拌和施工，铺筑成为新的沥青混凝土路面结构层。

2. 沥青路面再生技术的优化选择

沥青路面的再生优化首先是再生方法的选择，然后是再生沥青混合料的设计。不同的再生方法对再生沥青混合料设计的要求也不同。沥青路面再生方法可以根据每种再生技术的特点及适用性进行选择，也可以根据需要再生的路面结构状况、结构层次、层次的材料性状，以及再生成型路面层次的功能、设备状况及经济条件等诸多方面进行综合选择。再生对象不同，使用目的不同，应采用不同的再生方法。

（1）根据再生方法的特点及适用性选择。厂拌热再生方法，因添加了新骨料、新沥青和再生剂等新组分，故应针对再生沥青混合料拟用层面进行专门的材料性能配比设计，同时也应进行相应的拌制及摊铺工艺设计。因此，沥青混凝土层的重铺也可以和新路施工一样，分别按下面层、中面层和上面层（磨耗层）的不同技术要求进行。

现场热再生，针对的是沥青混凝土路面表面层，对表面层进行性能恢复、整型，改善沥青混凝土路面包括排水性能的功能性服务性能。根据待再生路面的病害特点和设计要求，可以采用的现场热再生技术方案有四种：整型、重铺、复拌和复拌+罩面。

沥青混凝土路面的冷再生是在自然环境温度下完成沥青混凝土路面的翻挖、破碎、新材料的添加、拌和、摊铺及压实成型，重新形成路面结构层的一种工艺方法。由于粘结剂是在冷态状态下拌和形成，其分布均匀性和粘附性并不理想，与粒料的粘结性也相对较差。所以，厂拌冷再生混合料主要用于沥青混凝土路面基层、底基层的铺筑，也可用于已铺好碎石和喷好油的低等级路面面层。

沥青混凝土路面的现场冷再生，是在自然环境温度下完成沥青混凝土路面的翻挖、破碎、新材料的添加、拌和、摊铺及压实成型等工艺。因此，现场冷再生混合料也主要用于沥青混凝土路面基层、底基层的铺筑，其上面一般要进行沥青混合料面层的铺筑。

每种沥青路面再生方法的主要功能、特点及适用性汇总如下，见表 16-5。

（2）根据再生路面等级和沥青路面老化程度来选择。对于低等级路面面层一般用冷再生方法，而高等级路面面层用热再生方法。沥青路面老化严重的，一般用冷再生作为基层或下面层。热拌再生沥青混合料中的热拌中粒式及粗粒式沥青混合料应用于城市快速路、主干路、高速公路及一级公路、新建及改建沥青路面的中面层及下面层。热拌细粒式、中粒式及粗粒式沥青混合料应用于城市次干路及其以下等级道路、二级公路及其以下等级道路、新建和改建沥青路面上面层、中面层及下面层。另外，热拌再生沥青混合料还可以应用于城市支路、三级及四级公路以下道路沥青路面养护。

（3）根据再生设备选择。能够处理的路面层面由现场（铣刨）设备与再生拌和设备搅拌工艺所决定。每一种再生方法的产生都跟新的再生设备的开发有关，再生方法和再生设备的不断更新保证了旧沥青路面再生利用的高效率和高质量，所以说，再生方法及再生设备等都是再生技术选择的依据。比如冷再生，再生沥青混合料设计就不需要确定再生温度，而热再生就需要确定再生温度。冷再生一般添加泡沫沥青，所以需要确定泡沫沥青的添加比例。比如说在大功率路面铣削机出现之前，只能将旧沥青路面翻挖下来的大块的旧沥青混合料拉回到工厂，用专门的破碎机破碎，然后再生。有了大功率路面铣削机，铣削下来的沥青混合料已经细而均匀，就不必拉到工厂破碎而可以现场再生了。大功率微波加热机的出现也加速了现场热再生的流行。

此外，再生剂的选择从理论上保证了旧沥青路面再生利用的可能性。并且从环境生态的观点来看，沥青路面再生技术中，现场再生优于工厂再生，冷再生胜过热再生。

综上，根据不同再生方法的特点、再生路面状况及设备等，总结得到不同再生方法能够处理的路面层面见表 16-6，按适用性程度依次为能、一般、不能。

表 16-5　　　　　　　　　　　再生技术的特点及适用性

再生类型	主要功能	优缺点	适用性
厂拌热再生	1. 修复沥青路面面层病害； 2. 恢复甚至改善沥青路面混合料的路用性能； 3. 以热拌沥青混合料的形式实现旧路面沥青层材料再生利用	优点： 1. 再生工艺易于控制，再生后的沥青混合料性能比较理想； 2. 适用范围广 缺点： 1. 铣刨下来的旧沥青层材料需要来回运输； 2. 无法解决软弱路基或基层的强度问题	适用于各等级公路沥青路面经铣刨、挖除下来的沥青层材料的再生利用，再生后的沥青混合料适用于各等级公路沥青路面的建设和维修养护工程
现场热再生	1. 修复沥青路面表面层病害； 2. 恢复沥青表面层物理力学性能； 3. 恢复沥青路面平整度，修复沥青路面车辙； 4. 实现旧路面沥青层材料的现场再利用	优点：实现了现场的沥青路面再生利用，节省了材料转运费用 缺点： 1. 再生深度通常限制在 2.5~6cm； 2. 无法除去已经不合适进行再生的旧混合料，级配调整幅度有限	一般用于高等级公路沥青路面表面层病害的修复

续表

再生类型	主 要 功 能	优 缺 点	适 用 性
厂拌冷再生	1. 以冷拌沥青混合料的形式实现旧路面沥青层材料的再生利用 2. 恢复和改善旧沥青混合料路用性能	优点： 1. 再生工艺易于控制，再生混合料性能较好； 2. 适用范围广； 3. 能耗低、污染小 缺点： 1. 再生混合料强度的形成需要较长的时间； 2. 一般需要加铺一定厚度的罩面层	适用于各等级公路旧沥青路面材料的再生利用，再生后的混合料适用于沥青路面的中、下面层及柔性基层
现场冷再生	1. 实现旧沥青路面层的翻修、重建； 2. 实现旧路面沥青层材料的常温拌和及现场再利用	优点： 1. 实现了现场的再生利用，节省了材料转运费用； 2. 施工过程的能耗低、污染小； 3. 适用范围广 缺点： 1. 施工质量控制的难度较大； 2. 一般需要加铺沥青罩面层	一般用于病害严重的一、二级公路沥青路面的翻修、重建，用于沥青混凝土路面基层、底基层的铺筑，一般需要其上面要进行沥青混合料面层的铺筑

表 16-6　　　　　　　　　不同再生方法能够处理的沥青混凝土面层

再生方法	表面沥青混凝土层	沥青混凝土路面面层	半刚性基层	低等级沥青混凝土路面基层
厂拌热再生	能	能	不能	不能
厂拌冷再生	能	能	能	不能
现场热再生	能	一般	不能	不能
现场冷再生	一般	一般	能	一般

3. 旧路混合料再生适用性评价

再生技术适用性评价的方法采取钻芯取样方式，通过钻取旧沥青混合料试件，进行沥青回收，检验沥青的性能（包括沥青含量、针入度、软化点、延度等）和旧集料的性能（级配、物理指标、力学指标等），并进行统计分析，以确定旧料适合哪种再生方式。根据国外的经验，改性沥青不宜用于再生。

（1）旧路面材料性状及其再生适用性。旧沥青性能、沥青含量及其变异性是影响沥青回收料是否适合再生利用和利用比例的重要因素。根据国外的研究经验，回收旧石油沥青的针入度大于15（0.1mm，25℃）适用于厂拌热再生。

1）流变性质。老化沥青在流变指标上表现为黏度增大，针入度增加，延度减小，软化点升高。随着再生剂掺加比例的增加，老化沥青的流变指标逐渐向新沥青方面过渡。由此说明，从流变力学指标角度，旧沥青材料具有较好的再生适用性。

2）再老化性质。沥青混凝土路面热再生工艺中，旧沥青受热时间及受热强度都不亚于普通拌制沥青混合料。因此，旧沥青在耐热老化方面的再生适用性，即再老化后的性能如何应值得重视。

（2）旧砂石材料性状及其再生适用性。与普通沥青混合料组成机理相同，沥青混凝土路面旧矿料在再生沥青混合料中贡献的依然是级配和强度。所以，应掌握受车辆荷载和环境气候作用几年、甚至十几年的旧矿料性状变化情况，以便对其再生适用性做出判断。

1）级配特征。旧沥青砂石材料的级配性状直接影响到其再生作为路面结构层的适用性。经过长期交通荷载以及回收破碎的作用，旧沥青粗集料部分细化成细集料，而细集料进一步细化的程度较小，最终粉料量的变化并不是很明显。由此得出，旧集料级配细化并不严重，骨料级配的本质没有改变，在再生中完全可以通过添加相对较粗的新骨料进行调整，形成合格的沥青混合料级配。

在沥青混凝土路面冷再生中，收集的旧集料直接作为骨料被冷拌。因此，应对旧集料收集状态的表观级配组成状况进行分析，并以此为基础进行冷再生沥青混凝土路面的材料配比设计。显然，由于旧沥青的裹覆结团作用，旧料原样筛分结果比抽提后筛分结果粗很多，但将该级配组成与高等级公路基层级配碎石规范要求相比较，仅细料通过率不满足要求，且偏差较小。因此，针对路面基层，旧料有较好的冷再生适用性。

2）强度与形状。回收旧骨料的强度和颗粒形状也影响着沥青旧料再生的适用性。除针片状含量偏大外，旧骨料其他指标均满足规范对新骨料的要求。针对细长扁平颗粒含量较多情况，再生时只要添加使用针片状含量小的碎石，即可弥补该缺陷。因此，从强度和颗粒形状方面讲，旧集料也有较好的再生适用性。

4. 冷再生稳定剂的选择

冷再生中加入稳定剂的作用是将回收材料粘结在一起，增加材料的强度和抗水损害能力，从而使得回收材料能够重复利用。

（1）不同稳定剂的选择。用于冷再生的稳定剂主要可分为以下四类：① 物理稳定剂；② 化学类稳定剂；③ 沥青类稳定剂；④ 混合类稳定剂。

由不同稳定剂形成的再生混合料具有不同的强度形成机理，表现出的宏观性能也各有差异。因此，应根据具体的材料特性进行合理设计、施工及质量控制，从而保证再生结构层良好的使用效果。各类稳定剂分别具有各自的特点，应根据再生料的实际情况选择合适的稳定剂种类及掺量表 16-7。

表 16-7　　　　　　　　　　　冷 再 生 稳 定 剂 选 择

稳定剂种类及典型的掺加量（重量比）	回收路面材料的性质	说　明
熟石灰或生石灰（2%～6%）	路面回收材料含有一些从路基土带入的粉质黏土且其塑性指数大于 10	对现场冷再生，干石灰可以预先撒在路面，然后洒水熟化，再以浆体态洒在路面
粉煤灰（8%～14%）	回收材料为 100%沥青材料或混合有基层骨料或路基土	粉煤灰应为电水泥厂粉煤灰，常与水泥同时混合使用，增强效果和降低费用
水泥（3%～6%）	回收材料为 100%沥青材料或混合有基层骨料或非塑性或低塑性的路基土，有足够的细料，一般有大于 45%的材料通过 4.75mm 筛	常和粉煤灰混合同时使用，增强效果和降低费用
乳化沥青或泡沫沥青（1%～3%）	回收材料为 100%沥青材料或混合有基层骨料或非塑性或低塑性的路基土，小于25%的材料通过 0.075mm 筛，塑性指数小于 6，或砂当量大于 30，或塑性指数和 0.075mm 筛通过率乘积小于 72	通常加入 1%～2%的水泥或石灰，以增强抗水侵蚀作用
氯化钙（1%）	回收材料为 100%沥青材料和非塑性地基土，且 8%～12%通过 0.075mm 筛，少量黏土（3%～5%）更好	

目前沥青路面冷再生最常用的稳定剂为水泥、乳化沥青（表 16-8）。另外，泡沫沥青也是新近逐渐成为研究热点的一种冷再生稳定剂。这三种稳定剂的不同特点决定了冷再生过程中各自独特的设计方法、施工工艺及质量控制标准等。

表 16-8 泡沫沥青、乳化沥青和水泥冷再生的比较

方法	优 点	缺 点
泡沫沥青	1. 施工方便，沥青罐车与再生机相连后喷撒即可； 2. 能将粗糙的颗粒粘结在一起，形成强度高的柔性路面，抗变形和抗疲劳性俱佳； 3. 泡沫沥青使用标准的针入度级沥青，没有制造成本，铺设压实后即可开放交通	1. 沥青需加热至 150℃以上才能产生泡沫； 2. 需要专门的沥青加热装置和安全保护装置； 3. 过多或者缺乏细料的材料都不适合用泡沫沥青处理
乳化沥青	1. 用乳化沥青冷再生材料具有较好的粘弹性质，抗疲劳性好； 2. 相对而言，乳化沥青应用较多已得到认可，有现成的标准试验方法和规范	1. 乳化沥青需工厂化专门加工生产，生产过程需要严格的质量控制。乳化剂很贵，不仅要运输沥青，同时要运输水 2. 含水量太高的路面材料，加入乳化沥青后养生需要较长的时间，形成强度受水分散失速度的影响
水泥	1. 与沥青比较，水泥非常便宜； 2. 水泥在建设领域使用普遍，有现成的标准试验方法和规范； 3. 能显著提高材料的抗压强度； 4. 材料的抗水损害能力显著提高	1. 收缩裂缝不可避免，但可以减少至最小； 2. 增加了刚度，但降低了疲劳特性； 3. 需要适当养生，不能早期开放交通，否则会损坏路面

（2）不同稳定剂的比较。

1）以水泥为稳定剂的沥青路面冷再生，水泥作为稳定剂时，其添加方式有两种，一种是以固态粉状水泥与再生料混合；另一种是以水泥稀浆形式与再生料混合。

以水泥作为稳定剂时，与一般混凝土通病一样，再生结构层易产生收缩裂缝，应主要从以下方面考虑尽量减小收缩开裂的程度。

水泥含量：水泥用量多则收缩大，为控制收缩开裂，大部分作稳定处理的水泥用量为 2%～4%。

进行稳定的回收旧料性质：有些材料以水泥进行处理时，收缩量特别大；有些材料在含水量变化时体积变化相当大，且塑性指数较高，如当材料的塑性指数大于 10 时，大都不会单独采用水泥作稳定处理，必须用石灰与水泥混合使用或单独使用石灰，以便降低材料的塑性。

施工碾压时的含水量：收缩开裂的程度与施工碾压再干燥而消失的水量成正比，但含水量太低又易造成压不实，一般建议将施工碾压时的含水量控制在比最佳含水量略低 1%～1.5%。

干燥的速率：经水泥处理后的结构层材料要适当加以养护，以降低材料干燥速度从而降低收缩开裂。一般水泥稳定结构层施工完后 7d 内必须洒水养生。或铺筑临时封层、沥青层，以避免结构层表面水分蒸发过快，导致结构层收缩开裂。如果没有铺筑临时封层，则水泥稳定结构层一定期限内不得开放交通。

2）以乳化沥青为稳定剂的沥青路面冷再生乳化沥青可以很方便地在常温下与潮湿的粒料进行拌和，提高材料的强度。因此，乳化沥青是最常用的一种沥青类稳定剂。一般情况下，将乳化沥青和水泥混合使用，除了可以提高再生混合料的水稳定性外，还可以提高其早期强度。但应注意水泥的添加量，必须控制在粒料重量的 2%以下，以保证不致削弱混合料的抗疲劳性能。

3）泡沫沥青与乳化沥青和其他稳定剂（如水泥、石灰）相比，具有独特的技术特点和应用效果，优势在于：① 泡沫沥青混合料增加了粒料的剪切强度，降低了水敏感性。泡沫沥青混合料的强度特征接近石灰（或水泥）稳定粒料（半刚性材料），但却具有一定的柔韧性和良好的抗疲劳特性，用其取代半刚性基层材料铺筑道路基层可以有效地防止反射裂缝。与水泥处治粒料相比有柔性，不会产生收缩龟裂的问题；② 单价及运输价格较低。因为泡沫沥青要采用一般常用的针入度等级沥青即可，且需添加的水相当少，而不像乳化沥青需要加入较多量的水进行水化，由于运输量减少，而使运输成本大大降低；③ 施工速度快。泡沫沥青混合料拌好后可以立即压实，压实结束即可开放交通，尤其在城市道路维修中，可明显减少对繁忙道路的交通影响；④ 拌制泡沫沥青混合料，只需将沥青加热，而集料在冷、湿状态下与泡沫沥青拌和，可以节省大量的能源。并且由于泡沫沥青可以和冷、湿集料形成良好的粘结，因此即使在阴雨等不利天气下也可以进行施工，而不影响施工质量。因此泡沫沥青混合料是一种经济环保而又可以适应多种施工环境的道路材料；⑤ 泡沫沥青混合料储存期较长（最长可至 1 个月），不用担心发生凝聚现象，不影响性能，可以方便地应用于道路的日常维修；⑥ 用于泡沫沥青稳定的集料可以是高质量的级配碎石，也可以是劣质的砂石料、矿渣，还可以广泛使用破碎的沥青路面回收料，简称 RAP）等，因此可以根据实际施工条件现场取材；⑦ 与传统的热拌沥青混合料相比，具有更好结构承力、抗车辙和抗疲劳性能。

采用泡沫沥青作为冷再生稳定剂的缺点：① 沥青成功发泡需要较高的温度（160～180℃）；② 泡沫沥青的生产需要使用专门设备；③ 作处治基层时，比石灰和粉煤灰材料造价高；④ 泡沫沥青混合料不耐水的侵害，故完成的泡沫沥青层大都需要在上面加铺较能抗水及耐磨的热拌沥青混凝土层。

16.2.3　泡沫沥青冷再生技术

泡沫沥青又叫膨胀沥青，是将一定的水注入热沥青使其体积发生膨胀，形成大量的沥青泡沫，经过很短的时间沥青泡沫破裂。这一过程只是沥青的物理变化，没有发生化学反应。当泡沫沥青与集料接触时，沥青泡沫瞬间化为数以百万计的"小颗粒"，散布于细粒料（特别是粒径小于 0.075mm）的表面，形成粘有大量沥青的细料填缝料，经过拌和压实，这些细料能填充于湿冷的粗料之间的空隙并形成类似砂浆的作用，使混合料达到稳定。

泡沫沥青与乳化沥青相比，养护时间短且不用乳化剂，另外泡沫沥青适用的范围非常广，因此泡沫沥青冷再生技术得到青睐。

泡沫沥青与其他稳定剂相比，优点表现：① 增加材料的剪切强度和水稳定性，这类混合料较水泥处治粒料更有柔性、耐疲劳；② 泡沫沥青处治应用广泛；③ 节约能源，仅需加热沥青，集料不需加热和烘干；④ 存放时间相当长（一般可放 1～3 个月）；⑤ 施工受季节和气候影响小。

泡沫沥青的缺点表现：① 作处治基层时，较石灰、粉煤灰材料造价高。② 泡沫沥青混合料需要连续级配。③ 沥青成功发泡需要较高的温度（约 180℃）。④ 泡沫沥青的生产需要专用设备。

1. 泡沫沥青再生机理及发泡效果评价

（1）泡沫沥青形成。泡沫沥青的形成机理就是把发泡介质（水、水蒸气等）掺入高温液态沥青（150～180℃）后发泡介质被迅速汽化，使黏性的沥青产生微细的泡沫而膨胀，降低

热沥青

冷水

泡沫沥青

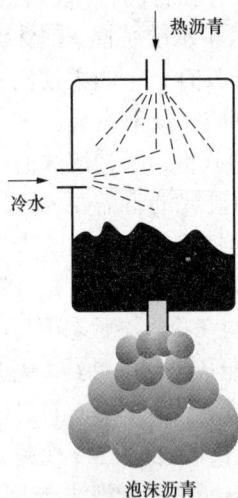

图 16-1　沥青发泡原理

了沥青的黏度。当汽化过程结束后，泡沫逐渐消失，沥青又恢复到原来的体积和黏度。泡沫沥青并不改变沥青本身的物理性质。作为发泡介质，早先使用水蒸气，现在多使用冷水。这样使发泡装置结构简化，不仅可用于厂拌设备，而且也适用于车载式，实现了与稳定土拌和机配套，满足路面基层就地冷再生施工的要求。泡沫沥青发泡原理参见图 16-1。

早先使用的泡沫沥青发泡装置是沥青与发泡介质在发泡器内混合、发泡后由配管分配到各个喷嘴处喷出，这种方式喷嘴易堵塞且喷洒量不易调节。现在多采用发泡器与喷嘴一体式结构，即沥青与泡介质在各喷嘴端头处混合、发泡后喷出。

（2）泡沫沥青混合料冷拌和。使液体发泡就是减小液体的表面张力，使之具有与其他物体良好的粘附性。由于泡沫沥青的体积增大，减小了沥青表面的张力，增大与骨料的粘附力，骨料不需加热就可以很好的拌和。泡沫沥青是以细骨料为核心，均匀地分布在骨料之间形成沥青砂浆（这时沥青不裹覆大粒径的骨料）。在这种状态下进行碾压作业，沥青砂浆被挤碎、颗粒溃散成为粘结剂，把骨料与骨料以"点焊"的方式粘结在一起。

泡沫沥青再生设备见图 16-2。

图 16-2　泡沫沥青再生设备

（3）发泡效果的评价。对于沥青的发泡效果，主要是用膨胀率（发泡体积倍数）和半衰期这两个指标加以评价。膨胀率是指沥青在发泡状态下测量的最大体积与未发泡状态下的体积之比。由于在喷射过程中先期喷出的泡沫沥青体积已经开始衰减，因此所测量的最大发泡体积要小于实际的最大值。膨胀率越大，泡沫沥青与集料接触越充分，拌制的泡沫沥青混合料质量越好。半衰期是指泡沫沥青从最大体积缩小至该体积一半所用的时间。半衰期越长，泡沫越不容易衰减，故可与集料有较长时间的接触与拌和，从而提高泡沫沥青混合料的质量。

试验证明，膨胀比越大、半衰期越长，泡沫沥青的质量则越好。但是，随着注入发泡水量的增加，膨胀比与半衰期则呈反方向变化，很明显，所注入的发泡水量必须得到有效控制。泡沫沥青的加水量与膨胀比、半衰期之间的变化规律见图 16-3。

由图 16–3 可知，为确保泡沫沥青的质量，其最佳发泡水量应控制在膨胀率和半衰期两条曲线相交处的对应值。

使沥青发泡的用水量（水与沥青之比）是根据发泡倍数与持续时间来决定的。水汽化时在标准状态下体积约膨胀 1000 倍左右，也就是说当用水量为 1%（重量比）时，发泡沥青的体积为原沥青体积的 10 倍，当用水量为 2% 时，发泡沥青的体积为原沥青体积的 20 倍。用水量越大，发泡倍数越大，但是持续时间却越短。泡沫沥青主要指标推荐值如表 16–9 所示。

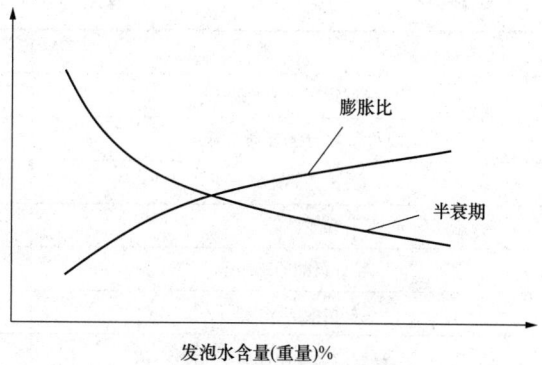

图 16–3　泡沫沥青的加水量与膨胀率、半衰期之间的关系

表 16–9　泡沫沥青主要指标推荐值

用水量（%）	膨胀率	半衰期/s
1.5～2.5	10 以上	10 以上

影响沥青发泡特性的因素主要有：

（1）沥青的温度，在一般情况下，低于 120℃时沥青很难发泡，温度越高，膨胀率越高，但并非温度越高，发泡效果就越好，温度高了沥青容易老化；

（2）发泡时的用水量，在通常情况下用水量越大，膨胀率越大，但半衰期则越短，因为水会带走更多的热量；

（3）沥青的喷射压力，主要包括水压和气压的影响，压力较低会使沥青与水的混合不够均匀，对膨胀率和半衰期都不利；

（4）消泡剂（例如硅化合物）的存在，会影响发泡效果，沥青中若加入表面活性物质（发泡剂），可以明显改善沥青的发泡特性。

实际操作时主要是通过改变发泡温度和用水量，来研究膨胀率与半衰期的变化关系，以期找到最佳的发泡效果，并在这种状态下拌制泡沫沥青混合料。通常认为最好的发泡效果是使膨胀率和稳定性都达到最优。

2. 泡沫沥青冷再生技术

（1）材料特性。泡沫沥青处治材料的耐磨性能较热拌沥青混合料差，因此这类材料往往用作基层或底基层。泡沫沥青作为稳定剂或再生剂可以处治许多材料，从劣质筑路材料到刨铣的回收沥青混合料（RAP）都可以采用泡沫沥青进行处治。表 16–10 所列为 Bowering 和 Martin 所研究的各种可以用泡沫沥青处治的材料及泡沫沥青用量范围。对于黏土颗粒，掺加石灰、水泥、粉煤灰等材料以提高处治材料的性能。石灰有助于黏土细料的结团和泡沫沥青的分散，提高材料的早期强度和抗车辙性能。

细料含量对泡沫沥青混合料的性能有重要影响，一般建议 0.075mm 筛的通过量在 5%～20% 左右，级配采用连续级配。粗集料尽可能多棱角，偏长率应符合一般沥青混合料（HMA）的要求。

表16-10 可以用泡沫沥青处治的材料

土　类	最佳沥青用量范围（%）	添加剂
良好级配的干净砂砾	2～2.5	
良好级配的粉/黏质砂砾土	2～4.5	
差级配的黏质砂砾土	2.5～3	
黏质砂砾土	4～6	石灰
良好级配的干净砂	4～5	细填料
良好级配的淤泥质砂	2.5～4	
差级配的淤泥质砂	3～4.5	细填料
差级配的干净质砂	2.5～4	细填料
淤泥质砂	2.5～4.5	
淤泥质的黏性砂土	4	石灰
黏性砂	3～4	石灰

（2）设计。包括材料及路况调查、材料试验与路面结构设计三部分。

材料及路况调查包括材料的分类、材料含水量的测试、地下水和排水情况、旧路的纵断面和结构层厚度、路基强度、沥青及混合料的材料取样。

材料试验分为两步：先对泡沫沥青处治材料进行测试和评价（包括颗粒尺寸及分布、土的液限、最大干密度/最佳含水量）；测试符合要求后，再进行泡沫沥青混合料试验。

在路面结构设计方面，泡沫沥青处治混合料与普通热沥青混合料相同。

泡沫沥青处治材料的配合比试验包括确定沥青的发泡性能和确定最佳沥青用量两个方面。前者是通过试验不同温度条件下发泡试验确定最好的沥青发泡状态，即膨胀率和半衰期都适合的状态。无论是选取高的膨胀率还是长的半衰期，都不如两者都适当时的效果好。德国维特根公司生产的室内沥青发泡机WLB10可专门用于进行沥青发泡性能试验。

最佳沥青用量可通过间接拉伸试验确定；制备不同沥青含量的泡沫沥青混合料试件（试件在最佳含水量下击实），试件在通风烘箱养生3d，然后测试试件在浸水条件下的间接拉伸强度，选取试件在浸水条件下最大的间接拉伸强度对应的沥青用量作为最佳沥青用量。澳大利亚和南非均采用此法确定最佳的沥青用量，养生的温度为60℃。德国维特根公司则采用40℃的养生温度，这主要是考虑60℃养生条件高于普通沥青软化点，结合料发生老化，沥青的分布也会发生变化。

（3）混合料的性能。混合料的抗疲劳性能研究不多。澳大利亚曾采用现场材料进行了混合料梁式疲劳测试（简支梁中间点加载），结果显示养生后的试件疲劳性能在某种程度上高于常规沥青混合料，但变异性相当大。

抗车辙性能方面的试验与研究比较少。澳大利亚昆士兰交通部门曾进行泡沫沥青混合料车辙试验，试验结果差异很大，压实后立即试验的轮辙深度在不到2000次就超过14mm，压实后24h试验结果是10 000次试验的车辙深度仍小于1mm。南非在IwaZulu Vatal试验路设计中，进行了室内动态蠕变试验，建议泡沫沥青混合料的动态蠕变模量最低要求是20MPa。

现场路用性能方面，澳大利亚对部分试验路段进行跟踪观测，所有试验路情况良好。泡沫沥青与乳化沥青相比较，后者存在着严重的泛油和明显的车辙，而前者在抗疲劳方面效果较好。

（4）施工。采用泡沫沥青冷再生新技术提高了旧料利用率，节约了沥青等资源，降低了再生料的运输成本，保护了生态环境。

采用泡沫沥青冷再生工艺施工时，在铣刨破碎旧路面铺层的同时，应适量加入新集料和添加剂。在此过程中，安装在再生主机上的泡沫沥青生产装置同步启动，所产生的泡沫沥青直接喷入拌和罩壳内，与新旧集料充分均匀拌和，形成新铺材料。然后通过螺旋布料器布料重铺、压实成型，形成再生路面结构层，最后加铺磨耗层，即成全新路面。冷再生工艺流程如图 16-4 所示。

泡沫沥青现场冷再生的施工工艺和施工过程具有连续性，路面一次成型。由于新旧集料和泡沫沥青计量准确，拌和均匀，最佳含水量可得到有效控制，故可获得最佳压实效果。

图 16-4　泡沫沥青就地冷再生工艺流程

施工之前应先进行路况调查，然后进行试验室配合比设计，再进行试验路段施工，用来验证配合比。必要时进行配合比调整。最后才是大规模的冷再生施工。利用泡沫沥青进行现场路面冷再生的施工工序如下：

1）对旧有路面进行铣刨破碎，也可加入其他碎石骨料和再利用的原有沥青混合料；

2）泡沫沥青产生后直接喷洒在再生机的拌和罩壳内，与路面材料充分拌和。在粒料中，泡沫沥青用量一般为 3%～5%（重量百分比），当被再生材料本身含有较多沥青时，其用量可降低为 2%～3%。也可以在使用泡沫沥青做稳定剂的同时，加入少量（一般为 1%～2%）的水泥，其作用是使再生层获得所需强度，提高表层质量，防止裂纹发生；

3）摊铺、压实成型，初压采用带垫块的振动压路机，以保证压实效果，然后再用钢轮压路机和轮胎压路机进行压实，之后对路表进行整平和修整；

4）表处，对交通流量大的道路只需在上面加铺一层新的沥青面层，对低交通流量路面进行表面处理即可。

16.3　水泥路面养护

16.3.1　水泥路面常见病害处治技术

对旧水泥混凝土路面病害的处理应通过路面使用质量现状调查，找出病害并分析原因，针对不同的病害处治之后再进行路面改建，因此本节对断板、脱空、唧泥、错台、坑洞、接缝传荷能力、表面起皮（剥落、露骨）等水泥混凝土路面病害处治方法进行分析。

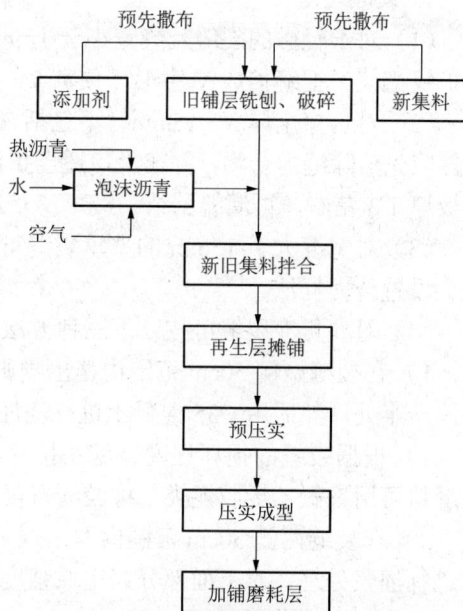

1. 裂缝处治

（1）对于轻微的裂缝且缝宽小于1mm可不作处理。对宽度小于3mm的轻微裂缝，可采取扩缝灌浆。把缝扩成V字形，顶宽5～15cm，深度为板厚1/3左右。

（2）对贯穿全厚3～15mm（不包括3mm、15mm）的中等裂缝，可采取条带罩面进行补缝。应先洁除缝内杂物，并在上口适当扩展成倒梯形，顶宽15～20cm，底宽5～15cm，深度为板厚1/3左右，再灌缝粘结。

（3）对宽度大于15mm的严重裂缝可采用全深度补块。全深度补块分集料嵌锁法、刨挖法、设置传力杆法。

（4）对非贯穿裂缝可按以下三种方法进行处治，三种方法可根据实际情况选用：

1）在裂缝两侧50cm范围内凿出规则的直壁，并在断面上每隔50cm安插销钉，深度为板厚一半处，然后用C35混凝土进行浇注；

2）根据裂缝的损坏程度、施工技术等具体情况选择适当的修补材料和方法。粘结剂或填缝料可用聚氯乙烯胶泥类、橡胶沥青类、聚氨酯、环氧树脂等；

3）在裂缝两侧50cm范围内凿出规则的直壁，深度为板厚的一半，然后对下半部分的裂缝进行灌浆处理，对上面部分采用原强度等级混凝土浇筑。

2. 板边、板角处治

（1）板边处治。

1）当对水泥混凝土面板边轻度剥落进行修补时，应将剥落的表面清理干净，用沥青混合料或接缝材料修补平整。

2）当板边严重剥落时，可采取条带罩面进行修补。

3）当板边深度破碎时，可采取全深度修补。

（2）板角处治。板角断裂应按破裂的大小确定切割范围并放样。用切割机切出边缘，用风镐凿除破损部分，打成规则的垂直面。对有钢筋的，不应切断钢筋，如果钢筋难以全部保留，至少保留200～300mm长的钢筋头，且应长短交错。原有滑动传力杆，如果有缺陷应予以更换并在新老混凝土之间加设传力杆，传力杆间距控制在30cm。基层不良时，可采用C15号混凝土浇筑基层。与原有路面板的接缝面，应涂刷沥青。如为胀缝，应设置接缝板。

3. 断板处治

（1）高等级路面断板的处治方法。对于高等级路面，首先将旧板破碎运走，处理基层，待基层强度达到要求后采用与原路面相同标号的水泥混凝土重新浇筑路面板。

（2）低等级路面断板的处治方法。对于稍微低级的路面结构，视断板的情况而进行整体或部分换板处理，以充分利用资源。判断标准如下：

1）纵向、斜向、交叉型断裂伸及全板的，横向断裂位于或接近于板中部，把板分成大小相近两半的，破碎体积占整板1/3以上的需整板更换，重新浇注。

2）块状换板。当横向断裂偏于板的一侧，其位置在板长的1/4～2/5区域内或者接缝板边破碎宽度占板长的1/3以上且在1/2以下时，采用块状切除更换，切除宽度≤1/2板长。

3）条状换板。当面板破碎呈条状，其宽度为板长的1/3以下时，采用局部条状切除更换。这种条状碎裂多产生于接缝板边。条状换板时宜采用双层配筋加强。块状和条状换板，旧板的切除范围应在裂缝边缘以外至少15cm。

4）角隅断裂。沿断裂范围以外至少25cm切除角隅钢筋，重新浇注新混凝土。各类换板均采用不低于原混凝土标号的新混凝土浇筑。

（3）碎石化处治方法。当旧水泥混凝土路面存在以下三种情况之一时可以考虑进行碎石化处理：

1）超过 25%的板开裂；

2）超过 20%的路面已经修补或需要修补；

3）超过 10%的路面需要开挖修补。

旧水泥混凝土路面碎石化有 3 大类：打裂压稳、打碎压稳和集料化。

4. 脱空处治

对于高等级路面，严重脱空的板应按断板标准进行处治，一般脱空的板可采用灌浆处治；对于低等级路面，均可采用板底灌浆处治。对一般脱空水泥板必须反复压浆处治，如果反复压浆处治仍不能使水泥板的弯沉满足要求，可考虑采用破碎下挖，进行基层处治，然后重新浇注新板。

压浆加固机理是通过对水泥混凝土板面钻孔，依靠压浆泵的压力将拌和好的填充料沿输送管均匀挤入水泥混凝土板底的路基土体中，在充填、渗透过程中，将其挤实，排除土体颗粒之间的水分和空气，降低土体的孔隙率，提高密实度。随着压浆的凝固，原有路基的松散颗粒和裂隙将被挤实胶结成为一个整体。形成的薄层强度高、稳定性好、与混凝土板底紧密结合，能恢复混凝土板底的正常承接，起到加固混凝土面板、维护面板正常使用状态和保障路面使用寿命的作用。

混凝土板底压浆时宜选用沉降量大的地方压浆孔开始，逐步由大到小，压浆机压力控制在 0.5～1.0MPa。水泥混凝土面板板底压浆工程施工工艺流程主要包括：脱空位置检测→制浆设备配备→布置注浆钻孔施工→制浆→压浆→养生→效果检测→封孔清场等八个环节。

常用的压浆材料分为有机类和无机类。有机类主要是一些高分子聚合物，主要包括环氧树脂类材料、聚氨酯类材料等，经过实际工程检验，处治效果良好；无机类压浆材料主要是水泥浆类，目前实际处治主要考虑两种改良压浆材料：超细粉煤灰、膨润土和缓裂剂改良乳化沥青压浆材料和水泥改良乳化沥青压浆材料，已在工程中广泛采用，并取得了不错的效果。

（1）乳化沥青。推荐配合比为水泥:乳化沥青:UEA:水=1:0.5:0.17:0.4；适用路段为轻微脱空路段。因为该灌浆材料的抗压强度比较小，乳化沥青的存在可以在表面形成一层水膜，处理旧板后可以在板下形成一层防水膜，但是一旦有水进入，将严重影响其强度。而且此类灌浆材料的流动性一般，要求的灌浆压力比较大，大致需要达到 2.0MPa 左右，每块板需要布置 5 个孔。

（2）自补偿式灌浆材料。推荐配合比为水泥:粉煤灰:UEA=1:0.525:0.19，水灰比=0.47；适用路段：中度脱空路段。此类灌浆材料由于使用了水泥，会产生一定的收缩，为了补偿水泥导致的收缩，考虑在该材料中加入一定比例的膨胀剂（例如 UEA 型）。

（3）掺砂式粗灌浆材料。推荐配合比为水泥:粉煤灰:UEA:砂（粒径≤0.6mm）=1:0.45:0.17: 1.5，水灰比=0.45；适用路段：严重脱空路段。

以上前三种推荐的方案都是通过室内试验得出，使用的原材料都由烟台提供，因为对于同一种配合比的压浆材料，使用不同的原材料其性能会有很大的区别。所以在现场具体应用时，需要对各种方案所使用具体的材料进行相关的试验。施工时也有采用成品压浆材料的情况，也需要对该材料进行相关的性能试验，确保其使用性能。

5. 唧泥处治与标准

水泥混凝土路面唧泥病害，应采取压浆处治，可采用沥青灌注水泥浆、水泥粉煤灰浆和水泥砂浆灌浆等方法进行板下封堵。其具体的处治方法及材料与脱空处治相同。水泥混凝土面板进行压浆处理后，应对接缝及时灌缝，并设置排水设施。

（1）路面和路肩应保持设计横坡，宜铺设硬路肩。

（2）路面裂缝、接缝以及路面与硬路肩接缝应进行密封。

（3）设置纵向积水管、横向出水管和盲沟。

6. 错台处治

对于横缝轻微错台和纵缝错台不做处治，对于横缝严重错台可用以下四种处治方法：

（1）在低侧板加铺斜坡层，使错台高差逐渐过渡，材料易采用水泥混凝土，斜坡长度在1.0～1.5m之间，但不超过整板长度，视错台高度而定，所形成的纵坡坡度不得小于1%。

（2）将高出部分进行铣削，错台高侧形成斜面，宽度为40～50cm。

（3）板顶提升法：使低侧板顶提升至与高侧持平，然后板底灌浆（可采用真空吸浆或压浆机压灌），最后进行嵌缝和填塞钻孔。

（4）压力提升法：可采用灌浆法通过压力使板提升，直至小于1cm。

以上四种方法各有优缺点，可视具体情况选用，也可几种方法配合使用。

7. 接缝处治

对接缝中存在填缝料剥落、挤出、老化和出现间隙等现象，要进行必要的处理。应先清除接缝中的旧填缝料和杂物，并将缝内灰尘吹净。

（1）在胀缝处治时，应先将热沥青涂刷缝壁，再将接缝板压入缝内。对接缝板接头及接缝板与传力杆之间的间隙，必须用沥青或其他填缝料填实抹平。上部用嵌缝条的应及时嵌入嵌缝条。

（2）用加热式填缝料修补时，必须将填缝料加热至灌入温度。宜用嵌缝机填灌，填缝料应与缝壁粘结良好和填灌饱满。

（3）纵向接缝张开维修，应符合下列规定：

1）当相邻车道面板横向位移，纵向接缝张开宽度在10mm以下时，宜采取聚氯乙烯胶泥、焦油类填缝料和橡胶沥青等加热施工式填缝料进行维修；

2）当相邻车道面板横向位移，纵向接缝张开宽度在10mm以上时，宜采取聚氨酯类常温施工式填缝料进行维修；

3）当纵向接缝张口宽度在15mm以上时，采用沥青砂填缝。

（4）接缝出现碎裂时，在破碎部位外缘，应切割成规则图形，其周围切割面应垂直于面板，底面宜为平面。应清除混凝土碎块，吹净灰尘杂物，并保持干燥状态。宜用高模量补强材料进行填充维修。

8. 传荷能力处治

处治方法有以下几种：

（1）钻孔压浆后，对于相临板弯沉差不大于0.06mm的接缝，在接缝两侧各50cm范围内进行全深度切割，清除切割的旧板，检查确认基层板体性，若板体性差，则逐层下挖，直到板体性较好的层面，然后回填C20水泥混凝土，最后浇筑C35水泥混凝土至与相临旧板平齐。

（2）钻孔压浆后，对于相临板弯沉差不小于 0.06mm 的接缝，在接缝两侧各 50cm 范围内进行全深度切割，清除切割的旧板，用 C20 水泥混凝土修复基层，然后浇筑新板。新浇注部分与旧板间接缝要设置传力杆。

（3）如果板底有脱空现象，则进行板底脱空处理，处理后如果弯沉差仍然超出标准，则在弯沉差过大的两板进行深层注浆处理，深度为 2m，桩距 1.5m，边距大于 0.5m，孔呈梅花形布置。

以上三种方法各有优缺点，前两种方法工艺偏于复杂，第三种方法比较简单。处治后如果仍然不能满足要求可进行深层灌浆处理。

9. 坑洞处治

坑洞处治应根据不同情况采取相应措施进行。

（1）对个别的坑洞，应清除洞内杂物，用水泥砂浆等材料填充，达到平整密实。

（2）对较多坑洞且连成一片的，应采取薄层修补方法进行修补。

（3）低等级公路对面积较大，深度在 3cm 以内，成片的坑洞，可用沥青混凝土进行处治。

10. 表面起皮（剥落、露骨）处治

表面起皮（剥落、露骨）处治应根据公路等级和表面破损程度，采取不同的材料和施工方法进行，对局部板块的表面起皮应进行罩面。

（1）一般公路水泥混凝土面板表面起皮（剥落、露骨）宜采取稀浆封层加以处治。

（2）高速公路水泥混凝土面板表面起皮（剥落、露骨）宜采取改性沥青稀浆封层或沥青混凝土加以处治。

（3）对于较大面积的水泥混凝土面板表面起皮（剥落、露骨）宜采取稀浆封层及沥青混凝土罩面措施加以处治。

11. 拱起处治

对于高等级公路，明显拱起的板应按断板标准进行处理；轻微拱起的板可将接缝处适当切除，以进行应力释放。对于低等级公路，明显拱起的板可将拱起范围的板切除，浇注等厚新板，并原位恢复胀缝与传力杆，在修复的新板与旧板间，加设拉杆连接，最好配置双层筋网，旧板的切除范围应在裂缝边缘以外至少 15cm；轻微拱起的板无明显破坏时可将横缝适当切宽以进行应力释放，然后用填缝料填缝，并在缝顶增设土工格栅。

12. 弯沉过大（或软弱地基）处治

进行灌注水泥浆处理，灌浆深度为 2m 左右，孔距 1.5m，用梅花形布孔。灌浆压力为 0.3MPa，灌浆速度要慢。且要密切注意现场，以免水泥浆从其他地方流失，同时保证板底脱空处理符合要求。

16.3.2 水泥混凝土板破碎

由于这种多边形冲击压实所产生的能量较大，所以对旧路采用冲击压实时是一项很重要的工作，就是要调查老路上桥梁、涵洞的情况，道路沿线建筑物的情况，然后根据实际情况采取规避措施，避免对原有构造物造成损坏。具体的规避措施都有明确的规定，在施工过程中必须严格控制，避免造成不必要的损失。

1. MHB 碎石化工艺

碎石化工艺是水泥混凝土路面破碎工艺中较为常用、较为有效的一种施工工艺。根据使用机械设备的不同，碎石化有两种途径：通过重锤下落进行破碎、通过振动来破碎。多边形冲击破碎能量很大，在很多路段并不是很适合。如图16-5所示。

图16-5 不适合多边形冲击破碎的高挡墙路段

MHB 型破碎设备在其后部有两排重锤（图16-6、图16-7）。MHB 具有橡胶轮胎，以柴油机作为动力源,该机械所携带的重锤的重量为1000～1200磅,分两排成对装配在整台机械的尾部（后排重锤对角地装配在前排重锤间隙中心）,每对重锤单独地以一套液压提升系统为动力,在破碎时按一定规律下落。重锤下落时可产生1000～8000磅的冲击能量。这种机械的典型工作效率是每班约 2km（一个车道）。

图16-6 MHB 设备工作图

图16-7 配合 MHB 破碎的压实机械

通过控制重锤下落高度，MHB 破碎机械破碎后的颗粒尺寸是可以控制的，一般来说颗粒范围在7.5～30cm之间能取得良好的使用效果。共振型碎石机械是由凸轮转动产生的偏心力在机械与水泥混凝土路面接缝处产生高频低幅的振动进行破碎的，这种碎石化工艺其破碎能量大部分被水泥混凝土板块所吸收，所以碎石化后产生的颗粒粒径相对于 MHB 设备要小，其破碎时的影响范围和深度也较小。

因为破碎功的传递规律，碎石化后水泥混凝土板块碎裂成的颗粒粒径随深度变化是不同的，上面部分粒径较小，下面部分较大。破碎后颗粒之间有着良好的嵌挤作用，在通过压路机的压实后，形成了坚实稳定的基层。

从结构上考虑，水泥混凝土路面的碎石化应该在其他方法不能起到好的作用时才可以采用，严格碎石化选用标准的主要原因是碎石化降低了原板块结构的强度，总体上，碎石化方法和震裂压稳、碎裂压稳技术一起都能很好地消除反射裂缝，但是也使板块强度丧失。

2. 不同破碎工艺对比

就以上介绍的这两种方式来说，多边形冲击压实设备是通过多边形轮的滚动对水泥混凝土板块形成间歇而有周期的冲击作用，从而使其破裂。MHB 类破碎设备则是一种自行式多锤头设备，它通过重锤垂直下落的冲击作用使水泥混凝土路面板产生破碎。这两类设备的破碎基本方法都是通过重力冲击起作用，但作用方式不同。相对而言，冲击压实设备的作用间距较长，MHB 设备的破碎作用点分布均匀而密集。实际施工中，冲击压实设备需在水泥混凝土路面行驶多次，以达到对其进行均匀冲击的效果，而 MHB 类设备则是一次破碎完成。

因为两种设备的破碎方式有所不同，所以其破碎效果也不一样。冲击压实设备破碎后水泥板破碎成多个小的水泥岩块，MHB 类设备破碎后其颗粒粒径在不同深度处是不同的，上部板块破碎成粒径较小的颗粒，而下部粒径则较大，一般为 30cm 左右，这样破碎后形成的裂纹不是竖向贯穿，水泥混凝土板块除表面局部厚度范围外在其原位形成了裂而不碎的嵌挤效果。图 16-8 和图 16-9 分别为两种破碎设备破碎完成厚度现场效果图。

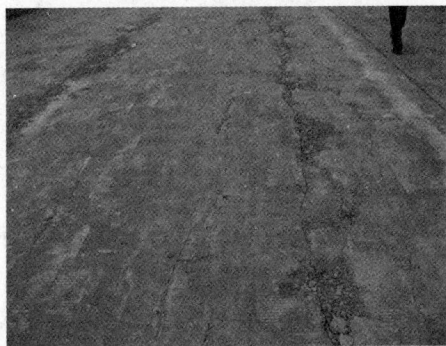

图 16-8 五边形冲击破碎 20 遍效果图   图 16-9 MHB 破碎效果图

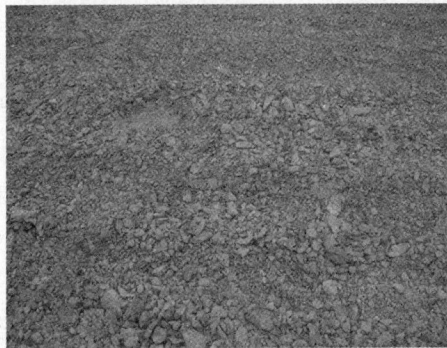

有研究表明：MHB 与冲击压实设备相比，破碎后平面位置上的强度变异性较低，破碎后层顶回弹弯沉、回弹模量标准差均较小；冲击压实设备随冲击碾压遍数的增加，其强度变异性有增加的趋势，这可能与施工控制方式有关，施工中未能将轮迹合理安排；MHB 破碎后层顶强度与落锤高度密切相关，高度越小，对原水泥混凝土板块的破碎程度低，从而表现出较高的强度，但标准差增大，变异性增加，这表明单纯用回弹弯沉或回弹模量作为评价破碎效果的指标是不合理的，需要结合标准差，即平面上的强度变异性综合评价；冲击压实设备随碾压遍数的增加，破碎层强度逐渐下降，标准差也逐步缩小，说明破碎更加均匀，但总体上其标准差高于 MHB 设备破碎后的测试数据标准差。

上述介绍的两种破碎方法对应着水泥混凝土路面的不同使用状态。要采用合适的施工工艺，必须了解现有水泥混凝土路面的综合状况、交通量大小、气候特点等，另外，工艺的经济性也是要考虑的重要选择依据。MHB 设备虽然破碎效果比较好，并且适用范围较广，但是目前来说费用比较高，国内所具有的设备有限，而且施工效率没有多边形高，因此，在本项目中除特殊路段外，均拟采用五边形冲击破碎机械进行施工。

16.3.3 水泥混凝土旧板再生

旧水泥路面破坏程度较轻，可以通过对原路面进行一些表面处理后，再在上加铺沥青面层。如果破坏程度中等，可以采用一些破碎技术对原路面进行碎石化或者是破碎成较小板块，既而为基层使用。但是由于周围环境，荷载交通以及施工质量等一些因素的影响，某些路面已经不能仅仅通过表面处治就可以在上直接加铺，此时只有采用再生混凝土技术才能解决废旧混凝土的处置问题，同时节省天然砂石，带来社会效益、经济效益和环保效益。

1. 国外水泥混凝土板再生利用

（1）美国。美国公路水泥混凝土的再生技术有两种类型：

1）现场再生技术。破碎或粉碎现有路面，然后将破碎或粉碎后的路面用作新路面结构中的基层或底基层。

2）集料厂再生技术。包括旧水泥混凝土路面的现场破碎、装载、运输，然后在中心料厂破碎成用于新水泥混凝土路面的集料。该集料也可用于新路面结构中的稳定或非稳定基层，或者新水泥混凝土混合料。

尽管以上两种技术均包括现有水泥混凝土路面材料的再利用，但是通常认为现场再生不是水泥混凝土再生技术，而将其划归为非粘结罩面的表面处理技术。料厂再生技术通常也称为混凝土再生技术。再生及利用过程包括以下三个步骤：

1）路面清除：破碎和清除破损路面，并集中运往中心料厂进行加工处理；

2）集料加工：破碎处理、剔除钢筋、筛分，生产再生集料；

3）再生集料使用：在路面重建中使用再生集料。

（2）日本。1977年日本政府就制定了《再生骨料和再生混凝土使用规范》，并相继在各地建立了以处理混凝土废弃物为主的再生加工厂，生产再生水泥和再生骨料。

1）日本设计了废弃混凝土块的"三破三筛"工艺（图16-10），首次破碎使用颚式破碎机，后两次破碎使用带有较强研磨效果的破碎机，每次破碎后紧跟着一次筛分，三次筛分均使用双层筛分机，下层5mm的圆孔，上层20mm的圆孔，三次筛分所得再生粗骨料的获取率分别是60%、45%和30%；再生细骨料的获取率分别是40%、15%和15%。此工艺的优点是再生骨料的获取率不受原始混凝土强度的影响；缺点是所制得的再生骨料在其密度和吸水率方面不满足日本的JIS标准。

2）日本BaoqunLi教授等人采用加热和搓擦法设计的废弃混凝土再生工艺如图16-10所示，首先原始混凝土被通用测试机分割成四部分，每部分的大小是75mm×300mm，对其进行电炉加热、破碎机破碎，然后通过圆筒形粉碎设备对混凝土块进行搓擦处理，最后筛分处理得到粗细再生骨料。其中加热过程如图16-11所示。

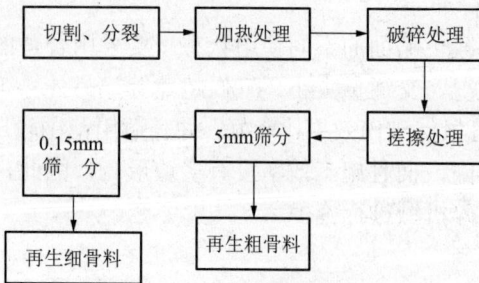

图16-10　日本废弃混凝土再生工艺　　　图16-11　加热过程

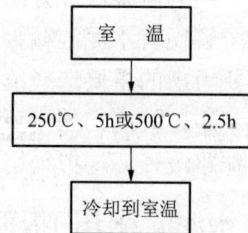

3）日本研发了"Cy-clite"高性能再生骨料，其生产过程包括三个阶段：预处理阶段：除去废弃混凝土中的其他杂质，用颚式破碎机将混凝土块破碎成40mm直径的颗粒。碾磨阶段：混凝土块在偏心转筒内旋转，使其相互碰撞、摩擦、碾磨，除去附着于骨料表面的水泥浆和砂浆。筛分阶段：最终的材料经过过筛，除去水泥和砂浆等细小颗粒，最后得到的即为高性能再生骨料。详细的加工工艺见图16-12。

（3）德国。目前德国废弃混凝土的处理技术分为干处理技术和湿处理技术。干处理技术大致分为两个阶段：① 预处理阶段：原材料过筛后先使用挑选设备去除废料中的杂质，然后送入冲击破碎机将粒径大于 45mm 的材料破碎成较小颗粒，再经过磁性分离机除去铁质。② 粒组分化阶段：首先进行二次筛分，再经过空气分离机将各粒组的细小杂质分离，就此可得到不同粒径的再生骨料。用这种方法处理过的再生骨料纯度和质量较高，可满足工程要求。湿处理技术原理是脉冲水流冲过材料混合物，利用材料密度不同去除杂质。

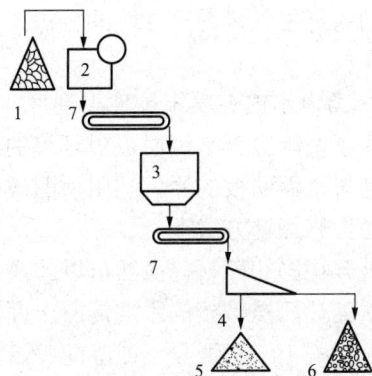

图 16–12　日本废弃混凝土加工工艺
1—40mm 混凝土块；2—颚式破碎机（破碎过程）；
3—偏心旋转设备（研磨过程）；
4—5mm 振动筛；5—粒状砂浆（5mm）；
6—高质量再生骨料（5～25mm）；7—传送带

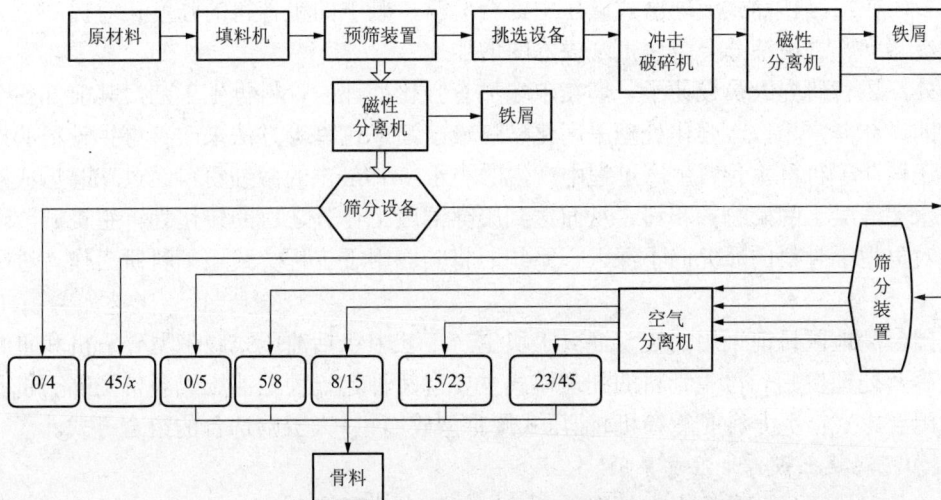

图 16–13　德国典型的再生骨料生产工艺

图 16–13 是一种典型的德国废弃混凝土再生工艺流程示意图，主要由一个二档等级的破碎机组成，还装置两个颚式破碎机和铁件受料台（电磁器）等。通过加工的再生骨料被筛分为 0～4mm、4～16mm、16～45mm 及 45～90mm 四个级配区。该工艺投资费用巨大且占地面积大。

（4）俄罗斯。俄罗斯的主要经验是在建筑企业建立专门的破碎混凝土块体工艺线。莫斯科已有 5 条破碎和筛分工艺线投入运行。

（5）意大利。意大利多数再生骨料加工厂的生产流程大致为：废弃混凝土→粗选（去除大件杂质）→筛分（产生部分细骨料）→破碎→磁性分离（去除铁质）→空气分选（去除轻质物）→筛分→清洗干燥→存放各粒级再生骨料。其中粗选是为了对进入的废弃混凝土进行质量控制。

（6）以色列。以色列 Katz.Amnon 教授针对再生骨料上覆有的旧水泥砂浆具多孔、有裂隙、削弱再生骨料力学性能的特点，提出了用硅灰浸泡和超声波清洗的方法来得到高质量的再生骨料。

2. 国内水泥混凝土板再生利用

为了消除废弃水泥面板对环境的污染，目前国内也进行破碎水泥面板的再生利用研究，主要是对水泥面板的原位利用，即破碎稳固和碎石化两种，而原位利用的再生方法局限于水泥路面大修加铺方式上。

破碎稳固和碎石化虽然可以解决部分废弃水泥混凝土，但是这两种水泥面板的再生利用，均无法处理严重破碎的水泥混凝土面板的再生，其只能是挖除严重破碎的水泥面板，重新灌注水泥混凝土、贫混凝土或级配碎石，即无法利用破碎严重的水泥面板。

国内在针对废弃水泥混凝土破碎处理方面也进行相应研究，取得了初步效果。有研究人员设计了的制备再生骨料的生产流程。在此工艺中，块体破碎、筛分均是碎石骨料生产的成熟工艺，关键是控制分选、洁净、冲洗等环节的工艺技术和质量。该工艺的重要特点是有一填充型加热装置，经加热、二级破碎、二级筛分后可获得高品质再生骨料。加温到300℃后，粘附在天然骨料表面的水泥石粘结较差的部分，或在一级破碎中天然骨料外已带有损伤裂纹的水泥石，在二级转筒式或球磨式碾压中都会脱落，剩下的粗骨料的强度相对提高了。但加温、二级碾磨、二级筛分会带来生产成本的增加。

此外，还有研究人员设计了一套在末端加有强化处理的骨料再生工艺，其前部各个环节和上述的设计非常相似。强化处理采用化学溶液浸渍或包裹等方法来改善再生骨料的性能，工艺中还设计了将再生骨料生产过程中产生的小于0.15mm的微细粉料经过球磨后成水泥细度，作水泥混凝土的矿物掺和料，从而达到废弃混凝土百分之百的转化为再生资源。但是目前我国对再生细骨料的研究尚不深入、系统，将其应用于工程实践还须科研工作者进一步的研究。

我国台湾地区目前采用的废弃混凝土块生产工艺中包括油压式履带型碎石机和重物筛选机等破碎及处理机具。再生骨料的处理模式主要有两种，一种是油压式履带型碎石机和人工筛选台组合方式；另一种是重筛机+油压式履带型碎石机+人工筛选台的组合方式。

3. 水泥混凝土板再生注意事项

无论是现场再生还是厂再生都应该注意以下几个方面：

（1）再生混凝土混合料的关键过程就是旧水泥混凝土板块的破碎和筛分。其次配合比设计也十分重要，需要认真考虑所有的影响因素。再生骨料的吸水作用是原生骨料的2倍，而且每批拌料的差异很大，因而很难控制水灰比。再生混凝土混合料的和易性也是一个值得注意的问题。如果完全用再生骨料拌制混凝土，由于粒径小于4.75mm的再生细骨料多角、锐利导致混合料的和易性差。一般将部分或全部通过4.75mm方孔筛的细骨料用原生砂替代，或者是使用所有再生粗骨料和1/2或全部原生细砂。在混凝土混合料的配比中再生粗骨料含量通常为50%～60%。因为粉煤灰也可用来改进混凝土的和易性和提高混凝土的耐久性，所以一般用C级粉煤灰代替15%的水泥。正常情况下，粉煤灰的添加量高于水泥的减少量，粉煤灰对水泥的质量替换比一般为1.5:1或2:1。

（2）再生骨料中已水化的水泥成分在含水量的测定过程会将其中的结晶水一起加热烘出，导致最佳含水量测定失真。所以在应用时一般应当减少用水量10%～20%，这样在压实过程中水泥浆就不会被挤出，也不会出现松散现象。再生骨料相对于普通骨料强度指标上也有很大差距，见表 16–11。

表 16–11   **普通石灰岩与再生石灰岩骨料强度对比**

骨料种类	再生石灰岩	普通石灰岩石
七天无侧限抗压强度（MPa）	3.57	5.06

（3）对再生石料的含泥量，密度和吸水率试验发现再生细骨料含泥量严重超标，密度相对于同种普通石料偏小，吸水率偏大。表 16–12 为再生骨料性能与《公路沥青路面施工技术规范》（JTJ 073.2—2001）中要求的骨料性能对照。

表 16–12   **骨 料 性 能 对 比**

指　标	再生石灰岩	再生花岗岩	中下面层粗骨料规范值
压碎值（%）	20.4	24.6	≤28
密度（g/cm³）	2.702	2.688	≥2.5
吸水率（%）	3.0	4.3	≤3.0
细骨料含泥量（%）	7.5		≤3.0

分析表 16–12 得出再生骨料的含泥量、吸水率都超过规范要求，不适用于沥青中、下面层。如果在沥青中、下面层采用此再生骨料，必须在破碎筛分阶段采取特殊工艺，去除裹覆在骨料表面的砂浆和杂质。

复习思考题

1. 简述预防性养护的含义及常见技术。
2. 简述预防性养护最佳时间的确定方法。
3. 试分析沥青路面再生类型及其适应性。
4. 论述泡沫沥青特点及其关键技术。
5. 简述水泥路面脱空处治工艺与材料。

参 考 文 献

[1] 邓学钧.路基路面工程 [M]. 3 版. 北京：人民交通出版社，2013.

[2] 陈忠达. 路基路面工程 [M]. 北京：人民交通出版社，2009.

[3] 张腾. 陕西省高速公路改扩建技术研究与应用 [D]. 长安大学，2014.

[4] 东方毅. 杭金衢高速公路改扩建工程设计方案研究 [D]. 长安大学，2014.

[5] 梁远禄. 泉南高速柳州至南宁段改扩建工程技术方案研究 [D]. 长安大学，2015.

[6] 魏星. 透水式沥青路面在城市道路中的应用 [J]. 四川建筑，2015，03：274-275.

[7] 董祥，张士萍，丁小晴，等. 沥青混凝土路面的纹理构造与抗滑性检测方法 [J]. 公路，2011，11：14-20.

[8] 董祥，何培玲，李磊. 道路透水路面及其铺面材料研究 [J]. 四川建筑科学研究，2010，02：219-223.

[9] 张瑞林. 彩色路面修筑技术研究 [D]. 长安大学，2015.

[10] 陈成芹. 彩色沥青及其混合料路用性能研究 [D]. 长安大学，2012.

[11] 徐金欣. 降噪排水多孔水泥混凝土材料性能与组成设计方法研究 [D]. 长安大学，2012.

[12] 姚亮. 小粒径露石水泥混凝土关键技术研究 [D]. 长安大学，2011.

[13] 田伟. 隧道低噪音沥青路面材料性能研究 [D]. 河北工业大学，2010.

[14] 韩吉伟，崔亚楠，王乐，等. 盐冻循环条件下 SBS 改性沥青砂浆的力学性能分析 [J]. 功能材料，2015，12：12141-12145.

[15] 殷泽华. 融雪剂使用的综合择优研究 [D]. 北京化工大学，2013.

[16] 徐慧宁，谭忆秋，周纯秀. 太阳能–土壤源热能复合道路融雪系统融雪特性的仿真分析 [J]. 太阳能学报，2015，04：955-962.

[17] 张小燕. 道路太阳能利用系统的试验应用研究 [D]. 天津大学，2014.

[18] 袁玉卿，张永健，蔚旭灿. 沥青混凝土预埋碳纤维绳发热升温试验 [J]. 长安大学学报（自然科学版），2015，01：49-55.

[19] 袁玉卿，许海铭，张永健. 导电沥青混凝土发热性能实验研究 [J]. 华中科技大学学报（自然科学版），2014，10：128-132.